# Teoria Geral da Administração

Da Revolução Urbana à
Era da Agilidade Organizacional

O GEN | Grupo Editorial Nacional – maior plataforma editorial brasileira no segmento científico, técnico e profissional – publica conteúdos nas áreas de ciências sociais aplicadas, exatas, humanas, jurídicas e da saúde, além de prover serviços direcionados à educação continuada e à preparação para concursos.

As editoras que integram o GEN, das mais respeitadas no mercado editorial, construíram catálogos inigualáveis, com obras decisivas para a formação acadêmica e o aperfeiçoamento de várias gerações de profissionais e estudantes, tendo se tornado sinônimo de qualidade e seriedade.

A missão do GEN e dos núcleos de conteúdo que o compõem é prover a melhor informação científica e distribuí-la de maneira flexível e conveniente, a preços justos, gerando benefícios e servindo a autores, docentes, livreiros, funcionários, colaboradores e acionistas.

Nosso comportamento ético incondicional e nossa responsabilidade social e ambiental são reforçados pela natureza educacional de nossa atividade e dão sustentabilidade ao crescimento contínuo e à rentabilidade do grupo.

Antonio Cesar **Amaru** Maximiano
Gino **Terentim**

# Teoria Geral da Administração

## Da Revolução Urbana à Era da Agilidade Organizacional

**9ª EDIÇÃO**

gen | atlas

- Os autores deste livro e a editora empenharam seus melhores esforços para assegurar que as informações e os procedimentos apresentados no texto estejam em acordo com os padrões aceitos à época da publicação, *e todos os dados foram atualizados pelos autores até a data de fechamento do livro.* Entretanto, tendo em conta a evolução das ciências, as atualizações legislativas, as mudanças regulamentares governamentais e o constante fluxo de novas informações sobre os temas que constam do livro, recomendamos enfaticamente que os leitores consultem sempre outras fontes fidedignas, de modo a se certificarem de que as informações contidas no texto estão corretas e de que não houve alterações nas recomendações ou na legislação regulamentadora.

- Data do fechamento do livro: 30/01/2024

- Os autores e a editora se empenharam para citar adequadamente e dar o devido crédito a todos os detentores de direitos autorais de qualquer material utilizado neste livro, dispondo-se a possíveis acertos posteriores caso, inadvertida e involuntariamente, a identificação de algum deles tenha sido omitida.

- **Atendimento ao cliente: (11) 5080-0751 | faleconosco@grupogen.com.br**

- Direitos exclusivos para a língua portuguesa
  Copyright © 2024 *by*
  **Editora Atlas Ltda.**
  *Uma editora integrante do GEN | Grupo Editorial Nacional*
  Travessa do Ouvidor, 11
  Rio de Janeiro – RJ – 20040-040
  www.grupogen.com.br

  Reservados todos os direitos. É proibida a duplicação ou reprodução deste volume, no todo ou em parte, em quaisquer formas ou por quaisquer meios (eletrônico, mecânico, gravação, fotocópia, distribuição pela Internet ou outros), sem permissão, por escrito, da Editora Atlas Ltda.

- Capa: Manu | OFÁ Design

- Imagem de capa: Natalia_80 | iStockphoto

- Editoração eletrônica: Sílaba Produção Editorial

- **Ficha catalográfica**

- **CIP – BRASIL. CATALOGAÇÃO NA FONTE.
  SINDICATO NACIONAL DOS EDITORES DE LIVROS, RJ**

M419t
9. ed.

Maximiano, Antonio Cesar Amaru
Teoria geral da administração: da revolução urbana à era da agilidade organizacional / Antonio Cesar Amaru Maximiano, Gino Terentim. – 9. ed. – Barueri [SP]: Atlas, 2024.

Inclui bibliografia e índice
Inclui glossário
ISBN 978-65-5977-588-0

1. Administração. 2. Eficiência organizacional. 3. Liderança. 4. Desenvolvimento organizacional. I. Terentim, Gino. II. Título.

24-87838  CDD: 658.407124
CDU: 005.336.1

Meri Gleice Rodrigues de Souza - Bibliotecária – CRB-7/6439

# Sobre os Autores

**Antonio Cesar Amaru Maximiano** é educador e consultor em gestão de projetos e administração geral. Estudou Administração na Universidade de São Paulo (USP), na qual fez carreira como professor. É integrante do Instituto Pecege de Piracicaba, onde coordena o MBA em Gestão de Pessoas. Fez parte da equipe que fundou o PMI Brazil Chapter, hoje São Paulo Chapter.

**Gino Terentim** é doutor em Administração com ênfase em Gerenciamento de Projetos pela Université de Bordeaux, na França, com mais de 20 anos de experiência em gestão pública, liderando equipes e iniciativas estratégicas em organizações como Caixa Econômica Federal e Ministério da Ciência, Tecnologia e Inovação (MCTI).

# Apresentação

*Teoria Geral da Administração* chega em 2024 a sua **9ª edição**, com diferenças significativas das edições anteriores.

A acolhida francamente favorável da comunidade dos estudos da administração, assim como as inovações nos conceitos e ferramentas, são as principais motivações para o contínuo aprimoramento deste trabalho.

Entre muitos exemplos, na passagem para o século XX, a novidade era a **administração científica**. Nos anos 1980, era a produção enxuta... Hoje, estamos na era da agilidade organizacional, da diversidade e da inclusão, da gestão de projetos... A evolução é incessante.

As inovações implicam a reclassificação das ideias e demandam o redesenho do "mapa da selva das teorias", que este livro fornece. Com o mapa, você não se perde e cumpre sua trajetória de aprendizagem.

O texto foi planejado para familiarizar os estudantes com os conhecimentos mais importantes que influenciam o entendimento e a aplicação das ideias da administração, seja como administrador profissional, seja como praticante da gestão em qualquer outra profissão. Até mesmo no plano pessoal e familiar, a administração é determinante para um bom desempenho.

A grande modificação neste livro é a participação de Gino Terentim como coautor. A carreira de Gino reflete dedicação e diversidade, abrangendo desde coordenação de projetos em setores governamentais até empreendedorismo, educação corporativa, mentorias e formações em ambientes corporativos. Desempenhando papéis variados em várias facetas da administração e do gerenciamento de projetos, Gino também se destaca como um colaborador comunitário ativo. Seu trabalho com o PMI e a Singularity University ilustra seu compromisso não apenas com o avanço profissional, mas também com o desenvolvimento da comunidade ao seu redor.

Gino ofereceu contribuições decisivas para a atualização das ideias neste livro.

Para o primeiro autor, é uma honra tê-lo ao seu lado.

O livro está dividido em cinco partes:

## PARTE I – CONCEITOS BÁSICOS

Define as ideias fundamentais e sua história, de modo conciso. O contexto que influenciou o surgimento e a evolução desses conceitos é analisado em três capítulos:

CAPÍTULO 1 – Administração e Organizações

CAPÍTULO 2 – Breve História da Administração I

CAPÍTULO 3 – Breve História da Administração II

## PARTE II – ESCOLA CLÁSSICA

Analisa três contribuições fundamentais para o entendimento das organizações e para a construção do pensamento administrativo contemporâneo. O estudante entra em contato com as ideias de Frederick Taylor sobre administração científica e eficiência, de Henri Fayol a respeito do processo administrativo e de Max Weber sobre burocracia.

CAPÍTULO 4 – Taylor, Ford e a Eficiência

CAPÍTULO 5 – Henri Fayol e o Processo Administrativo

CAPÍTULO 6 – Max Weber e as Organizações

## PARTE III – DA ESCOLA CLÁSSICA AO MODELO JAPONÊS

Dedicada aos estudos das técnicas que evoluíram da escola clássica, da evolução das estruturas organizacionais para as grandes empresas e do surgimento da teoria da administração geral.

CAPÍTULO 7 – Criação da Organização Moderna

CAPÍTULO 8 – Papel dos Gerentes

CAPÍTULO 9 – Escola da Qualidade

CAPÍTULO 10 – Modelo Japonês de Administração

## PARTE IV – ENFOQUE DO COMPORTAMENTO HUMANO

As organizações são apresentadas como conjunto de indivíduos e grupos ou sistemas sociais cujo desempenho é determinado pelo comportamento humano. Os seis capítulos dessa parte do livro fornecem ao estudante as ferramentas para entender os mecanismos básicos do comportamento das pessoas, como indivíduos e integrantes de grupos.

CAPÍTULO 11 – Enfoque Comportamental

CAPÍTULO 12 – Pessoas e Diferenças Individuais

CAPÍTULO 13 – Competências

CAPÍTULO 14 – Aprendizagem

CAPÍTULO 15 – Motivação

CAPÍTULO 16 – Liderança

## PARTE V – ADMINISTRAÇÃO AVANÇADA

Esta parte é dedicada a ideias e tendências da administração que ganharam importância e se consolidaram na passagem para o Terceiro Milênio. Algumas são ideias genuinamente novas, como as representações complexas das organizações, os mecanismos da governança corporativa e a gestão por processos; outras são tendências clássicas, que se renovaram e se fortaleceram com a passagem do tempo, como o pensamento sistêmico e a administração estratégica.

CAPÍTULO 17 – Pensamento Sistêmico

CAPÍTULO 18 – Representações Complexas das Organizações

CAPÍTULO 19 – Ética nas Organizações

CAPÍTULO 20 – Cultura Organizacional

CAPÍTULO 21 – Agilidade Organizacional

## RECURSOS

Além do texto, foram preparadas questões para revisão e memorização, que se encontram ao fim de cada capítulo. Essas questões podem ser usadas para debates e exercícios em sala de aula.

O estudante encontrará ainda, no final do livro, glossário e índice alfabético.

*Antonio Cesar Amaru Maximiano e Gino Terentim*

# Sumário

**PARTE I**     **CONCEITOS BÁSICOS, 1**

     **CAPÍTULO 1**     **ADMINISTRAÇÃO E ORGANIZAÇÕES, 3**
         *OBJETIVOS*, 3
         *INTRODUÇÃO*, 3
         1    DEFINIÇÃO DE ADMINISTRAÇÃO, 4
            1.1    Administração como disciplina, 4
            1.2    Administração como profissão, 5
         2    ORGANIZAÇÕES, 5
         3    EFICIÊNCIA E EFICÁCIA, 6
         4    CONHECIMENTO E TEORIAS DA ADMINISTRAÇÃO, 7
         5    EM QUE MUNDO VOCÊ VIVE?, 8
         6    MAPA DA SELVA DAS TEORIAS, 8
         7    ESCOLA CLÁSSICA DA ADMINISTRAÇÃO, 9
         8    RELAÇÕES HUMANAS E ENFOQUE COMPORTAMENTAL, 10
         9    PENSAMENTO SISTÊMICO, 11
         10    ENFOQUE CONTINGENCIAL, 12
         11    LINHA DO TEMPO DA ADMINISTRAÇÃO, 12
         12    MOVIMENTO ÁGIL, 14
         *QUESTÕES E EXERCÍCIOS*, 15

     **CAPÍTULO 2**     **BREVE HISTÓRIA DA ADMINISTRAÇÃO I, 17**
         *OBJETIVOS*, 17
         *INTRODUÇÃO*, 17
         1    REVOLUÇÃO URBANA, 18

2 EGITO, 18
  2.1 Pirâmides, 18
  2.2 Administração: o vizir, 19
3 GRÉCIA, 20
  3.1 Democracia e ética, 21
  3.2 Método, 22
  3.3 Qualidade, 22
  3.4 Planejamento e estratégia, 22
4 ROMA, 23
  4.1 Magistrados romanos, 24
    4.1.1 O rei, 24
    4.1.2 Cônsules, 24
    4.1.3 Imperadores, 24
  4.2 Senado romano, 25
  4.3 Forças armadas, 25
5 PERÍODO MEDIEVAL, 25
  5.1 A Regra de São Bento, 26
  5.2 Organização do trabalho, 26
*QUESTÕES E EXERCÍCIOS*, 27

**CAPÍTULO 3 BREVE HISTÓRIA DA ADMINISTRAÇÃO II, 29**
*OBJETIVOS*, 29
*INTRODUÇÃO*, 29
1 RENASCIMENTO, 30
  1.1 Homem do Renascimento, 30
  1.2 Capitalismo mercantil, 30
  1.3 Veneza, 31
  1.4 Contabilidade, 32
  1.5 Maquiavel, 32
  1.6 Reforma, 33
2 REVOLUÇÃO INDUSTRIAL, 34
  2.1 Surgimento dos gerentes intermediários, 34
  2.2 Condições de trabalho e sindicatos, 34
3 UM EMBRIÃO DE TEORIA ADMINISTRATIVA, 35
  3.1 Eficiência, 35
  3.2 Fundição Soho, 35
  3.3 Charles Babbage, 36
4 REVOLUÇÃO DIGITAL, 36
  4.1 Tecnologia da informação, 37
  4.2 Trabalho virtual, 38
  4.3 Tecnologia da informação para a gestão, 39
5 NOVAMENTE: EM QUE MUNDO VOCÊ VIVE?, 39
*QUESTÕES E EXERCÍCIOS*, 40

**PARTE II      ESCOLA CLÁSSICA, 41**

**CAPÍTULO 4    TAYLOR, FORD E A EFICIÊNCIA, 43**
*OBJETIVOS*, 43
*INTRODUÇÃO*, 43
1. TAYLOR E O MOVIMENTO DA ADMINISTRAÇÃO CIENTÍFICA, 44
2. PRIMEIRA FASE DA ADMINISTRAÇÃO CIENTÍFICA, 45
3. SEGUNDA FASE DA ADMINISTRAÇÃO CIENTÍFICA, 46
4. TERCEIRA FASE DA ADMINISTRAÇÃO CIENTÍFICA, 46
5. INTEGRANTES DO MOVIMENTO, 48
   - 5.1 Frank e Lillian Gilbreth e o estudo de movimentos, 48
   - 5.2 Henry Gantt, 48
   - 5.3 Hugo Münsterberg, 49
6. EXPANSÃO DO MOVIMENTO, 50
7. PRODUÇÃO EM MASSA E LINHA DE MONTAGEM, 51
   - 7.1 A linha de montagem móvel, 52
   - 7.2 Inovações de Ford, 52
   - 7.3 Expansão do modelo Ford, 53
8. FORD NO TERCEIRO MILÊNIO, 53

*QUESTÕES E EXERCÍCIOS*, 54

**CAPÍTULO 5    HENRI FAYOL E O PROCESSO ADMINISTRATIVO, 55**
*OBJETIVOS*, 55
*INTRODUÇÃO*, 55
1. HENRI FAYOL, 56
2. PRINCIPAIS CONTRIBUIÇÕES DE FAYOL, 57
3. ADMINISTRAÇÃO COMO FUNÇÃO DISTINTA DAS DEMAIS FUNÇÕES DA EMPRESA, 57
4. PRINCÍPIOS DE ADMINISTRAÇÃO, 58
5. ELEMENTOS DE ADMINISTRAÇÃO, 60
6. TRIUNFO DE FAYOL, 62

*QUESTÕES E EXERCÍCIOS*, 62

**CAPÍTULO 6    MAX WEBER E AS ORGANIZAÇÕES, 65**
*OBJETIVOS*, 65
*INTRODUÇÃO*, 65
1. MAX WEBER E A BUROCRACIA, 66
   - 1.1 Formalidade, 67
   - 1.2 Impessoalidade, 67
   - 1.3 Profissionalismo, 68
2. AMITAI ETZIONI E O PODER, 68
   - 2.1 Organizações coercitivas, 69
   - 2.2 Organizações utilitárias, 69
   - 2.3 Organizações normativas, 69
   - 2.4 Estrutura dupla de obediência, 69

3 MODELO DE PETER BLAU E RICHARD SCOTT, 70
   3.1 Membros da organização, 70
   3.2 Proprietários ou dirigentes, 70
   3.3 Clientes da organização, 70
   3.4 Público em geral, 71

4 DISFUNÇÕES DA BUROCRACIA, 71
   4.1 Disfunções segundo Perrow, 71
      4.1.1 Particularismo, 71
      4.1.2 Satisfação de interesses pessoais, 72
      4.1.3 Excesso de regras, 72
      4.1.4 Hierarquia, 72
   4.2 Disfunções segundo Merton, 72

5 MODELOS DE ORGANIZAÇÃO: A PERSPECTIVA CONTINGENCIAL, 73
   5.1 Tipo mecanicista, 73
   5.2 Tipo orgânico, 73

*QUESTÕES E EXERCÍCIOS*, 74

## PARTE III — DA ESCOLA CLÁSSICA AO MODELO JAPONÊS, 75

### CAPÍTULO 7 — CRIAÇÃO DA ORGANIZAÇÃO MODERNA, 77

*OBJETIVOS*, 77

*INTRODUÇÃO*, 77

1 GRANDES ESTRUTURAS, 78

2 DANIEL McCALLUM, 78

3 HARRINGTON EMERSON, 79

4 PIERRE DU PONT, 80
   4.1 Planejamento estratégico e estrutura, 80
   4.2 Descentralização, 81

5 ALFRED SLOAN, 81
   5.1 Princípios de organização, 81
   5.2 Implantação da estrutura, 82
   5.3 Reformulação, 82

6 PÓS-MODERNISMO, 83

*QUESTÕES E EXERCÍCIOS*, 84

### CAPÍTULO 8 — PAPEL DOS GERENTES, 85

*OBJETIVOS*, 85

*INTRODUÇÃO*, 85

1 NÍVEIS DE ADMINISTRAÇÃO, 86
   1.1 Alta administração, 86
   1.2 Supervisores de primeira linha, 87
   1.3 Gerência intermediária, 87

2 HENRY MINTZBERG E OS PAPÉIS GERENCIAIS, 87
   2.1 Papéis interpessoais, 89

2.2 Papéis de informação, 89
2.3 Papéis de decisão, 89
3 PRINCÍPIOS DE ANDREW GROVE, 90
4 FRED LUTHANS E O DESEMPENHO DOS GERENTES, 91
5 HABILIDADES GERENCIAIS, 92
5.1 Habilidades segundo Katz, 92
5.2 Habilidades segundo Mintzberg, 93
*QUESTÕES E EXERCÍCIOS*, 94

**CAPÍTULO 9  ESCOLA DA QUALIDADE, 97**
*OBJETIVOS*, 97
*INTRODUÇÃO*, 97
1 COMO DEFINIR QUALIDADE?, 98
1.1 Excelência, 98
1.2 Especificações, 98
1.3 Conformidade com especificações, 98
1.4 Adequação ao uso, 99
2 PROCESSO DA ADMINISTRAÇÃO DA QUALIDADE, 99
2.1 Planejamento da qualidade, 100
2.2 Controle da qualidade, 100
2.3 Aprimoramento da qualidade, 100
3 EVOLUÇÃO DA ADMINISTRAÇÃO DA QUALIDADE, 101
3.1 Controle do produto, 101
3.2 Controle do processo, 102
3.3 Qualidade total, 102
3.3.1 Qualidade total de Feigenbaum, 102
3.3.2 Qualidade total de Ishikawa, 103
3.4 Ênfase na estratégia, 104
3.4.1 Deming, 104
3.4.2 Juran, 104
4 SISTEMAS DE GESTÃO DA QUALIDADE, 105
5 MODELOS DE EXCELÊNCIA, 106
5.1 Modelo e critérios do Prêmio Deming, 106
5.2 Modelo e critérios do Prêmio Baldrige, 107
5.3 Modelo e critérios do Prêmio Europeu da Qualidade, 108
*QUESTÕES E EXERCÍCIOS*, 109

**CAPÍTULO 10  MODELO JAPONÊS DE ADMINISTRAÇÃO, 111**
*OBJETIVOS*, 111
*INTRODUÇÃO*, 111
1 ELIMINAÇÃO DE DESPERDÍCIOS, 112
2 TOYOTA, 113
3 ORIGENS DO SISTEMA TOYOTA DE PRODUÇÃO, 114
4 ESTRUTURA DO SISTEMA TOYOTA, 114
4.1 *Jidoka* (autonomação), 115

    4.2 *Just-in-time* (na hora certa), 115
    4.3 *Kaizen* (aprimoramento contínuo), 116
  5 FERRAMENTAS DO SISTEMA TOYOTA, 117
    5.1 *Andon* (administração visual), 117
    5.2 *Genshi genbutsu* (ir e ver), 117
    5.3 *Poka-yoke* (à prova de erros), 117
    5.4 *Heijunka* (nivelamento da produção), 118
    5.5 *Takt time* (ritmo cardíaco da produção), 118
    5.6 *Kanban* (cartão de sinalização), 119
    5.7 Cinco porquês, 119
    5.8 5S ou Cinco Ss, 120
  6 UNIVERSALIZAÇÃO DO MODELO JAPONÊS, 121
*QUESTÕES E EXERCÍCIOS*, 121

## PARTE IV ENFOQUE DO COMPORTAMENTO HUMANO, 123

### CAPÍTULO 11 ENFOQUE COMPORTAMENTAL, 125

*OBJETIVOS*, 125
*INTRODUÇÃO*, 125
 1 HUMANISMO: DE QUE SE TRATA?, 127
 2 ESCOLA DAS RELAÇÕES HUMANAS, 127
 3 CIÊNCIAS DO COMPORTAMENTO, 128
 4 CARACTERÍSTICAS INDIVIDUAIS, 130
 5 COMPORTAMENTO COLETIVO, 130
 6 MUDANÇA DE COMPORTAMENTO A PARTIR DO AMBIENTE, 132
 7 VISÃO DE TALENTOS E PONTOS FORTES, 132
*QUESTÕES E EXERCÍCIOS*, 134

### CAPÍTULO 12 PESSOAS E DIFERENÇAS INDIVIDUAIS, 137

*OBJETIVOS*, 137
*INTRODUÇÃO*, 137
 1 PERCEPÇÃO, 138
   1.1 Percepção de pessoas, 139
     1.1.1 Contraste, 139
     1.1.2 Estereótipos e preconceitos, 139
     1.1.3 Efeito auréola, 140
   1.2 Janela de Johari, 140
 2 ATITUDES, 141
   2.1 Atitudes, opiniões e valores, 141
   2.2 Papel das atitudes, 141
 3 APTIDÕES, 141
 4 INTELIGÊNCIA, 142
   4.1 Teoria do fator geral, 142
   4.2 Teoria triárquica da inteligência, 143
   4.3 Teoria das inteligências múltiplas, 144

5   EMOÇÕES E INTELIGÊNCIA EMOCIONAL, 145
    5.1   Emoção, 145
    5.2   Ingredientes da inteligência emocional, 146
6   PERSONALIDADE, 147
    6.1   Atitudes e funções do pensamento, 148
    6.2   Tipos psicológicos, 149
*QUESTÕES E EXERCÍCIOS*, 152

## CAPÍTULO 13   COMPETÊNCIAS, 153

*OBJETIVOS*, 153

*INTRODUÇÃO*, 153

1   QUE SÃO COMPETÊNCIAS?, 154
2   TIPOS DE COMPETÊNCIAS, 156
    2.1   Domínios da aprendizagem, 156
    2.2   Habilidades gerenciais, 156
    2.3   A escola francesa dos saberes, 157
3   GRADUAÇÃO DAS COMPETÊNCIAS, 157
4   MODELOS DE COMPETÊNCIAS, 158
5   EXEMPLOS DE COMPETÊNCIAS, 159
*QUESTÕES E EXERCÍCIOS*, 161

## CAPÍTULO 14   APRENDIZAGEM, 163

*OBJETIVOS*, 163

*INTRODUÇÃO*, 163

1   PERSPECTIVAS SOBRE APRENDIZAGEM, 164
    1.1   Cognitivismo, 164
    1.2   Perspectiva da aprendizagem social, 164
    1.3   Construtivismo, 165
2   ESTILOS DE APRENDIZAGEM, 166
    2.1   Modelo VAK, 166
        2.1.1   Auditivos, 166
        2.1.2   Visuals, 167
        2.1.3   Cinéticos, 167
    2.2   Modelo da aprendizagem experiencial de Kolb, 168
        2.2.1   Divergente (*diverging*, concreto, reflexivo), 170
        2.2.2   Assimilador (*assimilating*, abstrato, reflexivo), 170
        2.2.3   Convergente (*converging*, abstrato, ativo), 170
        2.2.4   Adaptativo (*accommodating*, concreto, ativo), 171
*QUESTÕES E EXERCÍCIOS*, 171

## CAPÍTULO 15   MOTIVAÇÃO, 173

*OBJETIVOS*, 173

*INTRODUÇÃO*, 173

1   SIGNIFICADO DA MOTIVAÇÃO, 174
2   TEORIA DA EXPECTATIVA, 174
    2.1   Valor dos resultados, 175

2.2 Desempenho e resultado, 175
2.3 Esforço e desempenho, 176
3 TEORIA DA EQUIDADE, 176
4 HIERARQUIA DE MASLOW, 177
5 TEORIA ERG, 178
6 TEORIA DE McCLELLAND, 178
7 TEORIA DOS DOIS FATORES, 179
8 TEORIA DOS DESEJOS BÁSICOS, 180
9 TEORIA DA AUTODETERMINAÇÃO, 182
10 MOTIVAÇÃO 3.0, 183
*QUESTÕES E EXERCÍCIOS*, 184

### CAPÍTULO 16 LIDERANÇA, 185

*OBJETIVOS*, 185
*INTRODUÇÃO*, 185
1 COMPREENDENDO A LIDERANÇA, 186
2 O COMPLEXO DA LIDERANÇA, 186
2.1 Motivações e características do líder, 187
2.2 Motivações e competências dos liderados, 187
2.3 Características da missão ou tarefa, 187
2.4 Conjuntura, 188
3 TEORIA DOS TRAÇOS, 188
4 TEORIAS DOS ESTILOS DE LIDERANÇA, 189
4.1 Autocracia e democracia, 189
4.2 Liderança bidimensional, 190
5 LIDERANÇA SITUACIONAL, 191
6 LIDERANÇA CARISMÁTICA E LIDERANÇA TRANSACIONAL, 193
6.1 Liderança transacional, 193
6.2 Liderança transformacional, 193
7 LIDERANÇA SERVIDORA, 194
8 TEORIA DA SUBSTITUIÇÃO DA LIDERANÇA, 194
*QUESTÕES E EXERCÍCIOS*, 195

## PARTE V ADMINISTRAÇÃO AVANÇADA, 197

### CAPÍTULO 17 PENSAMENTO SISTÊMICO, 199

*OBJETIVOS*, 199
*INTRODUÇÃO*, 199
1 DEFINIÇÕES DE COMPLEXIDADE, 200
2 SITUAÇÕES COMPLEXAS, 201
2.1 Problemas complexos da sociedade moderna, 201
2.2 Organizações envolvidas em problemas complexos, 202
3 SOLUÇÕES COMPLEXAS PARA SITUAÇÕES COMPLEXAS, 202
4 A IDEIA DE SISTEMA, 202

- 5 ESTRUTURA DOS SISTEMAS, 203
  - 5.1 Entradas, 203
  - 5.2 Processo, 204
  - 5.3 Saídas, 204
  - 5.4 *Feedback*, 204
- 6 SINERGIA, 204
- 7 TEORIA GERAL DOS SISTEMAS, 205
- 8 ORGANIZAÇÕES COMO SISTEMAS, 205
- 9 ANÁLISE E PLANEJAMENTO DE SISTEMAS, 206
  - 9.1 Ambiente, 206
  - 9.2 Objetivos, 206
  - 9.3 Componentes, 206
  - 9.4 Processo, 207
  - 9.5 Governança, 207
- 10 CONTRIBUIÇÃO AO ESTUDO E GESTÃO DA COMPLEXIDADE, 207
- 11 GESTÃO 3.0, 208
- *QUESTÕES E EXERCÍCIOS*, 210

## CAPÍTULO 18 REPRESENTAÇÕES COMPLEXAS DAS ORGANIZAÇÕES, 211

*OBJETIVOS*, 211
*INTRODUÇÃO*, 211

- 1 ORGANIZAÇÕES SEGUNDO MINTZBERG, 212
  - 1.1 Organização empresarial, 212
  - 1.2 Organização máquina, 212
  - 1.3 Organização profissional, 213
  - 1.4 Organização diversificada, 213
  - 1.5 Organização inovadora, 213
  - 1.6 Organização missionária, 214
  - 1.7 Organização política, 214
- 2 AS ORGANIZAÇÕES SEGUNDO MORGAN, 214
  - 2.1 Máquina, 215
  - 2.2 Organismo vivo, 215
  - 2.3 Cérebro, 215
  - 2.4 Cultura, 215
  - 2.5 Sistema político, 216
  - 2.6 Prisão psíquica, 216
  - 2.7 Sistema em fluxo e transformação, 216
  - 2.8 Instrumento de dominação, 216
- 3 APRENDIZAGEM ORGANIZACIONAL, 216
  - 3.1 Argyris & Schön, 217
    - 3.1.1 Aprendizagem de circuito simples, 217
    - 3.1.2 Aprendizagem de circuito duplo, 217
  - 3.2 Peter Senge, 218
- 4 CONTEXTO DAS ORGANIZAÇÕES, 219
- *QUESTÕES E EXERCÍCIOS*, 220

**CAPÍTULO 19 ÉTICA NAS ORGANIZAÇÕES, 223**

*OBJETIVOS*, 223

*INTRODUÇÃO*, 223

1. ABRANGÊNCIA DA ÉTICA NA ADMINISTRAÇÃO, 224
   - 1.1 Nível social da ética, 224
   - 1.2 Nível do *stakeholder*, 225
   - 1.3 Ética na administração e política internas, 225
   - 1.4 Ética no nível individual, 225
2. CRIAÇÃO DE SISTEMAS DE VALORES, 226
   - 2.1 Confúcio, 226
   - 2.2 Aristóteles, 227
   - 2.3 Kant, 228
3. ESTÁGIOS DE DESENVOLVIMENTO MORAL, 228
   - 3.1 Estágio pré-convencional de desenvolvimento moral, 229
   - 3.2 Estágio convencional de desenvolvimento moral, 229
   - 3.3 Estágio pós-convencional de desenvolvimento moral, 229
4. RESPONSABILIDADE SOCIAL, 230
5. GOVERNANÇA CORPORATIVA, 230
6. EMPRESAS E AMBIENTE, 231
7. AMBIENTE, SOCIEDADE E GOVERNANÇA, 232
   - 7.1 Origens do ESG, 232
   - 7.2 A Consolidação do ESG: os princípios para o investimento responsável, 233
   - 7.3 Impacto e relevância do ESG na administração organizacional moderna, 233
   - 7.4 Desafios e oportunidades: preparando-se para um mundo orientado pelo ESG, 233
   - 7.5 Instrumentalizando as organizações com a orientação ESG, 234
8. DIVERSIDADE E INCLUSÃO, 235
   - 8.1 O que é diversidade?, 235
   - 8.2 O que é inclusão?, 235
   - 8.3 Diferenças entre diversidade e inclusão, 235
   - 8.4 Organização inclusiva e organização saudável, 235
   - 8.5 Adoção de políticas de diversidade e inclusão pelas organizações, 236

*QUESTÕES E EXERCÍCIOS*, 237

**CAPÍTULO 20 CULTURA ORGANIZACIONAL, 239**

*OBJETIVOS*, 239

*INTRODUÇÃO*, 239

1. CULTURA ORGANIZACIONAL, 240
2. COMPONENTES DA CULTURA ORGANIZACIONAL, 240
   - 2.1 Artefatos, 241
   - 2.2 Tecnologia, 241
   - 2.3 Símbolos, 241
   - 2.4 Valores, 242

3 FUNÇÕES DA CULTURA ORGANIZACIONAL, 242

    3.1 Convivência interna, 242

    3.2 Regras de conduta nas relações com o mundo exterior, 243

4 DISFUNÇÕES DA CULTURA ORGANIZACIONAL, 243

5 SOCIALIZAÇÃO ORGANIZACIONAL, 243

6 SINGULARIDADE E DIVERSIDADE CULTURAL, 244

    6.1 Diversidade, 244

    6.2 Singularidade, 245

7 INDICADORES DE CULTURAS, 245

    7.1 Orientação para o futuro, 245

    7.2 Distância do poder, 246

    7.3 Estruturação das atividades no tempo, 246

    7.4 Pensamento concreto e pensamento abstrato, 246

    7.5 Linguagem, 247

    7.6 Universalismo em contraposição a particularismo, 247

    7.7 Mecanicismo e organicismo, 247

*QUESTÕES E EXERCÍCIOS*, 248

## CAPÍTULO 21 AGILIDADE ORGANIZACIONAL, 249

*OBJETIVOS*, 249

*INTRODUÇÃO*, 249

1 ORIGENS DO ÁGIL, 250

    1.1 Ágil e *Lean*, 250

    1.2 Principais *frameworks* e métodos, 252

    1.3 Manifesto Ágil para desenvolvimento de *softwares*, 252

2 COMPONENTES DA AGILIDADE ORGANIZACIONAL, 254

    2.1 Organizações exponenciais, 254

    2.2 Feitas para durar, 256

3 MÉTODOS, *FRAMEWORKS* E MODELOS, 257

4 CULTURA E COMPORTAMENTO, 260

5 AGILIDADE EM LARGA ESCALA, 261

*QUESTÕES E EXERCÍCIOS*, 262

BIBLIOGRAFIA, 263

GLOSSÁRIO, 269

ÍNDICE ALFABÉTICO, 275

# Parte I

## Conceitos Básicos

**Capítulo 1** – Administração e Organizações

**Capítulo 2** – Breve História da Administração I

**Capítulo 3** – Breve História da Administração II

# 1
# Administração e Organizações

## OBJETIVOS

Ao completar o estudo deste capítulo, você deverá estar preparado para explicar e exercitar os seguintes conceitos:

- » Administração.
- » Papel e importância da administração para todos os tipos de organizações.
- » Desenvolvimento e organização das teorias da administração.
- » Relações entre a teoria e a prática da administração.
- » Principais eventos e ideias da história da administração.
- » Contexto das organizações e da administração no início do terceiro milênio.

## INTRODUÇÃO

A palavra **administração** é usada tão frequentemente no dia a dia que parece não haver dúvidas com relação a seu significado. O mesmo acontece com outras palavras que pertencem ao universo da administração, como planejamento, estratégia, organização, eficiência e outras. Veja, por exemplo:

- "Temos que administrar esse conflito", "O governo administrou o socorro às vítimas das enchentes", "O Presidente terá que administrar as relações com o Congresso".
- "Quais são seus planos para as férias?", "As estratégias de combate à violência...", "É uma pessoa muito organizada", "O sistema Toyota é o mais eficiente", e assim por diante.

Na raiz do uso tão frequente dessas palavras estão os processos de resolução dos problemas e de manejo de recursos que a existência oferece para as pessoas, as famílias, as comunidades, as organizações e para a sociedade global.

A origem da administração consiste nesse processo de tomar decisões para resolver problemas, do presente e do futuro, especialmente quando há organizações envolvidas.

## 1 DEFINIÇÃO DE ADMINISTRAÇÃO

Administração é o processo ou atividade de tomar decisões sobre recursos e objetivos. O processo administrativo abrange cinco tipos principais de decisões, também chamadas processos ou funções: **planejamento**, **organização**, **liderança**, **execução** e **controle**. Isso equivale dizer que o trabalho dos administradores consiste em planejar, organizar, liderar, executar e controlar (Figura 1.1).

**Figura 1.1**
Principais funções do processo de administração.

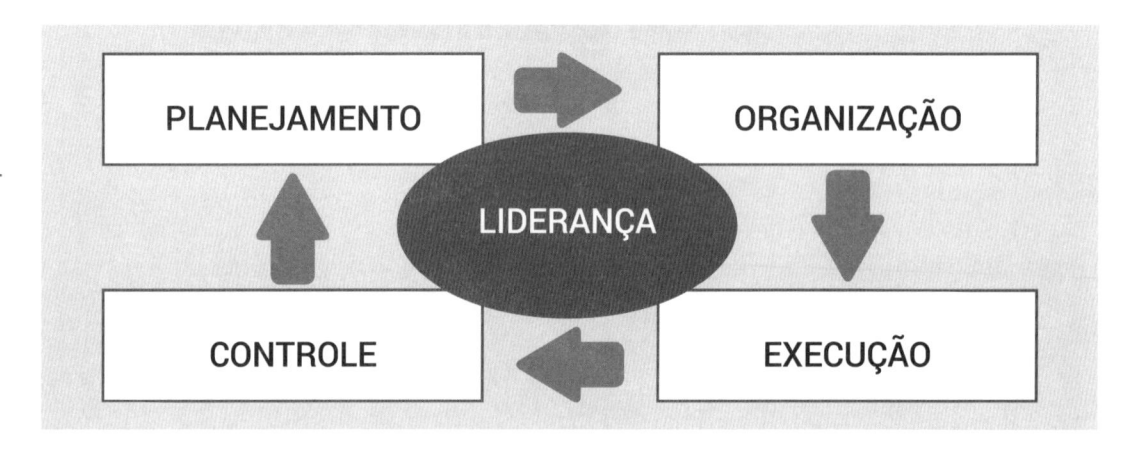

Essa é a definição da administração como **atividade** ou **processo** – como sequência ou conjunto de decisões interligadas. É a interpretação do trabalho dos administradores – sejam donas de casa ou dirigentes de corporações globais – que herdamos de Henri Fayol, importante personagem na história da administração. Você o conhecerá no Capítulo 5.

Então, administração é o processo de tomar decisões que caracteriza o trabalho dos administradores. Mas a administração é mais que isso. É também disciplina e profissão.

### 1.1 Administração como disciplina

A administração existe como **disciplina** – ou seja, como **corpo organizado de conhecimentos** que você estuda hoje nas escolas de administração.

A administração como disciplina tem história recente. Os conhecimentos sistemáticos sobre a administração que hoje estudamos desenvolveram-se a partir do final do século XIX. Depois disso, a produção de conhecimentos adquire velocidade e robustez. A maior parte do que temos para estudar hoje tem pouco mais de 100 anos de idade.

No entanto, desde que existem esforços organizados na História da Humanidade, existe também a preocupação de criar conhecimentos para administrá-los. Um exemplo é a preocupação das organizações militares com princípios de estratégia, uma palavra que significa planejamento.

Resumindo, a prática da administração existe desde sempre, porém a disciplina é recente.

## 1.2 Administração como profissão

A emergência da disciplina da administração e a demanda das grandes organizações por administradores qualificados consolidaram a **administração como profissão**. A dona de casa e o grupo de estudantes que organizam uma competição esportiva são praticantes da administração. A pessoa que estudou administração, porém, é um administrador profissional. Dizer que uma ocupação ou atividade tem a estatura de profissão significa, entre outras coisas, que:

- Há formação especializada, com credenciamento, que se baseia em conhecimentos sistematizados, oferecida por instituições de ensino.
- Há exclusividade na ocupação de cargos – pelo menos de determinados cargos.
- A profissão é reconhecida socialmente.
- O exercício da profissão é regulamentado, pelo governo ou pelos próprios profissionais.

Assim como há diferentes modalidades ou especialidades da engenharia e medicina, o mesmo ocorre com a administração – há administradores financeiros, gerentes de projetos, administradores hospitalares e administradores gerais, entre muitas outras possibilidades.

## 2 ORGANIZAÇÕES

Embora o processo administrativo seja importante em qualquer contexto de utilização de recursos, a razão principal para estudá-lo é seu impacto sobre o desempenho das organizações.

Objetivos e recursos são as palavras-chave na definição de administração e de organização. Uma **organização** é um sistema de recursos que procura realizar algum tipo de objetivo (ou conjunto de objetivos). Além de objetivos e recursos, as organizações têm dois outros componentes importantes: processos de transformação e divisão do trabalho (Figura 1.2).

**Figura 1.2**
Organização: sistema de recursos com objetivos.

RECURSOS → PROCESSOS + DIVISÃO DO TRABALHO → BENS E SERVIÇOS

Organizações são a força motriz que impulsiona a economia e a subsistência de inúmeros indivíduos. Não apenas fornecem uma fonte de renda mediante salários e bônus, mas também geram lucros que são distribuídos aos investidores. É por meio desses fluxos financeiros que as pessoas recebem a compensação por seus esforços e investimentos. Essa recompensa monetária torna-se o meio para a aquisição de bens e serviços essenciais, facilitando a satisfação das necessidades individuais. Consequentemente, as organizações tornam-se peças fundamentais na engrenagem do cotidiano, desempenhando papel vital em nossas vidas e na economia como todo.

Assim, o desempenho das organizações é importante para todas essas partes interessadas – ou *stakeholders*. Para atender a essas expectativas, as organizações precisam de administração, que as faça utilizar corretamente seus recursos e atingir seus objetivos.

Pronto, você já começou a estudar administração. Ou será que devemos dizer gestão, gerenciamento ou gerência? Tanto faz! Você verá logo em seguida.

## 3 EFICIÊNCIA E EFICÁCIA

Duas palavras são usadas para indicar que uma organização tem desempenho de acordo com as expectativas de seus criadores e usuários: **eficiência** e **eficácia**.

- **Eficácia** é a palavra usada para indicar que a organização realiza seus objetivos. Quanto mais alto o grau de realização dos objetivos, mais a organização é eficaz.
- **Eficiência** é a palavra usada para indicar que a organização utiliza produtivamente, ou de maneira econômica, seus recursos. Quanto mais alto o grau de produtividade ou economia na utilização dos recursos, mais eficiente a organização é. Em muitos casos, isso significa usar menor quantidade de recursos para produzir mais. Porém, há outros significados que serão explorados em outros pontos deste livro.

O desempenho nessas duas dimensões depende do modo como as organizações são administradas. O papel da administração é assegurar a eficiência e a eficácia das organizações.

Eficiência e eficácia são avaliadas dentro de contextos. Se você precisa trocar o pneu do carro, talvez precise de mais de 30 minutos. A eficácia (pneu trocado) ocorre no contexto em que a eficiência (30 minutos) não é muito relevante para você. Mas, se você é piloto de corrida, precisa trocar os quatro pneus em menos de três segundos. Custa caríssimo: os mecânicos, as ferramentas, as instalações. Altamente ineficiente da perspectiva do consumidor comum, mas altamente eficaz do ponto de vista de minimizar o tempo de parada (Figura 1.3).

**Figura 1.3**
Parada no *pit-stop* é síntese de eficiência e eficácia.

**Fonte:** maccj | iStockphoto

**Efetividade** é uma medida de desempenho como sinônimo de **impacto**. O impacto é avaliado pelos efeitos finais dos objetivos realizados. Por exemplo: criar um produto é medida de eficácia; esse produto trazer benefícios para a empresa é medida de efetividade. Minimizar o tempo de troca do pneu numa corrida tem o impacto de contribuir para a vitória.

Satisfação dos clientes, competitividade e benefícios sociais são medidas de efetividade ou impacto de algumas organizações.

## 4 CONHECIMENTO E TEORIAS DA ADMINISTRAÇÃO

Para tomar decisões e resolver problemas, você usa conhecimento: sua própria experiência, experiência alheia, conhecimentos formais. Exemplo: para dirigir um automóvel, você precisa adquirir conhecimentos (sobre o carro, procedimentos de condução, legislação de trânsito, trajetos etc.) e aprimorá-los pela prática. O mesmo acontece com a administração das organizações e de qualquer sistema de recursos.

A busca pelo conhecimento para a resolução de problemas encontra raízes profundas em correntes filosóficas como o Racionalismo e o Empirismo. Ambas as correntes fornecem abordagens distintas, porém complementares, para entender e resolver problemas, quer sejam de natureza determinística ou empírica.

René Descartes, um expoente do Racionalismo, advoga que o conhecimento é inerentemente adquirido por meio da razão e do pensamento lógico. Dessa perspectiva, problemas determinísticos – aqueles que seguem regras fixas e previsíveis – podem ser solucionados com a aplicação rigorosa da lógica e do raciocínio dedutivo. Por exemplo, se um problema é estruturado de maneira clara e lógica, podemos resolver de maneira determinística usando princípios racionais e lógicos.

Por outro lado, o Empirismo, representado por filósofos como John Locke e David Hume, propõe que o conhecimento é adquirido primariamente por meio da experiência sensorial. Problemas empíricos, que demandam o uso de observação e experimentação para serem resolvidos, encontram no empirismo um sólido suporte metodológico. Por exemplo, podemos entender o comportamento de um fenômeno complexo ou de um mercado econômico por meio da observação e análise de padrões e tendências.

Nessas duas correntes filosóficas o conhecimento em administração tem suas raízes. O conhecimento sobre a administração das organizações nasce de:

- Experiência prática das pessoas, famílias e grupos sociais, por meio de processos de tentativa e erro (ou experimentação).
- Pesquisa acadêmica.
- Reflexão de praticantes.

Esse conhecimento organiza-se em **escolas**. **Escola** é uma linha de pensamento ou conjunto de autores que usaram o mesmo enfoque, escolheram o mesmo aspecto específico para analisar ou adotaram o mesmo raciocínio. Os autores que formam uma escola, muitas vezes, vivem ou viveram em épocas e locais distintos.

Outros nomes são **enfoques** e **modelos**. Todos serão usados de maneira intercambiável neste livro.

A **teoria geral da administração** é o conjunto dessas ideias. Essencialmente, uma **teoria** é uma representação abstrata do que se percebe como realidade.

## 5 EM QUE MUNDO VOCÊ VIVE?

Vivemos em um mundo onde as ideias de administração permeiam nosso cotidiano, por meio de publicações especializadas, imprensa geral, televisão ou internet etc. Leia uma lista de conceitos, alguns dos quais você já deve ter encontrado:

- *Six Sigma* (ou Seis Sigma): metodologia orientada a dados que busca eliminar defeitos e reduzir a variabilidade em processos de produção e negócios.
- Corrente Crítica: abordagem de gerenciamento de projetos que coloca ênfase na alocação de recursos.
- *Balanced Scorecard*: estrutura de gerenciamento de desempenho que busca equilibrar medidas financeiras e não financeiras.
- Gerenciamento de Projetos segundo o Guia do PMBOK® ou as diretrizes do Project Management Institute (PMI)®: práticas padrão para o gerenciamento de projetos, incluindo planejamento, execução e monitoramento.
- Administração Enxuta, Sistema Toyota, Produção Enxuta: práticas destinadas a minimizar o desperdício e melhorar a eficiência em processos de manufatura e negócios.
- Governança Corporativa: a estrutura de regras e práticas pelas quais uma empresa é dirigida e controlada.
- Empreendedorismo: o ato de criar, desenvolver e gerir um novo empreendimento com o objetivo de obter lucro.
- *Empowerment*: estratégia de gestão que visa dar aos funcionários a liberdade de tomar decisões e ter controle sobre seu trabalho.
- Inteligência Artificial e *Machine Learning*: tecnologias estão revolucionando o modo como as organizações operam, automatizando tarefas e fornecendo *insights* valiosos.
- Agilidade Organizacional: abordagem de gestão que prioriza a flexibilidade e a rapidez na resposta a mudanças no ambiente de negócios.
- Economia Circular: sistema econômico que visa minimizar o desperdício e tornar o uso de recursos o mais eficiente possível.
- Transformação Digital: a integração de tecnologia digital em todas as áreas de uma empresa, mudando fundamentalmente a maneira como opera e entrega valor aos seus clientes.
- Sustentabilidade Corporativa: a prática de desenvolver negócios que tenham um impacto positivo no meio ambiente, na comunidade e na sociedade como um todo.

Se você já viu ou ouviu falar nessas palavras, seja bem-vindo ao mundo das ideias e práticas da administração contemporânea (e moderna), embora algumas delas sejam milenares. Por exemplo: a administração de projetos é praticada desde o tempo da construção das primeiras cidades, há mais de seis mil anos. O planejamento estratégico que você estuda hoje foi inventado há 2.500 anos, na Grécia.

## 6 MAPA DA SELVA DAS TEORIAS

São tantas as ideias sobre a administração, que já se falou em uma "selva das teorias", onde as pessoas entram e se perdem. Para se localizar e caminhar na selva com segurança, você precisa de um mapa, que classifique as ideias em escolas, enfoques e modelos. O mapa encontra-se na Figura 1.4. Veja que há quatro trilhas principais na selva: (1) escola clássica, (2) relações humanas, (3) pensamento sistêmico e (4) enfoque contingencial (ou situacional). Outras classificações mais complexas reconhecem maior número de escolas.[1]

Analisemos agora essas quatro principais escolas, de modo conciso. Nos próximos capítulos, estudaremos os detalhes das principais contribuições dentro dessas escolas.

**Figura 1.4**
Principais escolas da administração.

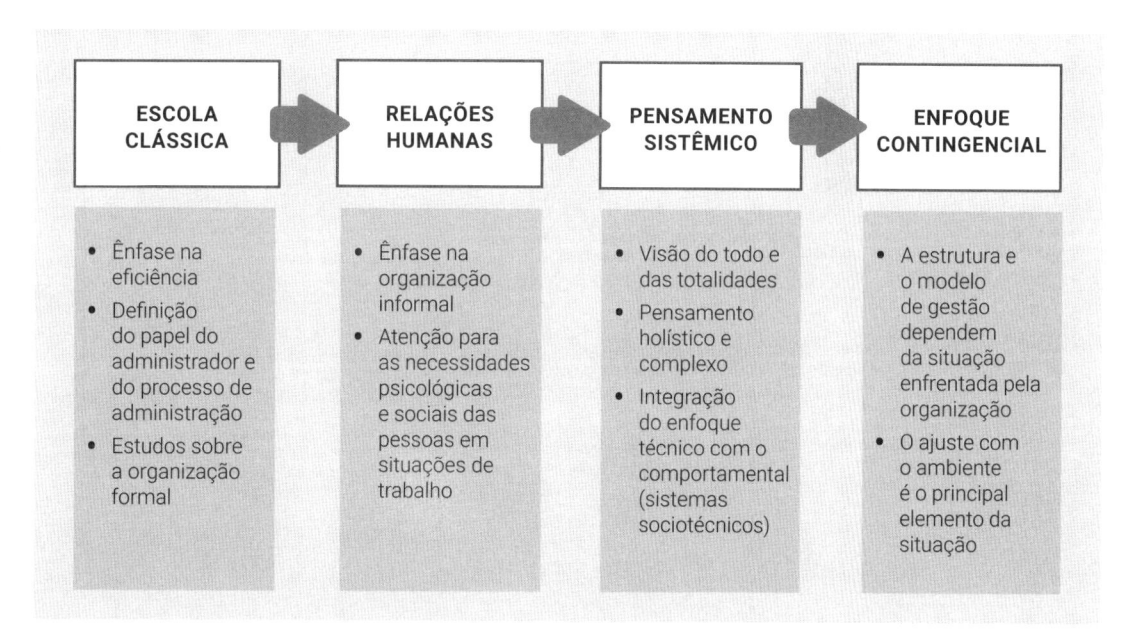

| ESCOLA CLÁSSICA | RELAÇÕES HUMANAS | PENSAMENTO SISTÊMICO | ENFOQUE CONTINGENCIAL |
|---|---|---|---|
| • Ênfase na eficiência<br>• Definição do papel do administrador e do processo de administração<br>• Estudos sobre a organização formal | • Ênfase na organização informal<br>• Atenção para as necessidades psicológicas e sociais das pessoas em situações de trabalho | • Visão do todo e das totalidades<br>• Pensamento holístico e complexo<br>• Integração do enfoque técnico com o comportamental (sistemas sociotécnicos) | • A estrutura e o modelo de gestão dependem da situação enfrentada pela organização<br>• O ajuste com o ambiente é o principal elemento da situação |

## 7 ESCOLA CLÁSSICA DA ADMINISTRAÇÃO

A **escola clássica** tem esse nome porque seus integrantes criaram e sistematizaram os conceitos fundamentais da administração, na transição para o século XX. Esses conceitos, mais que perenes, são **atemporais**: eficiência, organização e processos de decisão são os principais conceitos da escola clássica.

Os clássicos fizeram as primeiras experiências, criaram as primeiras soluções e apresentaram as primeiras ideias. Uma de suas principais preocupações, provavelmente a principal, era entender e fazer funcionar as organizações e os sistemas produtivos que nasceram com a revolução industrial. Frederick Taylor liderou o movimento da administração científica, com ênfase no combate ao desperdício; Henry Ford desenvolveu e implantou a linha de montagem; Henri Fayol explicou o papel dos gerentes e o processo de administrar; Max Weber lançou as bases para o estudo das organizações e da burocracia.

A escola clássica deixou muitos "descendentes". Alguns dos principais são a escola da qualidade e o modelo japonês de administração, do qual nasceu a gestão ágil (Figura 1.5).

---

1  MULLINS, L. J. *Essentials of organisational behaviour*. 3. ed. England: Pearson Education, 2011.

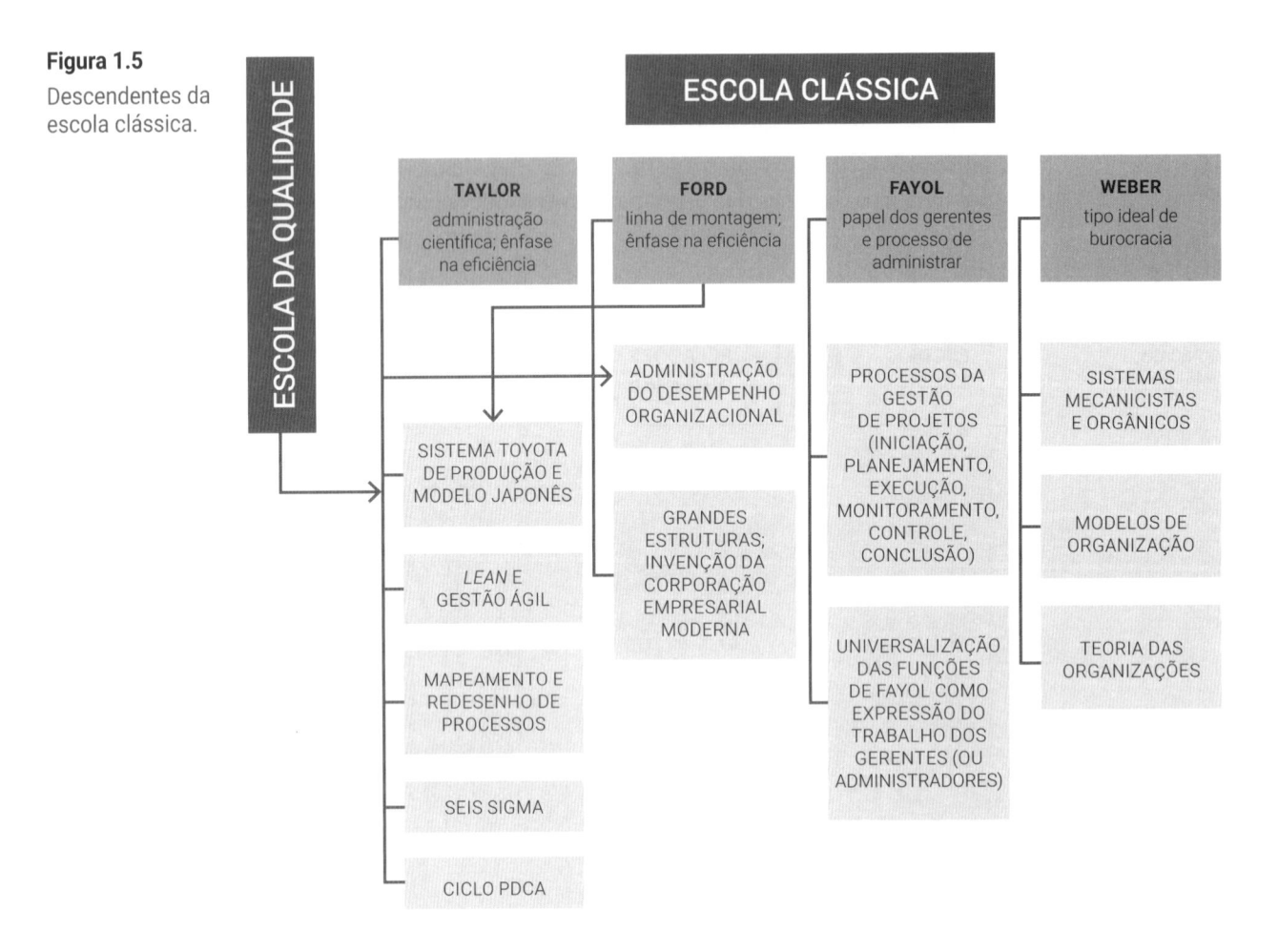

**Figura 1.5**
Descendentes da escola clássica.

**ESCOLA CLÁSSICA**

**ESCOLA DA QUALIDADE**

- TAYLOR: administração científica; ênfase na eficiência
- FORD: linha de montagem; ênfase na eficiência
- FAYOL: papel dos gerentes e processo de administrar
- WEBER: tipo ideal de burocracia

Descendentes de Taylor (Escola da Qualidade):
- SISTEMA TOYOTA DE PRODUÇÃO E MODELO JAPONÊS
- LEAN E GESTÃO ÁGIL
- MAPEAMENTO E REDESENHO DE PROCESSOS
- SEIS SIGMA
- CICLO PDCA

Descendentes de Ford:
- ADMINISTRAÇÃO DO DESEMPENHO ORGANIZACIONAL
- GRANDES ESTRUTURAS; INVENÇÃO DA CORPORAÇÃO EMPRESARIAL MODERNA

Descendentes de Fayol:
- PROCESSOS DA GESTÃO DE PROJETOS (INICIAÇÃO, PLANEJAMENTO, EXECUÇÃO, MONITORAMENTO, CONTROLE, CONCLUSÃO)
- UNIVERSALIZAÇÃO DAS FUNÇÕES DE FAYOL COMO EXPRESSÃO DO TRABALHO DOS GERENTES (OU ADMINISTRADORES)

Descendentes de Weber:
- SISTEMAS MECANICISTAS E ORGÂNICOS
- MODELOS DE ORGANIZAÇÃO
- TEORIA DAS ORGANIZAÇÕES

## 8   RELAÇÕES HUMANAS E ENFOQUE COMPORTAMENTAL

Com as lentes do enfoque comportamental, vemos as organizações como conjuntos de pessoas.

Primeiro, as pessoas como indivíduos: as características que as singularizam, seus interesses e sentimentos, suas motivações e atitudes. Segundo, o sistema social, composto pela interação entre as pessoas: a formação e a dinâmica dos grupos informais, os conflitos, todos os tipos de processos coletivos.

Desde o início da era industrial, especialmente na transição para o século XX, há o interesse em estudar as pessoas e os sistemas sociais para entender seu impacto sobre o desempenho. Assim, ao mesmo tempo em que se consolidava o enfoque técnico representado por pessoas como Taylor e Ford, o enfoque do comportamento organizacional ganhava espaço na teoria e na prática da administração. Esse enfoque tem raízes muito antigas e é assunto de que se ocupam diferentes disciplinas, focalizando dois temas principais (Figura 1.6):

1. As características que diferenciam as pessoas umas das outras.
2. O comportamento coletivo das pessoas: como integrantes de grupos, de organizações e da sociedade.

**Figura 1.6**
Temas da escola comportamental.

| ÁREAS DO CONHECIMENTO DO ENFOQUE COMPORTAMENTAL | IDEIAS PRINCIPAIS |
|---|---|
| CARACTERÍSTICAS E DIFERENÇAS INDIVIDUAIS | Entendimento das pessoas como entes singulares, mas que se classificam em categorias pela similaridade de traços de comportamento |
| MOTIVAÇÃO | Motivação como impulso interior para o comportamento e como produto da interação com estímulos externos |
| LIDERANÇA | Capacidade de influenciar o comportamento alheio, que resulta de motivação intrínseca do líder e identidade entre as propostas do líder e as motivações dos liderados, entre outros fatores |
| ÉTICA E RESPONSABILIDADE SOCIAL | Estudo e disseminação dos valores que governam as relações entre as pessoas, em diferentes níveis da vida em sociedade |
| CULTURA ORGANIZACIONAL | Estudo dos artefatos, hábitos, símbolos e valores que singularizam as sociedades de todos os tipos e as diferenciam umas das outras |

Um dos eventos mais importantes na história do enfoque comportamental na administração é o chamado **experimento de Hawthorne**, que revelou a importância do grupo sobre o desempenho dos indivíduos e deu a partida para os estudos sistemáticos sobre a organização informal. O experimento foi realizado no período de 1927 a 1933 e fez parte de um programa mais amplo. Esse experimento fez nascer a chamada **escola de relações humanas** e demonstrou que entre os fatores mais importantes para o desempenho individual estão as relações com os colegas e os administradores. Hoje isso pode parecer óbvio demais, mas foi revolucionário e representou uma nova filosofia de administração, em relação às ideias então predominantes da escola científica.

## 9 PENSAMENTO SISTÊMICO

O **pensamento sistêmico** é uma ferramenta para entender e manejar a complexidade, desde que se consiga estabelecer limites ou "recortes" para sua observação. Aprender a definir limites é parte do processo de dominar a ferramenta sistêmica.

O **pensamento sistêmico** é uma jornada intelectual sinuosa, que frequentemente intersecta os caminhos das várias escolas de pensamento, incluindo a escola clássica, a escola da qualidade e a escola da estratégia. No entanto, o pensamento sistêmico é uma disciplina distinta, com seu próprio espírito e identidade únicos.

Adotar um enfoque sistêmico expande nossa perspectiva, permitindo-nos ver além dos componentes individuais para apreciar o todo – observar a floresta em vez de apenas as árvores, para utilizar uma metáfora frequentemente associada ao pensamento sistêmico. Algumas pessoas possuem essa visão abrangente, sendo capazes de gerir sistemas complexos, desde linhas de montagem até gerenciamento de projetos. Esses indivíduos são verdadeiros "arquitetos de sistemas".

O pensamento sistêmico é uma ferramenta inestimável para compreender e gerenciar a complexidade, desde que sejamos capazes de estabelecer limites para nossa observação. Aprender a definir esses limites é parte essencial do processo de dominar a abordagem sistêmica.

No Capítulo 17, teremos oportunidade de fazer uma visita mais demorada ao pensamento sistêmico.

## 10 ENFOQUE CONTINGENCIAL

Qual é o melhor modelo, enfoque ou escola? Escola da eficiência, modelo japonês, enfoque humanístico, estilo participativo – qual é melhor? Tudo depende. As teorias oferecem aos administradores a possibilidade de escolher entre modelos de gestão ou estilos, cada um apropriado para uma situação. O administrador pode andar pela trilha que escolher, dependendo dos problemas a resolver.

Algumas teorias servem para determinados problemas, mas não para outros. Isso fez surgir uma escola de pensamento chamada **teoria da situação**, **enfoque contingencial** ou **teoria situacional** (*contingency theory*).

A expressão vem do inglês *contingent upon* (dependente de...). Nessa concepção, a estrutura organizacional e o modelo de gestão dependem de variáveis como o ambiente, os recursos humanos, a tecnologia e o trabalho a realizar.

A teoria situacional estabelece que não há maneira de administrar que seja melhor que outra. A solução "melhor" depende do ambiente da organização, de sua tecnologia e de vários outros fatores. Em resumo, depende da situação. Há diversas teorias situacionais na administração: por exemplo, liderança situacional e o enfoque situacional na escolha da estrutura de organização.

Ainda com base nas ideias de Weber, foram postulados dois modelos de organização: mecanicista e orgânico. Esses modelos são situacionais, e sua eficácia depende das variáveis anteriormente explicadas.

## 11 LINHA DO TEMPO DA ADMINISTRAÇÃO

A moderna teoria geral da administração, que você estuda hoje, tem muitos conceitos que foram criados pelos primeiros administradores. Esses conceitos, ao longo dos séculos, evoluíram continuamente, influenciados pelas circunstâncias de cada momento histórico. Apesar de os problemas de um momento serem semelhantes aos de outros, as soluções precisam ser diferentes, porque o contexto muda constantemente.

A linha do tempo da administração a seguir apresenta eventos importantes da história da administração e das organizações, bem como ideias que deles surgiram e os influenciaram. A linha do tempo representada na Figura 1.7 fornece a visão de conjunto das teorias que serão analisadas no restante do livro.

**Figura 1.7**
Linha do tempo da administração.

| PERÍODO E LOCAL | EVENTOS |
|---|---|
| 3.000 a.C., Mesopotâmia | • Civilização suméria. Escrituração de operações comerciais. Primeiros dirigentes e funcionários administrativos profissionais |
| Século XXVI a.C., Egito | • Construção da Grande Pirâmide. Planejamento, organização e controle elaborados. Primeiro "livro" de administração da história: **Deveres do Vizir**, gravado em hieróglifos nas paredes de algumas pirâmides |
| VIII a.C. até IV d.C., Império Romano | • Grande organização multinacional com instituições administrativas sofisticadas. Diversos tipos de dirigentes, participação popular no governo, legislação, estruturas, exército organizado e profissionalizado etc. Romanos foram precursores das organizações modernas |
| V a.C., Grécia | • Democracia, ética, qualidade, método científico, teorização, estratégia, conhecimento e outras ideias fundamentais |
| III a.C., Índia | • **Arthashastra de Kautilya**, manual de deveres do rei e de seus ministros. Primeiro manual completo de administração da história |
| IV a.C., China | • Sun Tzu, **A Arte da Guerra**; manual de estratégia e princípios de comportamento gerencial |
| XV a XVI d.C., Itália | • Renascimento. Arsenal de Veneza; invenção da contabilidade, Luca Pacioli; Maquiavel, **O Príncipe**; homem polimático; capitalismo mercantil; economia criativa |
| XVIII, Inglaterra | • Revolução Industrial |
| XIX-XX, Alemanha | • Psicologia experimental, Wundt; burocracia, Weber |
| 1881, Estados Unidos | • Primeira escola de administração, fundada por Joseph Wharton |
| Transição para o Século XX, Estados Unidos | • Início do movimento da administração científica, Frederick Taylor; linha de montagem móvel, Henry Ford; movimento da qualidade, Shewhart, Deming e Juran |
| 1916, França | • Fayol, Administração Industrial e Geral |
| Década de 1950, Japão | • Sistema Toyota de Produção, administração enxuta, modelo japonês de administração |
| 1969, Estados Unidos | • Fundação do Project Management Institute (PMI) |
| Década de 1980, Estados Unidos | • Reengenharia, Seis Sigma, redesenho de processos |
| Transição para o século XXI | • Gestão enxuta, popularização do movimento ágil |

## 12 MOVIMENTO ÁGIL

Em 1986, o mundo estava passando por um período significativo de transformação tecnológica. A ascensão da tecnologia da informação estava remodelando indústrias e a inovação tornava-se cada vez mais importante para o sucesso empresarial. Foi nesse contexto que os professores Hirotaka Takeuchi e Ikujiro Nonaka publicaram o artigo seminal "The New New Product Development Game" na *Harvard Business Review*.

Influenciados pelas rápidas mudanças na economia global e na necessidade de velocidade e flexibilidade no desenvolvimento de novos produtos, Takeuchi e Nonaka buscaram entender como as empresas poderiam melhorar seus processos de inovação. Eles estudaram uma variedade de empresas bem-sucedidas na indústria automobilística, de computadores e de produtos de consumo, entre outras, buscando descobrir os segredos por trás de sua capacidade de inovar rapidamente e efetivamente.

No artigo, eles introduziram uma abordagem inovadora ao desenvolvimento de produtos, que chamaram de "*rugby approach*". A inspiração veio do esporte rúgbi, em que o jogo avança para frente passando a bola para trás, com uma série de jogadas sobrepostas e integradas. Essa abordagem contrastava com os métodos tradicionais de desenvolvimento de produtos, que eram normalmente sequenciais e divididos em estágios distintos.

O termo *scrum* é derivado dessa analogia com o rúgbi. No esporte, um "*scrum*" é uma formação usada para reiniciar o jogo, pela qual os jogadores se unem em um esforço coletivo para ganhar a posse da bola. De maneira similar, no desenvolvimento de produtos, a abordagem Scrum envolve equipes pequenas e multidisciplinares trabalhando juntas de modo intensivo e iterativo.

O trabalho de Takeuchi e Nonaka revelou que esse novo modelo de desenvolvimento de produtos era mais adaptável às mudanças do mercado, facilitava a comunicação e a colaboração dentro das equipes e, crucialmente, acelerava o processo de inovação. As ideias apresentadas no artigo "The New New Product Development Game" influenciaram profundamente as práticas de gestão de projetos e continuam sendo fundamentais na metodologia ágil, particularmente na abordagem *Scrum*, utilizada hoje em todo o mundo.

Em fevereiro de 2001, um grupo de 17 desenvolvedores de *software* reuniu-se no *resort* de esqui de Snowbird, em Utah. Esse grupo incluía Schwaber e Sutherland, bem como outros líderes do setor que haviam desenvolvido suas próprias abordagens iterativas e flexíveis ao desenvolvimento de *software*, incluindo Extreme Programming, Crystal, DSDM, entre outras. O objetivo dessa reunião era discutir essas metodologias e descobrir suas semelhanças.

No final do encontro, os participantes chegaram a um conjunto de quatro valores e 12 princípios que todas as suas metodologias compartilhavam. Eles escreveram esses valores e princípios no que se tornaria o Manifesto Ágil. A escolha do termo **ágil** para representar essas ideias não foi imediata. Na verdade, outras palavras, como **leve** e **adaptativo**, foram consideradas. No entanto, **leve** parecia minimizar a quantidade de disciplina e habilidade necessárias para implementar essas metodologias, enquanto **adaptativo** poderia sugerir que a mudança era uma opção, e não um requisito inerente.

A palavra **ágil** foi finalmente escolhida porque encapsulava a ideia de ser capaz de se mover rapidamente e com facilidade, bem como de responder prontamente à mudança – um elemento essencial do desenvolvimento de *software* no ritmo acelerado e em constante evolução do século XXI. Assim, a partir do artigo seminal de Takeuchi e Nonaka, passando pela formação do *Scrum*, até a criação do Manifesto Ágil, a ideia de desenvolvimento ágil evoluiu e teve impacto profundo no mundo do *software* e além.

Com o tempo, o termo **ágil** tornou-se amplamente aceito, representando uma filosofia de desenvolvimento de *software* que prioriza a adaptação e a resposta rápida à mudança.

## QUESTÕES E EXERCÍCIOS

1. Você leu neste capítulo que a administração é uma disciplina ou área de conhecimentos que se aplica em qualquer escala de uso de recursos. Dê exemplos específicos de uso dos conceitos e ferramentas da administração nos seguintes casos: realização de um trabalho escolar, de uma festa de formatura e de um campeonato esportivo, divisão do dia e da semana entre diferentes atividades (escola, estudo, lazer etc.), atividades voluntárias e comunitárias etc. Explique sua resposta.
2. Dos recursos que você utiliza – tempo, dinheiro, meios de transporte, materiais de estudo, casa, relações com familiares e colegas, equipamento público etc. –, quais são mais importantes e exigem mais capacidade de administração? Por quê?
3. Usando suas próprias palavras e exemplos, defina eficácia, eficiência e efetividade.
4. Cite exemplos específicos de desempenho eficiente (ou ineficiente) e eficaz (ou ineficaz), em qualquer caso de uso de recursos que você conheça.
5. Em que mundo você vive? Cite e explique uma ideia da administração na atualidade que você conheça.

# 2
# Breve História da Administração I

## OBJETIVOS

Ao completar o estudo deste capítulo, você deverá estar preparado para explicar e exercitar os seguintes conceitos:

» Principais contribuições à formação do conhecimento administrativo, desde a época das primeiras organizações.
» Funcionamento das práticas e ideias da Antiguidade nas organizações atuais.

## INTRODUÇÃO

Neste capítulo, você estudará a **história** das organizações e da administração, desde a **Antiguidade** até o período medieval. **Antiguidade** é o período que começa há cerca de seis mil anos, na região que hoje é o Oriente Médio.

Muitas ideias e técnicas da atualidade têm raízes nessa época. Ao longo dos séculos, essas ideias e técnicas, influenciadas pelas circunstâncias de cada momento histórico, evoluíram continuamente. Neste capítulo, você encontrará uma história sucinta dessas ideias e técnicas. O estudante de administração da atualidade tem muito a aprender com essa história.

# 1 REVOLUÇÃO URBANA

Por volta de 4000 a.C., os primeiros agricultores promoveram a **revolução urbana** numa parte do que viria a ser o Oriente Médio, enquanto a Ásia e a América estavam virtualmente na pré-história. No mesmo período, a Europa avançava da pré-história para a revolução agrícola.

Com a revolução urbana, surgiram as cidades e os estados. Essas primeiras organizações formais demandaram a criação de práticas administrativas que se estabilizariam e evoluiriam nos séculos seguintes. A Figura 2.1 apresenta um resumo das principais contribuições à prática da administração, que foram feitas no período entre cerca de 3000 a.C. e 500 a.C.

**Figura 2.1**

Administração entre 3000 a.C. e 500 a.C.

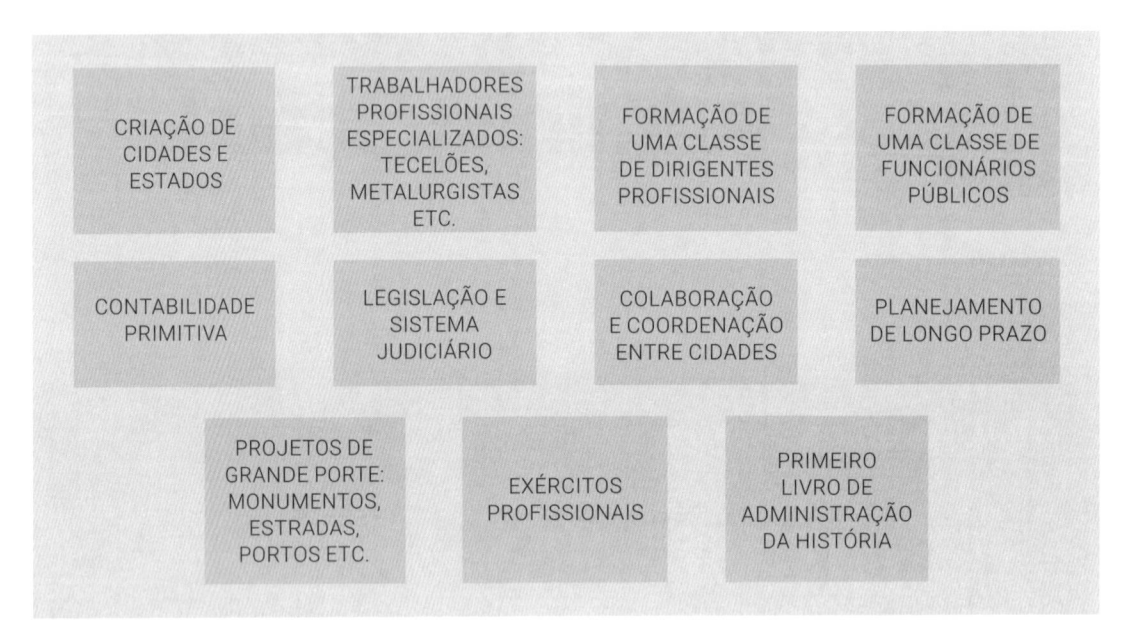

- CRIAÇÃO DE CIDADES E ESTADOS
- TRABALHADORES PROFISSIONAIS ESPECIALIZADOS: TECELÕES, METALURGISTAS ETC.
- FORMAÇÃO DE UMA CLASSE DE DIRIGENTES PROFISSIONAIS
- FORMAÇÃO DE UMA CLASSE DE FUNCIONÁRIOS PÚBLICOS
- CONTABILIDADE PRIMITIVA
- LEGISLAÇÃO E SISTEMA JUDICIÁRIO
- COLABORAÇÃO E COORDENAÇÃO ENTRE CIDADES
- PLANEJAMENTO DE LONGO PRAZO
- PROJETOS DE GRANDE PORTE: MONUMENTOS, ESTRADAS, PORTOS ETC.
- EXÉRCITOS PROFISSIONAIS
- PRIMEIRO LIVRO DE ADMINISTRAÇÃO DA HISTÓRIA

# 2 EGITO

Por volta de 3100 a.C., o Egito foi unificado, dando origem a um reino que chegaria até o início da era cristã.

## 2.1 Pirâmides

As **pirâmides** são o mais conhecido testemunho das aptidões técnicas e administrativas dos egípcios. Para construí-las, eles enfrentaram e resolveram problemas gigantescos de administração de mão de obra, uso de arquitetos e logística. A grande pirâmide de Quéops (Figura 2.2) é feita de 2.300.000 blocos de pedra, com peso médio de 2,5 toneladas. Originalmente, tinha 146,5 metros de altura e 230 metros em cada um de seus lados. Estima-se que 100 mil pessoas tenham trabalhado em sua construção, entre 2589 e 2566 a.C. Na média, a construção da pirâmide envolveu a movimentação de cerca de 270 blocos de pedra de 2,5 toneladas, todos os dias, durante 23 anos...

**Figura 2.2**

Grande Pirâmide de Quéops (ou Khufu).

Fonte: smartin69 | iStockphoto

## 2.2 Administração: o vizir

Embora o faraó tivesse a autoridade suprema como legislador e juiz, o verdadeiro chefe da administração governamental era o **vizir** – palavra usada para traduzir o título do cargo equivalente ao de primeiro-ministro –, a maior autoridade civil abaixo do faraó (no mesmo nível hierárquico em que estavam os altos sacerdotes e a nobreza). É a posição que, segundo a Bíblia, foi ocupada pelo hebreu José, filho de Jacó, que havia sido vendido como escravo, 1.900 anos a.C. Durante um período, houve vizires para as diferentes regiões do Egito.

**Os deveres do vizir** é um texto encontrado nas tumbas de diversos ocupantes desse cargo. Foi escrito durante o reinado do faraó Ahmose (c. 1539-1514 a.C.). Provavelmente, foi encomendado pela mãe do faraó, que administrava o reino durante as campanhas militares do filho. É, portanto, o mais antigo manual de administração do mundo.

O vizir era o representante e o executivo do rei, bem como sua principal fonte de informação. Nesse papel, desempenhava duas funções principais. A primeira era a direção do palácio real e de seu pessoal, trabalhando em estreita colaboração com o supervisor do tesouro real. A segunda era o controle da administração governamental, de seus departamentos e funcionários, atuando como auditor e árbitro de procedimentos administrativos.

As responsabilidades do vizir alcançavam assuntos como agricultura, plantio e corte de árvores e irrigação, bem como a supervisão dos administradores de regiões e cidades. O quadro a seguir retrata uma adaptação da "descrição de cargo" do vizir.[1] Nesse quadro, você lerá o primeiro livro de administração do mundo.

---

1 Disponível em: https://www.ucl.ac.uk/museums-static/digitalegypt/administration/dutiesviziertrans.html © 2002. University College London. Acesso em: 17 out. 2023.

**Extrato de "Os deveres do vizir"**

> » "TODOS OS DIAS, O TESOUREIRO VIRÁ PRESTAR CONTAS PARA O VIZIR; E O VIZIR PRESTARÁ CONTAS PARA O TESOUREIRO. EM SEGUIDA, O VIZIR ORDENARÁ A ABERTURA DE TODAS AS PORTAS DO PALÁCIO. NAS AUDIÊNCIAS EM SEU GABINETE, SE ALGUÉM NÃO ESTIVER TRABALHANDO DIREITO, OU NÃO TIVER RESPOSTA APROPRIADA PARA UM QUESTIONAMENTO, SEU NOME SERÁ ANOTADO NO REGISTRO CRIMINAL DA GRANDE PRISÃO. SE SEUS ATOS SE REPETIREM, SERÁ INFORMADO DE QUE ESTÁ NO REGISTRO CRIMINAL.
>
> » É ELE QUEM MANDA OS CONSELHEIROS DISTRITAIS PARA CONSTRUIR CANAIS EM TODO O PAÍS. É ELE QUEM MANDA OS ADMINISTRADORES REGIONAIS E OS SUPERVISORES DE DOMÍNIOS PARA CULTIVAR A TERRA.
>
> » É ELE QUEM ENVIA O EXÉRCITO E OS ESCRIBAS PARA EXECUTAR AS INSTRUÇÕES DO SENHOR.
>
> » EM TODA AUDIÊNCIA, EM SEU GABINETE FICARÁ UM REGISTRO DE CADA DISTRITO, TRATANDO DE TODOS OS ASSUNTOS.
>
> » É ELE QUEM NOMEIA OS CHEFES DO FUNCIONALISMO PARA AS REGIÕES E ELES LHE RELATAM TUDO O QUE ACONTECE, A CADA QUATRO MESES.
>
> » É ELE QUEM MANDA CORTAR ÁRVORES NOS DOMÍNIOS DO REI. É ELE QUEM DISTRIBUI OS ESPÓLIOS (DE GUERRA) PELOS DISTRITOS; É ELE QUEM JULGA E TOMA DECISÕES."

## 3 GRÉCIA

Por volta do século V a.C., começou na Grécia um fértil período de produção de ideias que viriam a influenciar profundamente a sociedade. Democracia, estratégia, igualdade de todos perante a lei, ética na administração pública, planejamento urbano, universalidade da administração, raciocínio metódico, natureza do conhecimento e qualidade são alguns dos muitos assuntos dos quais os gregos se ocuparam. Seus debates e proposições sobre esses temas contam-se entre as mais importantes contribuições para a civilização. A Figura 2.3 faz um resumo dessas contribuições.

**Figura 2.3**
Ideias gregas.

**DEMOCRACIA** = Administração participativa direta

**ÉTICA** = Felicidade dos cidadãos como responsabilidade fundamental dos administradores da polis

**MÉTODO** = Busca do conhecimento por meio de investigação sistemática e reflexão abstrata

**ESTRATÉGIA** = Encadeamento lógico de meios e fins

**QUALIDADE** = Ideal do melhor em qualquer campo de atuação

**EXECUTIVOS DA CIDADE** = Eleitos pela assembleia dos cidadãos

Fonte: Mlenry | iStockphoto

## 3.1 Democracia e ética

No campo das soluções práticas, há mais de 2.500 anos os gregos inventaram e implantaram a **administração democrática** de suas cidades-estados. A democracia participativa foi uma inovação, numa época em que os monarcas governavam segundo os interesses da aristocracia (o governo dos poucos, que detinham a maior parte das riquezas).[2]

---

2   OBER, J. *Democracy and knowledge.* Princeton: Princeton University Press, 2008.

A participação direta na reunião periódica chamada Assembleia (e não a representação por meio de congressistas) era o instrumento da democracia ateniense. Os cidadãos atenienses tinham o direito de participar da Assembleia entrando nos debates, oferecendo emendas e votando a respeito de paz e guerra, impostos, obras públicas e qualquer outro assunto que fosse objeto de decisão governamental. As reuniões da Assembleia, realizadas quatro vezes a cada período de 36 dias, eram preparadas por um Conselho de 500 eleitos.

Os altos funcionários do Estado, os estrategos (generais) e os membros de comissões temporárias, incumbidas de tarefas especiais, também eram eleitos.

## 3.2 Método

Outra contribuição importante dos gregos é o **método** de procurar o verdadeiro conhecimento sobre a natureza do universo e do ser humano por meio da investigação sistemática, em lugar de aceitar as explicações da mitologia. Os gregos propuseram que o entendimento da realidade começa quando se faz a pergunta certa e quando se percebe a necessidade de generalização.

A esse respeito, Platão propunha que o verdadeiro conhecimento advinha da especulação conceitual, e se encontrava nas ideias e formas, eternas e reais, e não na experiência, que era transitória.

Aristóteles, por outro lado, entendia que o conhecimento começa com o estudo da realidade. Essa é a perspectiva empírica, que explicamos no Capítulo 1, e que se encontra na base do experimentalismo científico. Embora aparentemente antagônicos na origem, esses dois pontos de vista conciliam-se na ciência moderna. Ambos podem ser encontrados nos métodos usados pela administração científica, como o estudo sistemático das tarefas e o entendimento de que a técnica é apenas uma aplicação particular de um princípio geral.

## 3.3 Qualidade

A preocupação com o bom e o belo, as proporções das formas na escultura e nas construções, a virtude, as normas éticas absolutas, a hospitalidade e outros princípios de conduta cultivados pelos gregos são fundamentais da **ideia da qualidade** como o melhor que se pode fazer em qualquer campo de atuação.

Entre os gregos, qualidade era o **ideal da excelência**, ou *aretê*. Excelência é a característica que distingue algo pela superioridade em relação aos semelhantes e depende do contexto. Para o cavalo de corrida, é a velocidade. No homem, é a superioridade moral, intelectual e física. Para Platão, o teste básico de qualquer ação pública consistia em perguntar: isso faz os homens melhores do que eram antes?

Qualidade como sinônimo de melhor e nível mais alto de desempenho são conceitos que continuam atuais depois de séculos.

## 3.4 Planejamento e estratégia

**Estratégia**, entre os gregos, era a arte e a profissão dos generais.

Na **Ética a Nicômacos**, Aristóteles diz que a vitória é a finalidade da estratégia, assim como a saúde é a finalidade da medicina.[3]

---

3   ARISTÓTELES. *Ética a Nicômacos*. Brasília: Editora UnB, 1985.

No contexto original, estratégia significa decidir como empregar recursos – duração da ação, escolha do momento, treinamento, combatentes e equipamentos – para derrotar um adversário militar, seja numa situação de defesa, seja de ataque.

Devemos a Sócrates uma descrição do cargo de **estratego**. Em um diálogo com Nicomáquides, que perdeu a eleição para esse posto, Sócrates, enfatizando a gestão de pessoas – seleção, treinamento e organização da equipe –, convence-o de que o trabalho de estratego não é diferente do trabalho de empresário, porque as responsabilidades e as competências eram as mesmas.[4]

Os estrategos eram mais do que chefes militares. Eles eram eleitos também para fazer a guerra, mas suas funções eram mais amplas. Os estrategos eram responsáveis pelas relações com as outras cidades, pela administração das finanças e pela segurança da cidade. Os estrategos eram a expressão do poder não religioso na sociedade ateniense.[5]

## 4 ROMA[6]

A história do Império Romano cobre o período entre os séculos VIII a.C. e IV d.C., que marca seu fim no Ocidente. Somando a esse período o Império no Oriente até a queda de Constantinopla, em 1453, são mais de 2.200 anos de história.

Os romanos conheceram **três sistemas** diferentes de governo: **realeza**, **república** e **império**. Na realeza, Roma é uma comunidade local. Durante a república, começou a expansão que criou o Império Romano, nos sentidos geográfico e político da expressão. O regime imperial de governo foi criado quando o Império físico já estava construído. A Figura 2.4 apresenta um resumo desses três períodos.

**Figura 2.4**

Períodos da história romana.

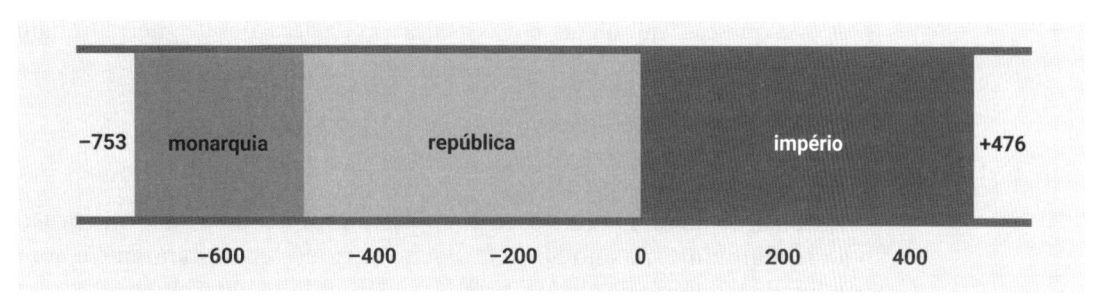

Além de grandes engenheiros, gerentes de projetos e militares, os romanos eram legisladores e administradores primorosos. Toda sua estrutura administrativa foi criada por meio de leis. Seu processo de tomar decisões sobre essas leis e a vida coletiva tinham por base um modelo de participação popular com diversas instâncias. Roma sempre praticou a democracia direta ou pelo menos manteve as instituições democráticas.

Muito das instituições, ideias e linguagem dos romanos continua a nos acompanhar. Todas as criações romanas são embriões das instituições modernas. Neste capítulo, focalizaremos apenas contribuições ao mundo da administração.

---

4 Sócrates, segundo Xenofonte. XENOPHON. *Xenophon IV: Memorabilia, Oeconomicus, Symposium, Apology*. Tradução: MARCHANT, E. C. Cambridge: Harvard University Press, Loeb Classical Library, 1923.

5 PHÉLIZON, J. F. *L'action stratégique*. Paris: Economica, 1998.

6 Esta parte do capítulo foi escrita com base em: ABBOTT, F. F. *Roman political institutions*. Boston: Ginn and Company, 1911.

## 4.1 Magistrados romanos

Os romanos tinham administradores para todas as possibilidades. Entre eles, o *magistratus* (**magistrado**) era o ocupante dos cargos de nível mais alto no governo romano. O magistrado era o representante autorizado do povo para conduzir assuntos públicos de caráter secular. Essa autorização vinha de uma eleição pelo conjunto do povo, *populus*, representado pelo senado e/ou pelas assembleias (ou comícios). Analisemos os magistrados nos três períodos da história romana: **reis**, **cônsules** e **imperadores**.

### 4.1.1 O rei

Na fundação da cidade, os clãs que tinham se fundido concordaram em aceitar uma liderança política única, personificada no *rex* (**rei**), com mandato vitalício. Sete reis governaram Roma entre 753 a.C. e 509 a.C., o ano da fundação da república. Segundo a lenda, o primeiro rei foi Rômulo, o fundador da cidade. Rômulo, rei por autoproclamação, criou o senado, formado pelos mais velhos do povo, os *patres*, e dividiu o povo em 30 **cúrias** (*curiae*).

- O rei devia consultar o senado em questões importantes, embora não fosse obrigado a fazê-lo.
- Era o supremo governante: executivo chefe, sumo sacerdote, legislador e juiz do Estado.
- Na guerra, podia convocar e organizar tropas, escolher líderes e conduzir as campanhas.
- Controlava as propriedades do Estado, podia dispor de territórios conquistados e empreender obras públicas.
- Representava o povo nas relações com os deuses e outras comunidades. A introdução de novas divindades, no entanto, só podia ocorrer com a permissão dos sacerdotes.
- As questões que afetassem as *gentes* e as declarações de guerra tinham que ser referendadas pelo povo.

### 4.1.2 Cônsules

A transição da monarquia para a república processou-se de forma brusca, com a deposição do rei Tarquínio, no ano 509 a.C. Foi no período republicano que o controle de Roma se expandiu, do território da cidade, para todo o mundo mediterrâneo.

No lugar do rei, que era escolha dos *patres*, dois executivos chefes, chamados **cônsules**, eram eleitos anualmente. Para evitar conflitos, os cônsules se revezavam mensalmente. O cônsul era o presidente do senado e da assembleia popular. Os cônsules tinham atribuições militares, administrativas e judiciais. Comandavam o exército, a segurança pública, faziam o recenseamento, geriam as finanças públicas e a justiça criminal.[7]

Os cônsules tinham títulos alternativos como **pretores** (comandantes militares) e **juízes** (*iudices*) no desempenho de suas funções civis. Os cônsules estavam sujeitos a diversos tipos de controle e podiam ser responsabilizados por sua conduta.

### 4.1.3 Imperadores

O Império (a partir de 27 a.C.) nasceu após o assassinato de Júlio Cesar, o último ditador (embora alguns autores o considerem o primeiro imperador). Convencionalmente, Otaviano Augusto (Gaius Octavius), sobrinho-neto de Júlio Cesar, é o primeiro imperador.

---

[7] MOREIRA ALVES, J. C. *Direito romano*. São Paulo: Atlas, 2014.

Os diversos imperadores, desde Augusto, fizeram várias modificações na administração pública. Algumas delas na administração municipal. A cidade precisava de cuidados constantes. Por isso, a supervisão geral das obras públicas foi atribuída a dois *curatores operum publicorum* (**curadores das obras públicas**). Criou-se um **corpo de polícia e bombeiros**, com oito mil homens. A cidade foi dividida em quatro regiões e essa força de proteção foi distribuída entre elas. Um prefeito foi designado para comandá-la.

- **Organização territorial do Império**. O território do Império foi dividido em quatro grandes prefeituras (regiões), circundando todo o Mediterrâneo. As prefeituras, a cargo dos **prefeitos pretorianos**, foram divididas em dioceses e as dioceses em províncias. As províncias ficavam a cargo de **governadores**. As dioceses, a cargo dos **vigários** (*vicarii*). Dentro das províncias estavam as cidades.

## 4.2 Senado romano

A palavra **senado** deriva de *senex*, que significa velho. Senado é a assembleia dos velhos. Antes mesmo de existir Roma, as comunidades tribais que a formaram tinham a assembleia dos mais velhos da tribo. Essa assembleia foi o embrião do senado.

O senado foi uma das instituições mais duradouras dos romanos. Criado junto com a cidade, por Rômulo, passou por diversas transformações ao longo de toda a história dos romanos e sobreviveu mesmo após a queda do Império.

Depois da queda do Império Romano, o senado continuou a funcionar sob o domínio dos "bárbaros", que procuraram preservar a instituição. Finalmente, presume-se que a instituição tenha desaparecido por volta de 630, quando a Cúria Júlia – o edifício do senado, construído no ano 44 a.C. – foi transformada em igreja. É uma das construções romanas que chegaram praticamente intactas aos dias de hoje. O local onde os senadores se reuniam foi restaurado.

## 4.3 Forças armadas

As ideias dos gregos permaneceram por causa de sua força intrínseca, mas, como disse Bertrand Russell, as estradas e as instituições romanas foram eternizadas pelo exército romano.

- No século III a.C., o exército romano havia avançado muito em termos de organização e já apresentava características que pouco se modificariam nos séculos seguintes, como alistamento de profissionais, regulamentação, burocratização, planos de carreira e organização. O que faria do exército romano o modelo para os próximos milênios era o centuriado. Os centuriões formaram a primeira corporação de oficiais profissionais da história. Comando em campanha, motivação dos soldados e transmissão do código de disciplina eram suas principais responsabilidades.

O poder excessivo dos militares e sua interferência em assuntos políticos (o chamado **pretorianismo**) foram componentes da história romana em seus momentos finais.

## 5 PERÍODO MEDIEVAL

À medida que o Império Romano desaparecia, outra organização de grande porte começava a escrever sua história. A Igreja Católica herdou muitas das tradições administrativas dos romanos, a começar pela administração do território. Com suas dioceses, províncias e vigários, a Igreja copiou não apenas o tipo de organização geográfica, mas também a linguagem que os romanos usavam para designar os administradores locais.

À estrutura geográfica, a Igreja acrescentou uma poderosa administração central com diversas assessorias criadas ao longo dos séculos, responsáveis pela propagação da fé, preservação da doutrina e formação de sacerdotes. Essa estrutura preservou e fortaleceu as tradições administrativas desenvolvidas pelos romanos, como hierarquia, disciplina, descentralização de atividades e centralização de comando. Simples e eficiente, essa estrutura possibilitou à Igreja espalhar-se pelo mundo todo, virtualmente sem concorrência, que só viria a aparecer com a Reforma.

## 5.1 A Regra de São Bento[8]

Um dos ramos da Igreja Católica que se desenvolveram durante o período medieval e que deu grande contribuição para a expansão do cristianismo foi o movimento monástico. O monasticismo ou monaquismo (do grego *monos*, que significa singular, único ou só) é a palavra que designa o estilo de vida e o modo de organização dos monges.

O monasticismo cristão surgiu praticamente junto com o cristianismo. A grande força sistematizadora do monasticismo cristão é a Regra de São Bento, que viveu entre 480 e 547. É "uma regra dos monges, notável pelo espírito de discernimento e clara pela linguagem. Se, pois, alguém quiser conhecer mais exatamente os costumes e a vida do santo Pai, poderá encontrar nos preceitos dessa Regra todas as ações que ele praticou como Mestre...".[9]

A Regra foi escrita a partir de 534; em 817, foi adotada como norma de vida para todos os mosteiros da Europa. Chega ao terceiro milênio como norma atual, que rege a vida dos monges.

O interesse da Regra para o estudo da administração está na definição do papel do abade, do prior e do celeireiro do mosteiro (entre outros pontos).

A Regra define as responsabilidades e as competências necessárias especialmente para o abade e para o celeireiro. Nesse ponto, a Regra é o paradigma para a liderança servidora, que, como exprime o título, coloca o líder (o abade e o celeireiro e, por extensão, todo líder) no papel de servidor e não de condutor da equipe:

"e saiba convir-lhe mais servir que presidir... e se esforce por ser mais amado que temido".[10]

Essa e outras ideias da Regra extrapolaram os limites dos mosteiros e abadias para alcançar outras organizações e a sociedade em geral, como ideal de vida austera e disciplinada. Em particular, a ideia da liderança servidora continua sendo tema de autores que buscam fazer analogias entre os monges e os administradores de todos os tipos de organizações.

## 5.2 Organização do trabalho

Outro foco de interesse para o estudo da administração é a organização do trabalho na Europa medieval, que também é uma extensão das práticas romanas. As associações de artesãos ou empresários do mesmo ramo de negócios, chamadas guildas, controlavam a produção

---

8 Os autores agradecem ao Pe. D. Mauro Lorian, osb, pelos valiosos esclarecimentos sobre a vida monástica e a Regra de São Bento.

9 GREGÓRIO MAGNO, S. *São Bento*: vida e milagres. 7. ed. Tradução: PEREIRA, D. L. D., osb. Juiz de Fora: Edições Subiaco, 2014.

10 REGRA DE SÃO BENTO, A. 4. ed. Tradução: ENOUT, D. J. E., OSB. Juiz de Fora: Edições Subiaco, 2012.

e distribuição de bens. Uma guilda regulamentava o trabalho entre seus associados, protegendo-os da concorrência por meio de práticas justas de negócios entre eles. As guildas controlavam o treinamento de aprendizes e limitavam o número de artesãos que produziam para os mercados locais.

As empresas controladas pelas guildas eram relativamente pequenas e atuavam nos mercados locais. As empresas tinham estrutura hierárquica. Havia um mestre artesão, que produzia e administrava, além de diaristas e aprendizes. Os empregados compartilhavam a posse da tecnologia com os proprietários, que ensinavam aos aprendizes o que fazer. Apesar da hierarquia, o processo decisório era coletivo. Os funcionários tomavam parte em todas as fases dos processos administrativos e deviam ajudar a resolver problemas. As relações entre proprietários e empregados eram marcadas por um clima de cooperação.

Parece familiar? Lembra os sindicatos? Sim, as guildas atualmente são os sindicatos. Aliás, alguns sindicatos ainda se chamam guildas.

## QUESTÕES E EXERCÍCIOS

1. Usando suas próprias palavras, explique a importância de estudar a história da administração.
2. Imagine que você vive no antigo Egito e foi incumbido de encontrar um gerente de projeto para pilotar a construção da grande pirâmide. Escreva uma oferta de emprego para esse cargo e compare-a com uma descrição moderna, para analisar as diferenças e similaridades. Com base nessa análise, o que você descobre: os cargos são similares ou não?
3. Quais ideias do passado, em sua opinião, sobrevivem praticamente sem mudanças na atualidade?
4. Você acha possível que alguém seja um polímata no mundo atual? Em caso afirmativo, cite um exemplo.

**MINICASO: Conselhos de Jetro**

A época é o século XIV antes de Cristo. Liderados por Moisés, cerca de 600 mil hebreus saíram do Egito e estão indo em direção à Terra Prometida já faz algum tempo. Ontem, houve uma batalha contra os amalequitas. Moisés está muito cansado, porque teve que ficar o tempo todo em cima de uma colina, segurando o cajado no alto, para que os hebreus vencessem a batalha. Ainda bem que Aarão e Hur estavam lá para ajudá-lo, segurando seus braços.

Hoje, Moisés está recebendo a visita de Jetro, seu sogro. Não tem muito tempo para falar com ele, pois fica de manhã até à tarde recebendo pessoas do povo, que ficam numa fila aparentemente interminável. Aliás, Moisés quase não tem tempo para mais nada. Jetro observa que Moisés resolve todos os problemas que lhe são trazidos pelas pessoas.

Bem no final da tarde, Jetro leva Moisés até o alto da colina, onde podem conversar sem serem incomodados.

– Moisés – pergunta Jetro –, por que você tem que ficar julgando pessoalmente todos esses casos que lhe são trazidos? O que querem todas essas pessoas?

– Bem, Jetro, as pessoas querem ouvir de mim a interpretação da vontade e das leis de Deus.

– Desse jeito, Moisés, você fica sem tempo para cuidar das questões realmente importantes. Por que você não manda outros fazerem esse serviço? Já pensou se todo mundo quiser falar com você?

– Ora, Jetro, esse é o meu serviço. E depois, já imaginou se outros fizerem algo errado?

– Isso não deve preocupá-lo, Moisés. Escolha pessoas competentes e crie um sistema hierárquico. Forme grupos de 10 assistentes para falar diretamente com o povo. Para cada 10 grupos de 10 assistentes, designe um feitor. Ele será responsável pela análise dos casos que os assistentes não souberem resolver. Para cada grupo de 10 feitores, indique um supervisor. Esse será o chefe de 100. O supervisor resolverá os problemas que os feitores não souberem resolver. Finalmente, para cada grupo de 10 supervisores, indique um chefe, o chefe de 1.000. Ele resolverá os problemas que os supervisores não souberem resolver. Assim, você só terá que se ocupar com os problemas que os chefes de 1.000 não conseguirem solucionar. Isso vai deixar tempo para que você cuide do que é realmente o trabalho de um líder.

– Jetro, quem diz que eles serão capazes de resolver problemas?

– Moisés, treine esse pessoal. Ensine-lhes a lei e dê-lhes as diretrizes para aplicá-la. Faça-os responsáveis. Avise a todos que, de agora em diante, eles deverão ser procurados. Aprenda a delegar, Moisés.

– E como fazer a escolha?

– Procure alguns que você sabe que são mais competentes. Peça ao povo que eleja outros e forme a equipe dessa maneira.

– Jetro, seguirei seu conselho, mas ainda tenho receios. E se eles não aceitarem essa responsabilidade?

– Ora, Moisés, você conversa com Deus de vez em quando, ou pelo menos é o que você diz. Ele saberá aconselhá-lo melhor.

a) Em essência, o que Jetro recomendou a Moisés?
b) Quais as condições para que as recomendações de Jetro funcionem?
c) Você concorda com as recomendações de Jetro ou tem alternativas?
d) Você acha que algumas pessoas recusariam a responsabilidade de auxiliar Moisés? O que você proporia para persuadir os que recusassem? Ou você ficaria somente com os que aceitassem?
e) Em sua opinião, a recomendação continua atual?

# 3 Breve História da Administração II

## OBJETIVOS

Ao completar o estudo deste capítulo, você deverá estar preparado para explicar e exercitar os seguintes conceitos:

» Principais contribuições à formação do conhecimento administrativo, no período que vai do Renascimento à Revolução Digital.
» Funcionamento dessas ideias e práticas nas organizações do século XXI.

## INTRODUÇÃO

Da Idade Média para o Renascimento, assim como aconteceu depois da queda do Império Romano, as organizações e as práticas administrativas passaram por grandes transformações.

As ideias e os valores clássicos foram retomados, as profissões do que hoje chamamos **economia criativa** expandiram-se e a gestão de projetos encontrou campo fértil na construção de monumentos. Como sempre, foi também período de conflitos, que acelerou o desenvolvimento da tecnologia para a guerra, de armas a embarcações e fortificações. Foi também o período em que as Américas foram colonizadas. Mais 300 anos se passariam para os europeus chegarem à Revolução Industrial e ao mundo moderno que nasceu com ela.

# 1 RENASCIMENTO

No campo político, o Renascimento é o período (aproximadamente entre os séculos XIV e XVII) de surgimento e consolidação do Estado moderno. Os barões feudais haviam perdido o poder nos séculos anteriores, dando lugar aos países e cidades-estados. A concentração de pessoas em grandes contingentes urbanos aumentou a complexidade dos problemas, estimulando o aprimoramento das estruturas e técnicas administrativas.

No campo das ideias, o Renascimento foi movido por valores humanistas, como a melhoria da condição individual, o desenvolvimento pessoal e a retomada dos conceitos estéticos dos gregos. A herança artística é o atestado da profunda mudança que ocorreu quando esse novo período da História teve início.

Os artistas, protegidos e incentivados pela Igreja, pelo Estado e pelas guildas, tinham reconhecimento público e recompensa financeira. Foi uma época de pessoas como Michelangelo e Da Vinci, e de grandes realizações que hoje são atrações turísticas na Europa.

O Capítulo 11 retoma a discussão do significado do humanismo, que é um dos fundamentos do Renascimento.

## 1.1 Homem do Renascimento

Um dos ideais do Renascimento era o do **homem polimático**, excelente em muitas áreas de atividades. O símbolo dessa pessoa é Leonardo da Vinci – pintor, escultor, arquiteto e construtor. A expressão **homem do Renascimento** surgiu para representar a possibilidade de as pessoas desenvolverem em profundidade todos os seus interesses e potenciais, artísticos e técnicos, sem se restringirem a uma especialização bitolada. A pessoa do Renascimento não é o generalista superficial – é alguém que domina a fundo mais que um campo do conhecimento. Pense em alguma pessoa que seja excelente em vários campos de atividade – alguém que seja, por exemplo, empresário, político, ator, atleta –, lembrou de alguém? Eis um homem do Renascimento, uma ideia que continua atual.

## 1.2 Capitalismo mercantil

O capitalismo mercantil ou mercantilismo, que se expandiu a partir do século XV, trouxe profunda mudança nas práticas da administração dos negócios. A nascente burguesia do período medieval transformou-se em poderosas famílias de comerciantes e banqueiros. As empresas dessas famílias, consorciadas em sociedades anônimas, ocuparam expressivo espaço no cenário das atividades econômicas. Em muitos casos, substituíram as oficinas artesanais locais. Surgiram também os intermediários e agenciadores de matérias-primas e mão de obra.

Os negócios tornaram-se redes, que faziam o comércio de bens em larga escala, através de fronteiras e oceanos. O capitalista tornou-se a figura que entendia e dominava a produção e comercialização de bens. Ele tinha informações que os empregados não tinham. O processo de tomar decisões sobre as empresas passou dos trabalhadores para os empreendedores, modificando profundamente a prática da administração participativa do período medieval.

Junto com a mudança nos modos de produção e comércio, ocorreu uma mudança de valores. A acumulação de capital e a demonstração de riqueza passaram a desempenhar papel importante nas motivações dos proprietários das organizações de negócios.

## 1.3 Veneza

Além de centro comercial, Veneza era uma cidade de guerreiros. Em 1436, foi criado o Arsenal de Veneza. No século seguinte, o Arsenal era a maior fábrica do mundo, com uma força de trabalho variando entre mil e dois mil operários. Em 1570, foi capaz de construir, e preparar para combate, 100 navios em dois meses. Essa eficiência era possível porque o Arsenal adotava métodos de produção e administração similares aos de uma fábrica de automóveis do século XX.

- As embarcações eram construídas por meio do sistema de linha de montagem. Os armazéns com as peças dispunham-se ao longo de um canal, no qual as embarcações eram rebocadas. A localização dos armazéns obedecia à sequência lógica da montagem.
- Os oficiais do Arsenal eram especializados em partes da montagem.
- As peças dos navios eram padronizadas. Qualquer peça poderia ser colocada em qualquer navio com o mesmo resultado.
- As embarcações tinham todas o mesmo projeto básico. Os administradores recusaram certa vez uma proposta para adotar um sistema artesanal, em que cada embarcação seria construída individualmente, alegando que isso faria perder a padronização e a eficiência.
- Os operários do Arsenal tinham horas fixas de trabalho e a qualidade do que produziam era controlada. Eram remunerados de acordo com a quantidade de peças com qualidade satisfatória que produzissem.
- Havia um sistema complexo de supervisão, que focalizava, além da qualidade, as horas trabalhadas e a disciplina.
- O desempenho dos operários classificava-os num sistema de mérito. Os mais bem avaliados recebiam aumentos de salário.

O Arsenal existe até hoje, como atração turística e sede do Instituto Militar Marítimo da Itália (Figura 3.1).

**Figura 3.1**
Arsenal de Veneza atualmente.

Fonte: vesilvio | iStockphoto

## 1.4 Contabilidade

A complexidade e o volume das operações comerciais e industriais tornaram necessário enfatizar o controle e a documentação. Os comerciantes e militares venezianos registravam e controlavam sistematicamente todas as operações. No século XV, o Arsenal estava empregando contadores para essa finalidade. Em 1494, o frade franciscano Luca Pacioli divulgou o sistema das partidas dobradas utilizado em Veneza. Desenvolvido pelos banqueiros de Gênova e Florença no século anterior, esse sistema tinha a lógica intrínseca que o tornaria o padrão universal da contabilidade. O fato de Pacioli não ser comerciante, mas professor, indica que as questões administrativas já começavam a se transformar em área do conhecimento, alcançando o terreno da especulação intelectual.

## 1.5 Maquiavel

Das ideias renascentistas a respeito da administração, as de Maquiavel contam-se entre as mais influentes. Sua obra mais conhecida é *O príncipe*, na qual faz recomendações sobre como um governante deve se comportar. O livro, endereçado a um jovem da poderosa família Medici, da cidade-estado de Florença, tornou-se leitura indispensável para todos os tipos de dirigentes, sendo frequentemente comentado por estadistas. Há uma edição com anotações feitas no século XVIII por Napoleão Bonaparte. Séculos depois de publicada, a obra continua atual e polêmica. Em 1967, Anthony Jay publicou um livro que alcançou certa repercussão, no qual aplica os princípios de Maquiavel ao entendimento da política nas grandes organizações.

O nome de Maquiavel ficou para a posteridade como sinônimo de esperteza mal-intencionada, que é o sentido do adjetivo **maquiavélico**. Provavelmente, essa é a consequência da popularização de certos princípios simplificados que ficaram associados ao pensamento de Maquiavel, como:

- Se tiver que fazer o mal, o príncipe deve fazê-lo de uma só vez. O bem, deve fazê-lo aos poucos.
- O príncipe terá uma só palavra. No entanto, deverá mudá-la sempre que for necessário.
- O príncipe deve preferir ser temido a amado (o contrário do que dizia São Bento).

Maquiavel pode ser entendido como analista do poder e do comportamento dos dirigentes em organizações complexas. Se tivesse vivido a partir da segunda metade do século XX, certamente seria escritor de textos de administração e liderança. A conotação negativa associada a seu nome é injusta, já que muitas de suas ideias poderiam ser endossadas em qualquer época sem restrições.

Por exemplo:

- A **primeira qualidade do príncipe** são os homens que o cercam. Maquiavel deixa claro que acredita na importância do trabalho de equipe como o aspecto mais relevante no trabalho do dirigente. O príncipe deveria procurar os colaboradores individualmente mais capazes e que também soubessem trabalhar em conjunto.
- A aprovação dos governados é essencial para o sucesso dos governantes. Não importa por qual meio o príncipe chegue ao poder – herança ou usurpação –, qualquer tipo de governo, monárquico, aristocrático ou democrático, depende do apoio das massas.
- Independentemente de sua origem, o governante deveria, pelo exemplo pessoal, inspirar os governados. Em situações de perigo, o príncipe deveria tentar fortalecer o moral e o espírito de seus governados, incentivando-os com o uso de suas qualidades intangíveis de liderança.

As ideias de Maquiavel a respeito de liderança continuam atuais e alinhadas com os mais avançados conceitos sobre esse tema.

**Figura 3.2**

*O Príncipe* (em italiano, Il Principe), livro escrito por Nicolau Maquiavel em 1513, cuja primeira edição foi publicada postumamente, em 1532.

Fonte: idcerbino | iStockphoto

## 1.6 Reforma

A Reforma Protestante, no século XVI, modificou certos valores que influenciavam a cultura empresarial e criou paradigmas para a administração das organizações. No campo doutrinário, a Reforma enfatizou o espírito individualista e empreendedor e a responsabilidade individual, em substituição à submissão religiosa valorizada pela Igreja Católica. João Calvino enfatizou que o homem não tinha controle sobre o que se passasse além da vida. Calvino e Martinho Lutero enfatizavam o trabalho duro como modo de melhorar a situação pessoal e beneficiar a comunidade.

Segundo alguns autores, essa proposta contribuiu para deslocar a ênfase da salvação no futuro para a prosperidade no presente. A ética protestante deu grande impulso às motivações do capitalismo. Os protestantes imigraram para os Estados Unidos, onde ajudaram a definir os princípios do desenvolvimento industrial e a filosofia gerencial desse país.

No campo da administração, Martinho Lutero aboliu a hierarquia da Igreja Católica, declarando que o sacerdócio poderia ser praticado por todos os fiéis, não apenas por quem tivesse sido ordenado. Essa proposta transferiu os poderes de decisão do clero para o cidadão comum, sobre como conduzir os negócios terrenos. Essa administração simplificada e extremamente descentralizada, sem cardeais e papas, criou um modelo de administração de organizações. A ética protestante também demonstrou que é possível conduzir uma operação de grandes proporções com muita organização, mas de modo totalmente descentralizado e com estrutura administrativa mínima.

## 2 REVOLUÇÃO INDUSTRIAL

Na maior parte do tempo que antecedeu a Revolução Industrial, a história da administração foi essencialmente história de países, cidades, governantes, exércitos e organizações religiosas. Com a Revolução Industrial na Inglaterra do século XVIII, o desenvolvimento das ideias e práticas da administração passou a ser influenciado pela nova personagem social: a empresa industrial. Com ela, vieram os grandes contingentes de trabalhadores, os diretores e gerentes e os métodos de organização do trabalho. A administração moderna começava a nascer.

A Revolução Industrial, cujas características socioeconômicas tornaram-se mais evidentes a partir de 1750, resultou da conjunção de diversos fatores. O principal foi a utilização da máquina a vapor em diferentes tipos de atividades, as operações industriais entre elas. Até 1782, as máquinas a vapor foram usadas apenas para bombear água nas minas de carvão e ar nas fornalhas para derreter metais. Gradativamente, as máquinas a vapor foram usadas em navios, trens e fábricas.[1]

### 2.1 Surgimento dos gerentes intermediários

Problema importante era a falta de gerentes – não que fossem escassos. Esses profissionais simplesmente não existiam. Com o crescimento das empresas, os empreendedores não conseguiam mais supervisionar todos os empregados.

Surgiu, então, um nível intermediário de supervisão, entre os industriais e a mão de obra. Esses primeiros gerentes de empresas industriais eram tão analfabetos quanto os operários. Eram escolhidos por sua habilidade técnica superior ou porque se mostravam capazes de manter a disciplina, ou porque eram parentes do empreendedor, o que significava que eram confiáveis. Tinham que desenvolver seu próprio estilo de liderança, já que não havia experiência nem corpo de conhecimentos para orientá-los.

O treinamento oferecido era exclusivamente técnico e específico de cada ramo de negócios – têxteis, mineração etc. –, o que impedia a mobilidade dos gerentes entre empresas de segmentos diferentes. As gerações seguintes de empreendedores, mais prósperos do que os criadores da Revolução Industrial, procuraram fortalecer o papel dos gerentes intermediários, delegando-lhes mais poderes e pagando-lhes salários mais altos.[2]

### 2.2 Condições de trabalho e sindicatos

As condições de trabalho nas fábricas dos primórdios da Revolução Industrial eram brutais. Os trabalhadores ficavam totalmente à disposição do industrial e capitalista. Não podiam reclamar dos salários, horários de trabalho, barulho e sujeira nas fábricas e em suas casas. As crianças eram obrigadas a trabalhar 14 horas por dia. Após a reforma do utopista Robert Owen, o número de horas caiu para "apenas" 12 horas em sua fábrica.

Essas condições, associadas às grandes concentrações de trabalhadores nas fábricas e cidades, facilitando a comunicação e a organização, intensificaram o potencial de conflito com os empresários. No começo dos anos 1800, surgiram os primeiros sindicatos, para proteger os salários dos artesãos. Os sindicatos foram cerceados inicialmente, sendo apenas tolerados na Inglaterra, e sua aceitação ocorreu lentamente. Em 1875, todas as restrições aos sindicatos

---

1 WREN, D. A. *The evolution of management thought*. 4. ed. New York: John Wiley, 1994.

2 WREN, D. A. *The evolution of management thought*. 4. ed. New York: John Wiley, 1994.

haviam sido levantadas na Inglaterra e, em 1884, na França. Na Alemanha, foram declarados ilegais em 1869 e legalizados em 1890.

Hoje, em muitos ramos de negócios, os sindicatos têm imenso poder sobre a definição das condições de trabalho.

## 3 UM EMBRIÃO DE TEORIA ADMINISTRATIVA

As práticas administrativas no início da Revolução Industrial eram rudimentares. Entretanto, algumas experiências e ideias inovadoras mostravam que, depois de muito tempo, a administração encontrava as condições ideais para começar a se transformar em corpo organizado de conhecimentos, alcançando a estatura de uma disciplina.

### 3.1 Eficiência

As grandes fábricas e a preocupação com a eficiência atraíram a atenção de pessoas que lançaram as bases da ciência econômica e das teorias da administração. Adam Smith foi uma dessas pessoas, revelando grande interesse por questões de natureza administrativa. Sua análise da fabricação de alfinetes, com a qual faz a apologia da divisão do trabalho, é uma contribuição clássica para o entendimento das características, das vantagens e dos problemas criados pela Revolução Industrial. Ele observou que, na fabricação de alfinetes, a produtividade do trabalhador individual havia aumentado 240 vezes. No entanto, o trabalhador era ignorante e embotado.

Em seu livro *Elements of political economy*, James Mill aponta a necessidade de reduzir ao mínimo o número de tarefas de cada trabalhador, a fim de aumentar a velocidade e a eficiência. Mill também se antecipou aos problemas que seriam atacados por Taylor, ao sugerir que tempos e movimentos deveriam ser analisados e sistematizados para produzir a combinação mais eficiente.

### 3.2 Fundição Soho

No campo das experiências práticas, destaca-se a Fundição Soho, uma empresa constituída para fabricar a máquina a vapor de James Watt. Nessa empresa, herdada pelos filhos dos fundadores, podia-se observar, a partir de 1800, o pioneirismo de conceitos que se tornariam universais nos dois séculos seguintes:

- Padronização do funcionamento das máquinas, objetivando equilibrar o ritmo de fabricação.
- Fabricação de peças intercambiáveis.
- Detalhado planejamento das operações e do local de trabalho, visando alcançar otimização do espaço físico e alto grau de precisão na fabricação de produtos, com redução do esforço humano.
- Planejamento e controle da produção baseados em estimativas da procura por máquinas.
- Cronometragem e estudo de tempos e movimentos.
- Pagamento de incentivos salariais proporcionais à produção de peças.
- Entendimento de que o principal recurso da empresa era sua mão de obra, com a adoção de práticas como lazer remunerado, manutenção de locais de trabalho limpos, construção de casas para os operários e criação de uma sociedade de auxílio mútuo.

## 3.3 Charles Babbage

O livro de Charles Babbage, *On the economy of machinery and manufactures*, de 1832, é um marco na produção das ideias que viriam a ser exploradas no século seguinte. Babbage foi um gênio que só não construiu o primeiro computador da história porque a tecnologia era insuficiente. Em 1991, os ingleses construíram um exemplar, usando os planos originais de Babbage. Está exposto no Science Museum, na Inglaterra. Em 2002 e 2008, os americanos construíram dois outros exemplares. Todos funcionam perfeitamente.

Entre as muitas ideias relacionadas com a administração que propôs, as mais importantes são:

- Estudos de tempos e movimentos para definir o modo mais eficiente de trabalho.
- Comparação entre as práticas de administração de diferentes empresas.
- Definição da demanda por produtos com base no estudo da distribuição da renda.
- Estudos de localização industrial, para definir o melhor local para instalação de uma fábrica, levando em conta a proximidade de fontes de matérias-primas.

Em meados do século XVIII, o terreno estava pronto para a consolidação dos conhecimentos e das práticas administrativas em disciplina independente. A expansão da Revolução Industrial pelo mundo todo, especialmente nos Estados Unidos, criou grande demanda por conceitos e técnicas que pudessem ser utilizados por um contingente de pessoas que se tornavam necessárias e precisavam de treinamento especializado: os administradores profissionais de organizações.

Foi nos Estados Unidos que as condições se mostraram mais favoráveis para essa tendência. Nesse país, a atividade e a tecnologia industrial desenvolveram-se mais do que em outros países. Em 1881, a Universidade da Pensilvânia criou a primeira escola de administração do mundo, com base em uma doação de 100 mil dólares feita por Joseph Wharton, que viria a patrocinar muitas das experiências de Frederick Taylor.

Na passagem para o século XX, a história da administração chega a uma fase completamente diferente. É quando entram em cena a administração científica e outras importantes tendências da moderna administração. Essa é a história que você vai estudar a partir do Capítulo 4.

Mas o século XX estava apenas começando... Em algumas décadas, viria a Revolução Digital e, com ela, mais mudanças importantes no mundo do trabalho.

## 4 REVOLUÇÃO DIGITAL

Aproximadamente 200 anos depois do início da Revolução Industrial, começou a Revolução Digital. Se a Revolução Industrial significou a complementação e a substituição da força humana pelas máquinas, a Revolução Digital significou a complementação e a substituição do intelecto e da comunicação humana pelos computadores: tarefas de cálculo, controle, análise e decisão e transmissão de informações passaram a ser feitas por máquinas. A transição para a era digital vem ocorrendo com espírito totalmente diverso do que marcou a Revolução Industrial. As pessoas encaram amistosamente a tecnologia da informação e ninguém sai às ruas para protestar contra os computadores, *smartphones*, *tablets* e muito menos contra a internet.

Não é preciso explicar a Revolução Digital – você a está vivendo neste exato momento. Para defini-la, a expressão "tecnologias da informação e da comunicação" (abreviado como TI, tecnologia da informação, IT, *information technology*, ou ICT, *information and communication technology*) é suficiente. A Revolução Digital produziu efeitos da mesma magnitude que a Revolução Industrial, talvez até mais agudos, no mundo das organizações, do trabalho e da administração.

Estude a Figura 3.4.

A adequação da expressão "tecnologias da informação e da comunicação" começa a ser questionada. Com a chegada da Inteligência Artificial (IA), estamos à beira de novo paradigma. A IA ultrapassa os limites da informação e comunicação, simbolizando a emergência de tecnologias de aprendizado de máquina, processamento de linguagem natural e sistemas de decisão autônomos. A combinação da Revolução Digital em andamento com a emergente Revolução da Inteligência Artificial tem gerado impactos tão profundos quanto os da Revolução Industrial, talvez ainda mais intensos, no cenário global de organizações, trabalho e administração. Entramos em uma era na qual a colaboração entre humanos e máquinas está alcançando níveis de eficiência e criatividade nunca vistos.

## 4.1 Tecnologia da informação

Em resumo, TI é o domínio que trata de processamento, armazenamento, recuperação, utilização, comunicação etc. de informação, em tempo real, para fornecer produtos, serviços, novas informações e tomar decisões.

Os computadores estrearam no mundo do trabalho fazendo cálculos para os militares e pesquisadores das universidades. Daí migraram para as empresas para fazer folhas de pagamentos e administração financeira. Em seguida, estenderam-se para a administração de processos produtivos e de prestação de serviços. Com os microprocessadores, a Revolução Digital alcançou todas as áreas de atividades. Para se ter uma ideia de como essa história andou depressa, o primeiro filme totalmente feito por computadores foi produzido em 1995: *Toy Story*.

**Figura 3.3**

Woody, Buzz e Jessie, personagens do filme *Toy Story*.

Fontes: julos; nicescene; Issaurinko | iStockphoto

**Figura 3.4**
Impactos de duas revoluções tecnológicas.

| | REVOLUÇÃO INDUSTRIAL | REVOLUÇÃO DIGITAL |
|---|---|---|
| **ORGANIZAÇÕES** | Fábricas, grandes corporações industriais, sindicatos, partidos políticos socialistas | Fábricas de *software*, grandes corporações de TI e Telecom, associações profissionais de certificação, provedores de acesso à internet, fornecedores de registros, organizações em rede, redes sociais |
| **TRABALHO E EMPREGO** | Operários, gerentes intermediários, engenheiros de produção, especialistas em comportamento humano no trabalho, selecionadores de pessoal | Analistas, desenvolvedores e implantadores de sistemas, especialistas em manutenção de computadores, *web designers*, *game designers*, gerentes de projetos de TI, *hackers* |
| **MÉTODOS DE TRABALHO E DE GESTÃO DO TRABALHO** | Linha de montagem, operário especializado, estudos de tempos e movimentos visando à organização racional do trabalho, analistas de O&M, cronometristas | Equipes virtuais, *softwares* de gestão (ERP), e-RH, automação industrial, teletrabalho, *global sourcing*, interação homem-máquina, produção digital de imagens, *cyberwar*, comércio digital |

As transformações impactaram praticamente todas as profissões, chegando a TI, em alguns casos, a substituir a atividade dos especialistas e dos gerentes. Os sistemas de administração de cadeias de suprimentos substituíram os profissionais que, antes, cuidavam do planejamento e controle da produção em empresas industriais. Sistemas de educação a distância minimizaram a necessidade de ensino presencial e, com isso, reduziram o trabalho dos professores. Apenas duas das muitas aplicações da TI. Além disso, a TI criou profissões e ramos de negócios totalmente novos, destruindo outros ao mesmo tempo. Máquinas de escrever e câmeras fotográficas com filmes, por exemplo, bem como as empresas que as fabricavam, repousam no cemitério das tecnologias obsoletas.

## 4.2 Trabalho virtual

Uma das consequências da ascensão da TI é o trabalho virtual, uma expressão que indica o trabalho feito por meio de computadores, independentemente da localização física. Pode-se formar uma equipe com pessoas que, praticamente, nunca se veem, trabalham em lugares totalmente diferentes, não precisam de escritório nem de viagens frequentes e, se falam idiomas diferentes, comunicam-se em inglês. Pode-se fazer um curso inteiro sem ir à escola, a não ser ocasionalmente. Fazem-se produtos complexos, como aviões, com equipes virtuais. O trabalho realizado por meio de equipes virtuais tem consequências comportamentais: o trabalhador virtual pode sentir-se isolado e alienado, distante dos colegas e de seus empregadores, o que afeta sua moral e sua motivação.[3]

A pandemia de Covid-19, que teve início no final de 2019, acelerou globalmente a transição para o trabalho remoto, em resposta às medidas de distanciamento social e quarentena.

---

3   JACKSON, S. E.; SCHULER, R. S.; WERNER, S. *Managing human resources*. 11. ed. Mason: South-Western Cengage Learning, 2012.

Organizações e instituições educacionais foram compelidas a adotar práticas de trabalho e ensino a distância, consolidando o trabalho virtual como um novo padrão operacional. Nesse cenário, profissionais realizam suas tarefas independentemente de sua localização geográfica, com equipes formadas por pessoas de locais diversos, comunicando-se principalmente em inglês.

No entanto, essa transição trouxe consigo desafios significativos. Trabalhadores podem se sentir isolados e alienados, e questões legais sobre o tempo de trabalho conectado surgiram. Ainda assim, o trabalho virtual também permitiu conquistas notáveis, como o sequenciamento do genoma humano. A pandemia de Covid-19, portanto, não só exacerbou as tendências existentes em direção ao trabalho remoto e virtual, mas também trouxe à tona novos desafios e oportunidades, evidenciando a necessidade de flexibilidade e adaptabilidade na administração contemporânea.

## 4.3 Tecnologia da informação para a gestão

As organizações são feitas essencialmente de pessoas, que precisam ser contratadas, registradas, remuneradas etc. Sem computadores, as grandes corporações precisariam de exércitos de funcionários de recursos humanos para cuidar dessas atividades. De fato, era assim antes da Revolução Digital. Com os computadores, administrar a função de gestão de pessoas torna-se processo de administrar sistemas de informação operados por especialistas, sistemas que oferecem eficiência e rapidez na produção de informações para a tomada de decisões, ao mesmo tempo em que evitam o desperdício de energia com burocracia e papel. As aplicações mais simples e comuns são as rotineiras, que envolvem registro e tratamento de dados. São as funções operacionais, como folha de pagamento, registro das fichas individuais de funcionários e dos movimentos em suas carreiras e administração de benefícios. Outras funções são mais complexas e esporádicas:

- Recrutamento e seleção de *trainees*, envolvendo a acolhida de milhares de candidaturas, verificação de suas credenciais e mesmo a aplicação de testes *on-line*.
- Busca interna e externa de competências.
- Definição e acompanhamento de metas de desempenho pessoal.

Tudo isso, e muito mais, pode ser feito pelos próprios funcionários. Uma tendência da administração de pessoas na era digital é o autosserviço, por meio da intranet e das redes sociais. Os funcionários e seus gerentes de linha podem acessar seus registros e tomar decisões.[4] Retornaremos a esse assunto no Capítulo 4.

## 5 NOVAMENTE: EM QUE MUNDO VOCÊ VIVE?

**Era digital**, **sociedade de serviços**, **era do conhecimento** e **sociedade pós-industrial** são nomes para o período que se inicia na metade do século XX e que você está vivendo agora. Essas expressões indicam a evolução da produção de bens para a produção de serviços e conhecimentos, como atividade econômica predominante. O aumento da produtividade nas atividades industriais e a mecanização do agronegócio tornaram possível produzir mais com menos pessoas. As cidades cresceram e se tornaram megalópoles, demandando água, energia, saneamento, transportes, veículos, eletrodomésticos, aparelhos de televisão.

---

4 BOHLANDER, G.; SNELL, S. *Managing human resources*. 15. ed. Mason: South-Western Cengage Learning, 2010.

Cresceram as oportunidades de emprego no setor terciário da economia – o setor dos serviços, que compreende comércio, serviços pessoais, transportes, recreação, comunicação, informática, finanças, seguros, educação, administração pública etc.

Como resultado, hoje muito mais pessoas trabalham nessas áreas do que nas fábricas e na agricultura. Muitos são profissionais altamente qualificados, que usam o conhecimento para trabalhar: *game* e *web designers*, advogados, químicos, biólogos, operadores de equipamentos avançados, cientistas nucleares, estilistas, agentes de viagens, pilotos de aeronaves, *chefs de cuisine*, engenheiros eletrônicos, roteiristas de cinema e televisão, consultores imobiliários. Esses profissionais estão no estrato superior da formação profissional e da renda, assim como do acesso ao poder. A sociedade de serviços, no entanto, também criou imensos contingentes de trabalhadores mal remunerados, para desempenhar tarefas que exigem poucas qualificações, repetindo os problemas que nasceram com a Revolução Industrial.5

Consequentemente, na atualidade, um número crescente de indivíduos atua em setores além da manufatura e da agricultura. Muitos desses são profissionais altamente qualificados que aplicam seu conhecimento em áreas especializadas: *designers* de jogos e *websites*, juristas, cientistas em campos como a química e biologia, operadores de tecnologias avançadas, especialistas em energia nuclear, estilistas de moda, agentes de viagens, aviadores, *chefs* de alta culinária, engenheiros de *software*, roteiristas e consultores de imóveis. Esses profissionais constituem a camada superior em termos de formação profissional e renda, bem como no acesso ao poder.

Contudo, a chamada "sociedade de serviços" também gerou grandes contingentes de trabalhadores recebendo salários baixos para desempenhar tarefas que requerem poucas qualificações, refletindo, assim, os desafios que surgiram com a Revolução Industrial. Essa dualidade ilustra a complexidade do mercado de trabalho contemporâneo, exigindo constante reavaliação das práticas e estratégias administrativas.

A sociedade pós-industrial tem como característica não apenas o crescimento dos serviços, mas também o conhecimento como parte importante do trabalho, da geração de riqueza e da cultura. É uma sociedade na qual a ciência e os valores cognitivos são reconhecidos como necessidade social e a tomada de decisão tem conteúdo técnico, colocando os cientistas e economistas como atores privilegiados do processo político e empresarial.6

## QUESTÕES E EXERCÍCIOS

1. Você consegue pensar em uma pessoa polimática? Descreva-a.
2. Contraste o homem fabril com o homem polimático e identifique as principais diferenças entre ambos. Em sua opinião, a antítese do homem polimático é o homem fabril ou podemos encontrar essa antítese em outras situações de trabalho e vida?
3. Quais as principais contribuições do Renascimento para a administração moderna?
4. Explique como surgiram as fábricas e os operários.
5. Que impactos sobre o trabalho a busca da eficiência industrial provocou?
6. Que diferenças e similaridades existem, do ponto de vista do trabalho, entre a Revolução Industrial e a Revolução Digital?
7. Você acha que já está vivendo em uma sociedade pós-industrial? Por quê?

---

5 HODSON, R.; SULLIVAN, T. A. *The social organization of work*. Belmont: Wadsworth Cengage Learning, 2012.
6 BELL, D. *The coming of post-industrial society*. New York: Basic Books, 1999 [1973].

# Parte II

## Escola Clássica

**Capítulo 4 –** Taylor, Ford e a Eficiência

**Capítulo 5 –** Henry Fayol e o Processo Administrativo

**Capítulo 6 –** Max Weber e as Organizações

# 4
# Taylor, Ford e a Eficiência

## OBJETIVOS

Ao completar o estudo deste capítulo, você deverá estar preparado para explicar e exercitar os seguintes conceitos:

» Movimento da administração científica, sintetizando as contribuições de seus participantes mais destacados.
» Linha de montagem de Henry Ford e sua importância para as organizações.
» Aplicação das ferramentas da administração científica na atualidade.

## INTRODUÇÃO

Neste capítulo, você começa a andar na trilha da escola clássica da selva das teorias. Conforme já dito no Capítulo 1, a escola clássica tem esse nome não apenas porque seus integrantes criaram as primeiras soluções, mas também, e principalmente, porque essas soluções são atemporais e perenes. Até hoje, com os mesmos nomes ou com outros, as soluções da escola clássica são usadas na administração das organizações.

O que é a escola clássica? Lembrando o que vimos no Capítulo 1, a escola clássica compreende os avanços na teoria e na prática da administração das organizações, que ocorreram na passagem para o século XX. Um desses avanços foi a administração científica de Frederick Taylor. Outro foi a linha de montagem móvel de Henry Ford. Esses dois mestres da eficiência são o assunto deste capítulo.

Taylor, Ford e outros protagonistas podem também ser considerados os representantes da **escola da eficiência**. No final deste capítulo, você terá uma visão sintética das técnicas usadas na atualidade que se originam dessas ideias. Essas técnicas serão retomadas no final do livro, no Capítulo 21.

A escola clássica compreende ainda as contribuições feitas por Henri Fayol e Max Weber, que você verá nos Capítulos 5 e 6.[1]

## 1 TAYLOR E O MOVIMENTO DA ADMINISTRAÇÃO CIENTÍFICA

Frederick Winslow Taylor (Figura 4.1) foi o criador e participante mais destacado do **movimento da administração científica**, cujo objetivo era o aumento da eficiência.

Nos primórdios da industrialização, as empresas eram naturalmente ineficientes. Todos perdiam com isso: empresários, funcionários, consumidores, a sociedade. Começou, então, nos Estados Unidos, um movimento para enfrentar esses problemas: o movimento da administração científica, liderado por Taylor.

Seu trabalho junta-se ao de outras pessoas que, na mesma época, compartilhavam esforços para desenvolver princípios e técnicas de eficiência que possibilitassem resolver os grandes problemas enfrentados pelas empresas industriais. Nem todos trabalharam simultaneamente ou em um mesmo grupo, mas todas essas pessoas são consideradas participantes do **movimento da administração científica**. Taylor é a figura mais importante desse movimento não apenas pela natureza de suas contribuições, mas também porque muitos o reconhecem como sua liderança.

**Figura 4.1**
Frederick Winslow Taylor.

*Frederick Winslow Taylor (1856-1915)*

Taylor nasceu em família próspera e de antepassados ilustres, pioneiros da colonização dos Estados Unidos. Em sua juventude, passou dois anos estudando na França e na Alemanha. Entrou em Harvard com distinção, para estudar Direito, mas abandonou o curso por problemas de visão. Tornou-se operário aprendiz por opção e, na Metalúrgica Midvale, fez carreira rápida, chegando a engenheiro-chefe da produção. Somente depois disso foi estudar engenharia para obter o diploma. De 1890 a 1893, trabalhou como consultor, entrando em seguida na Metalúrgica Bethlehem, de onde saiu para promover os métodos de produtividade que se tornariam o centro de sua administração científica. Era um atleta que, em 1881, venceu o campeonato americano de tênis em duplas (hoje, US Open).

---

1    Essa é a "escola clássica moderna". Ideias clássicas são também ética, estratégia, qualidade e outras herdadas dos gregos, com mais de dois mil anos de idade e sempre jovens e atuais.

O berço da administração científica foi a Sociedade Americana dos Engenheiros Mecânicos (ASME), fundada em 1880, da qual Taylor era sócio e chegou a presidente, em 1906. O movimento desenvolveu-se em três momentos ou fases (Figura 4.2).

**Figura 4.2**
Três fases da administração científica.

| PRIMEIRA FASE | SEGUNDA FASE | TERCEIRA FASE |
|---|---|---|
| • Ataque ao "problema dos salários"<br>• Estudo sistemático do tempo<br>• Definição de tempos-padrão<br>• Sistema de administração de tarefas | • Ampliação de escopo, da tarefa para a administração da empresa<br>• Aprimoramento dos métodos de trabalho.<br>• Definição de princípios de administração | • Consolidação dos princípios<br>• Proposição de divisão de autoridade e responsabilidades dentro da empresa<br>• Distinção entre princípios e técnicas |

## 2 PRIMEIRA FASE DA ADMINISTRAÇÃO CIENTÍFICA

Em suas reuniões iniciais, a ASME ocupou-se com o problema dos salários. Os sistemas de pagamento da época faziam os trabalhadores acreditarem que seu esforço beneficiava apenas os patrões. Assim, os trabalhadores não se dedicavam ao trabalho como os patrões e os engenheiros achavam adequado.

Em 1895, Taylor apresentou à Sociedade o que é considerado o primeiro trabalho da administração científica: *a piece-rate system* (um sistema de pagamento por peça). Taylor argumentou que a administração deveria primeiro procurar descobrir qual o tempo padrão para o trabalhador completar uma tarefa – por exemplo, produzir uma peça. A administração poderia, então, estabelecer um pagamento por peça de modo que o trabalhador se visse compelido a trabalhar o suficiente para assegurar remuneração razoável.

O trabalhador que atingisse ou superasse o padrão receberia um pagamento de 120% do valor estabelecido para a produção da peça; o que ficasse abaixo do padrão receberia pagamento de 80% do valor da peça.

Assim, de acordo com Taylor, para resolver o problema dos salários era necessário determinar a produção padrão por unidade de tempo, por meio do estudo sistemático e científico do tempo:

- O estudo do tempo consistia em dividir cada tarefa em seus elementos básicos e, com a colaboração dos trabalhadores, cronometrá-las e registrá-las.
- Em seguida, eram definidos tempos-padrão para os elementos básicos. Esse procedimento era a base do sistema de administração de tarefas (*task management*), que compreendia também a seleção de trabalhadores e o pagamento de incentivos.
- O sistema de administração de tarefas permitia que a administração controlasse todos os aspectos da produção e dispusesse do trabalho padronizado que era essencial para a eficiência.

A principal razão para a invenção do estudo dos tempos, do qual surgiu a administração científica, foi a busca da precisão para definir o valor dos salários. Posteriormente, percebeu-se que o estudo de tempos (e, em seguida, tempos e movimentos) era um processo que tinha o valor intrínseco de permitir o aprimoramento do trabalho operacional, por meio da racionalização dos movimentos. O ataque ao problema dos salários é considerado o primeiro estágio do movimento da administração científica.

## 3 SEGUNDA FASE DA ADMINISTRAÇÃO CIENTÍFICA

Com o tempo, a questão dos salários passou para plano secundário, porque ficou evidente que era somente um de muitos problemas.

Na segunda fase do movimento da administração científica, a ênfase deslocou-se da produtividade do trabalhador para o **aprimoramento dos métodos de trabalho**. Essa segunda fase corresponde ao estudo *Shop Management* (administração de operações fabris), de 1903. A segunda fase é um desenvolvimento teórico, compreendendo o aumento do escopo da administração científica, que se torna um sistema mais abrangente de administração.

Em *Shop Management*, Taylor fez o que se tornaria a característica distinção entre o homem médio e o homem de primeira classe. Segundo Taylor, o homem de primeira classe é altamente motivado e realiza seu trabalho sem desperdiçar tempo nem restringir sua produção. Idealmente, essa pessoa deveria ser selecionada para a tarefa que lhe fosse mais apropriada e incentivada financeiramente. Mesmo um homem de primeira classe tornar-se-ia altamente ineficiente se lhe faltassem incentivos ou se houvesse uma pressão do grupo de trabalho para diminuir a produção. Na obra, Taylor apresenta sua concepção dos princípios da administração de uma empresa (Figura 4.3).

Taylor tratou ainda de outros aspectos nesse segundo trabalho. Entre eles: padronização de ferramentas e equipamentos, sequenciamento e programação de operações e estudo de movimentos.[2]

**Figura 4.3**
Princípios de administração de Taylor.

| | |
|---|---|
| 1 | Seleção e treinamento de pessoal |
| 2 | Salários altos e custos baixos de produção |
| 3 | Identificação da melhor maneira de executar tarefas |
| 4 | Cooperação entre administração e trabalhadores |

## 4 TERCEIRA FASE DA ADMINISTRAÇÃO CIENTÍFICA

As ideias do estudo *Shop Management* foram repetidas com palavras ligeiramente diferentes no livro ***Princípios de administração científica***, de 1911. Nessa terceira obra, Taylor sintetiza os objetivos da administração científica (Figura 4.4).

---

2  TAYLOR, F. W. *Shop management*. New York: Harper, 1903.

**Figura 4.4**
Objetivos da administração científica.

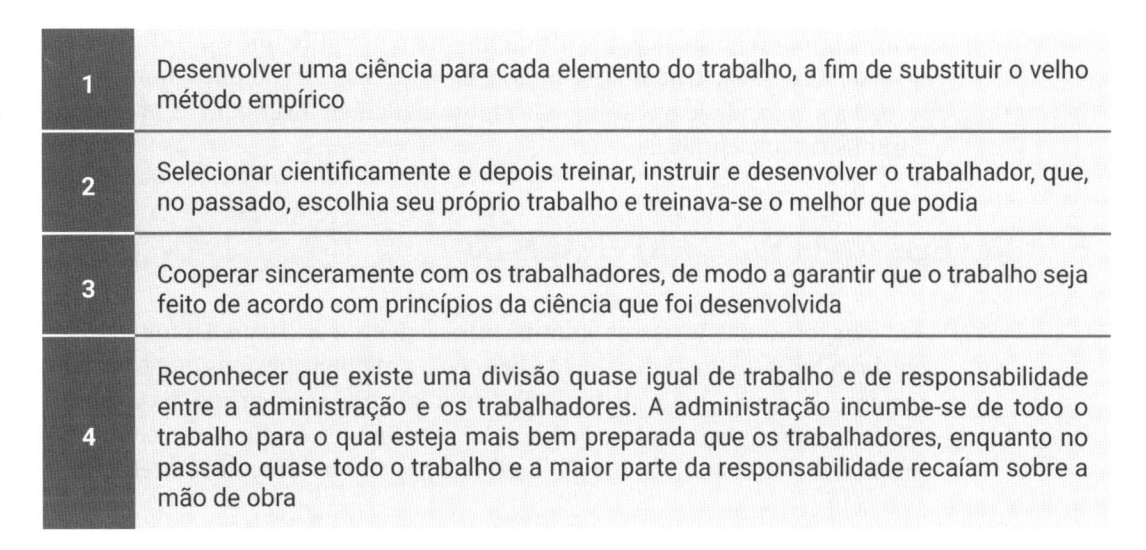

| | |
|---|---|
| 1 | Desenvolver uma ciência para cada elemento do trabalho, a fim de substituir o velho método empírico |
| 2 | Selecionar cientificamente e depois treinar, instruir e desenvolver o trabalhador, que, no passado, escolhia seu próprio trabalho e treinava-se o melhor que podia |
| 3 | Cooperar sinceramente com os trabalhadores, de modo a garantir que o trabalho seja feito de acordo com princípios da ciência que foi desenvolvida |
| 4 | Reconhecer que existe uma divisão quase igual de trabalho e de responsabilidade entre a administração e os trabalhadores. A administração incumbe-se de todo o trabalho para o qual esteja mais bem preparada que os trabalhadores, enquanto no passado quase todo o trabalho e a maior parte da responsabilidade recaíam sobre a mão de obra |

Taylor acreditava no incentivo para o trabalhador individual, que atenderia ao desejo de ganho material e estimularia o crescimento pessoal. Nas palavras de Taylor:

> A prosperidade máxima de cada empregado significa não apenas salários mais altos mas também, e mais importante, significa o desenvolvimento de cada homem à sua condição de eficiência máxima. A maioria das pessoas acredita que os interesses fundamentais dos empregados e empregadores são antagônicos. A administração científica, no entanto, tem por princípio que os verdadeiros interesses dos dois são idênticos.[3]

Taylor também fez uma distinção entre a **filosofia** e os **mecanismos** da administração científica. Os mecanismos, ou técnicas, eram:

- Estudos de tempos e movimentos.
- Padronização de ferramentas e instrumentos.
- Padronização de movimentos.
- Conveniência de uma área de planejamento.
- Cartões de instruções.
- Sistema de pagamento de acordo com o desempenho.
- Cálculo de custos.

Taylor entendia esses dispositivos da eficiência como auxiliares da administração científica ou maneiras de colocar em prática os princípios da administração científica. Assim, Taylor foi o primeiro autor a sistematizar um modelo de administração, entendendo-se como tal um sistema de ideias ou doutrinas aliadas a técnicas ou ferramentas. Para Taylor, a administração científica era uma revolução mental, uma revolução na maneira de encarar o trabalho e as responsabilidades em relação à empresa e aos colegas.

Um exemplo dos métodos de Taylor foi a experiência na qual demonstrou que a produtividade mais elevada resulta da **minimização do esforço muscular**. Essa é uma das ideias fundamentais da administração científica: a produtividade resulta da eficiência do trabalho e não da maximização do esforço. A questão não é trabalhar duro, nem depressa, nem bastante, mas trabalhar de modo inteligente. Até hoje essa ideia não se firmou

---

3 TAYLOR, F. *Princípios de administração científica*. 8. ed. São Paulo: Atlas, 1990.

completamente, uma vez que ainda há quem acredite que a produtividade é mais elevada quando as pessoas trabalham muito e sem interrupção, ou que o homem é produtivo quando trabalha à velocidade máxima. Essa crença nada tem a ver com as proposições de Taylor e da administração científica.

## 5 INTEGRANTES DO MOVIMENTO

Em torno das ideias da administração científica, congregaram-se diversos seguidores e colaboradores de Frederick Taylor, bem como algumas pessoas que trabalharam independentemente dele, mas que mais tarde vieram a integrar-se ao grupo. Esse grupo era muito maior que o número relativamente pequeno de seus membros que se tornaram mais conhecidos: o próprio Taylor, Frank e Lillian Gilbreth, Henry Gantt e Hugo Münsterberg.

### 5.1 Frank e Lillian Gilbreth e o estudo de movimentos

Em 1909, Frank Gilbreth publicou o livro *Bricklaying system* (Sistema de construção com tijolos), no qual incluiu suas primeiras observações sobre o estudo de movimentos. Em suas próprias palavras:

> O estudo de movimentos deste livro nada mais é que o começo de uma era do estudo de movimentos, que irá um dia influenciar todos os nossos métodos de ensinar profissões. Cortará custos e aumentará a eficiência e o salário dos trabalhadores. Para ter sucesso, (a) o trabalhador precisa conhecer seu ofício, (b) deve ser rápido e (c) deve fazer o mínimo de movimentos para alcançar o resultado desejado.

No livro *Motion study* (Estudo de movimentos), de 1911, Gilbreth foi além da construção civil, abordando o trabalho em seu sentido mais amplo. Nessa obra, Gilbreth menciona o desperdício de terra por meio da erosão, mas diz que isso não é nada se comparado com o desperdício de produtividade humana. Para resolver esse problema, Gilbreth propunha o estudo sistemático e a racionalização dos movimentos necessários para a execução das tarefas. Gilbreth dedicou particular atenção à fadiga, no que foi ajudado por sua mulher, Lillian Moller Gilbreth.

Frank Gilbreth, no começo da Primeira Guerra Mundial, estudou os processos e equipamentos industriais na Alemanha. Quando os soldados feridos começaram a voltar do *front*, Gilbreth aplicou seus princípios ao aprimoramento dos procedimentos cirúrgicos. Foi a primeira pessoa a fazer filmagens da sala cirúrgica para finalidades educacionais. Também é o autor da ideia da enfermeira que fica ao lado do cirurgião para entregar-lhe os instrumentos cirúrgicos.[4]

### 5.2 Henry Gantt

Henry Gantt (Figura 4.5) é uma das pessoas mais importantes na história da engenharia e da administração. Gantt era inventor e, junto com Taylor, registrou seis patentes. Em 1903, apresentou à ASME um trabalho, *A graphical daily balance in manufacturing* (Controle gráfico

---

4   Disponível em: https://www.asme.org/topics-resources/content/frank-bunker-gilbreth. Acesso em: 17 out. 2023.

diário da produção), no qual descreveu um método gráfico para acompanhar fluxos de produção. Esse método tornar-se-ia o gráfico de Gantt.[5]

**Figura 4.5** Henry Gantt.

*Henry Laurence Gantt (1861-1919)*

Gantt tinha antepassados ilustres, que chegaram aos Estados Unidos em 1660. Formou-se pela Johns Hopkins University em 1880 e tornou-se professor do ensino médio na mesma escola em que havia estudado. Fez o mestrado em engenharia no Instituto de Tecnologia Stevens, onde Frederick Taylor também estudou. Em 1884, passou a trabalhar como engenheiro mecânico. Em 1887, aos 26 anos de idade, juntou-se a Taylor na metalúrgica Midvale, onde ficou até 1893. Em 1901, estabeleceu-se como consultor em administração. Foi um dos primeiros especialistas em eficiência a entrar no ramo.

A Sociedade Americana dos Engenheiros Mecânicos (ASME) estabeleceu um prêmio com seu nome.

Conheça mais: https://pt.wikipedia.org/wiki/Henry_Gantt. Acesso em: 08 dez. 2023.

Em 1917, os Estados Unidos entraram na Primeira Guerra Mundial. Gantt foi trabalhar para o governo, na coordenação da produção de munição nas fábricas privadas e arsenais militares. O órgão em que Gantt trabalhava coordenou a construção de 533 navios em 1918, uma impressionante demonstração de capacidade industrial. Ao fim da guerra, os americanos tinham 341 estaleiros com 350 mil trabalhadores, que haviam construído 1.300 navios em 18 meses. Nessa época, Gantt desenvolveu totalmente o gráfico que leva seu nome, usando-o para coordenar o trabalho das diversas fábricas e departamentos envolvidos no esforço de guerra.

Gantt morreu em 1919. Em 1922, Wallace Clark, um funcionário de Gantt, publicou o livro *The Gantt chart: a working tool of management* (O **gráfico de Gantt**: uma ferramenta da administração). A técnica popularizou-se no mundo todo, tornando-se a mais importante das técnicas de planejamento e controle. Foi informatizada e transformou-se no MS Project.

## 5.3 Hugo Münsterberg

Münsterberg fez contribuições substanciais em muitos campos da psicologia: interrogatório de testemunhas de crimes, tratamento de doenças mentais, cinema, marketing e seleção de pessoal, entre outros.

Admirador de Taylor, escreveu-lhe em 1913, dizendo que "nosso objetivo é delinear uma nova ciência, intermediária entre o moderno laboratório de psicologia e os problemas da ciência econômica". Seus trabalhos nessa área são os precursores da psicologia industrial, que evoluiu para se transformar nas ciências do comportamento aplicadas à administração, ou **comportamento organizacional**.

Em 1909, publicou o artigo *Psychology and the market* (Psicologia e o mercado), no qual indicou os assuntos em que a psicologia poderia contribuir: orientação vocacional, propaganda,

---

5 Disponível em: https://www.asme.org/about-asme/honors-awards/achievement-awards/henry-laurence-gantt-medal. Acesso em: 17 out. 2023.

gestão de pessoas, testes mentais, motivação dos empregados e efeitos da fadiga e da monotonia no desempenho profissional.

Seu livro de 1913, *Psychology and industrial efficiency* (Psicologia e eficiência industrial), tornou-se *best-seller*. O livro tem três partes:

1. O melhor homem possível para o trabalho, que trata da seleção de trabalhadores.
2. O melhor trabalho possível, que trata dos fatores que afetam a eficiência.
3. O melhor efeito possível, que trata de vendas, marketing e técnicas de propaganda.

Münsterberg afirmava que, para aumentar a eficiência do trabalho, a satisfação e a produtividade, era preciso colocar os trabalhadores em posições alinhadas com suas aptidões emocionais e mentais. Para isso, ele desenvolveu testes mentais e simulações de situações de trabalho para testar os conhecimentos, as habilidades e aptidões dos candidatos a emprego. Para comprovar que os testes e as simulações poderiam melhorar o desempenho, ele pesquisou diferentes ocupações, como capitão de navio, motorista de táxi, telefonista e vendedor. Sua pesquisa também mostrou que a eficiência no trabalho diminuía quando os trabalhadores conversavam.

Münsterberg era convidado frequentemente para dar consultoria a grandes empresas industriais. Por volta de 1920, a psicologia industrial estava estabelecida como ramo importante da administração de empresas.

## 6 EXPANSÃO DO MOVIMENTO

Apesar das críticas e dos desvios dos charlatães, a administração científica havia chegado para ficar, porque suas aplicações iam muito além do simples redesenho dos postos de trabalho. O movimento rapidamente ganhou popularidade nos Estados Unidos e depois em todo o mundo, expandindo-se metodicamente pelas décadas seguintes. A Guerra de 1914-1918 deu aos americanos a oportunidade de aplicar em larga escala e mostrar aos europeus novos padrões de eficiência da operação militar.

Se você pensa que a administração científica é ideia do passado, que teve um período de popularidade e depois se foi, pense novamente. Nada mais atual do que combate ao desperdício ou eficiência. Na verdade, Taylor e seus colegas criaram um movimento que nunca mais deixou de evoluir. Com outros nomes e métodos, os princípios de Taylor sobrevivem e desfrutam de eterna juventude.

No Capítulo 10, você estudará o sistema Toyota de produção e o modelo japonês de administração. Uma das bases desse sistema é a técnica chamada *kaizen* – ou aprimoramento contínuo. Um processo produtivo é escolhido e estudado. Suas ineficiências são identificadas e um novo processo, sem essas ineficiências, é proposto e implantado. Essa operação é repetida sucessivamente. Qual a diferença da racionalização do trabalho que Taylor fazia? Quanto ao princípio, nenhuma: observação sistemática, identificação dos problemas, proposição de uma forma melhor de trabalhar. Mas deixemos para estudar o sistema Toyota adiante.

Você também estudará neste livro a administração por processos e a técnica chamada *Six Sigma* (Seis Sigma). É uma técnica para alcançar níveis radicais de eficiência, com a meta de chegar próximo a **zero desperdício**. Os princípios e os métodos, no entanto, são os mesmos do *kaizen* e da administração científica em suas origens.

## 7 PRODUÇÃO EM MASSA E LINHA DE MONTAGEM

Assim como o nome de Taylor está associado à administração científica, o nome de Henry Ford (Figura 4.6) está associado à **linha de montagem móvel**, mas esse foi apenas um dos inúmeros avanços que ele criou e que deixaram sua marca na teoria e prática da administração. Foi Henry Ford quem elevou ao mais alto grau os dois princípios da **produção em massa**, a fabricação de produtos não diferenciados em grande quantidade: peças padronizadas e trabalhador especializado (Figura 4.7).

**Figura 4.6**
Henry Ford.

*Henry Ford (1863-1947)*

Henry Ford nasceu no dia 30 de julho de 1863, em uma fazenda no estado americano de Michigan. Quando tinha 13 anos, seu pai deu-lhe um relógio de bolso, que ele desmontou e remontou. Aos 16 anos, abandonou a fazenda e mudou-se para Detroit, para tornar-se aprendiz de maquinista. Nos anos seguintes, estudou contabilidade e aprendeu a operar e fazer a manutenção de locomotivas a vapor.

Em 1888, voltou à vida da fazenda, para sustentar a família recém-formada. Três anos depois, foi contratado como engenheiro na Companhia Edison de Iluminação. Em 1893, era engenheiro-chefe da empresa.

Em 1896, apresentou os planos de um automóvel para Thomas Edison. Em 1903, fundou a Ford Motor Company. O modelo T foi lançado em 1908.

Conheça mais: http://www.thehenryford.org/exhibits/hf/. Acesso em: 08 dez. 2023.

1. **Peças e componentes padronizados e intercambiáveis**. Na produção massificada, cada peça ou componente pode ser montado em qualquer sistema ou produto final. Para alcançar a padronização, Ford passou a utilizar o mesmo sistema de calibragem para todas as peças, em todo o processo de manufatura. Esse princípio deu origem ao controle da qualidade, cujo objetivo era assegurar a uniformidade das peças. Além de padronização, Ford procurou simplicidade, reduzindo o número de peças de seus produtos. Por exemplo, o bloco de seu motor de quatro cilindros era uma única peça fundida, ao passo que seus concorrentes fundiam os quatro cilindros separadamente, para depois juntá-los.

2. **Especialização do trabalhador**. Na produção massificada, o produto é dividido em partes e o processo de fabricá-lo é dividido em etapas. Cada etapa do processo produtivo corresponde à montagem de uma parte do produto. Cada pessoa e cada grupo de pessoas, num sistema de produção em massa, tem uma tarefa fixa dentro de uma etapa de um processo predefinido. A divisão do trabalho implica a especialização do trabalhador. Na produção artesanal, o trabalhador faz um produto do começo ao fim – desde o projeto até o controle de qualidade final – ou uma parte significativa de um produto final.

**Figura 4.7**
Dois princípios da produção de massa.

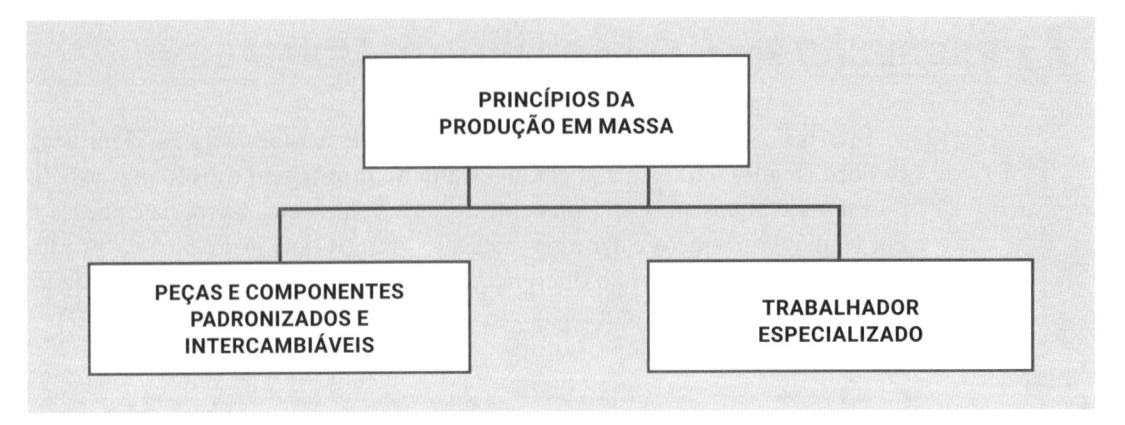

```
                    PRINCÍPIOS DA
                  PRODUÇÃO EM MASSA
                   /              \
      PEÇAS E COMPONENTES      TRABALHADOR
        PADRONIZADOS E         ESPECIALIZADO
         INTERCAMBIÁVEIS
```

## 7.1 A linha de montagem móvel

Em 1910, Henry Ford estabeleceu a primeira planta dedicada exclusivamente à montagem final de peças fabricadas em plantas distintas, que eram partes de um processo produtivo comum.

A linha de montagem móvel, na qual o produto em processo desloca-se ao longo de um percurso enquanto os operadores ficam parados, desenvolveu-se rapidamente em seguida. Em 1912, o conceito de linha de montagem, sem mecanização, foi aplicado à fabricação de motores, radiadores e componentes elétricos. Finalmente, no começo de 1914, a Ford adotou a linha de montagem móvel e mecanizada para a montagem do chassi, que passou a consumir 1 hora e 33 minutos de trabalho, em contraste com as 12 horas e 28 minutos necessárias no ano anterior, quando a montagem ainda era artesanal.

As consequências foram espantosas. O tempo médio de ciclo foi reduzido para 1,19 minuto. A nova tecnologia também reduzia a necessidade de investimentos de capital. A velocidade maior da produção reduzia também os custos dos estoques de peças à espera da montagem. Melhor de tudo, quanto mais carros eram fabricados, mais baratos eles ficavam. Tudo isso incendiou a imaginação dos concorrentes.

## 7.2 Inovações de Ford

Ford foi grande inovador em muitos outros aspectos. Também em janeiro de 1914, adotou o dia de trabalho de 8 horas e duplicou o valor do salário, para cinco dólares por dia, medida que não foi vista com simpatia por seus concorrentes. Mas ele achava que seus operários deveriam poder comprar o produto que fabricavam, o que, sem dúvida, é opinião avançada até mesmo hoje em dia.

Com mentalidade orientada para o mercado, Ford imaginava que seu cliente médio era o fazendeiro que tinha uma caixa de ferramentas e sabia manejá-las. O manual do proprietário do Ford Modelo T, lançado em 1908, já em formato de perguntas e respostas, explicava em 64 páginas como usar ferramentas simples para resolver os 140 prováveis problemas que o carro poderia ter. À medida que se evidenciavam suas vantagens, o modelo Ford atraía uma empresa após outra, tornando-se rapidamente o padrão de organização das empresas industriais nos Estados Unidos.

## 7.3 Expansão do modelo Ford

Junto com o trabalhador especializado, que se tornou o principal elemento da linha de montagem móvel, surgiram novas ocupações.

- O engenheiro industrial assumiu o planejamento e controle da montagem; o engenheiro de produção ficou com o planejamento do processo de fabricação.
- Faxineiros limpavam periodicamente as áreas de trabalho enquanto técnicos circulavam para calibrar e reparar as ferramentas.
- Outros especialistas controlavam a qualidade.
- Os supervisores deveriam procurar e encontrar problemas na fábrica, para que a administração superior pudesse corrigi-los.
- No final da linha, havia os reparadores, que tinham muitas das habilidades dos artesãos originais e consertavam o que quer que estivesse errado.
- Nesse sistema, o trabalhador especializado, mas sem grandes qualificações, não tinha perspectivas de ascensão profissional, que era privilégio dos engenheiros.

As vantagens competitivas desse modelo impulsionaram a Ford para a primeira posição na indústria automobilística mundial, virtualmente eliminando as empresas artesanais, com exceção de algumas poucas que se mantiveram no mercado do alto luxo. Em 1923, foram produzidos 2,1 milhões de unidades do Modelo T. Até o final de sua vida, foram produzidos 17 milhões de unidades do modelo T.

Desde antes da Primeira Guerra Mundial, já havia uma peregrinação de industriais de todo o mundo à fábrica da Ford em Detroit. Henry Ford não fazia segredos de suas técnicas, e suas ideias estavam disponíveis para serem utilizadas na Europa. No entanto, a Segunda Guerra Mundial interrompeu os planos dos europeus para utilização da produção em massa na indústria civil, que só foi retomada nos anos 1950. No final dessa década, Volkswagen, Renault, Fiat e Mercedes-Benz estavam produzindo em escala comparável às empresas americanas, das quais eram cópias virtuais.

A grande aceitação dos princípios da administração científica e da linha de montagem é responsável pela notável expansão da atividade industrial em todo o mundo. Entrando, neste exato instante em qualquer fábrica de grande porte, em qualquer lugar do planeta, você poderá constatar que Taylor e Ford iriam sentir-se em casa. Linhas de montagem correm carregando todos os tipos de produtos, em diferentes estágios de acabamento. A tecnologia sofisticou-se, há robôs ao lado de pessoas, computadores, painéis digitais e câmeras de vídeo. No entanto, os princípios são exatamente os mesmos. Taylor continua a ter razão: as técnicas são apenas auxiliares dos princípios.

## 8 FORD NO TERCEIRO MILÊNIO

A linha de montagem continua a funcionar precisamente como Ford a inventou: os produtos andam, o trabalho fica parado. O trabalho, agora, é feito por robôs, no lugar de operários. Sem problemas de greve, produtividade, fadiga, conflitos com a administração. Sem chefes. Muito mais eficiente; muito menos dispendioso. Desperdício virtualmente inexistente.

Cada vez que vai a uma lanchonete de *fast-food*, você entra em um sistema de linha de montagem. Na verdade, em dois. Um está atrás do balcão. É o processo de fazer sanduíches.

Os operadores – não são cozinheiros – movimentam-se muito pouco para preparar a comida e colocá-la no balcão. O outro sistema é a fila de clientes, da qual você faz parte. Você é o produto: você anda, o processo produtivo fica parado.

Taylor e Ford certamente iriam ficar felizes vendo suas ideias triunfantes no terceiro milênio.

## QUESTÕES E EXERCÍCIOS

### MINICASO: Taylor resolve um problema

O ano é 1898. A Bethlehem Steel vendeu 80 mil toneladas de ferro em lingotes. Agora é preciso carregar vagões com os lingotes, que estão amontoados em pequenas pilhas ao ar livre. Essa operação deve ser executada manualmente. Cada operário contratado para essa gigantesca tarefa começou movimentando 12,5 toneladas por dia, o melhor que se pôde conseguir.

Chamado para estudar a eficiência do processo, Frederick Taylor chegou decidido a aplicar a administração científica. Taylor adotou uma combinação de pagamento elevado, proporcional à quantidade movimentada, seleção dos melhores trabalhadores e orientação para realizar a tarefa. Porém, Taylor percebeu que os trabalhadores iriam começar correndo, para ganhar bastante, e rapidamente ficariam exaustos, sendo obrigados a interromper o trabalho muito antes de terminá-lo.

Taylor, então, descobriu que homens de físico adequado conseguiriam aumentar a quantidade de toneladas movimentadas, com total segurança, desde que os supervisores os obrigassem a descansar a intervalos frequentes. Em resumo, ele descobriu que, para produzir o melhor resultado possível, um trabalhador que ele considerava de primeira classe, carregando lingotes que pesavam cerca de 45 quilos, deveria trabalhar apenas 43% do tempo. A "ciência" de carregar lingotes de ferro, desse modo, consistia primeiro em escolher o homem apropriado, e, segundo, em obrigá-lo a descansar a intervalos que se havia descoberto serem os mais eficientes, após cuidadosa investigação.

Como consequência da intervenção de Taylor, os homens passaram a movimentar, em média, 47,5 toneladas por dia. Esse resultado não foi obtido por meio do estudo de tempos e movimentos, mas da minimização do dispêndio da energia muscular. E, assim, Frederick Taylor demonstrou que os níveis mais altos de produtividade resultam da utilização eficiente da energia: paradoxalmente, trabalhar menos produz mais.

1. O que aconteceria se Taylor não obrigasse os homens a descansar? Você acha que eles se esgotariam e sua produtividade diminuiria, como Taylor previu?
2. De modo geral, qual a consequência do trabalho duro e ininterrupto?
3. O que Taylor comprovou com essa experiência?
4. Você acha que trabalhar menos produz mais em qualquer situação? Você recomendaria isso a seus auxiliares?
5. Você conhece outras situações em que as pessoas precisam descansar para poderem realizar uma tarefa?
6. Em sua opinião, por que algumas pessoas trabalham demais: necessidade, excesso de trabalho, falta de método, compulsão, vontade de agradar o chefe, recompensa elevada ou outro motivo?
7. Você acha que, de modo geral, as pessoas que trabalham com inteligência não precisam trabalhar muito para alcançar bons resultados?

# 5
# Henri Fayol e o Processo Administrativo

## OBJETIVOS

Ao completar o estudo deste capítulo, você deverá estar preparado para explicar e exercitar os seguintes conceitos:

» Ideia de doutrina da administração segundo Henri Fayol.
» Princípios de administração de Fayol.
» Visão de Fayol sobre o processo da administração e suas funções.
» Disseminação das ideias de Fayol e seu impacto sobre a teoria e a prática da administração.

## INTRODUÇÃO

Uma das ideias básicas da administração é a definição apresentada no início do primeiro capítulo deste livro: administrar é **planejar, organizar, executar, liderar e controlar**. Segundo essa definição, administração é atividade ou processo de tomar decisões agrupadas em quatro categorias, chamadas funções ou também processos. Cada função ou processo é um processo decisório em si. Os processos formam um ciclo, que pode se repetir ou terminar.

- Nos projetos, que são atividades finitas, o ciclo termina.
- Nos processos produtivos e na prestação de serviços, que são contínuos, o ciclo se repete.

Essa é a definição da escola do processo administrativo, ou **enfoque funcional da administração**. Essa escola ou enfoque define não apenas o processo administrativo, mas também o próprio papel dos gerentes, em termos dessas funções ou processos.

# 1 HENRI FAYOL

A pessoa mais importante que sistematizou e divulgou as ideias a respeito do processo administrativo foi o engenheiro francês Henri Fayol (Figura 5.1). A importância de Fayol vai muito além da sistematização do processo administrativo. Toda a organização do conhecimento e o modo como se estuda a administração, em muitas partes do mundo, têm suas raízes e uma dívida com as ideias de Fayol. Com justiça, deve ser considerado um dos construtores do moderno conhecimento sobre a gestão das organizações.

De acordo com Fayol, a administração é uma atividade comum a todos os empreendimentos humanos (família, negócios, governo), que sempre exigem algum grau de planejamento, organização, comando, coordenação e controle. Portanto, todos deveriam estudá-la, para desenvolver e exercitar habilidades administrativas, primeiro na escola e, em seguida, no trabalho.

Isso exigiria uma **doutrina da administração** que pudesse ser ensinada, feita de princípios, regras, métodos e procedimentos postos à prova e controlados pela experiência. O estudo da administração deveria começar no ensino básico e prosseguir até o superior. Fayol argumenta que a capacidade administrativa deveria ser aprendida antes que as pessoas ocupassem posições administrativas, ao contrário do que acontecia na França de sua época (e, em certa medida, até hoje, em diversos lugares).

Para responder a essa necessidade de um corpo de conhecimentos para a formação de administradores, Fayol criou e divulgou sua própria doutrina.

Ele conhecia o trabalho de Taylor, que era muito divulgado na França e que cita em sua obra principal, para concordar com uma proposição dele e discordar de outra. Em 1913, apresentou um trabalho intitulado *Notas de aula sobre o taylorismo*.[1] Os dois autores não trabalharam em colaboração, mas suas ideias convergem para o ideal de aprimorar a administração para resolver problemas de desempenho das organizações.

**Figura 5.1**
Jules Henri Fayol.

*Jules Henri Fayol*
*(1841-1925)*

Fayol nasceu em uma família que sempre deu grande valor às crianças e à sua educação. Com 17 anos de idade, foi o mais jovem ingressante da Escola de Minas de St-Etienne. Formou-se engenheiro aos 19 anos e ingressou na Sociedade Commentry-Fourchambault (Commambault), onde passou toda sua vida profissional. Ao longo de sua carreira, envolveu-se em atividades de exploração de minas e geologia. Em 1888, quando a empresa estava à beira da falência, Fayol foi nomeado diretor-geral. Sua gestão recuperou a empresa, levando-a a um nível mais alto de desempenho empresarial e competência técnica. Em 1918, saiu da empresa, que havia se transformado em uma potência financeira, com equipe de gerentes de valor excepcional.

Ao longo de sua vida, publicou inúmeros trabalhos técnicos sobre geologia e exploração de minas, além de sua célebre obra sobre administração. Recebeu diversos prêmios e homenagens por suas contribuições ao avanço do conhecimento.

Era pessoa afável e tranquila, mestre da "arte de ser avô e bisavô".

Conheça mais: http://www.annales.org/archives/x/fayol.html. Acesso em: 08 dez. 2023.

---

1 FAYOL, H. *Administração industrial e geral*. 9. ed. São Paulo: Atlas, 1978.

## 2 PRINCIPAIS CONTRIBUIÇÕES DE FAYOL

Nos últimos anos de sua vida, Fayol dedicou-se a divulgar princípios de administração, que se baseavam em sua experiência como executivo. Em 1916, em plena Primeira Guerra Mundial, aos 75 anos, Fayol publicou o livro *Administração industrial e geral* (AIG).[2]

Nesse livro, Fayol **distingue o governo** (*gouvernement*) da empresa da **administração da empresa**. Segundo ele, o governo (hoje, diríamos governança ou administração estratégica) consiste em conduzir o empreendimento na direção de seus objetivos, com o melhor uso dos recursos disponíveis. A administração consiste em dar apoio a esse propósito principal (na edição brasileira, a palavra francesa ***gouvernement*** foi traduzida como **direção**).

O livro resultou de anotações de Fayol ao longo de sua vida profissional. É escrito em tom de reflexão, também para reflexão do leitor. No prefácio, Fayol apresenta-o como o primeiro de dois volumes. No segundo volume, diz que trataria de observações e experiências pessoais e da guerra. Esse segundo volume nunca foi publicado.

O livro (primeiro volume) tem duas partes:

1. **Necessidade e possibilidade do ensino da administração.** Aqui, Fayol começa por definir a administração como uma das seis funções ou grupos de operações da empresa. Em seguida, aborda as capacidades necessárias aos chefes (hoje, diríamos competências) e, finalmente, discute a necessidade e a possibilidade do ensino da administração, com base em uma doutrina administrativa – a que ele propõe.

2. **Princípios e elementos de administração.** Nessa parte do livro, Fayol expõe, em primeiro lugar, seus 14 princípios gerais de administração. Em seguida, descreve as funções do processo administrativo, que ele chama elementos.

Estudaremos a seguir uma resenha dos pontos mais importantes das duas partes, na ordem em que Fayol as apresenta. As passagens entre aspas são transcrições da edição brasileira.[3]

## 3 ADMINISTRAÇÃO COMO FUNÇÃO DISTINTA DAS DEMAIS FUNÇÕES DA EMPRESA

Segundo Fayol, para assegurar o cumprimento de sua responsabilidade fundamental, que é a condução do empreendimento, o executivo principal conta com seis funções interdependentes (Figura 5.2). Uma delas é a função administrativa.

---

2  FAYOL, H. Administration industrielle et générale. *Bulletin de la Société de l'Industrie Minérale*, n. 10, 5-164, 1916. O livro passou a ser publicado regularmente pela editora Dunod a partir de 1918.

3  FAYOL, H. *Administração industrial e geral.* 9. ed. São Paulo: Atlas, 1978.

**Figura 5.2**
Funções da empresa segundo Fayol.

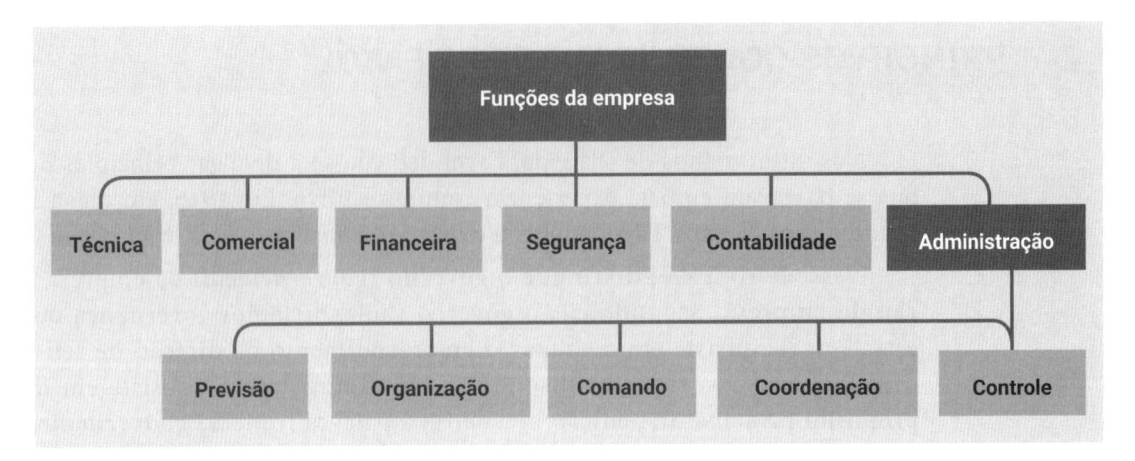

```
Funções da empresa
├── Técnica
├── Comercial
├── Financeira
├── Segurança
├── Contabilidade
└── Administração
    ├── Previsão
    ├── Organização
    ├── Comando
    ├── Coordenação
    └── Controle
```

1. **Técnica** (produção, manufatura): "A função técnica nem sempre é a mais importante de todas. Mesmo nas empresas industriais, há circunstâncias em que qualquer uma das outras funções pode ter uma influência muito maior no desenvolvimento da empresa do que a função técnica."
2. **Comercial** (compra, venda, troca): "A prosperidade de uma empresa industrial depende tanto da função comercial quanto da função técnica; se o produto não se vende, temos a ruína."
3. **Financeira** (procura e utilização de capital): "Constitui condição essencial de êxito ter constantemente à vista a situação financeira da empresa."
4. **Segurança** (proteção da propriedade e das pessoas): "Sua missão é proteger os bens e as pessoas contra o roubo, o incêndio e a inundação, e evitar as greves, os atentados e, em geral, todos os obstáculos de ordem que possam comprometer o progresso e mesmo a vida da empresa."
5. **Contabilidade** (registro de estoques, balanços, custos, estatísticas): "Constitui o órgão de visão das empresas. Deve revelar, a qualquer momento, a posição e o rumo do negócio. Deve dar informações exatas, claras e precisas sobre a situação econômica da empresa."
6. **Administração** (previsão [em francês, *prevoyance* – literalmente, previdência], organização, comando, coordenação e controle): "Nenhuma das cinco funções precedentes tem o encargo de formular o programa geral de ação da empresa, de constituir o seu corpo social, de coordenar os esforços, de harmonizar os atos. Essas operações... constituem outra função, designada habitualmente sob o nome de administração, cujas atribuições e esfera de ação são muito mal definidas."

É neste ponto do livro que Fayol faz a distinção entre administração e governo. Governar é conduzir a empresa. A administração não é senão uma das seis funções, que viabiliza o governo da empresa.

## 4 PRINCÍPIOS DE ADMINISTRAÇÃO

Fayol propõe 14 princípios que devem ser seguidos para que a administração seja eficaz. Muitos desses princípios ecoam nas práticas adotadas décadas depois. Fayol fala em combate aos desperdícios, diferentes tipos de remuneração, flexibilidade da hierarquia, desenvolvimento organizacional, modelo de gestão e muitos outros temas que continuam atuais, com suas palavras, diferentes das que usamos hoje. Vejamos um resumo desses princípios (Figura 5.3).

**Figura 5.3**
Princípios de administração de Fayol.

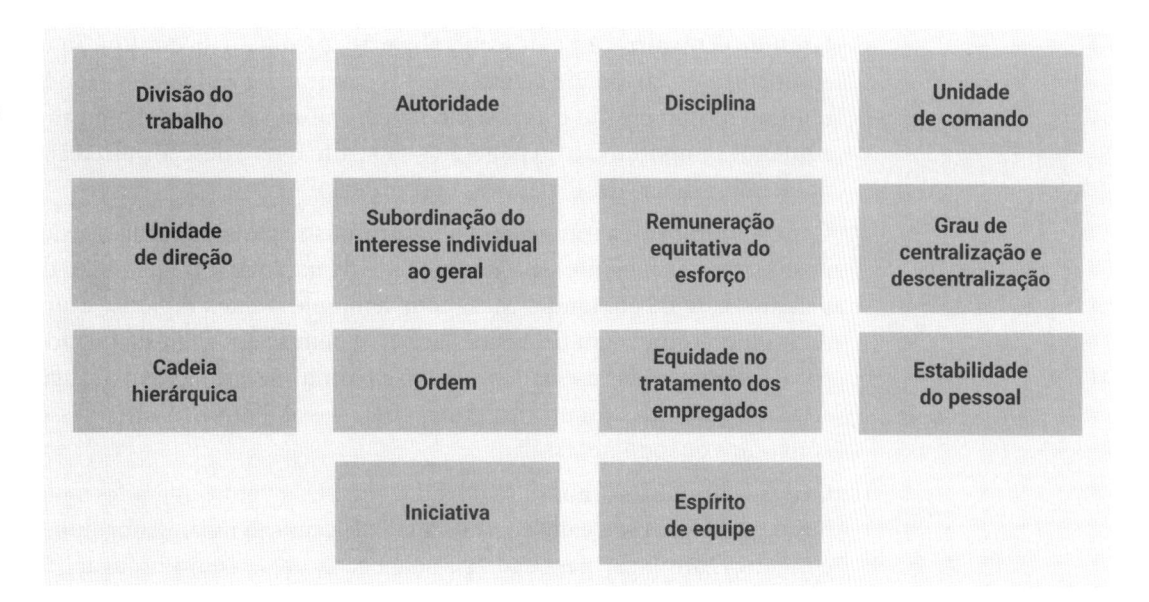

| Divisão do trabalho | Autoridade | Disciplina | Unidade de comando |
| Unidade de direção | Subordinação do interesse individual ao geral | Remuneração equitativa do esforço | Grau de centralização e descentralização |
| Cadeia hierárquica | Ordem | Equidade no tratamento dos empregados | Estabilidade do pessoal |
| | Iniciativa | Espírito de equipe | |

1. **Divisão do trabalho**: implica a especialização dos trabalhadores, permitindo que se tornem experientes e mais produtivos. "A divisão do trabalho tem por finalidade produzir mais e melhor com o mesmo esforço."

2. **Autoridade**: institucional e pessoal, acompanhada das responsabilidades correspondentes. A responsabilidade é a contrapartida da autoridade. "Entretanto, a responsabilidade, em geral, é evitada, enquanto a autoridade é desejada. O medo das responsabilidades paralisa muitas iniciativas e anula muitas qualidades. Um bom chefe deve ter e disseminar a coragem de assumir responsabilidades."

3. **Disciplina**: "essencialmente, obediência, assiduidade, atividade, postura, sinais exteriores de respeito conforme os acordos estabelecidos entre a empresa e seus agentes... Quando a indisciplina se manifesta ou quando o entendimento entre chefes e subordinados deixa a desejar... na maior parte dos casos o problema resulta da incapacidade dos chefes."

4. **Unidade de comando**: cada empregado não deve ter senão um chefe e não deve existir dualidade de comando. "Em todas as associações humanas, na indústria, no comércio, no exército, na família, no Estado, a dualidade de comando é fonte perpétua de conflitos."

5. **Unidade de direção**: apenas um chefe e apenas um programa para um conjunto de operações que tenham a mesma finalidade. É a condição necessária para a unidade de ação, a coordenação das forças, a convergência dos esforços.

6. **Subordinação do interesse individual ao interesse geral**: conciliando os interesses contraditórios quando necessário. "É uma das grandes dificuldades do governo (da empresa)." Os meios para realizar esse objetivo são: firmeza e bons exemplos mostrados pelos superiores, a maior equidade possível nos acordos entre a empesa e seus empregados, a supervisão constante do funcionamento da empresa pelo dirigente.

7. **Remuneração equitativa do esforço**: "todas os modos de remuneração que podem melhorar o valor e as condições do pessoal, estimular o zelo dos agentes de todos os níveis, devem ser objeto de contínua atenção por parte dos chefes". Este é um dos princípios que Fayol mais desenvolve. Ele analisa diferentes possibilidades de remuneração – seis, no total, inclusive participação nos lucros e prêmios de acordo com o desempenho. São tipos de remuneração que hoje continuam avançadas.

8. **Grau de centralização e descentralização**: escolha feita em função das condições de atividade e de qualidade do pessoal. "Encontrar a medida que proporciona o melhor rendimento possível é o problema da centralização e da descentralização. Tudo que aumenta a importância do papel dos subordinados é descentralização; tudo que diminui a importância desse papel é centralização."
9. **Cadeia hierárquica** (ou princípio da administração hierárquica): este caminho "é imposto simultaneamente pela necessidade de garantir a transmissão de informações e pela unidade de comando. Mas, nem sempre é o mais rápido... É um erro afastar-se da via hierárquica sem necessidade; é erro bem maior segui-la quando provoca danos para a empresa". Para evitar problemas com a hierarquia, Fayol sugere a "ponte", ou seja, um canal de comunicação diagonal, possibilitando a uma pessoa comunicar-se com outra quando necessário.
10. **Ordem, simultaneamente material e social**: "é conhecida a fórmula da ordem material: um lugar para cada coisa e cada coisa em seu lugar. A fórmula da ordem social é idêntica: um lugar para cada pessoa e cada pessoa em seu lugar". Segundo Fayol, a ordem material deve ter como resultado evitar as perdas de materiais e de tempo. Os materiais devem estar em seu lugar e o lugar deve ser escolhido de forma a facilitar a utilização dos materiais. Parecem os princípios do Sistema Toyota de Produção, você verá. A ordem social, para Fayol, está relacionada com **a pessoa certa no lugar certo**. A ordem social pressupõe que duas operações administrativas difíceis tenham sido resolvidas: organização e recrutamento.
11. **Equidade no tratamento dos empregados**: "o chefe da empresa [...] deve se esforçar para fazer penetrar o sentimento de equidade em todos os níveis da hierarquia".
12. **Estabilidade do pessoal**: "em geral, o pessoal dirigente das empresas prósperas é estável; os que trabalham nas empresas deficitárias [infelizes, nas palavras de Fayol] são instáveis".
13. **Iniciativa**: "conceber um plano e assegurar seu sucesso é uma das grandes satisfações do homem inteligente; é também um dos mais poderosos estimulantes da atividade humana [...]. A iniciativa de todos, ajuntando-se à do chefe e, se necessário, suplementando-a, é grande força para as empresas... É preciso que o chefe saiba sacrificar o amor-próprio para dar tais satisfações a seus subordinados".
14. **Senso de espírito de corpo ou união do pessoal**: é essencial para a direção reforçar o moral da mão de obra. "É preciso talento real para coordenar os esforços, estimular o zelo, utilizar as faculdades de todos e recompensar o mérito de cada um sem despertar ciúmes e sem perturbar a harmonia das relações." Neste ponto, Fayol aborda a má interpretação do lema "dividir para reinar" e o abuso das comunicações escritas, como perigos a evitar. Dividir seu próprio pessoal é falta grave que o chefe pode cometer, resultante de incapacidade administrativa. Quanto às comunicações escritas, devem ser evitadas quando se quer rapidez; devem ser preferidas quando se quer precisão e evitar mal-entendidos.

## 5 ELEMENTOS DE ADMINISTRAÇÃO

Os elementos de administração estão no final do livro e ocupam sua maior parte – mais da metade do livro é dedicada a explicar as funções do processo administrativo. Fayol identifica cinco elementos ou funções: previsão, organização, comando, coordenação e controle. Em nenhum momento ou passagem Fayol indica algum tipo de ordem ou sequência para essas funções. Ele trata todas como partes do mesmo conjunto, mas cada uma de forma independente.

1. **Previsão**: para Fayol, o primeiro elemento da administração é a previsão. Fayol usa duas palavras para tratar deste tema: *prevoyance* (que significa previdência, cuidado com o futuro) e *prévision* (previsão, no sentido de planejamento). "Prever", em suas palavras, "significa ao mesmo tempo calcular o futuro e prepará-lo; é, desde logo, agir [...] seu instrumento mais eficaz é o programa de ação". O programa define resultados esperados, linhas de conduta a seguir, etapas a percorrer, meios a empregar; é um "quadro do futuro em que os acontecimentos próximos figuram com certa clareza [...] e os acontecimentos distantes são mais vagos". Numa empresa de grande porte, o programa geral é acompanhado de programas específicos: técnico, comercial, financeiro etc. [4]

2. **Organização**: para Fayol, o processo de organização tem dois lados. O material e o social. O livro trata do lado social – a constituição do organismo ou corpo social, que envolve a distribuição do trabalho entre as pessoas. Na empresa individual, uma pessoa faz tudo. Em empresas maiores, as operações tornam-se mais complexas e o número de pessoas aumenta, exigindo que as pessoas se especializem, desempenhando o papel de "células do organismo social". O organismo social divide-se vertical e horizontalmente. A divisão vertical corresponde à hierarquia; a divisão horizontal corresponde às diferentes operações: comercial, financeira, técnica etc. Fayol defende a adoção de uma estrutura de apoio ao chefe principal, que ele chama de Estado-Maior.

   Fayol também apresenta outras ideias importantes neste ponto. Uma é a responsabilidade dos chefes pelo desenvolvimento organizacional, que ele chama de "aperfeiçoamentos". A outra é a necessidade de representar graficamente o corpo social, por meio de quadros sinópticos (hoje, diríamos organograma). Outra ideia importante é a proposição de recrutar e formar as pessoas para ocupar as posições do organismo social. Fayol faz extensa e detalhada defesa da formação profissional, enfatizando a necessidade de programas de capacitação administrativa.

3. **Comando**: a missão do comando é fazer o corpo social funcionar e é responsabilidade dividida entre os diversos chefes da empresa. A arte de comandar depende de qualidades pessoais (competências) do conhecimento dos princípios gerais de administração. São propostos preceitos para facilitar o comando, entre eles conhecer as pessoas da equipe, conhecer os contratos que regem as relações entre a empresa e os empregados, fazer reuniões com a equipe e incentivar a iniciativa. O **comando** de Fayol é a **liderança** na administração da atualidade.

4. **Coordenação**: ao tratar de coordenação, Fayol antecipa ideias que viriam a ser desenvolvidas no sistema de produção enxuta. Ele fala de considerar, em uma operação, as implicações para as demais operações e em equilibrar o abastecimento com o consumo. Coordenação, enfim, é uma questão de sincronizar as diferentes operações, para que não haja atrasos, falta de materiais e frustração dos funcionários.

5. **Controle**: na concepção de Fayol, controle consiste em verificar se os programas das diferentes operações estão sendo realizados. O objetivo é assinalar desvios, a fim de corrigi-los e evitar que se repitam. Controlar é responsabilidade dos próprios chefes e seus colaboradores que trabalham nas operações. Mas, quando o volume do que deve

---

4   Adiante, você estudará a ferramenta *objectives and key results* (OKR). Quando chegar lá, volte aqui para constatar a similaridade.

ser controlado aumenta além da capacidade de trabalho dessas pessoas, é necessário recorrer a agentes especiais – os controladores ou inspetores.

Fayol estabelece condições para a eficácia do controle, como ser realizado em tempo útil, a implementação rápida das conclusões e a imparcialidade do controlador. Conclui o livro com um resumo de suas quatro partes.

## 6 TRIUNFO DE FAYOL

Em 1949, foi publicada em Londres uma tradução do livro de Fayol. Essa tradução teve grande impacto sobre a concepção dos cursos de introdução à administração nas escolas americanas e sobre a organização do conteúdo dos livros de administração. Nos dois casos, as funções de Fayol passaram a ser adotadas como referência básica. Foi necessário fazer adaptações – por exemplo, a palavra **comando** foi substituída por **direção**, **liderança**, **supervisão** e outras. Com a expansão das escolas de administração, depois da Segunda Guerra Mundial, as ideias de Fayol tornaram-se dominantes – os estudantes e os leitores de livros de administração começaram a aprender que os gerentes planejam, organizam, dirigem e controlam as atividades das empresas, utilizando os recursos da maneira mais eficiente para atingir os objetivos. Os primeiros textos para o ensino da administração tinham o conteúdo dividido nessas quatro funções. Esse padrão é seguido até hoje na produção de bibliografia.

As críticas a Fayol, baseadas no fato de que sua doutrina era fruto apenas de sua experiência, não prosperaram. As pesquisas que autores americanos fizeram para refutá-las somente comprovaram suas proposições. Seu livro foi traduzido para diversos idiomas. Fayol é, definitivamente, um dos autores mais influentes, se não o mais influente, na teoria e na prática da administração na sociedade global.

### QUESTÕES E EXERCÍCIOS

1. Usando suas próprias palavras, explique a diferença entre **governo** e **administração** da empresa, segundo a concepção de Fayol.
2. O presidente da Companhia Acme, que passa por um período difícil, está preocupado com a alta taxa de rotatividade de seus gerentes. Ele chama um consultor para explicar como reter seus empregados. Se você fosse o consultor, qual princípio de Fayol usaria para explicar o que está acontecendo? Qual seria sua recomendação?
3. Em essência, os princípios de Fayol e, de modo geral, sua doutrina estão orientados para a organização das empresas e para a organização do trabalho dos gerentes. Você está de acordo com essa afirmação? Justifique.
4. Exemplifique os princípios de Fayol com uma organização que você conheça, como seu time de futebol. **Ordem** significa "cada atleta em sua posição, de acordo com suas qualificações". **Unidade de comando** significa que "todos no time estão subordinados apenas ao técnico; ninguém mais interfere". Faça o mesmo com alguns dos demais princípios.
5. Três amigos estão decididos a abrir uma pizzaria. Já fizeram o plano de negócios, arranjaram o dinheiro, contrataram o contador e estão reformando o local que compraram. Nessa fase do novo negócio, quais funções ou elementos de Fayol predominam no trabalho dos três? Depois que o negócio estiver funcionando, quais funções ou elementos predominarão?

6. Em sua opinião, quais princípios de administração de Fayol continuam válidos no terceiro milênio? Quais não são mais válidos? Justifique suas respostas.
7. Qual a diferença essencial entre as proposições de Fayol e as de Taylor?
8. Explique como as ideias de Fayol se tornaram dominantes no mundo do estudo da administração.
9. As pessoas que não ocupam cargos de chefia também desempenham as funções administrativas de Fayol. Concorde ou discorde dessa afirmação, apresentando argumentos para sustentar seu ponto de vista.
10. O trabalho dos administradores varia muito de um para outro, mesmo que todos tenham aproximadamente as mesmas tarefas. Com base em exemplos concretos (talvez você tenha que fazer entrevistas), explique quais fatores influenciam a maneira como cada administrador desempenha seu cargo.

# 6
# Max Weber e as Organizações

## OBJETIVOS

Ao completar o estudo deste capítulo, você deverá estar preparado para explicar e exercitar os seguintes conceitos:

» Tipo ideal de burocracia, criado por Max Weber, e suas características.
» Principais disfunções das burocracias.
» Contraste entre o modelo burocrático e o modelo orgânico de estrutura organizacional.

## INTRODUÇÃO

Se você pensa que a palavra **burocracia** tem conotação negativa, pense novamente. Essa conotação negativa decorre das disfunções das burocracias – ineficiência, corrupção, lentidão, excesso de funcionários mal qualificados e desmotivados etc. Em sentido ideal, a burocracia é o oposto desses defeitos – é a organização profissional, baseada em regras legalmente definidas, operadas por funcionários recrutados e preparados para desempenhar tarefas descritas com exatidão.

Quem definiu a burocracia desse modo – como máquina profissionalizada – foi o cientista social alemão Max Weber, que você irá estudar neste capítulo. Max Weber é um dos principais gurus de uma trilha específica dentro da selva das teorias – a trilha da **teoria das organizações**. Os autores que andam nessa trilha investigam a natureza das organizações, suas características e suas disfunções.

Alguns desses autores discordam de Weber. Acham que ele pintou um quadro excessivamente mecanicista das organizações. Outros acham que seu modelo existe na vida real, mas tem um polo oposto – o das organizações orgânicas. Outros, ainda, têm modelos alternativos.

Vamos entrar na trilha da teoria das organizações para conhecer essas ideias.

## 1 MAX WEBER E A BUROCRACIA

Sendo tão presentes e importantes na sociedade, as organizações atraíram a atenção de inúmeros estudiosos. Um dos mais importantes é Max Weber (Figura 6.1).

**Figura 6.1**
Max Weber.

*Karl Emil Maximilian (Max) Weber (1864-1920)*

Max Weber nasceu na Alemanha. Na casa de seus pais, reuniam-se intelectuais, o que influenciou sua formação. Era um jovem precoce, que aos 13 anos presenteou seus pais com dois ensaios sobre história. Em 1882, com 18 anos, entrou na Universidade de Heildelberg. Obteve seu doutorado em 1889 e se tornou professor universitário e consultor do governo alemão. Em 1897, teve problemas de saúde que o afastaram do trabalho por cinco anos.

Quando começou a Primeira Guerra Mundial, Weber, então com 50 anos, ofereceu-se como voluntário para o serviço médico e foi nomeado para organizar os hospitais militares em Heildelberg. No começo do conflito, Weber apoiava o esforço de guerra, que entendia como necessário para consolidar o poderio da Alemanha. Em seguida, tornou-se crítico do expansionismo e da guerra.

Em 1918, retomou as atividades de ensino. Em 1920, morreu em decorrência da gripe espanhola que assolou a Europa depois da guerra. Seu túmulo fica em Heildelberg. Sua obra principal é *Economia e sociedade*.

Quando estudante em Heildelberg, Weber filiou-se à associação de esgrima de seu pai e tornou-se adepto desse esporte, que lhe produziu uma cicatriz no rosto. Ele a ostentava com orgulho (a barba a cobriu). Essa era a tradição naquela e em outras universidades alemãs, à época.

De acordo com Weber, as organizações formais modernas baseiam-se em leis. As pessoas aceitam as leis por acreditarem que são racionais, isto é, definidas em função do interesse das próprias pessoas e não para satisfazer os caprichos arbitrários de um dirigente. As pessoas que integram as organizações modernas também aceitam (ou pelo menos, esperam) que algumas pessoas representem a autoridade da lei: guardas de trânsito, juízes, prefeitos, governantes e gerentes. Essas pessoas são **figuras de autoridade**.

A autoridade é contrapartida da responsabilidade que têm essas pessoas de zelar pelo cumprimento da lei. A obediência dos integrantes da organização é devida às leis, formalmente definidas, e às pessoas que as representam, que agem dentro de uma jurisdição. **Qualquer sociedade, organização ou grupo que se baseie em leis racionais é uma burocracia**, de acordo com Weber. Assim, a palavra **burocracia** não tem nenhuma conotação negativa, na concepção de Weber. A burocracia é uma base para organizar as coletividades. Weber também identificou duas outras bases da organização social: o carisma e a tradição.

Segundo Weber, as organizações formais, ou burocráticas, apresentam três características principais (Figura 6.2).

1. Formalidade.
2. Impessoalidade.
3. Profissionalismo.

**Figura 6.2**
Três características das organizações burocráticas.

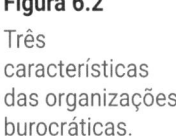

| FORMALIDADE | IMPESSOALIDADE | PROFISSIONALISMO |
|---|---|---|
| • Burocracias são sistemas de normas, às quais todos se subordinam | • Burocracias são estruturas formadas por cargos | • Burocracias são operadas por funcionários selecionados e gerenciados com base em méritos |

Essas três características formam o **tipo ideal de burocracia**, criado por Max Weber. O **tipo ideal** é um **modelo abstrato** que procura retratar os elementos que constituem qualquer organização formal do mundo real. Ideal não significa **desejável** – significa **padrão**. O padrão sintetiza as propriedades das organizações reais.

## 1.1 Formalidade

**Formalidade** significa que as organizações são constituídas com base em normas e regulamentos explícitos, ou leis, que estipulam os direitos e deveres dos participantes. Pense na organização formal em que você trabalha, no governo de seu país ou em sua escola. Você não é apenas você – você desempenha um papel formal: cidadão, contribuinte, aluno, empregado, com documentos de identidade, contrato de trabalho, conta no banco, nome e número na lista de chamada de cada disciplina... Seu comportamento como cidadão, ou como empregador, e o comportamento das autoridades públicas, ou de seus empregadores, estão subordinados a normas racionais (que procuram estabelecer coerência lógica entre os meios e os fins da organização).

Seu comportamento não depende dos caprichos pessoais dos administradores. O que cada um pode e deve fazer está explicitado nas leis. As leis criam **figuras de autoridade**, que têm o direito de emitir ordens. Violar as leis é comportamento passível de punição, que também está prevista e regulamentada. As figuras de autoridade são responsáveis pelo cumprimento das leis, às quais também estão sujeitas.

Na burocracia, o comportamento sempre é regulamentado de modo explícito. Essa é uma das grandes vantagens da burocracia: todos são iguais perante a lei, no tipo ideal de Weber.

## 1.2 Impessoalidade

**Impessoalidade** significa que, numa burocracia, nenhuma pessoa é empregada ou vassalo de outra. As relações entre as pessoas que integram as organizações burocráticas são governadas pelos cargos que elas ocupam e pelos direitos e deveres investidos nesses cargos. A pessoa que ocupa um cargo investido de autoridade é um superior e está subordinado a uma legislação que define os limites de seus poderes, dentro dos quais pode dar ordens e deve ser obedecido. A obediência de seus funcionários não lhe é devida pessoalmente, mas ao cargo que ocupa. No tipo ideal de burocracia, o que conta é o cargo e não a pessoa. É nesse sentido que as organizações formais são impessoais. Outra grande vantagem da burocracia: o relacionamento é impessoal. Não depende de pessoas específicas.

## 1.3 Profissionalismo

**Profissionalismo** significa que, de modo geral, os cargos de uma burocracia oferecem a seus ocupantes carreira profissional e meios de vida, além de formação. O integrante de uma burocracia é um funcionário que faz do cargo um meio de vida, recebendo um salário regular em troca de seus serviços. A escolha para ocupar o cargo, em geral, deve-se a suas qualificações, que são aprimoradas por meio de treinamento especializado. A participação nas burocracias, em geral, tem caráter ocupacional. As organizações formais são sistemas de trabalho que fornecem a seus integrantes meios de subsistência. Terceira grande vantagem das burocracias (no tipo ideal): os funcionários são preparados para o desempenho de suas tarefas e precisam ser competentes, já que sua sobrevivência depende disso.

## 2 AMITAI ETZIONI E O PODER

As ideias de Weber influenciaram inúmeros estudiosos das organizações. Começaremos por Amitai Etzioni.[1]

Para Etzioni (1929-2023), o tipo ideal de Weber aplica-se particularmente a empresas e governo, mas não abrange todas as organizações. O humanista Etzioni acredita que as organizações são unidades sociais, que têm objetivos específicos, e, por isso, não se encaixam em um modelo universal. Ou seja: o tipo ideal não representa nem é o padrão de todas as organizações, que são essencialmente diferentes umas das outras. Apesar de diferentes umas das outras, as organizações agrupam-se em categorias. As categorias permitem fazer análises comparativas e ressaltar peculiaridades. Segundo Etzioni, há três tipos ou categorias de organizações. Cada tipo de organização é definido pelo tipo de poder exercido sobre as pessoas. Cada tipo de poder dá origem a um tipo de obediência (*compliance*).

A obediência é a relação em que uma pessoa se comporta de acordo com a orientação que é dada por outra e apoia-se no poder dessa segunda pessoa. O tipo de poder determina o tipo de obediência (ou envolvimento, ou, ainda, contrato psicológico), que define a natureza da organização. Há três tipos principais de poder, três tipos de contrato psicológico e, consequentemente, três tipos principais de organizações (Figura 6.3).

**Figura 6.3** Tipo de poder, contrato psicológico e tipo de organização.

| TIPO DE PODER | CONTRATO PSICOLÓGICO | TIPO DE ORGANIZAÇÃO |
|---|---|---|
| **COERCITIVO:** baseado em punições | **ALIENATÓRIO:** obediência sem questionamento | **COERCITIVA:** ênfase no controle do comportamento |
| **MANIPULATIVO:** baseado em recompensas | **CALCULISTA:** obediência interesseira | **UTILITÁRIA:** ênfase na obtenção de resultados por meio de liderança transacional |
| **NORMATIVO:** baseado em crenças e símbolos | **MORAL:** disciplina interior | **NORMATIVA:** ênfase em missões que os participantes valorizam |

---

1 ETZIONI, A. (org.) *Organizações complexas*. São Paulo: Atlas, 1967.

## 2.1 Organizações coercitivas

Nas **organizações coercitivas**, a coerção ou força física é o principal meio de controle sobre os participantes operacionais, que não detêm o poder, chamados por Etzioni de participantes de nível mais baixo (*lower participants*).

Campos de concentração, prisões e hospitais penitenciários são os principais exemplos de organizações desse tipo, cuja tarefa principal é deixar as pessoas do lado de dentro, impedindo-as de sair. Se as restrições fossem suspensas e a coerção deixasse de ser usada, ninguém permaneceria na organização.

A segunda tarefa nas organizações coercitivas é manter a disciplina ou padrão esperado de comportamento. Nas organizações coercitivas, essas tarefas são realizadas por meio do uso real ou pela ameaça do uso da força.

## 2.2 Organizações utilitárias

A remuneração é o principal meio de controle das **organizações utilitárias**.

Nessas organizações, o envolvimento calculista caracteriza a orientação da grande maioria dos participantes operacionais e mesmo dos membros das elites. Normalmente, as empresas de negócios são organizações utilitárias. Porém, algumas delas podem ter estruturas normativas, quando os trabalhadores operacionais são profissionais de nível superior, como consultores, advogados, pesquisadores ou médicos.

Para empregados de fábrica, de modo geral, a remuneração é o principal meio de controle. Outros fatores, como satisfação intrínseca no cargo, prestígio e estima e, até certo ponto, as relações sociais no trabalho, podem determinar o desempenho. No entanto, no conjunto, a remuneração pesa mais, segundo Etzioni.

Além da remuneração, as organizações utilitárias recorrem a recompensas como promoções, benefícios e incentivos para obter o comportamento esperado.

## 2.3 Organizações normativas

Organizações religiosas, paramilitares, organizações políticas de forte programa ideológico, hospitais gerais, universidades e organizações de voluntários, de modo geral, são **organizações normativas**: dependem muito mais do comprometimento de seus participantes operacionais do que de recompensas.

Usar qualquer tipo de força está fora de cogitação e, em muitas delas, não há nem sequer necessidade de remunerar os participantes, que trabalham espontaneamente, sem esperar outra recompensa que não seja a própria participação ou a contribuição para realizar a missão. Essas são as organizações em que o poder normativo é o principal meio de controle dos participantes operacionais, os quais apresentam alto nível de comprometimento.

## 2.4 Estrutura dupla de obediência

Além dos três tipos básicos, Etzioni identifica as organizações que utilizam dois tipos de poder: são as organizações com estrutura dupla de obediência (*dual compliance*):

1. Combinação de poder normativo e coercitivo em organizações de combate.
2. Combinação de poder normativo e utilitário em alguns sindicatos.
3. Combinação de poder utilitário e coercitivo em algumas empresas, como propriedades rurais que operam no sistema de semiescravidão.

## 3 MODELO DE PETER BLAU E RICHARD SCOTT

Blau e Scott desenvolveram outro modelo muito conhecido para interpretar as organizações.

Para Blau e Scott, as organizações devem ser agrupadas em categorias estruturadas de acordo com o beneficiário principal da organização. Ou seja, para definir as categorias a que pertencem as organizações, é preciso responder à pergunta: Quem se beneficia com a existência da organização?

Quatro categorias de participantes que podem se beneficiar (Figura 6.4).[2]

**Figura 6.4** Beneficiários da organização.

| BENEFICIÁRIO | EXEMPLOS |
|---|---|
| MEMBROS DA ORGANIZAÇÃO | Cooperativas, clubes, sindicatos, associações, consórcios, grupos de interesse |
| PROPRIETÁRIOS OU DIRIGENTES | Empresas de modo geral |
| CLIENTES DA ORGANIZAÇÃO | Hospitais, universidades, escolas, organizações religiosas, agências sociais |
| PÚBLICO EM GERAL | Organizações do serviço público |

### 3.1 Membros da organização

Certas organizações são criadas para prestar algum tipo de serviço para seus próprios membros e não algum tipo de cliente externo. As associações de benefício mútuo, como as cooperativas, as associações profissionais, os sindicatos, os fundos de pensão, os consórcios e os clubes estão nesse rol. Os associados e a administração são seus próprios clientes. Os eventuais funcionários, porém, não se encaixam na mesma categoria.

### 3.2 Proprietários ou dirigentes

As organizações que têm interesses comerciais e finalidade lucrativa – as empresas privadas – são criadas também para beneficiar seus criadores. Ao contrário da categoria anterior, o propósito não é prestar algum tipo de serviço, mas proporcionar um meio de vida ou de acumulação de capital.

### 3.3 Clientes da organização

Para Blau e Scott, há organizações que beneficiam grupos específicos de clientes – hospitais, universidades, escolas, organizações religiosas e agências sociais – encaixam-se nesse caso.

---

2 BLAU, P.; SCOTT, R. *Organizações formais*. São Paulo: Atlas, 1970.

## 3.4 Público em geral

Finalmente, há organizações que são criadas por iniciativa do Estado para oferecer algum tipo de benefício para a sociedade. É o caso das organizações de Estado que atuam naquelas áreas de competência exclusiva do Estado, como o poder judiciário, as forças armadas, a polícia, a diplomacia e o fisco. Para algumas dessas organizações, a satisfação do cliente não é critério muito importante de avaliação. Outras organizações, como as escolas públicas ou os bancos estatais, podem concorrer com a iniciativa privada.

## 4 DISFUNÇÕES DA BUROCRACIA

Além de ter estimulado o desenvolvimento de tipologias alternativas, como a de Etzioni, o trabalho de Weber também provocou a reflexão sobre as próprias organizações reais. Serão elas realmente como Weber retratou em seu tipo ideal? Será a burocracia tão cheia de vantagens como ele fez parecer? Não será o tipo ideal uma abstração por demais idealizada? Questões como essas passaram pela cabeça de muitos autores, que se propuseram a analisar criticamente a própria realidade retratada por Weber. Estão nesse caso Charles Perrow, William Roth e Robert K. Merton, que se propuseram a catalogar as disfunções da burocracia. O panorama das disfunções organizacionais, segundo esses autores, encontra-se na Figura 6.5.

**Figura 6.5**
Disfunções da burocracia.

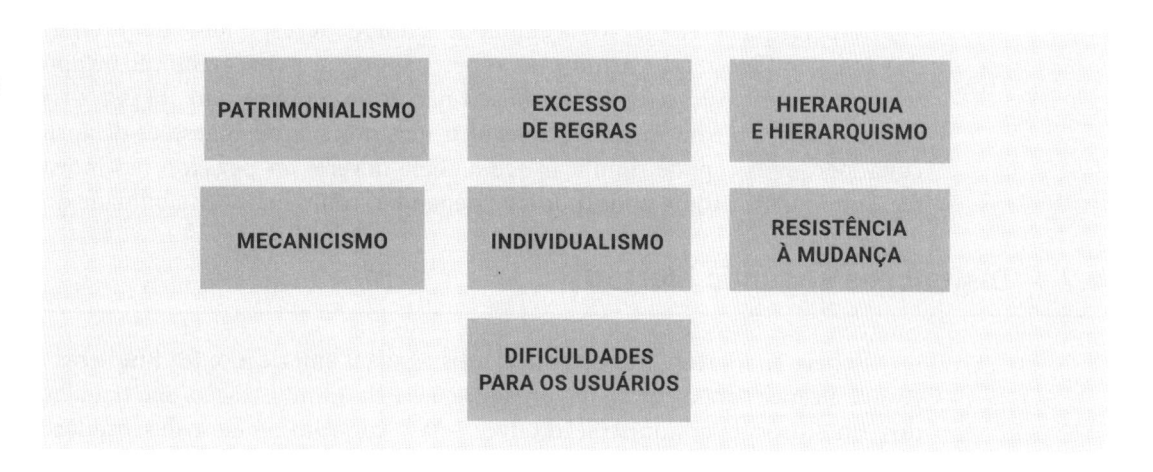

- PATRIMONIALISMO
- EXCESSO DE REGRAS
- HIERARQUIA E HIERARQUISMO
- MECANICISMO
- INDIVIDUALISMO
- RESISTÊNCIA À MUDANÇA
- DIFICULDADES PARA OS USUÁRIOS

## 4.1 Disfunções segundo Perrow

Charles Perrow está entre os que acreditam que o tipo ideal de Weber nunca é alcançado, porque as organizações são essencialmente sistemas sociais, feitos de pessoas e não de normas. As organizações refletem as imperfeições das pessoas, imperfeições que o tipo ideal não captura. Perrow aponta quatro problemas que as organizações formais apresentam: particularismo, satisfação de interesses pessoais, excesso de regras e hierarquia.[3]

### 4.1.1 Particularismo

Particularismo é o que acontece quando as pessoas levam para dentro das organizações os interesses dos grupos de que participam fora dela. Exemplo que todos conhecem é o das frentes

---

3 PERROW, C. *Complex organizations*. Glenview: Scott, Foresman, 1972.

parlamentares: da agricultura, das armas, das igrejas evangélicas. As frentes são grupos que se formam no congresso representando interesses particulares.

### 4.1.2 Satisfação de interesses pessoais

Satisfazer interesses pessoais consiste em usar a organização para fins pessoais do funcionário. Por exemplo, políticos nomeiam parentes para trabalharem como assessores, compradores e diretores de empresas recebem presentes dos fornecedores. Senadores e deputados usam o dinheiro do povo para suas despesas pessoais.

**Patrimonialismo** é a palavra usada para designar essa prática.

### 4.1.3 Excesso de regras

As organizações formais controlam o comportamento das pessoas por meio de regras. Regras são necessárias para a uniformização da conduta e para garantir igualdade de tratamento. Frequentemente, no entanto, as organizações formais exageram na tentativa de regulamentar tudo o que for possível a respeito do comportamento humano. Procurando prever tudo e tudo controlar, as organizações formais criam regras em excesso e funcionários em excesso para fiscalizar o cumprimento dessas regras. Burocracia torna-se sinônimo de complicações e custo adicional para o usuário ou contribuinte.

### 4.1.4 Hierarquia

A hierarquia é a negação da autonomia, liberdade, espontaneidade, criatividade, dignidade e independência. A hierarquia faz as pessoas procurarem orientação ou aprovação em quem se encontra em posição superior, a fim de não errar, promovendo por isso a rigidez e a timidez. As pessoas ficam com medo de transmitir más notícias ou sugestões de aprimoramento para cima, porque isso pode significar que o chefe deveria ter pensado nas inovações, mas não o fez. Subir na hierarquia pode, por isso, depender muito mais de habilidade do que de talento.

## 4.2 Disfunções segundo Merton

Robert K. Merton, importante cientista social americano, fez inúmeras contribuições de grande alcance para o estudo das organizações e da administração. Seu trabalho mais conhecido dos estudiosos da administração talvez seja o conceito de fator desencadeador (*self-fulfilling prophecy*, profecia autorrealizadora), que será examinado adiante. Além disso, Merton também é conhecido por ter criticado o modelo weberiano, que, em sua opinião, negligencia o peso do fator humano. Segundo Merton, as organizações não são racionais como Weber as retratou e apresentam disfunções ou anomalias nas características do tipo ideal. Para Merton, as principais disfunções são as seguintes:[4]

- Valorização excessiva dos regulamentos.
- Excesso de formalidade.
- Resistência a mudanças.
- Despersonalização das relações humanas.
- Hierarquização do processo decisório.
- Exibição de sinais de autoridade.
- Dificuldades no atendimento dos clientes.

---

4 MERTON, R. K. *Sociologia*: teoria e estrutura. São Paulo: Mestre Jou, 1970.

## 5 MODELOS DE ORGANIZAÇÃO: A PERSPECTIVA CONTINGENCIAL

O estudo das organizações permitiu a identificação de modelos alternativos ao tipo ideal weberiano. Esses modelos retratam organizações cujo funcionamento depende mais das pessoas do que das regras impessoais do tipo ideal de Weber. São organizações com tipo "oposto" ao de Weber, que recebem designações como modelo pós-burocrático, modelo orgânico e Sistema 4. Esses modelos formam com o tipo ideal weberiano uma "régua" bipolar, que possibilita avaliar o grau de burocratização das organizações. Cada extremo da régua é apropriado para uma situação: o modelo weberiano é apropriado para ambientes estáveis; o modelo "oposto" é apropriado para ambientes turbulentos ou em mudança. Essa ideia de modelo que depende do ambiente é chamada **enfoque contingencial** ou **situacional** da organização.

A Figura 6.6 sintetiza essa ideia, cuja contribuição dos pesquisadores ingleses Burns e Stalker foi fundamental para o desenvolvimento.[5]

**Figura 6.6**
Dois modelos de organização.

| MAIS BUROCRACIA | MENOS BUROCRACIA |
|---|---|
| • Modelo mecanicista de organização | • Modelo orgânico de organização |
| • Comportamento dependente de regras | • Comportamento dependente da iniciativa pessoal |
| • Modelo adequado a condições de estabilidade | • Modelo adequado a condições de turbulência |

### 5.1 Tipo mecanicista

O tipo **mecanicista** (ou mecanístico, *mechanistic*) de organização, como o nome indica, aplica-se a organizações altamente regulamentadas, que procuram funcionar como máquinas, é adequado a condições ambientais relativamente estáveis.

As tarefas são especializadas e precisas, a hierarquia e o controle são bem definidos. A responsabilidade pela coordenação, assim como a visão de conjunto, pertence exclusivamente aos ocupantes de cargos gerenciais, começando pelo papel predominante da alta administração. A comunicação vertical é enfatizada.

Organizações desse tipo valorizam a lealdade e obediência aos superiores. O tipo mecanicista corresponde à burocracia legal-racional descrita no tipo ideal de Max Weber.

### 5.2 Tipo orgânico

O tipo **orgânico** (ou organísmico, *organismic*) descreve as organizações que se assemelham ou que procuram assemelhar-se aos organismos vivos. Essas organizações são adequadas a condições instáveis, ou seja, aos ambientes com os quais não têm familiaridade ou que oferecem incerteza e riscos. Ambientes assim oferecem problemas complexos que

---

5  BURNS, T.; STALKER, G. M. *The management of innovation*. London: Tavistock Publications, 1961.

não podem ser resolvidos por pessoas com especialidades tradicionais. Por isso, nos sistemas orgânicos, há contínua redefinição de tarefas. Ninguém é especialista em nada, ou todos são especialistas em tudo.

A natureza cooperativa do conhecimento é enfatizada, não a especialização. Preferem-se a interação e a comunicação de natureza informativa (em lugar de ordens), o que cria alto nível de comprometimento com as metas da organização.

Os organogramas são de pouca utilidade para descrever as tarefas das organizações do tipo orgânico. Muitas vezes, elas não têm organogramas.

## QUESTÕES E EXERCÍCIOS

1. Usando suas próprias palavras, descreva as três características principais das organizações burocráticas.
2. É possível que em uma mesma empresa existam partes mecanicistas e orgânicas? Justifique sua resposta e exemplifique.
3. Usando suas próprias palavras, explique o que significa o enfoque contingencial da organização.
4. Estudo de caso: Autonomia *versus* regulamentação

A empresa ACME é formada por muitas unidades de negócios totalmente diversificados, que começou há mais de 100 anos como um pequeno negócio de tintas e corantes na Europa.

A ACME tem uma área de pesquisa e desenvolvimento com grande número de engenheiros e cientistas capazes de inovar constantemente. Para conseguir altas taxas de inovação, a ACME oferece ao pessoal de pesquisa e desenvolvimento (P&D) muitas vantagens. Eles têm apoio para continuar estudando, tempo e liberdade para criar, horários flexíveis de trabalho, apoio para viajar a congressos científicos em todo o mundo, verbas generosas para pesquisa e possibilidade de participar dos lucros gerados por produtos novos. Essas condições são totalmente diferentes das do restante da empresa e provocam ressentimentos.

No entanto, a inovação não tem mais o mesmo vigor. Todos os anos, 20% das receitas vinham de produtos que não existiam cinco anos antes. Mas essa taxa vem declinando sistematicamente.

Para complicar, a ACME está em situação difícil, com as vendas e os lucros caindo. Há seis meses, um novo presidente foi contratado para tentar reverter a situação. Entre outras iniciativas, ele passou a estudar as despesas com as áreas de P&D. O novo presidente começou então a pensar em reduzir o contingente de pesquisadores, cortar verbas, exigir horários de trabalho semelhantes aos do restante da empresa e eliminar o programa de participação nos resultados.

a) Quais modelos de organização o novo presidente encontrou na ACME? Qual modelo de organização ele estava pretendendo implantar?
b) Quais os efeitos de uniformizar os modelos de administração da empresa?
c) Se você trabalhasse na área de inovação da ACME, como reagiria à política do novo presidente?
d) Se você trabalhasse em uma área como finanças, recursos humanos, produção ou tecnologia da informação da ACME, como reagiria à política do novo presidente?
e) Você preferiria trabalhar na área de inovação da ACME ou em outra área?

# Parte III

## Da Escola Clássica ao Modelo Japonês

**Capítulo 7** – Criação da Organização Moderna

**Capítulo 8** – Papel dos Gerentes

**Capítulo 9** – Escola da Qualidade

**Capítulo 10** – Modelo Japonês de Administração

# 7 Criação da Organização Moderna

## OBJETIVOS

Ao completar o estudo deste capítulo, você deverá estar preparado para explicar e exercitar os seguintes conceitos:

» Como surgiram e evoluíram as estruturas organizacionais das grandes empresas.
» Quem foram os protagonistas da criação das estruturas das grandes organizações.

## INTRODUÇÃO

Em meados da década de 1910, dois grandes problemas da administração das organizações tinham sido resolvidos, em termos de teoria e prática:

1. Estavam disponíveis conceitos e métodos para tornar mais eficientes os processos produtivos. Tinha sido essa a contribuição do movimento da administração científica e da linha de montagem móvel. A disseminação e a adoção desses conceitos e métodos seriam aceleradas à medida que suas vantagens ficavam evidentes. Hoje, o modelo de Ford é dominante nos sistemas de produção em massa; a administração científica, com outros nomes, continua a ser usada como ferramenta para o aumento da eficiência.

2. Havia uma doutrina para ajudar os dirigentes de organizações a entender e desempenhar com sucesso seu papel. Tinha sido essa a contribuição de Fayol e de seus adeptos. As ideias de Fayol, cerca de 20 anos depois de sua apresentação, começaram a se tornar a referência universal para o ensino e a organização dos conhecimentos sobre a administração das empresas. Hoje, ninguém questiona a importância das funções de Fayol para entender, estudar e aprimorar o trabalho dos administradores.

No entanto, desde antes do século XX, os empresários tinham outras preocupações. O problema não era apenas tornar os processos produtivos mais eficientes ou sistematizar o processo de administrar as organizações. Era necessário desenvolver estruturas para organizar as empresas que estavam crescendo, com a expansão da Revolução Industrial.

Foi esse o estágio seguinte na evolução das práticas e teorias da administração, quando os princípios da escola clássica já estavam consolidados. Os novos modelos de gestão que foram criados em seguida deram origem à organização moderna. Nesse modelo, a ênfase deslocou-se da gestão da eficiência produtiva para a gestão do desempenho organizacional.

## 1  GRANDES ESTRUTURAS

Grandes organizações existem há muito tempo. O contingente que construiu a pirâmide de Quéops, a administração e o exército de Roma, a Igreja Católica.

Apesar dessa tradição, ideias para ajudar os administradores a lidar com a estrutura total das organizações empresariais, e não apenas com suas atividades produtivas, só começaram a surgir em meados do século XIX. No final da década de 1920, essas ideias já estavam maduras e tinham assumido a estatura de teorias sustentadas por uma experiência prática de sucesso.

Vamos conhecer os autores desses avanços.

## 2  DANIEL McCALLUM

Em meados do século XIX, a expansão das ferrovias criou os primeiros grandes problemas de organização da então nascente sociedade industrial. Para o executivo principal, era extremamente difícil dirigir e manter-se informado sobre operações que se espalhavam pelos milhares de quilômetros que as linhas de trem cobriam.

Como superintendente-geral da Ferrovia Erie, McCallum desenvolveu e implantou novas ideias sobre um sistema moderno de administração. Sua principal contribuição foi criar e implantar uma estrutura organizacional multidivisional, com funções de linha e de apoio. Abaixo do superintendente-geral, cada divisão era responsável pela operação da ferrovia em uma área geográfica; as funções de apoio, centralizadas, eram responsáveis por funções como finanças, pessoal, construção de linhas e manutenção do material rodante. McCallum estabeleceu com precisão as responsabilidades dos diferentes níveis hierárquicos e a maneira como deveriam se comunicar.

Em 1855, McCallum criou o organograma da Ferrovia Erie – foi o primeiro da história das empresas. As ideias de McCallum rapidamente foram copiadas por outras ferrovias e, em seguida, por empresas de todos os ramos de negócios. O organograma tornou-se a técnica-padrão para representar a divisão do trabalho. Hoje em dia, é impensável uma organização que não tenha um organograma.[1]

A estrutura multidivisional de McCallum, chamada Forma M (*M form*), é muito similar à que foi implantada na DuPont, mas não há nenhuma evidência de que aquela tenha influenciado esta.

---

1  As referências deste capítulo a Daniel McCallum baseiam-se em: CHANDLER JR., A. D. *Strategy and structure:* chapters in the history of the industrial enterprise. Cambridge: MIT Press, 1962; VOSE, G. L. *Manual for railroad engineers.* 1. ed. de 1857. Boston: Lee and Shepard, 1883; HOPPER, K.; HOPPER, W. *The puritan gift:* triumph, collapse and revival of an american dream. New York: I. B. Tauris, 2007.

## 3 HARRINGTON EMERSON

Harrington Emerson representa a transição da administração científica para a administração organizacional.[2]

Para Emerson, como era para Taylor, a eficiência não era questão de aplicação de técnicas, mas de atitude: a eficiência, como a higiene, era um ideal. Do mesmo modo, a eficiência, para ele, implica **trabalhar menos**, não mais: ser eficiente significa fazer menos esforço.

Emerson pensou na gestão da empresa como um todo e na satisfação dos empregados, para alcançar o ideal da eficiência. Vejamos como Emerson desenvolveu suas concepções e, em seguida, quais eram elas.

Emerson foi homem de ação e reflexão. Como consultor de administração da eficiência, realizou projetos notáveis. Com três anos de duração (1904-1907), seu principal projeto foi a reorganização das oficinas de manutenção de uma grande ferrovia. Nesse projeto, que começou por causa de uma greve dos trabalhadores, a equipe de Emerson desenvolveu uma ação combinada, agindo em duas frentes: gestão de pessoas e melhoramento dos métodos de trabalho. Eles implantaram um sistema de bonificação pelo desempenho, estudaram e padronizaram as ferramentas e equipamentos, estabeleceram métodos para a programação das manutenções, com controle por meio de um painel de fácil visualização, e aprimoraram os métodos de contabilidade de custos. No final das contas, uma economia de mais de um milhão de dólares havia sido alcançada. Na época, era uma soma fantástica. Além disso, as relações com os trabalhadores haviam sido pacificadas. Esses resultados provocaram grande repercussão, a empresa de consultoria de Emerson prosperou e ele passou a ser chamado o **Sumo Sacerdote da Eficiência**. Centenas de empresas adotaram seus métodos.

No campo da reflexão, a principal obra de Emerson foi o livro de 1911, *Os doze princípios da eficiência*, que tem 426 páginas.[3] Os 12 princípios são os seguintes:

1. **Ideais claramente definidos**. A organização deve saber quais são suas metas, a que se propõe e qual seu relacionamento com a sociedade.
2. **Bom senso**. A organização deve ser prática em seus métodos e sua maneira de ser.
3. **Aconselhamento competente**. A organização deve buscar aconselhamento competente, recorrendo a especialistas externos, se sua equipe não tem os conhecimentos necessários.
4. **Disciplina**. Não se trata da disciplina de cima para baixo, mas sim da disciplina interna e da autodisciplina, com os trabalhadores concordando pronta e voluntariamente com os sistemas implantados.
5. **Tratamento justo**. Os trabalhadores devem sempre ser tratados com justiça, para encorajar sua participação no movimento da eficiência.
6. **Registros confiáveis, imediatos e adequados**. Medições periódicas são importantes para verificar se a eficiência foi alcançada.
7. **Acionamento** (*dispatching*). O fluxo de trabalho deve ser programado de modo que os processos andem suavemente.
8. **Padrões e cronogramas**. O estabelecimento de padrões e cronogramas é fundamental para a medição do progresso da eficiência.

---

2    Disponível em: http://babel.hathitrust.org/cgi/pt?id=chi.105127719;view=1up;seq=30. Acesso em: 18 out. 2023.

3    EMERSON, H. *The twelve principles of efficiency*. 6. ed. 1. ed. de 1911. New York: The Engineering Magazine Co, 1924.

9. **Condições padronizadas.** As condições do ambiente de trabalho devem ser padronizadas de acordo com preceitos científicos naturais e devem evoluir sempre que surjam novos conhecimentos.
10. **Operações padronizadas.** Do mesmo modo, as operações devem seguir princípios científicos, particularmente em termos de planejamento e métodos de trabalho.
11. **Instruções escritas.** Todos os padrões devem ser registrados em forma de instruções escritas para os trabalhadores e supervisores, detalhando não apenas os próprios padrões, mas também como segui-los.
12. **Recompensa para a eficiência.** Se os trabalhadores alcançam a eficiência, devem ser recompensados de forma apropriada.

Emerson e Taylor nunca trabalharam juntos, embora tivessem se encontrado. Taylor falava em administração científica; Emerson falava em eficiência. Apesar de suas concepções diferentes, os dois trabalharam por ideais similares.

## 4 PIERRE DU PONT[4]

Pierre du Pont foi, no início do século XX, o inovador que criou e implantou técnicas de administração, finanças e operações em duas grandes corporações: DuPont e General Motors (GM).

Fundada em 1802, a empresa DuPont cresceu rapidamente, como fabricante de pólvora. Até o início do século XX, a empresa teve um regime de administração familiar. A partir de 1915, ele foi o presidente da empresa, conduzindo a ampliação, modernização e diversificação da companhia. A DuPont comprou muitas empresas do mesmo ramo e mais tarde expandiu seus negócios da pólvora para a química. As soluções para administrar o conglomerado em que a empresa se transformou só precisaram ser revistas e modificadas meio século mais tarde.

Pierre criou uma estrutura organizacional hierárquica e centralizada, desenvolveu técnicas de contabilidade e previsão de mercado, adotou estratégias de diversificação e investiu em pesquisa e desenvolvimento. Ele também introduziu o princípio do retorno sobre o investimento, que se tornou a base das decisões de administração financeira da empresa. A empresa fazia a análise do retorno sobre o investimento (*return on investment* – ROI), utilizando a técnica conhecida como fórmula DuPont, que baseia-se em relações entre informações apresentadas pelos demonstrativos financeiros.

Com o início da Primeira Guerra Mundial, Pierre conduziu a empresa por um período de grande expansão, financiada pelos pagamentos adiantados das compras de munições feitas pelos aliados. Na Segunda Guerra Mundial, pelo mesmo motivo, a empresa passou por outro período de grande expansão.

### 4.1 Planejamento estratégico e estrutura

Para administrar o conglomerado das empresas que a DuPont havia absorvido, foram criados departamentos funcionais: produção, vendas, desenvolvimento e finanças. Os chefes desses departamentos funcionais formavam um Comitê Executivo, para administrar a companhia como um todo. Com o comitê, a função de planejamento estratégico foi separada das operações do dia a dia. O comitê tinha a função de estabelecer os objetivos de longo prazo da companhia, referentes a lucro, direção a seguir e políticas básicas.

---

4 A resenha da história da DuPont, neste capítulo, baseia-se em: CHANDLER JR., A. D.; SALSBURY, S. *DuPont and the making of the modern corporation*. Washington: Beard Books, 2000.

O Departamento de Desenvolvimento da DuPont, já em 1903, era oficialmente "responsável por lidar com todos os tipos de concorrência, desenvolvimentos e atividades experimentais". Suas responsabilidades incluíam:

- Definir a estrutura organizacional global.
- Analisar, interpretar e planejar formas de enfrentar a concorrência. Isso incluía o acompanhamento dos negócios existentes, dos novos negócios e das parcerias com outras empresas.
- Melhorar a posição estratégica na área de matérias-primas e sua distribuição em todas as empresas do grupo.
- Investigar e desenvolver "novas invenções e inovações" de dentro ou de fora da empresa.

Esse departamento tinha uma missão de assessoria geral. Deveria monitorar continuamente a situação da empresa e fazer sugestões ao Comitê Executivo, sobre como lidar com necessidades e oportunidades.

## 4.2 Descentralização

Em 1921, para garantir a lucratividade dos novos negócios, Pierre fez uma mudança fundamental na estrutura organizacional da empresa. Inspirando-se na mudança que havia sido feita na GM, ele acabou com o sistema de decisões centralizadas no topo da pirâmide executiva. Criou dez departamentos industriais subordinados diretamente a seus gerentes gerais, cada um deles com suas próprias funções de vendas, pesquisa e apoio. Essa estrutura conferia autonomia aos gerentes das divisões, sem prejudicar o consenso sobre as diretrizes gerais da empresa. Isso permitiu ao Comitê Executivo concentrar-se ainda mais nas políticas de negócios de longo prazo.

## 5 ALFRED SLOAN

Em 1914, a DuPont comprou ações da GM. Em 1923, Alfred Sloan foi nomeado presidente e reorganizou a GM, com base em ideias que, já em 1920, Du Pont vinha colocando em prática. Os princípios que orientaram a reorganização ainda governavam a GM no início do terceiro milênio. Mais que isso, as ideias de Sloan e Du Pont tornaram-se o padrão para estruturar as grandes organizações, assim como o sistema Taylor e o sistema Toyota tornaram-se o padrão para organizar as operações produtivas.

## 5.1 Princípios de organização

Uma diretriz básica de Sloan foi estabelecer um mecanismo de controle central que não prejudicasse a autonomia das unidades de negócios. Para isso, definiu dois princípios de organização:

1. A responsabilidade do executivo principal de cada divisão não teria limites. Cada divisão deveria ser completa, com todas as funções necessárias para exercer iniciativa e se desenvolver.
2. Determinadas funções centrais seriam necessárias para promover o desenvolvimento lógico e o controle adequado das atividades da corporação.

## 5.2 Implantação da estrutura

Para implantar esses princípios, Sloan começou definindo explicitamente as funções das diversas divisões que constituíam a corporação, cada uma em relação às outras e à corporação. Ele criou quatro grupos de divisões:

1. **Carros**: divisões que fabricavam e vendiam carros completos.
2. **Acessórios**: divisões que vendiam 60% de sua produção fora da corporação.
3. **Peças**: divisões que vendiam pelo menos 60% de sua produção dentro da corporação.
4. **Diversos**: tratores, geladeiras, negócios internacionais.

Os gerentes dessas divisões formavam um Comitê de Operações, que resolvia todos os problemas rotineiros, anteriormente resolvidos no Comitê Executivo. Algumas unidades centrais foram criadas: Engenharia Civil, Recursos Humanos, Administração de Imóveis, Compras e Vendas. A função dessas unidades era apenas de assessoria.

Esse tipo de estrutura ficou conhecido como Forma M, de multidivisional. A Forma M de Sloan era organizada por produtos; a de McCallum, organizada geograficamente.

## 5.3 Reformulação

Em 1922, Sloan aprimorou seus dois princípios. Ele reforçou a autoridade do executivo de cada divisão e das funções centrais corporativas. Além disso, deu à empresa uma estrutura com centralização na definição de políticas e descentralização de sua aplicação, por meio da coordenação das divisões com a administração geral ou central. Sloan também criou outros comitês, formados por executivos da linha: comitê de compras, técnico (ou de desenvolvimento de produtos) e de propaganda.

Em 1923, a GM era um modelo de grande organização bem estruturada. As divisões eram centros de lucro, administrados "com base nos números" pelo quartel-general. Em intervalos regulares, Sloan e seus executivos exigiam relatórios detalhados sobre vendas, participação no mercado, estoques, lucros e perdas, e orçamentos de capital, sempre que as divisões pediam dinheiro. Sloan achava que os executivos do nível corporativo não deviam se ocupar de detalhes de cada centro de lucro, mas concentrar-se no exame dos resultados.

A GM tornou-se um conglomerado multidivisional, que possibilitava a suas unidades crescer sem as limitações da estrutura funcional clássica. Alfred Sloan também criou o conceito de administração por objetivos, mas não usou esse nome, que foi inventado por Peter Drucker.

As soluções de Sloan fizeram o caminho de volta e, em seguida, a DuPont também adotou o plano de reestruturação de Sloan. As ligações entre as duas empresas levaram o governo americano a acusá-las de *truste*, num processo que se arrastou até os anos 1960. Em 1961, a DuPont vendeu suas ações da GM.

As ideias de Sloan foram implantadas na década de 1920, mas somente foram completamente divulgadas na década de 1960, quando Sloan, perto dos 90 anos, escreveu suas memórias. Em 1946, Peter Drucker havia divulgado sua versão dessas estratégias, as quais foram, então, copiadas pelos executivos de outras grandes empresas.

Finalmente, em meados da década de 1920, as ideias sobre como organizar empresas já estavam maduras e tinham assumido a estatura de teorias sustentadas por uma experiência prática de sucesso. Completou-se assim o triângulo das teorias e práticas da administração (Figura 7.1).

**Figura 7.1**
Triângulo
da gestão.

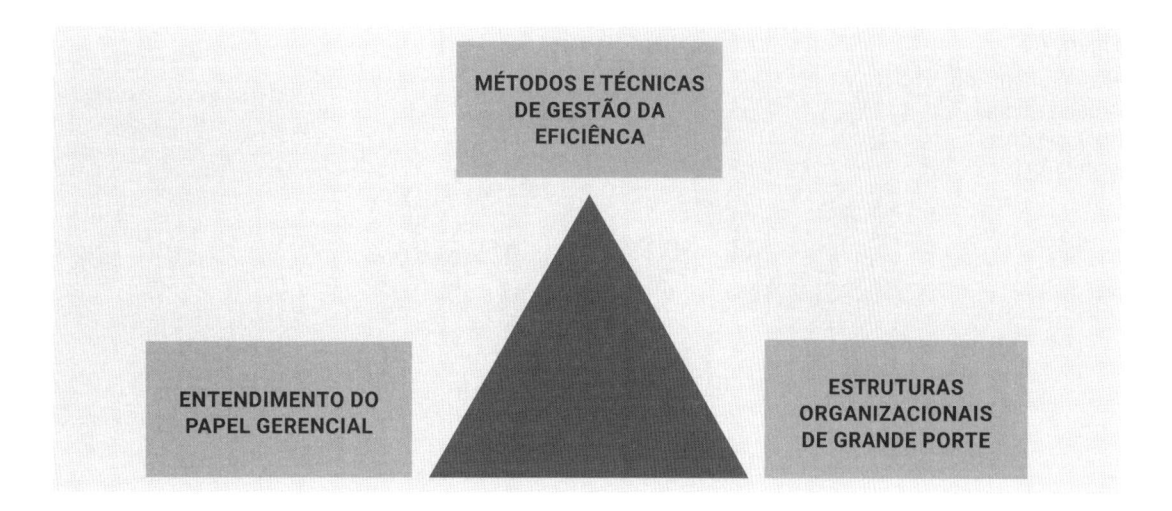

*Diagrama: Triângulo com vértices — MÉTODOS E TÉCNICAS DE GESTÃO DA EFICIÊNCA (topo), ENTENDIMENTO DO PAPEL GERENCIAL (base esquerda), ESTRUTURAS ORGANIZACIONAIS DE GRANDE PORTE (base direita).*

## 6 PÓS-MODERNISMO

Organização moderna é o modelo que surgiu entre 1920 e 1930, quando foram criadas as estruturas organizacionais e os modelos de gestão de grandes organizações americanas como DuPont, GM e a Ferrovia Erie, para a qual Daniel McCallum desenhou o primeiro organograma da história (Figura 7.2).

**Figura 7.2**
Organização
moderna no
início do
século XX.

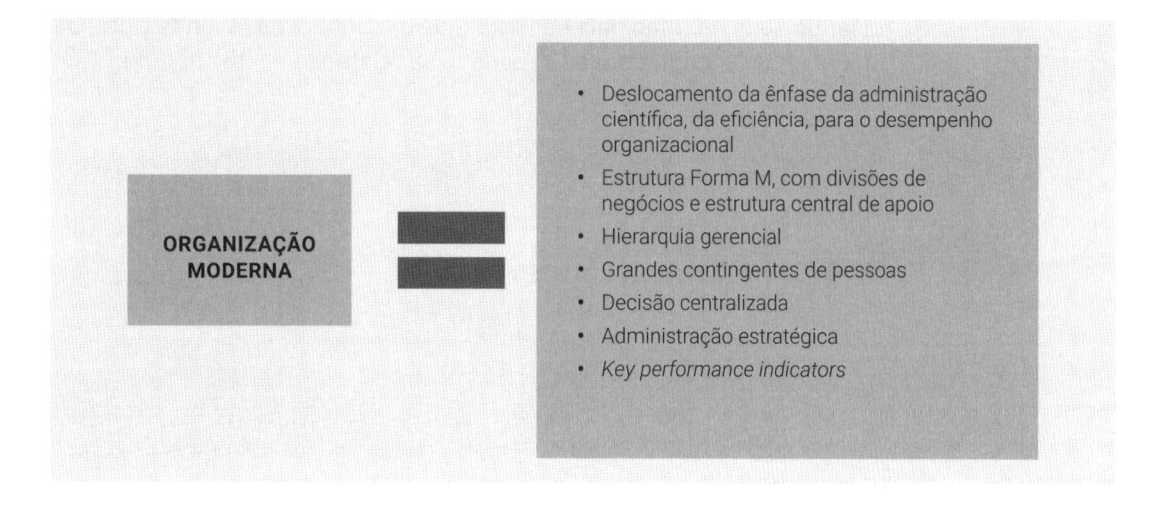

*Diagrama: ORGANIZAÇÃO MODERNA =*
- Deslocamento da ênfase da administração científica, da eficiência, para o desempenho organizacional
- Estrutura Forma M, com divisões de negócios e estrutura central de apoio
- Hierarquia gerencial
- Grandes contingentes de pessoas
- Decisão centralizada
- Administração estratégica
- *Key performance indicators*

**Pós-modernismo** é a designação dos modelos que surgiram no final do século XX, quando a tecnologia da informação e os modelos de gestão baseados na participação e no conhecimento passaram a ser usados intensivamente. Uma das tendências do pós-modernismo é a substituição da hierarquia gerencial por grupos autogeridos. Essa tendência é chamada holocracia ou holacracia. Esses novos recursos – TI, gestão participativa e gestão do conhecimento – aprimoraram o modelo da organização moderna, que enfatiza a decisão por meio da hierarquia gerencial (Figura 7.3).[5]

---

5   CLEGG, S. R. *Modern organizations*: organizations studies in the postmodern world. London: Sage, 1990.

**Figura 7.3**
Pós-modernismo organizacional no início do século XXI.

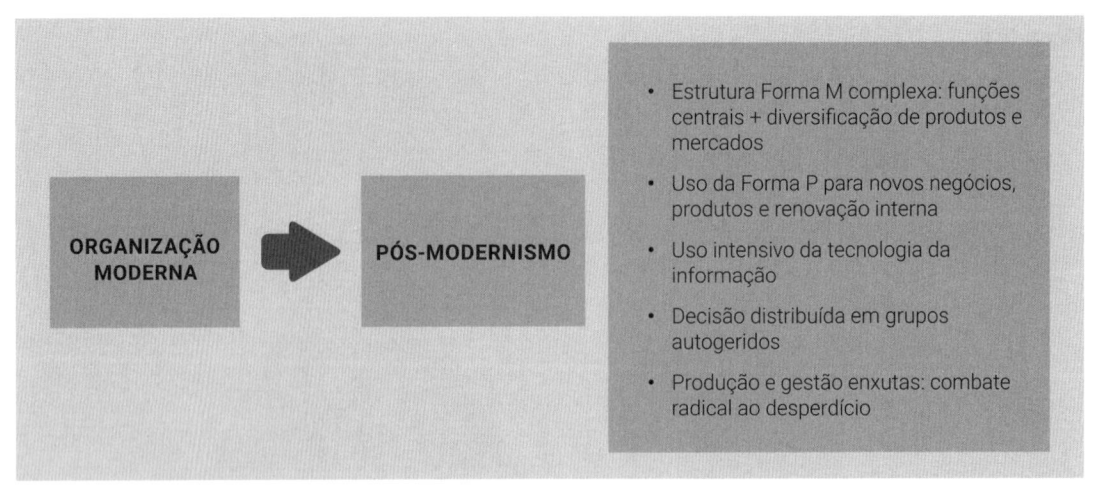

ORGANIZAÇÃO MODERNA ➡ PÓS-MODERNISMO

- Estrutura Forma M complexa: funções centrais + diversificação de produtos e mercados
- Uso da Forma P para novos negócios, produtos e renovação interna
- Uso intensivo da tecnologia da informação
- Decisão distribuída em grupos autogeridos
- Produção e gestão enxutas: combate radical ao desperdício

## QUESTÕES E EXERCÍCIOS

1. Quais são os princípios gerais para a formação de um sistema eficiente de operações, no passado e no presente?
2. Explique, usando suas próprias palavras, os princípios de organização implantados na GM.
3. Usando suas próprias palavras, explique o triângulo das teorias e práticas da administração, que emergiu com as experiências relatadas neste capítulo.

# 8
# Papel dos Gerentes

## OBJETIVOS

Ao completar o estudo deste capítulo, você deverá estar preparado para explicar e exercitar os seguintes conceitos:

» Principais contribuições para o entendimento do papel dos gerentes nas organizações.
» Diferenças no trabalho de três níveis hierárquicos de gerência.
» Principais habilidades que influenciam o desempenho dos gerentes.

## INTRODUÇÃO

Uma importante família de descendentes da escola clássica é representada pelos estudos sobre o papel e as habilidades dos gerentes. A semente desses estudos é a obra de Fayol. Quando ele fala de administração, está se referindo ao trabalho do administrador. Depois dele, outras pessoas sentiram-se motivadas a desenvolver ou questionar suas proposições sobre os dirigentes de organizações. Algumas, ainda, seguiram linhas independentes de investigação.

Neste capítulo, estudaremos a contribuição de Henry Mintzberg e de outros autores para a compreensão do papel e das habilidades dos gerentes.

## 1 NÍVEIS DE ADMINISTRAÇÃO

Vamos começar procurando entender os três níveis principais de administração que existem na maioria das organizações: alta administração, gerentes intermediários e supervisores de primeira linha (Figura 8.1).

**Figura 8.1**
Níveis de administração.

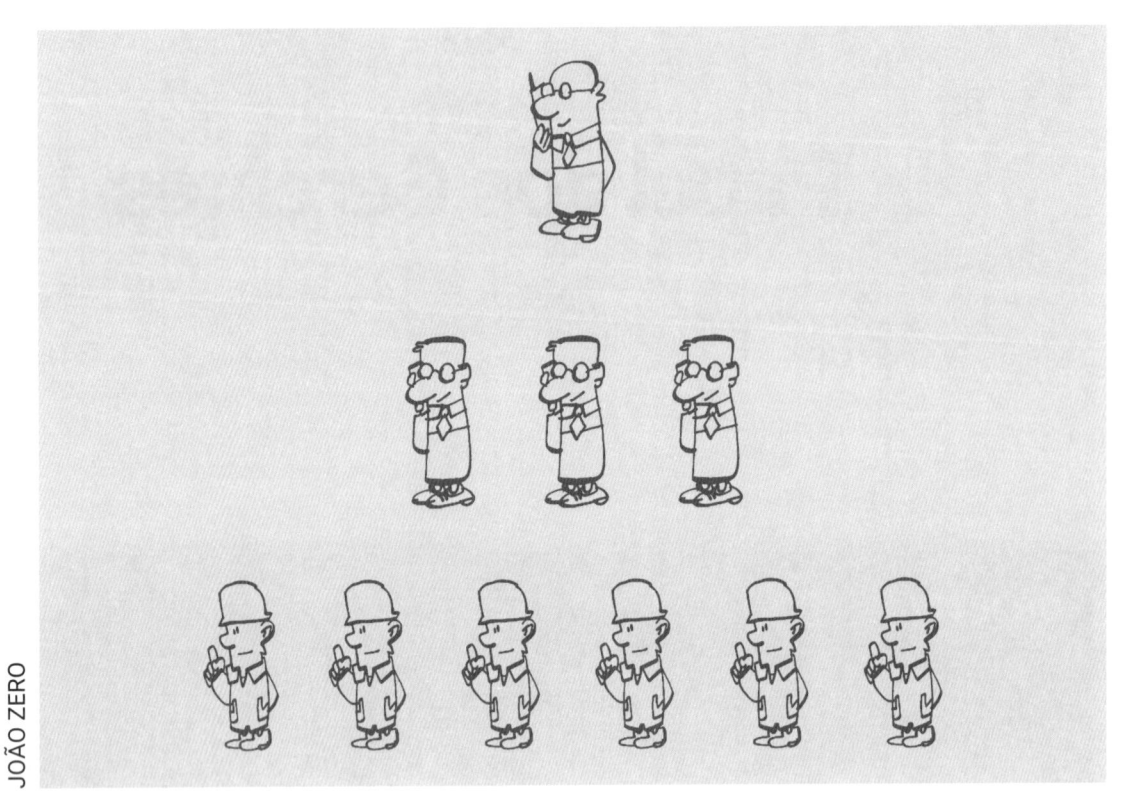

JOÃO ZERO

### 1.1 Alta administração

A composição da alta administração depende do tamanho, da complexidade e do grau de profissionalização da organização. Numa empresa de grande porte, a alta administração compreende o **executivo principal** (**presidente**, **diretor-geral** ou *chief executive officer* – CEO) e os **diretores** (ou **vice-presidentes**, nas empresas americanas), logo abaixo. Acima do cargo do executivo principal, não há outros ocupantes de cargos com poder executivo.

No entanto, os executivos principais e os diretores muitas vezes não administram sozinhos e compartilham sua autoridade por meio de algum tipo de **administração colegiada**. Por exemplo:

- O presidente da República, os governadores e os prefeitos dividem o poder com o congresso, as assembleias e as câmaras de vereadores.

- Os acionistas das empresas de capital aberto são representados por um **conselho de administração**, que tem poderes para nomear ou destituir o executivo principal. Usualmente, o presidente do conselho de administração cuida dos interesses dos acionistas no longo prazo, enquanto o executivo principal cuida do dia a dia dos negócios.

- Os associados ou proprietários de condomínios e clubes são representados por um **conselho deliberativo**, que tem poderes para nomear e destituir o síndico ou presidente.

- Algumas empresas têm comissões de fábricas, conselhos de representantes de funcionários, ou mesmo conselhos de gestão, com autoridade e responsabilidade para tomar determinadas decisões por conta própria e outras por consenso com os executivos principais.

Na prática, esses órgãos colegiados fazem parte da alta administração, junto com os executivos.

## 1.2 Supervisores de primeira linha

Os **supervisores de primeira linha**, como o próprio nome indica, ocupam o primeiro degrau da administração, quando se olha a escada de baixo para cima. Eles estão na posição oposta aos executivos principais. Estão na base da pirâmide de todos os tipos de organização, cuidando dos especialistas, técnicos ou operadores, as pessoas que desempenham o trabalho operacional, fabricando peças, prestando serviços, atendendo clientes, ensinando alunos ou fazendo a manutenção de equipamentos.

Os supervisores de primeira linha já foram chamados de feitores, capatazes ou líderes de turma. Os supervisores "tomavam conta" das pessoas, dizendo-lhes o que fazer, controlando seu desempenho e disciplinando-as quando cometiam alguma falta. Na atualidade, o papel dos supervisores é diferente – suas tarefas são muito mais de liderança e orientação. Os trabalhadores assumiram funções mais complexas que a simples operação de máquinas: administração da qualidade, operação de computadores, conhecimento das cadeias de clientes-fornecedores e de métodos de aprimoramento dos processos de trabalho. Muitas empresas implantaram modelos de autogestão e autocontrole, transferindo para os grupos de trabalho algumas atribuições que anteriormente pertenciam aos supervisores e a outros gerentes. O papel de supervisor é frequentemente desempenhado por todos os membros do grupo de trabalho, em rodízio.

## 1.3 Gerência intermediária

Entre os executivos e os supervisores de primeira linha ficam os **gerentes intermediários**. Eles fazem funcionar as funções especializadas: operações, marketing e vendas, finanças, tecnologia da informação.

Eles são responsáveis pela realização dos objetivos de desempenho dessas funções, traduzindo as diretrizes da administração superior para os supervisores de primeira linha. A gerência intermediária pode compreender apenas um nível ou dividir-se, dependendo do tamanho da organização.

Vamos agora passar para os estudos sobre os gerentes.

## 2 HENRY MINTZBERG E OS PAPÉIS GERENCIAIS

No início dos anos 1970, uma grande contribuição ao entendimento do papel dos gerentes foi oferecida pelo professor canadense Henry Mintzberg (Figura 8.2). Em sua tese de doutoramento, que foi transformada em livro de grande sucesso, ele começa questionando a ideia de Fayol, de que os gerentes planejam, organizam etc. Para testar essa ideia, Mintzberg estudou um pequeno grupo de altos executivos. Embora a alta administração fosse objeto de estudo de Mintzberg, suas ideias aplicam-se aos gerentes de todos os níveis hierárquicos.

**Figura 8.2**
Henry Mintzberg.

*Henry Mintzberg (1939-)*

Mintzberg tem sido acadêmico durante a maior parte de sua vida. Depois de receber seu diploma em engenharia mecânica na Universidade McGill de Montreal, trabalhou durante dois anos na Ferrovia Nacional do Canadá. Obteve seu título de mestre em administração em 1965 e de doutor em administração em 1968, no MIT. Desde então, faz parte do corpo docente da Universidade McGill, onde é professor de administração. Fez estágios como docente em universidades dos Estados Unidos, da França e da Inglaterra.

Escreve e pesquisa sobre o trabalho dos gerentes, formação de estratégia e formas de organização. Fez projetos sobre educação gerencial em diversos países, inclusive no Brasil. Seu primeiro livro, *A natureza do trabalho gerencial*, baseado em sua tese de doutoramento, é *best-seller* mundial. Defende a educação gerencial para pessoas com experiência gerencial, com base na discussão de problemas práticos para o desenvolvimento de competências.

Publicou 16 livros e cerca de 160 artigos.

Em suas palavras, passa sua vida pública lidando com as organizações e, em sua vida privada, fugindo delas. Pratica ciclismo, montanhismo e canoagem. É colecionador de esculturas de madeira, como ele chama as peças de madeira roídas por castores quando fazem seus diques nos rios do Canadá.

Conheça mais: www.mintzberg.org. Acesso em: 08 dez. 2023.

Ele concentrou-se nas atividades realizadas por esses executivos: o que eles faziam, com quem conversavam, como se comunicavam, quanto tempo trabalhavam sozinhos e assim por diante. Um dos métodos usados por Mintzberg foi o diário: ele pediu aos executivos que anotassem suas atividades ao longo do dia.

Essa pesquisa deu-lhe a base para fazer a proposição de que as atividades dos gerentes se classificam em dez papéis. Mintzberg definiu um papel como um conjunto organizado de comportamentos que pertencem a uma função ou posição identificável e agrupou os dez papéis gerenciais em três famílias: **papéis interpessoais**, **papéis de informação** e **papéis de decisão** (Figura 8.3).[1]

**Figura 8.3**
Papéis gerenciais de Mintzberg.

| INTERPESSOAIS | DE INFORMAÇÃO | DE DECISÃO |
|---|---|---|
| Símbolo | Monitor | Empreendedor |
| Líder | Disseminador | Controlador de distúrbios |
| Ligação | Porta-voz | Administrador de recursos |
| | | Negociador |

---

1  MINTZBERG, H. *The nature of managerial work*. New York: Harper & Row, 1973.

## 2.1 Papéis interpessoais

Os **papéis interpessoais** abrangem as relações interpessoais dentro e fora da organização: símbolo, líder e ligação.

1. **Símbolo**. O gerente age como um símbolo e representante (relações públicas) da organização. O papel de símbolo está presente em certo número de tarefas. Nenhuma dessas tarefas envolve significativamente o processamento de informações ou a tomada de decisões.

2. **Líder**. A liderança permeia todas as atividades do gerente. A importância da liderança é subestimada quando se analisam apenas as atividades gerenciais que estão estritamente relacionadas com a direção de pessoas. A liderança envolve todas as atividades interpessoais nas quais há algum modo de influência, seja com funcionários, clientes, fornecedores ou outras pessoas.

3. **Ligação**. O papel de ligação envolve a teia de relacionamentos que o gerente deve manter, principalmente com seus pares. Nesses relacionamentos, ele vincula sua equipe com outras, a fim de fazer o intercâmbio de recursos e informações que lhe permitem trabalhar.

## 2.2 Papéis de informação

Os **papéis de informação** estão relacionados com a obtenção e transmissão de informações, de dentro para fora da organização e vice-versa.

1. **Monitor**. No papel de monitor, o gerente recebe ou procura obter informações que lhe permitem entender o que se passa em sua organização e no meio ambiente. Esse papel envolve a necessidade e a capacidade de lidar com uma grande variedade de fontes de informação, que vão desde a literatura técnica até a "rádio peão".

2. **Disseminador**. O papel de monitor tem o complemento da disseminação da informação externa para dentro da organização, e da informação interna de um subordinado para outro.

3. **Porta-voz**. Enquanto o papel de disseminador está relacionado com a transmissão de fora para dentro, o papel de porta-voz envolve o inverso – a transmissão de informação de dentro para o meio ambiente da organização.

## 2.3 Papéis de decisão

Os **papéis de decisão** envolvem a resolução de problemas e a tomada de decisões, relacionadas com novos empreendimentos, distúrbios, alocação de recursos e negociações com representantes de outras organizações.

1. **Empreendedor**. Como *entrepreneur* (empreendedor), o gerente é iniciador e planejador da maior parte das mudanças controladas em sua organização. São as mudanças desejadas pelo próprio gerente, que podem incluir melhoramentos na organização e a identificação e o aproveitamento de oportunidades de novos negócios, entre outras iniciativas.

2. **Controlador de distúrbios**. Os distúrbios, ao contrário das mudanças controladas, são aquelas situações que estão parcialmente fora do controle gerencial, como os eventos imprevistos, as crises ou os conflitos. Para lidar com essas situações, o gerente desempenha o papel de controlador de distúrbios.
3. **Administrador de recursos**. Segundo Mintzberg, a alocação de recursos é o coração do sistema de formulação de estratégias de uma organização. O papel de administrar recursos, inerente à autoridade formal, está presente em praticamente qualquer decisão que o gerente tome. A administração (alocação) de recursos compreende três elementos essenciais – administrar o próprio tempo, programar o trabalho alheio e autorizar decisões tomadas por terceiros.
4. **Negociador**. De vez em quando, a organização envolve-se em negociações que fogem da rotina, com outras organizações ou indivíduos. Frequentemente, é o gerente quem lidera os representantes de sua organização nessas negociações, que podem lidar com sindicatos, clientes, credores ou empregados individuais, entre outras possibilidades.

O desempenho dos papéis propostos por Mintzberg parece depender do nível hierárquico do gerente. Para os gerentes de nível mais alto, os papéis de disseminador, símbolo, negociador, ligação e porta-voz parecem ser mais importantes, ao passo que o papel de líder parece ser importante em todos os níveis. A especialidade do gerente também influencia o desempenho dos papéis. Os papéis interpessoais são mais importantes na área de vendas, enquanto os papéis de informação predominam na área de finanças.

O estudo de Mintzberg foi criticado por evidenciar as atividades sem investigar sua finalidade. Além disso, feito nos anos 1970, esse estudo retrata um contexto diferente do que há na transição para o século XXI. Não havia computadores nem celulares, a comunicação era feita por correspondência, contatos pessoais ou telefone fixo e todos os gerentes, praticamente, tinham secretária. Se fosse elaborado hoje, esse estudo certamente mostraria outras atividades, mas a essência dos papéis provavelmente seria a mesma.

## 3 PRINCÍPIOS DE ANDREW GROVE

Andrew Grove é exemplo de executivo influenciado pelas ideias de Mintzberg. Em seu livro *Administração de alto desempenho*, ele relata como fez um diário de suas atividades de executivo da Intel. Foi assim que chegou à conclusão de que os executivos devem concentrar-se nas atividades de alto desempenho e não perder tempo com o trivial.

Grove acredita que todos são administradores. Em suas palavras, devem ser incluídos entre os administradores todos os que têm responsabilidade sobre qualquer recurso. Para ele, há três ideias básicas que orientam a administração de alta *performance*: produção, trabalho de equipe e empenho individual.[2]

1. **Produção**. Todos "produzem" de algum modo. Há funcionários que fabricam *chips*, enquanto outros emitem faturas, ou criam *softwares* ou anúncios publicitários. **Produção**, para Grove, é a palavra que define os resultados do administrador. O supervisor de um grupo de projetos, por exemplo, produz projetos completos, que funcionem e estejam prontos para entrar em produção. Se administra uma faculdade, ele produz alunos bem treinados e educados.
2. **Trabalho de equipe**. A maior parte das atividades humanas é realizada por equipes, não por indivíduos. Os resultados do administrador são os resultados das unidades

---
2 GROVE, A. S. *Administração de alta performance*. São Paulo: Futura, 1997.

organizacionais sob sua supervisão direta ou influência – os resultados de sua equipe e de outras equipes. Grove resume essa ideia na seguinte proposição:

**Produção do administrador = Produção de sua organização + produção das organizações localizadas em sua área de influência**

3. **Desempenho individual.** Segundo Grove, uma equipe só trabalha bem quando cada um de seus integrantes empenha-se ao máximo. O empenho, ou desempenho, de uma pessoa na realização de seu trabalho depende de suas capacidades e sua motivação. Como a tarefa mais importante do administrador é obter o máximo desempenho da equipe, há dois modos de lidar com a alta produtividade: treinamento e motivação. Ambos são responsabilidades primárias do administrador.

Os princípios de administração de alto desempenho delineados por Andrew Grove foram a base para o desenvolvimento de um novo sistema de definição e acompanhamento de metas que viria a revolucionar a maneira como as empresas operam: os *Objectives and Key Results*, ou OKRs.

Os OKRs surgiram como um método para aplicar os princípios de Grove em um modo concreto e prático de medição de desempenho. O sistema concentra-se em estabelecer Objetivos claros e ambiciosos (*Objectives*) para a empresa, equipes e indivíduos, e em definir Resultados-Chave (*Key Results*) quantificáveis para avaliar o progresso em relação a esses objetivos.

Esse novo conceito foi desenvolvido e implementado por Grove durante seu tempo como CEO da Intel, uma época de rápida mudança e intensa competição na indústria de semicondutores. Os OKRs ajudaram a Intel a definir metas claras e alinhar a empresa em todos os níveis, permitindo que a Intel superasse os desafios e mantivesse sua liderança no mercado.

A história dos OKRs, no entanto, não se limita à Intel. Um dos funcionários da Intel durante a época de Grove era John Doerr, que mais tarde se tornou um dos primeiros investidores do Google. Doerr foi fundamental na disseminação do sistema de OKRs, pois aprendeu diretamente de Grove durante seu tempo na Intel.

Ao investir no Google, Doerr viu a oportunidade de aplicar o sistema de OKRs em outra empresa, desta vez uma jovem *startup* que estava revolucionando a indústria de tecnologia. Doerr apresentou os OKRs aos fundadores do Google, Larry Page e Sergey Brin, que implementaram o sistema como parte fundamental da estratégia de gerenciamento de sua empresa.

Os OKRs provaram-se extremamente valiosos para o Google, ajudando a direcionar o foco e o alinhamento da empresa à medida que crescia de uma pequena *startup* para uma das maiores empresas de tecnologia do mundo. A adoção bem-sucedida dos OKRs pelo Google ajudou a popularizar a metodologia, desde então ela tem sido adotada por inúmeras empresas ao redor do mundo.

## 4  FRED LUTHANS E O DESEMPENHO DOS GERENTES

Fred Luthans, nascido em 1939, pesquisou as atividades e o desempenho dos gerentes, fazendo a distinção entre sucesso (desempenho pessoal) e eficácia (desempenho para a organização). Nesse estudo, Luthans classificou as atividades dos gerentes em quatro categorias:

1. **Funções gerenciais.** Tomar decisões, planejar e controlar.
2. **Comunicação.** Trocar e processar informações; processar documentação.
3. **Administração de recursos humanos.** Motivar, resolver conflitos, colocar pessoal, treinar.
4. **Relacionamento** (*networking*). Manter relações sociais, fazer política, interagir com pessoas de fora da organização.

Os resultados desse estudo em particular foram publicados em 1988. Suas pesquisas mostraram que a maior contribuição para o sucesso é o *networking* – a habilidade de trabalhar com as redes sociais (não no sentido da tecnologia que isso tem hoje), compreendendo socialização, politicagem e interação com pessoas externas. Os gerentes eficazes, por outro lado, dão maior atenção para a comunicação e para as atividades de gestão de pessoas, deixando em último lugar as atividades de *networking*.

As conclusões desse estudo mostram que os gerentes eficazes nem sempre são aqueles que fazem as carreiras mais rápidas. A Figura 8.4 sintetiza os números da pesquisa de Luthans.

**Figura 8.4**
Eficácia e sucesso dos gerentes.

| PRIORIDADES | SUCESSO | EFICÁCIA |
|---|---|---|
| 1 | Networking | Comunicação |
| 2 | Comunicação | Recursos humanos |
| 3 | Administração | Administração |
| 4 | Recursos humanos | Networking |

## 5 HABILIDADES GERENCIAIS

O estudo das habilidades gerenciais anda ao lado do estudo dos papéis gerenciais. Implícita ou explicitamente, os autores que estudam os gerentes também estudam as habilidades ou competências de que os gerentes necessitam para fazer seu trabalho. De fato, as próprias funções podem ser consideradas competências. Planejamento e organização, por exemplo, tanto são funções ou responsabilidades quanto são habilidades. Analisemos agora as habilidades segundo alguns autores.

### 5.1 Habilidades segundo Katz

Um dos principais autores que estudaram as habilidades gerenciais foi Robert L. Katz, retomando e aprofundando ideias adiantadas por Fayol. Num trabalho que alcançou grande repercussão, Katz dividiu as habilidades gerenciais em três categorias:[3]

1. **Habilidade técnica.** A habilidade técnica relaciona-se com a atividade específica do gerente. Os conhecimentos, métodos e equipamentos necessários para a realização das tarefas que estão no campo de sua especialidade fazem parte de sua habilidade técnica. Por exemplo, a habilidade técnica de um diretor comercial compreende conhecer os produtos e suas aplicações, preços de venda, canais de distribuição, clientes e mercados e técnicas de vendas.

2. **Habilidade humana.** A habilidade humana abrange a compreensão das pessoas e suas necessidades, interesses e atitudes. A capacidade de entender, liderar e trabalhar com pessoas é a expressão da habilidade humana do gerente.

---

3   KATZ, R. L. Skills of an effective administrator. *Harvard Business Review*, 33-42, Jan./Feb. 1955.

3. **Habilidade conceitual**. A habilidade conceitual envolve a capacidade de compreender e lidar com a complexidade da organização como um todo e de usar o intelecto para formular estratégias. Criatividade, planejamento, raciocínio abstrato e entendimento do contexto são manifestações da habilidade conceitual.

Para Katz, conforme se sobe na hierarquia, a importância da habilidade técnica diminui, enquanto a habilidade conceitual torna-se mais necessária. Para um supervisor de primeira linha, que está diretamente ligado ao trabalho operacional, o conhecimento técnico é muito mais importante do que para um executivo da alta administração (Figura 8.5).

## 5.2 Habilidades segundo Mintzberg

Segundo Mintzberg, a formação de gerentes reside no desenvolvimento das habilidades; acredita que seja preciso ir além da transmissão de conhecimentos e oferecer oportunidades para que as pessoas possam desenvolver e aprimorar suas habilidades gerenciais. Ele identifica maior número de habilidades que Katz, associando-as diretamente aos papéis gerenciais que criou.[4]

**Figura 8.5**
Habilidades gerenciais segundo Katz.

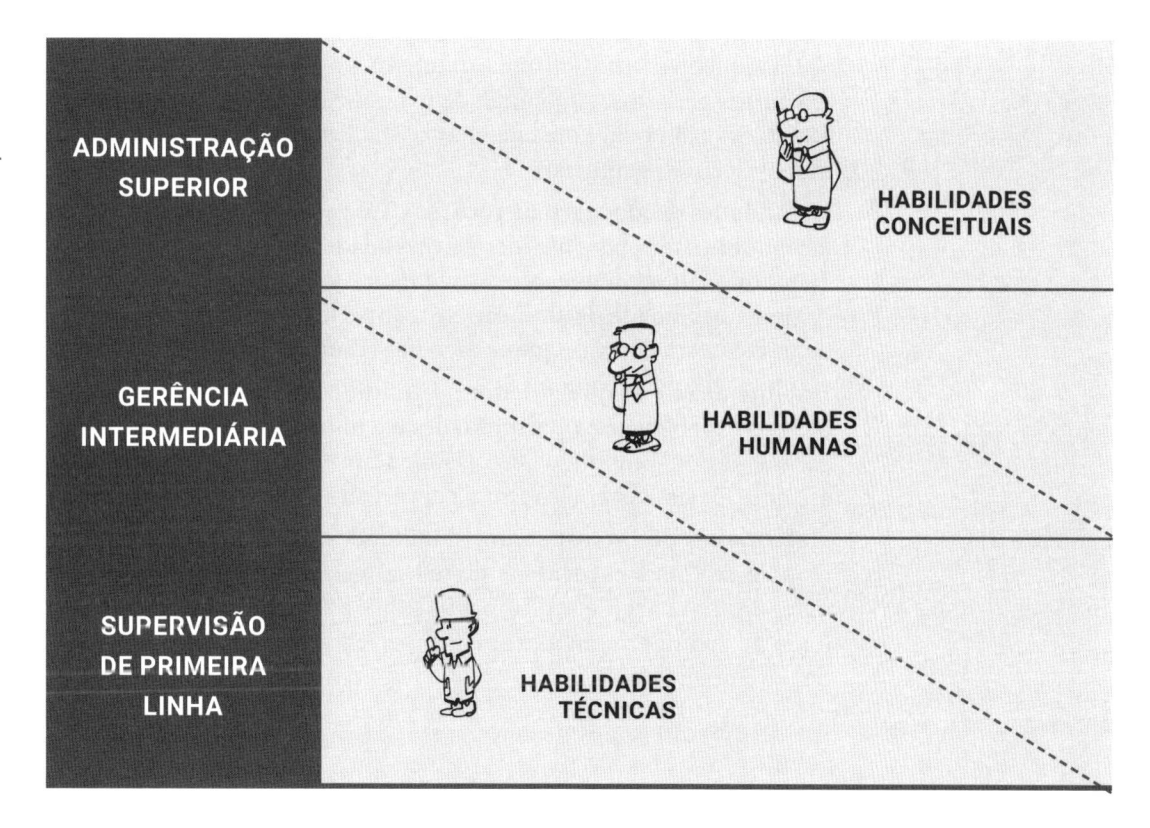

As habilidades propostas por Mintzberg são oito:

1. **Habilidades de relacionamento com colegas**. Para Mintzberg, nesta categoria está toda a capacidade de estabelecer e manter relações formais e informais com os colegas, especialmente do mesmo nível hierárquico, para atender a seus próprios objetivos ou servir a interesses recíprocos. Algumas habilidades específicas nesta

---

4  MINTZBERG, H. *The nature of managerial work*. New York: Harper & Row, 1973.

categoria são: construção de uma rede de contatos, comunicação formal e informal, negociação e política (compreensão e sobrevivência dentro da estrutura de poder das grandes burocracias).

2. **Habilidades de liderança.** As habilidades de liderança são necessárias para a realização das tarefas que envolvem a equipe de subordinados do gerente: orientação, treinamento, motivação, uso da autoridade. De acordo com Mintzberg, as habilidades de liderança estão associadas com a personalidade.

3. **Habilidades de resolução de conflitos.** Estão incluídas nesta categoria a habilidade interpessoal de arbitrar conflitos entre pessoas e a habilidade de tomar decisões para resolver distúrbios. A utilização dessas habilidades produz tensão. Portanto, essa habilidade exige outra: a tolerância a tensões.

4. **Habilidades de processamento de informações.** Para Mintzberg, os estudantes de administração devem aprender a construir redes informais e desenvolver habilidades de comunicação, como expressar eficazmente suas ideias e falar oficialmente como representante da empresa.

5. **Habilidades de tomar decisões em condições de ambiguidade.** Em sua maior parte, as situações que o gerente enfrenta não são estruturadas. São situações imprevistas, que precisam ser diagnosticadas e que exigem dele a capacidade de decidir, em primeiro lugar, se é preciso decidir. Além disso, ele não lida com uma decisão de cada vez. Frequentemente, enfrenta inúmeros problemas e precisa tomar muitas decisões em curtos períodos. Ambiguidade é o que acontece quando o gerente tem poucas informações para lidar com essas situações. Para Mintzberg, a ambiguidade é inerente a muitas decisões gerenciais.

6. **Habilidades de alocação de recursos.** Os gerentes lidam com recursos limitados que devem ser usados para atender a necessidades que concorrem entre si. Eles devem decidir em quais atividades alocar seu tempo ou em quais projetos alocar funcionários. Assim, a habilidade de alocação de recursos fornece-lhes os critérios para a definição de prioridades, a fim de que as escolhas sejam as melhores.

7. **Habilidades de empreendedor.** Segundo Mintzberg, "estas habilidades envolvem a busca de problemas e oportunidades e a implementação controlada de mudanças organizacionais". Embora as escolas de administração dediquem pouca atenção a este assunto, "é possível criar o clima para encorajar o espírito empresarial".

8. **Habilidades de introspecção.** Habilidades de introspecção, para Mintzberg, relacionam-se com a capacidade de reflexão e autoanálise. O gerente deve ser capaz de entender seu cargo e seu impacto sobre a organização. Para Mintzberg, a capacidade de aprender com a própria experiência está acima de qualquer outra técnica de aprendizagem.

## QUESTÕES E EXERCÍCIOS

1. Use as três famílias de papéis gerenciais de Mintzberg para analisar os cargos da tabela a seguir. Identifique tarefas desempenhadas pelos ocupantes desses cargos que exemplifiquem os papéis. Quais papéis são mais desempenhados? Quais são determinados pela natureza do cargo? Quais não são desempenhados?

| PAPÉIS | DIRETOR DE SUA ESCOLA | SEU CHEFE | PREFEITO DE SUA CIDADE |
|---|---|---|---|
| Símbolo | | | |
| Líder | | | |
| Ligação | | | |
| Monitor | | | |
| Disseminador | | | |
| Porta-voz | | | |
| Empreendedor | | | |
| Controlador de distúrbios | | | |
| Administrador de recursos | | | |
| Negociador | | | |

2. Na pesquisa que fez sobre os papéis gerenciais, Mintzberg constatou que predominavam as atividades de controlar distúrbios, o que comprometia o trabalho de empreendedor. Outros estudos, inclusive feitos no Brasil, comprovam a mesma constatação até hoje. Em sua opinião, por que os administradores dão tanta ênfase ao controle de distúrbios?
3. Quais as consequências de negligenciar o papel de empreendedor?
4. Identifique um administrador que você julgue particularmente competente. Em que dimensões ele é competente? Quais papéis ele desempenha com mais competência? Ele é eficaz ou bem-sucedido?

# 9
# Escola da Qualidade

## OBJETIVOS

Ao completar o estudo deste capítulo, você deverá estar preparado para explicar e exercitar os seguintes conceitos:

» Qualidade.
» Principais etapas da história da administração da qualidade.
» Conceito e técnicas da qualidade total.

## INTRODUÇÃO

Neste capítulo, estudaremos a **escola da administração da qualidade**. Também podemos falar em um **movimento da qualidade**, que tem envolvido pessoas e organizações desde a passagem para o século XX e que continua a produzir efeitos na atualidade – assim como a administração científica.

A qualidade, nos diversos significados que veremos neste capítulo, sempre fez parte das realizações tangíveis e intangíveis das pessoas. Os primeiros fabricantes de roupas, armas e vasilhames, por exemplo, certamente tinham especificações de desempenho para esses produtos, especialmente para aqueles fabricados em grandes quantidades.

Quando a massificação se tornou modelo de produção industrial, os empresários e engenheiros aprimoraram os métodos de planejamento e controle da qualidade dos produtos. Para fabricar automóveis ou equipamentos para telefonia, por exemplo, aos milhares, com peças praticamente idênticas, foi preciso definir especificações técnicas e controlar a conformidade, por meio de inspeção. Essa experiência deu origem à moderna escola da qualidade.

# 1 COMO DEFINIR QUALIDADE?

**Qualidade** é uma palavra que faz parte do dia a dia e desempenha um papel importante em todos os tipos de organizações e em muitos aspectos da vida das pessoas. No senso comum, **qualidade** significa bom ou bem-feito. Há muitas definições para a ideia da qualidade. Entre elas, podemos citar quatro: excelência, especificações, conformidade com as especificações e adequação ao uso.

## 1.1 Excelência

**Qualidade**, como sinônimo de **excelência**, significa o melhor que se consegue fazer – em qualquer campo de aplicação. A ideia de **fazer bem-feito** é a tradução desse ideal da excelência. É o princípio no qual se fundamenta a administração da qualidade orientada para a busca de padrões superiores de desempenho.[1]

## 1.2 Especificações

Definir qualidade em termos de **especificações** é o problema dos engenheiros e dos especialistas de modo geral. Esse é o sentido mais objetivo da palavra **qualidade**: o conjunto das características de um produto ou serviço. As características são chamadas especificações e descrevem o produto ou serviço em termos de sua utilidade, desempenho ou de seus atributos – em geral, de modo quantitativo. Por exemplo: comprimento, peso, cor, velocidade, composição química, ponto de ebulição, consumo de combustível, quantidade e tipos de itens que entram no recheio de um sanduíche, teor de gordura ou grau de pureza do leite. As especificações também podem ser qualitativas: comportamento do funcionário ao atender o cliente, higiene de uma cozinha ou salão de um restaurante, higiene pessoal, padrão de vestuário. Essa é a qualidade que estabelece como o produto ou serviço deve ser – é a **qualidade planejada**.[2]

## 1.3 Conformidade com especificações

A contrapartida da qualidade planejada é a qualidade que o cliente recebe. É a **qualidade real**, medida objetivamente, que pode estar próxima ou distante da qualidade planejada. Quanto mais próximas a qualidade planejada e a qualidade real, mais alta a qualidade do produto ou serviço. Portanto, qualidade é o atendimento das especificações previstas, pelos produtos que saem de uma linha de produção ou pelos serviços que são prestados ao cliente. Esta é a também chamada **qualidade de conformação**, **qualidade de conformidade** ou **qualidade de aceitação**. Produto ou serviço com qualidade é aquele que está dentro das especificações planejadas. Não conformidade significa falta de qualidade.[3]

---

1 REEVES, C. A.; BEDNAR, D. A. Defining quality: alternatives and implications. *Academy of Management Review*, 19(3), 419-445, 1994.

2 *Idem, ibidem.*

3 *Idem, ibidem.*

## 1.4 Adequação ao uso

Segundo a perspectiva do cliente, há outra definição de qualidade: **adequação ao uso** (*fitness for use*), expressão criada por Joseph M. Juran. Essa expressão abrange dois significados, que englobam as definições anteriores: **qualidade de projeto** e **ausência de deficiências** (ou ausência de defeitos).[4]

1. **Qualidade de projeto**. A qualidade de projeto compreende as características do produto que atendem às necessidades ou aos interesses do cliente. Quanto mais o produto for capaz de cumprir a finalidade para a qual o cliente pretende utilizá-lo, mais elevada (ou adequada) é a qualidade do projeto. Qualidade de projeto mais elevada significa, principalmente, clientes satisfeitos com o produto ou serviço. Essa definição estabelece que a qualidade é relativa e coincide com a ideia de valor. A água pura, para consumo humano, tem qualidade. A água suja, para limpeza sanitária, também. Quanto mais pura a água para consumo, melhor; só que a pureza implica o preço do tratamento. Ou: mais qualidade custa mais = é mais dispendioso alcançar padrões elevados de qualidade.

2. **Ausência de deficiências**. As deficiências nos produtos e serviços compreendem as falhas no cumprimento das especificações. Por exemplo, cortes no fornecimento de energia elétrica, funcionários que maltratam usuários, aviões que atrasam, restaurantes sujos, placas de sinalização nas rodovias que não se consegue entender, prazos de entrega de mercadorias que não são respeitados, reuniões que não começam na hora marcada, produtos que se quebram na primeira vez em que são usados ou que não funcionam como prometido. Quanto menor o número de falhas, mais alta é a qualidade do ponto de vista da ausência de deficiências. Isso significa maior eficiência dos recursos produtivos e custos menores de inspeção e controle. Maior qualidade do ponto de vista da ausência de deficiências significa custos menores. Ou: mais qualidade custa menos = quanto maior a conformidade, menor a necessidade de retrabalho.[5]

## 2 PROCESSO DA ADMINISTRAÇÃO DA QUALIDADE

A administração da qualidade compreende três processos: planejamento, controle e aprimoramento (Figura 9.1). Esses processos aplicam-se tanto aos produtos e serviços quanto aos recursos organizacionais empregados para alcançá-la. Todos os processos, os recursos que os sustentam e os departamentos responsáveis pela qualidade fazem parte do **sistema de administração da qualidade**, uma das mais importantes ideias da administração da qualidade.

**Figura 9.1**
Processos da administração da qualidade.

| PLANEJAMENTO | CONTROLE | APRIMORAMENTO |
|---|---|---|
| • Definição da qualidade desejada = especificações funcionais e técnicas | • Comparação entre qualidade planejada e qualidade realizada | • Elevação contínua das especificações dos produtos e serviços e do sistema da qualidade |

---

4 JURAN, J. M.; GODFREY, A. B. The quality control process. *In:* JURAN, J. M.; GODFREY, A. B. *Juran's quality handbook*. 5. ed. 4.1-4.29. New York: McGraw-Hill, 1998.

5 GARVIN, D. A. Competing on the eight dimensions of quality. *Harvard Business Review*, nov. 01, 1987.

## 2.1 Planejamento da qualidade

Planejar a qualidade consiste em definir a qualidade desejada, de qualquer entidade: produto, serviço, processo de trabalho ou produção, processo de desenvolvimento de produtos, padrão de atendimento de clientes, organização e mesmos processos gerenciais. A qualidade desejada é definida por meio de especificações de desempenho, ou características, que dão origem a especificações técnicas, quantitativas ou qualitativas.

## 2.2 Controle da qualidade

Controle da qualidade é avaliar o produto de acordo com os padrões representados pelas especificações, as quais são definidas pelos clientes e pelos especialistas.

Uma das formas de controle é a inspeção: a observação direta, visualmente ou por meio de dispositivos, que permite aferir a conformidade com os padrões. Outros modos de controle são:

- Pesquisas de satisfação com clientes.
- Avaliação da imagem pública da organização e seus produtos e serviços, na imprensa (canais de reclamação em jornais e revistas) e na internet ("reclame aqui").
- Experiência direta com os produtos e serviços – por exemplo, o presidente da companhia aérea viaja como passageiro comum.

O objetivo do controle é **detectar não conformidades** – erros ou defeitos – para avaliar, corrigir ou descartar e substituir o produto ou serviço.

## 2.3 Aprimoramento da qualidade

Aprimoramento é o processo de planejar e realizar mudanças para levar os padrões de desempenho dos produtos, serviços e processos a um nível superior ao presente.[6] O processo de aprimoramento abrange até mesmo o próprio processo de gestão da qualidade, que pode se tornar mais eficiente e eficaz por meio de mudanças planejadas.

O processo de aprimoramento pode ter como objetivos os seguintes tipos de mudanças, por exemplo:

- Diminuir a incidência de erros ou defeitos: aumentar o grau de conformidade.
- Elevar o padrão de desempenho em alguma dimensão da qualidade: aumentar a durabilidade, diminuir a emissão de gases poluentes, aumentar a quantidade de opções para o cliente de um restaurante etc.
- Reduzir o tempo necessário para o atendimento dos clientes.
- Usar menos recursos num processo produtivo.
- Aprimorar os recursos e os processos do sistema da qualidade.

O processo de aprimoramento baseia-se no procedimento de medir o desempenho atual, identificar as necessidades e possibilidades de mudança, planejar e implantar a mudança, avaliar os resultados, medir novamente e repetir as demais etapas. Sua ferramenta é o ciclo PDCA, que estudaremos adiante.

---

6  JURAN, J. M. The quality improvement process. *In*: JURAN, J. M.; GODFREY, A. B. *Juran's quality handbook*. 5. ed. 5.1-5.73). New York: McGraw-Hill, 1999.

## 3 EVOLUÇÃO DA ADMINISTRAÇÃO DA QUALIDADE

A história da administração da qualidade começa com a inspeção, passa pelo controle estatístico e pela qualidade total até chegar à sua concepção atual – a administração da qualidade propriamente dita ou administração estratégica da qualidade (Figura 9.2).

**Figura 9.2** Evolução da administração da qualidade.

| CONTROLE DO PRODUTO | CONTROLE DO PROCESSO | QUALIDADE TOTAL | ADMINISTRAÇÃO ESTRATÉGICA DA QUALIDADE |
|---|---|---|---|
| • A qualidade é controlada no produto acabado, por meio de inspeção<br>• A decisão é "passa-não passa" e o objetivo é apanhar os produtos defeituosos<br>• O produto recusado é descartado, retrabalhado ou vendido "com pequenos defeitos", quando não há risco para o consumidor – caso de roupas | • A qualidade é controlada durante o processo produtivo = a qualidade é embutida no processo produtivo, não controlada no final<br>• A finalidade é evitar que ocorram erros no produto ao longo do processo<br>• O processo é corrigido se os produtos apresentarem variações | • A administração da qualidade é responsabilidade de toda a empresa, não apenas do processo produtivo<br>• Os componentes da administração da qualidade formam um sistema<br>• O sistema pode ser auditado e certificado por auditorias independentes | • A qualidade dos produtos e serviços é resultado da qualidade da gestão da empresa<br>• A qualidade da gestão começa na alta administração<br>• A qualidade dos produtos e serviços é um dos resultados da qualidade da gestão<br>• A qualidade da gestão é avaliada por meio de modelos de excelência |

A evolução dos conceitos e das ferramentas da qualidade não é cronológica nem sequencial. O movimento da qualidade é cumulativo e teve muitos eventos paralelos: as primeiras ideias (ideias clássicas, pode-se dizer) continuam mais vivas do que nunca e a elas se agregaram às novas contribuições que surgiram.

### 3.1 Controle do produto

**Controle** é o processo que discrimina o produto bom do produto defeituoso por meio de observação direta e outros procedimentos. É feita uma comparação entre o produto que se está observando e um padrão explícito ou implícito, que representa a qualidade desejada ou planejada.

Com a Revolução Industrial, as fábricas criaram a figura do inspetor da qualidade, que fazia a avaliação dos produtos no final da linha. Mais tarde, foram criados também os departamentos de controle da qualidade, desvinculados dos departamentos de produção, com a finalidade de fazer julgamento independente dos produtos que saíam das linhas. Desse modo, as atividades de administração da produção foram separadas das atividades de controle da qualidade.

Na passagem para o terceiro milênio, com a produção enxuta, essa separação foi eliminada e as práticas voltaram ao modelo do controle pelo próprio operador.

## 3.2 Controle do processo

Com a ascensão da grande empresa industrial e da produção massificada, tornou-se impraticável e muito dispendioso inspecionar a totalidade de produtos fabricados aos milhares. Isso impulsionou o surgimento do controle estatístico da qualidade.

Em 1924, Walter A. Shewhart, da empresa telefônica Bell, desenvolveu o gráfico (ou carta) de controle para detectar variações nos processos e fazer projeções sobre a qualidade da produção. A gestão dos processos se tornaria mais econômica que o controle. Foi dessa maneira que nasceu o estudo científico do controle de processos e o conceito de garantia da qualidade. Agora, o foco não é o controle do produto final, para detectar erros, mas o **controle do processo**, para **garantir a qualidade** do produto final.

A garantia ou **asseguramento da qualidade** enfatiza a **prevenção** de erros. A melhor expressão do asseguramento da qualidade é o princípio de Deming: "fazer certo da primeira vez".

## 3.3 Qualidade total

Qualidade total é uma tendência que amplia o foco da qualidade, dos produtos e dos serviços, para a empresa e para seus processos administrativos (Figura 9.3). Dois gurus contribuíram para a consolidação dessa ideia: Armand Feigenbaum e Kaoru Ishikawa. Feigenbaum enfatizou o ciclo de desenvolvimento do produto; Ishikawa, o envolvimento da empresa toda. As duas propostas convergiram para uma ideia única.

**Figura 9.3**
Componentes da qualidade total.

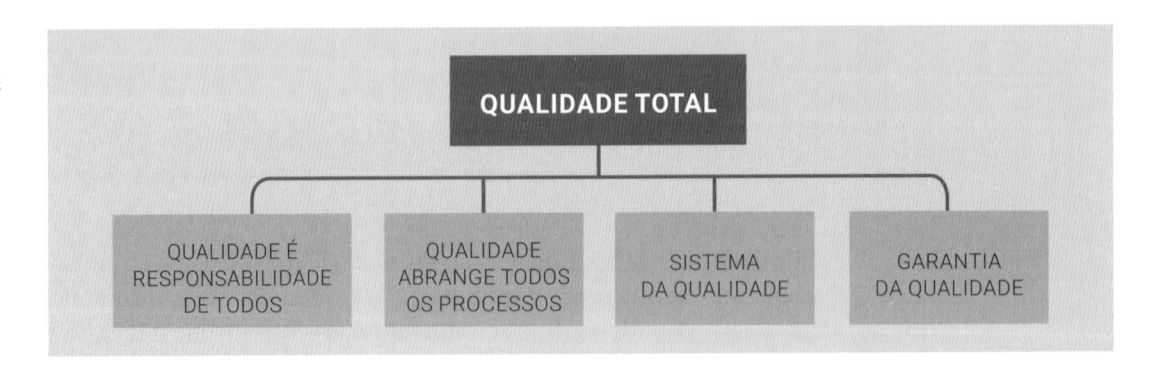

[Diagrama: QUALIDADE TOTAL — QUALIDADE É RESPONSABILIDADE DE TODOS | QUALIDADE ABRANGE TODOS OS PROCESSOS | SISTEMA DA QUALIDADE | GARANTIA DA QUALIDADE]

### 3.3.1 Qualidade total de Feigenbaum[7]

Segundo Feigenbaum, o interesse do cliente é o ponto de partida para a gestão da qualidade. Qualidade não é apenas conformidade com as especificações. A qualidade tem que ser embutida no produto ou serviço desde o começo, a partir dos desejos e interesses do cliente. A concepção do produto ou serviço começaria daí, e, em seguida, viriam outros aspectos que fariam parte do conjunto total das características do produto ou serviço, como a confiabilidade

---

7 FEIGENBAUM, A. V. *Total quality control*. New York: McGraw-Hill, 1983.

(*reliability* – a capacidade de o produto desempenhar sua função repetidamente, ao longo de seu ciclo de vida) e a manutenibilidade (*maintainability* – a capacidade de o produto receber manutenção satisfatoriamente). A qualidade total abrange, assim, no caso de produtos, todos os estágios da cadeia de suprimentos, começando pela identificação do nível de qualidade desejado pelo cliente e terminando na instalação e assistência técnica. Veja na Figura 9.4 a representação desse conceito.

### 3.3.2 Qualidade total de Ishikawa

Kaoru Ishikawa é um autor japonês que também criou um conceito de qualidade total, além de desenvolver outras ideias importantes, como os **círculos da qualidade** e o **diagrama de Ishikawa**. De acordo com Ishikawa, sua concepção e a de Feigenbaum a respeito da qualidade total são distintas, embora haja convergência.

**Figura 9.4**
Qualidade total de Feigenbaum.

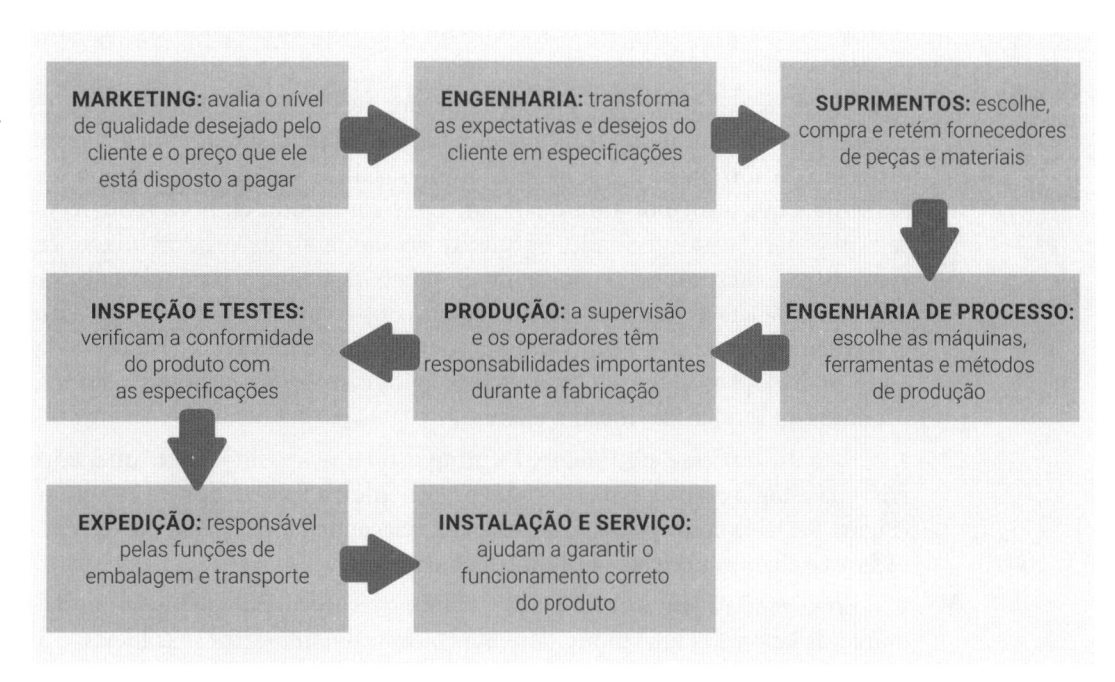

A abordagem japonesa foi diferente da de Feigenbaum. Desde 1949 temos insistido em que todas as divisões e todos os empregados se envolvam no estudo e na promoção do controle da qualidade. Nosso movimento nunca foi um domínio exclusivo dos especialistas em controle da qualidade. Isto se manifesta em todas as nossas atividades... Nós promovemos estes cursos e seminários sob diferentes nomes, tais como controle integrado da qualidade, controle total da qualidade, controle da qualidade participativo, e coisas assim. O termo **controle da qualidade total** tem sido o mais frequentemente usado.[8]

No fim, a expressão que se consagrou foi **controle da qualidade total**, com o sentido que combina as ideias de Feigenbaum e de Ishikawa: a qualidade é uma responsabilidade de todos, coordenada e orientada por uma gerência da qualidade. **Administração da qualidade total** tornou-se a designação para essa filosofia ou maneira de encarar a qualidade.[9]

---

8 ISHIKAWA, K. *What is total quality control*. Englewood Cliffs: Prentice Hall, 1985.

9 Há um erro de tradução que se solidificou. O correto é controle total da qualidade e administração total da qualidade.

## 3.4 Ênfase na estratégia

Na passagem para o século XXI, a qualidade assumiu estatura estratégica. Juran e Deming foram pioneiros desse conceito. Nesse estágio evolutivo, não é apenas a qualidade dos produtos e serviços que importa. É a **qualidade da gestão**, que é avaliada a partir da alta administração e passando por todos os processos até chegar aos resultados – para os clientes, para os acionistas e para a sociedade. O foco na estratégia apanha mais do que o sistema da gestão da qualidade dos produtos e serviços – todos os processos e resultados da empresa são importantes.

### 3.4.1 Deming

Na história da administração da qualidade, **William Edwards Deming** é um dos protagonistas mais importantes. Em 1950, a Union Japanese Scientists and Engineers (JUSE) convidou-o para visitar o Japão e ministrar o mesmo curso padrão de estatística que ele havia ajudado a criar.

Sua plateia, a princípio, era formada por técnicos e engenheiros, mas ele procurou ser ouvido pela alta administração. Ele dirigiu seu esforço, então, para a sensibilização dos altos dirigentes de um grupo das principais empresas do Japão, que haviam sido reunidos pela JUSE. Disse-lhes que a melhoria da qualidade (que ele definiu como a redução da variação) era o caminho para a prosperidade, porque traria aumento da produtividade, redução de custos, conquista de mercados e expansão do emprego. A melhoria da qualidade era também responsabilidade da alta administração, não apenas dos responsáveis diretos pelo produto ou serviço. O envolvimento da alta administração começa na identificação das necessidades do cliente ou consumidor e prossegue pelos diversos estágios da transformação de insumos, até chegar como produtos ou serviços ao mesmo cliente.

Para ilustrar esse argumento, Deming usou a representação de uma **corrente de clientes**: em cada estágio do processo, o estágio precedente é o fornecedor e o estágio seguinte é o cliente (Figura 9.5). Na concepção de Deming, há relação fornecedor-cliente em cada estágio e fornecedores e clientes externos nas pontas da corrente.[10]

Envolvendo a alta administração, Deming fez da qualidade um assunto estratégico para as empresas japonesas, que pioneiramente colocaram em prática suas ideias, e depois para outras empresas em todo o mundo.

**Figura 9.5**
Corrente de clientes de Deming.

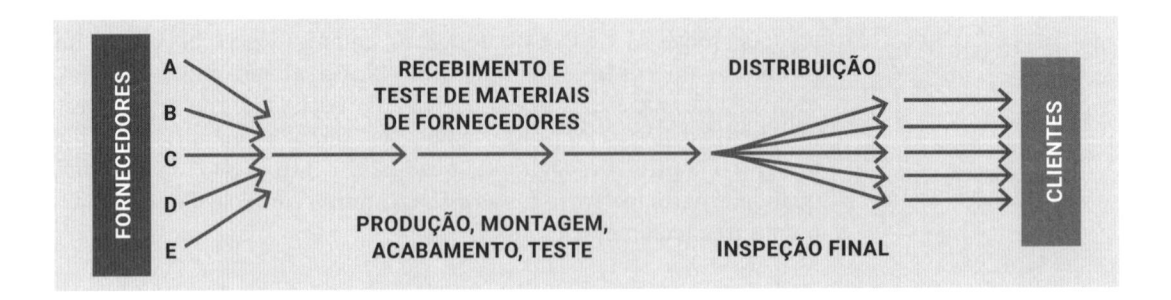

### 3.4.2 Juran

Joseph Moses Juran também desenvolveu a dimensão gerencial da qualidade. Em 1937, ele havia descoberto e divulgado o princípio de Pareto, formulado pelo economista italiano

---

10 DEMING, W. E. *Elementary principles of the statistical control of quality* (Dr. W. Edwards Deming's Lectures on Statistical Control of Quality, 1950, Tokyo). Nippon Kagaku Gijutsu Remmei, Tokyo, 1951. p. 1-12.

Vilfredo Pareto em 1906, como instrumento para selecionar prioridades no ataque a problemas da qualidade. Em 1986, Juran divulgou a Trilogia Juran©, sua versão dos processos de planejamento, controle e aprimoramento da qualidade. Outras versões da administração da qualidade incluem o processo de garantia. Juran usa a expressão "gerenciamento estratégico da qualidade", "uma abordagem sistemática para o estabelecimento e alcance de metas da qualidade em toda a empresa", distinta do gerenciamento operacional da qualidade. O gerenciamento estratégico situa-se no topo da pirâmide organizacional, como responsabilidade da alta administração.

## 4 SISTEMAS DE GESTÃO DA QUALIDADE

Embora não haja definição operacional e universalmente aceita, o **sistema da administração da qualidade** abrange todos os recursos que a organização utiliza para administrar a qualidade.

Os sistemas de gestão da qualidade podem ser auditados e certificados, de acordo com padrões ou normas. A **auditoria do sistema da qualidade** é o instrumento para a certificação do sistema da qualidade.

O padrão mais conhecido para certificações é a Norma ISO 9001, que estabelece os requisitos para o sistema da administração da qualidade. É uma norma genérica, destinada a todos os tipos de organizações fornecedoras de produtos e serviços. É produzida e atualizada periodicamente pela International Organization for Standardization (ISO), uma associação privada internacional formada por órgãos de padronização de diferentes países.

O padrão da ISO é a família de normas 9000. Em sua edição de 2015 (ISO 9001:2015), a norma não fornece uma definição operacional de sistema de administração da qualidade. A definição tem que ser deduzida dos componentes para os quais a norma oferece diretrizes. Os **princípios da administração da qualidade** adotados pela ISO para a norma 9000 estão na Figura 9.6.[11]

**Figura 9.6**
Princípios da Norma ISO 9000.

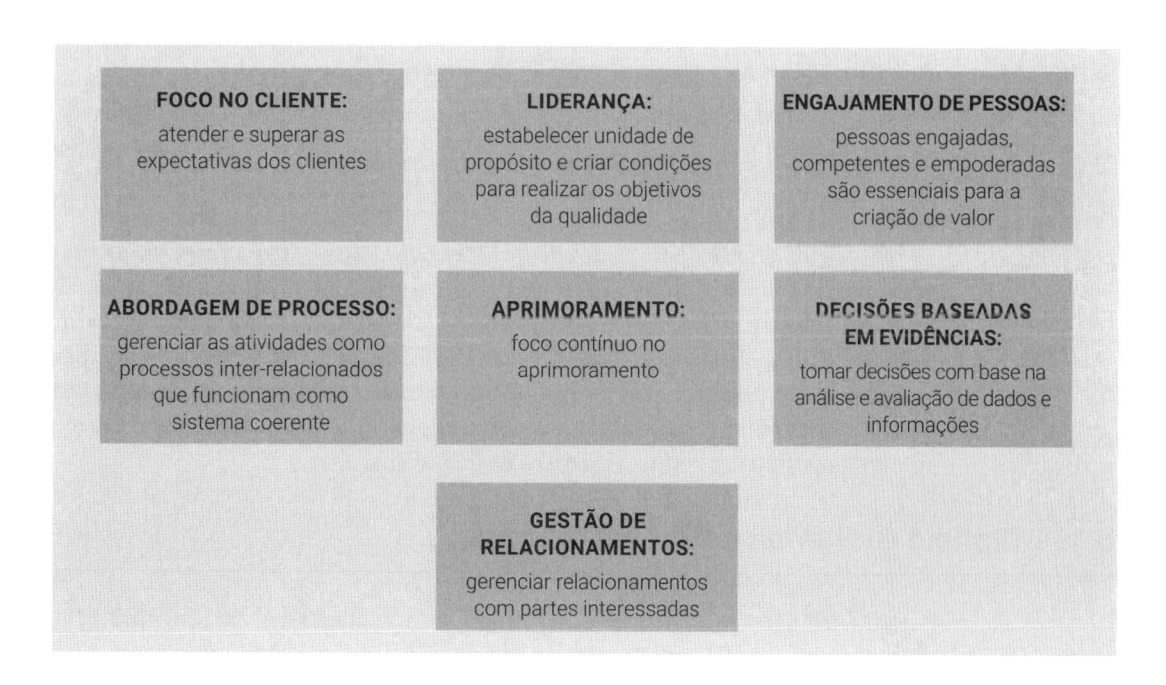

| FOCO NO CLIENTE: atender e superar as expectativas dos clientes | LIDERANÇA: estabelecer unidade de propósito e criar condições para realizar os objetivos da qualidade | ENGAJAMENTO DE PESSOAS: pessoas engajadas, competentes e empoderadas são essenciais para a criação de valor |
|---|---|---|
| ABORDAGEM DE PROCESSO: gerenciar as atividades como processos inter-relacionados que funcionam como sistema coerente | APRIMORAMENTO: foco contínuo no aprimoramento | DECISÕES BASEADAS EM EVIDÊNCIAS: tomar decisões com base na análise e avaliação de dados e informações |
| | GESTÃO DE RELACIONAMENTOS: gerenciar relacionamentos com partes interessadas | |

---

11 INTERNATIONAL ORGANIZATION FOR STANDARDIZATION. *Quality management principles*. Geneva: ISO Central Secretariat, 2015.

A norma propriamente dita, ISO 9001, consiste de sete elementos para avaliação, após três itens introdutórios. Os sete elementos (ou **cláusulas**) são os seguintes, resumidamente:

1. **Contexto da organização.** Identificação de assuntos internos e externos (legislação, tecnologia, concorrência, sociedade, economia etc.); necessidades e expectativas das partes interessadas; identificação de riscos e oportunidades.
2. **Liderança.** Liderança e comprometimento; política da qualidade; definição de papéis, responsabilidades e autoridade dentro da organização.
3. **Planejamento.** Ações para abordar riscos e oportunidades; definição de objetivos da qualidade e planejamento para alcançá-los; planejamento de mudanças no sistema de gestão da qualidade.
4. **Apoio.** Recursos necessários para estabelecer, implementar, manter e aprimorar o sistema de gestão da qualidade (pessoas; infraestrutura representada por instalações, máquinas e equipamentos, *software*; ambiente para operação dos processos; recursos de monitoramento e medição; conhecimento organizacional necessário para a operação de seus processos); competências; conscientização; comunicação; informação documentada.
5. **Operação.** Planejamento e controle operacionais (planejar, implementar e controlar os processos necessários para atender aos requisitos do fornecimento de produtos e serviços); requisitos para produtos e serviços; projeto e desenvolvimento de produtos e serviços; controle de processos, produtos e serviços fornecidos externamente; produção e fornecimento de serviço; liberação de produtos e serviços; controle de saídas sem conformidade.
6. **Avaliação do desempenho.** Monitoramento, medição, análise e avaliação; auditoria interna; análise crítica pela direção.
7. **Aprimoramento.** Identificação e seleção de oportunidades para aprimorar e implementar ações que atendam aos requisitos e aumentem a satisfação do cliente; não conformidade e ação corretiva; aprimoramento contínuo.[12]

A adoção da norma por uma empresa não é garantia da qualidade de seus produtos e serviços. A ISO não faz, diretamente, auditorias de sistemas da qualidade nem certifica empresas. A certificação é feita por empresas independentes.

## 5 MODELOS DE EXCELÊNCIA

Modelos de excelência adotam perspectiva mais ampla a respeito da qualidade. São referenciais para avaliar muito mais a **qualidade da gestão**, da qual a gestão da qualidade é consequência. Inúmeros modelos de excelência existem em todo o mundo. Prêmio Deming (Japão), Prêmio Baldrige (Estados Unidos) e Modelo EFQM (Europa) são os principais. Esses modelos foram criados por organizações públicas ou associações profissionais. Suas principais vantagens são estimular a reflexão sobre o desempenho das organizações e promover o aprimoramento da gestão em todos os setores da economia.

### 5.1 Modelo e critérios do Prêmio Deming[13]

Os critérios de avaliação do Prêmio Deming consistem de Categorias Básicas, Atividades Excepcionais de Administração da Qualidade Total (TQM) e Papéis da Alta Administração.

---

12 ABNT NBR ISO 9001:2015 Sistema de Gestão da Qualidade – Requisitos.

13 Disponível em: http://www.juse.or.jp/deming_en/challenge/03.html. Acesso em: 20 out. 2023.

As organizações que atendem aos padrões de qualificação são aprovadas no exame. A Figura 9.7 retrata essas categorias e os critérios em cada uma.

**Figura 9.7**
Critérios do Prêmio Deming.

| | |
|---|---|
| **CATEGORIAS BÁSICAS** | Políticas gerenciais e sua aplicação para a administração da qualidade |
| | Desenvolvimento de novos produtos e/ou inovação dos processos de trabalho |
| | Manutenção e aprimoramento da qualidade dos produtos e operações |
| | Estabelecimento de sistemas para a administração da qualidade, quantidade, entregas, custos, segurança, ambiente etc. |
| | Coleta e análise de informação sobre a qualidade e utilização da tecnologia da informação |
| | Desenvolvimento de recursos humanos |
| **ATIVIDADES EXCEPCIONAIS DE TQM** | Visão da alta administração e estratégias de negócios |
| | Criação de valores para os usuários |
| | Aprimoramento excepcional do desempenho organizacional |
| | Estabelecimento dos fundamentos da administração |
| **PAPÉIS DA ALTA ADMINISTRAÇÃO** | Entendimento e entusiasmo em relação à TQM |
| | Liderança, visão, políticas estratégicas e percepções da alta administração em relação às mudanças ambientais |
| | Pontos fortes da organização (manutenção e fortalecimento da tecnologia, velocidade e vitalidade) |
| | Desenvolvimento dos funcionários |
| | Responsabilidades sociais da organização |

## 5.2 Modelo e critérios do Prêmio Baldrige

O *framework* Baldrige de Excelência consiste de sete grupos de critérios de excelência do desempenho: (1) liderança, (2) estratégia, (3) usuários, (4) medição, análise e gestão do conhecimento, (5) força de trabalho, (6) operações e (7) resultados.

A Figura 9.8 retrata esses critérios dentro do modelo Baldrige.

**Figura 9.8**
Estrutura do Modelo Baldrige.[14]

*[Diagrama: PERFIL ORGANIZACIONAL no topo; ESTRATÉGIA e FORÇA DE TRABALHO acima; LIDERANÇA ← INTEGRAÇÃO → RESULTADOS no centro; USUÁRIOS e OPERAÇÕES abaixo; MEDIÇÃO, ANÁLISE E GESTÃO DO CONHECIMENTO na base]*

Por exemplo, o grupo de critérios para avaliar a estratégia procura avaliar se a organização tem processos definidos para planejar e implementar a estratégia:

- **Estratégia**
  - Processo de planejamento estratégico, inovação, sistemas de trabalho, competências centrais, objetivos estratégicos.
  - Implementação da estratégia: desenvolvimento e execução dos planos de ação, alocação de recursos, planos para a força de trabalho, medidas de desempenho, modificação dos planos de ação.

Além dos sete grupos de indicadores, o modelo Baldrige tem três elementos: perfil organizacional, valores e conceitos centrais e integração.

- **Perfil organizacional**: descrição da organização (natureza da organização, serviços oferecidos, missão, visão e valores etc.); situação estratégica da organização (posição competitiva, pontos fortes e fracos, sistema de aprimoramento do desempenho).
- **Valores e conceitos centrais**: perspectiva sistêmica, liderança visionária, excelência com foco no cliente, valorização de pessoas, aprendizagem e agilidade organizacional, foco no sucesso, gestão para a inovação, gestão pelos fatos (baseada em medição e análise do desempenho), responsabilidade social, ética e transparência, entrega de valor e resultados.
- **Integração**: harmonização de planos, processos, informação, decisões sobre recursos, potencialidades e capacidades da força de trabalho, ações, resultados e análises para sustentar os objetivos organizacionais. A integração eficaz vai além do alinhamento e é alcançada quando os componentes individuais de um sistema organizacional de gestão do desempenho operam como unidade plenamente interconectada.

## 5.3 Modelo e critérios do Prêmio Europeu da Qualidade[15]

O Prêmio Europeu da Qualidade baseia-se no modelo da Fundação Europeia da Administração da Qualidade, chamado Modelo EFQM de Excelência. Compreende nove grupos de critérios, sintetizados na Figura 9.9, e divididos em duas categorias: meios e resultados.

---

14 Baldrige Performance Excellence Program. 2015-2016 Baldrige Excellence Framework: A Systems Approach to Improving Your Organization's Performance. Gaithersburg, MD: U.S. Department of Commerce, National Institute of Standards and Technology. Disponível em: http://www.nist.gov/baldrige. Acesso em: 20 out. 2023.

15 Disponível em: http://www.efqm.org/efqm-model/model-criteria. Acesso em: 20 out. 2023.

**Figura 9.9**
Modelo EFQM de Excelência da Qualidade.

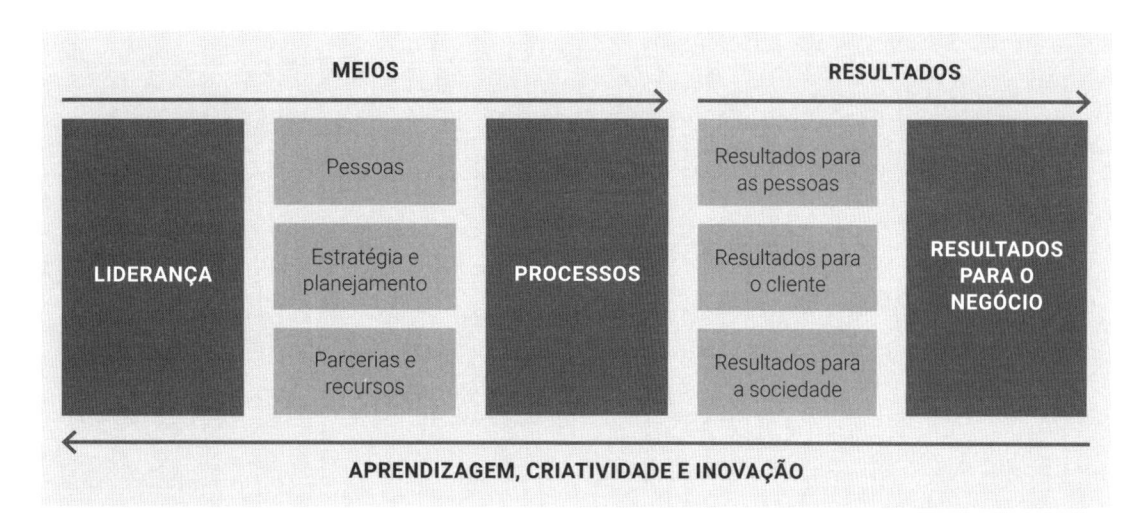

```
                    MEIOS                                    RESULTADOS
                ┌──────────┐                            ┌──────────────┐
                │ Pessoas  │                            │Resultados para│
                └──────────┘                            │  as pessoas  │
┌──────────┐   ┌──────────┐   ┌──────────┐            ┌──────────────┐   ┌──────────┐
│LIDERANÇA │   │Estratégia│   │PROCESSOS │            │Resultados para│   │RESULTADOS│
│          │   │    e     │   │          │            │   o cliente   │   │  PARA O  │
│          │   │planejament│  │          │            │              │   │ NEGÓCIO  │
└──────────┘   └──────────┘   └──────────┘            ┌──────────────┐   └──────────┘
                ┌──────────┐                            │Resultados para│
                │Parcerias │                            │  a sociedade │
                │e recursos│                            └──────────────┘
                └──────────┘
                    APRENDIZAGEM, CRIATIVIDADE E INOVAÇÃO
```

A título de exemplo, eis três critérios:

1. **Pessoas**: a organização valoriza suas pessoas e cria a cultura que possibilita a realização dos objetivos pessoais e organizacionais. Respeito e justiça, diálogo aberto, *empowerment*, recompensa e reconhecimento, ambiente saudável e seguro e espaço para usar as competências são subcritérios dentro desta categoria.

2. **Resultados para a sociedade**: qualidade de vida, proteção do ambiente, preservação dos recursos globais, oportunidades de emprego igualitário, comportamento ético, envolvimento com as comunidades e contribuição para o desenvolvimento local são especificidades dos resultados para a sociedade.

3. **Resultados para o negócio**: neste grupo de critérios estão a realização e a sustentação de resultados que atendem e excedem as necessidades e expectativas das partes interessadas no negócio, como os acionistas.

## QUESTÕES E EXERCÍCIOS

1. Monumentos e obras públicas do passado, como pirâmides, castelos e catedrais, evidenciam que os engenheiros e artesãos que os construíram tinham elevado domínio do conceito de qualidade. Quais poderiam ser as principais práticas de gestão da qualidade que produziram essas obras?

2. Usando suas próprias palavras e, de preferência, com exemplos, defina o processo de administração da qualidade.

3. Em plena era da qualidade total, a indústria automotiva, que a originou, continua a fazer produtos com defeitos graves, a ponto de serem comuns os *recalls* – de *airbags*, freios, suspensão e outros componentes que oferecem risco para os usuários. A que se pode atribuir essa falta de qualidade – despreparo das pessoas, falta de atenção aos princípios da qualidade total, erro no uso das ferramentas da qualidade... Qual sua opinião?

4. Usando suas próprias palavras, explique quais são as quatro eras ou perspectivas na história da administração da qualidade.

5. O sistema de avaliação escolar por meio de provas é um exemplo clássico de controle da qualidade por inspeção. Os alunos fazem as provas e o professor avalia, usando um modelo de passa, não passa. Em sua opinião, esse modelo poderia ser substituído por outro, de asseguramento da qualidade?

# 10 Modelo Japonês de Administração

## OBJETIVOS

Ao completar o estudo deste capítulo, você deverá estar preparado para explicar e exercitar os seguintes conceitos:

» Conceitos e ferramentas de administração do Sistema Toyota de Produção.
» Origens do Sistema Toyota de Produção.
» Estrutura do Sistema Toyota de Produção.
» Componentes da cultura nacional japonesa que integram e influenciam a maneira como os japoneses praticam a administração.

## INTRODUÇÃO

Em 1945, ao fim da Segunda Guerra Mundial, o Japão era um país arrasado. No entanto, seus empresários e a população estavam dispostos a trabalhar para sair rapidamente dessa situação. Gradativamente, com muito esforço, o país se recuperou. Um dos vetores e símbolos dessa recuperação foi a indústria automobilística. Na década de 1950, um veículo japonês, em qualquer cidade ou estrada do mundo, era uma raridade. Os grandes automóveis americanos eram o sonho de consumo da época. Bem diferente do que se vê hoje, quando as pessoas preferem carros japoneses.

A principal característica da administração que se desenvolveu no Japão é a criação de um modelo formal, compreendendo doutrinas e técnicas, para administrar processos produtivos e, em seguida, a empresa toda. Há um **modelo japonês explícito de administração**.

Com o tempo, os empresários e especialistas ocidentais conheceram e aprenderam a aplicar o modelo japonês, que tem forte sobreposição com a escola da qualidade. O modelo japonês, que tem a Toyota como exemplo principal, tornou-se padrão em todo o mundo para organizar e administrar operações com eficiência e qualidade.

Assim como acontece com a administração científica e a escola da qualidade, diversas pessoas ajudaram a construir o modelo japonês. O principal artífice desse modelo foi Taiichi Ohno (Figura 10.1).

**Figura 10.1**
Taiichi Ohno – guru da administração japonesa.

*Taiichi Ohno (1912-1990)*

Ohno é considerado o criador do Sistema Toyota de Produção ou *produção enxuta* (*lean manufacturing*). Formou-se em engenharia mecânica na Escola Técnica de Nagoya e entrou na Toyota em 1932. Em 1943, foi para a Toyota Motor, na qual fez carreira e chegou a executivo. Ohno sabia que seus princípios não se restringiam às fábricas e previu que se transformariam em sistema de gestão aplicável a todo tipo de atividade.

## 1 ELIMINAÇÃO DE DESPERDÍCIOS

**Eliminação de desperdícios é o alicerce do Sistema Toyota de Produção.**

**Eliminar desperdícios** significa reduzir ao mínimo a atividade que não agrega valor ao produto. No sistema Toyota, há três grandes formas de desperdício a serem evitadas: *muda* (todas as formas de desperdício), *muri* (sobrecarga ou trabalho sob tensão, resultando em problemas de qualidade e segurança) e *mura* (flutuação na carga de trabalho).

Para eliminar desperdícios, a primeira coisa a fazer é identificá-los. Originalmente, Taiichi Ohno identificou **sete desperdícios mortais** (ou sete tipos de *muda*) a serem combatidos:

1. Transporte (movimentação desnecessária de produtos).
2. Estoque (de componentes e produtos acabados, além do trabalho em andamento).
3. Movimento (de pessoas ou máquinas, mais do que o necessário para processar os produtos).
4. Espera (esperar pela próxima etapa da produção; interrupções no trabalho).
5. Produção além do volume necessário ou antes do momento necessário.
6. Operações desnecessárias no processo de manufatura.
7. Tempo perdido em conserto ou refugo de defeitos.[1]

Além desses sete desperdícios originais de Ohno, foram propostos outros, chamados "novos desperdícios":

1. Fornecimento de bens e serviços que não atendem às demandas ou especificações dos clientes.[2]

---

1 OHNO, T. *Toyota production system*. Cambridge, Massachusetts: Productivity Press, 1988.
2 WOMACK, J. P.; JONES, D. T. *Lean thinking*. 2. ed. New York: Free Press, 2003.

2. Espaço.
3. Competências e talentos subaproveitados; subutilização do potencial humano; não permitir que as pessoas ofereçam ideias e sugestões.
4. Trabalho feito com métricas erradas ou sem métricas.
5. Uso incorreto de computadores; falta de *software* apropriado; tempo perdido surfando na *web*.[3]

Eliminados ou reduzidos ao mínimo indispensável os desperdícios, o que resta é atividade ou esforço para agregar valor ao produto que se destina ao cliente. Agregar valor significa realizar operações de transformação de materiais e componentes estritamente relacionadas com a elaboração do produto. Um produto fabricado ou serviço prestado sem desperdícios tem o máximo de valor agregado para o cliente. Assim, a eliminação de desperdícios diminui os custos de produção, sem que o valor do produto para o cliente fique comprometido (Figura 10.2). Por isso, retornamos ao conceito de Juran: eficiência e produtividade são sinônimos de qualidade; mais qualidade custa menos. Desperdício é o contrário de **agregação de valor**, uma ideia fundamental nos sistemas enxutos de produção.

**Figura 10.2** Desperdício e valor.

| INEFICIÊNCIAS INEVITÁVEIS | DESPERDÍCIOS | AGREGAÇÃO DE VALOR |
|---|---|---|
| • Espera<br>• Transporte<br>• Deslocamentos<br>• Perdas inevitáveis | • Fabricar mais que o necessário<br>• Refugos<br>• Tempo perdido em consertar erros<br>• Estoque | • Realização de operações e atividades de transformação estritamente ligadas ao produto ou serviço |

## 2 TOYOTA[4]

A história da Toyota começa em 1926, com a criação de uma empresa dedicada à fabricação de teares. Os negócios no ramo automobilístico começaram em 1933. Nesse ano, a Toyota criou um departamento automotivo. Em 1937, esse departamento tornou-se a empresa que hoje é a Toyota Motor Corporation, que trabalha com veículos, motores, compressores, eletrônica embarcada e prensas. O ramo automobilístico representa hoje 50% dos negócios da Toyota Industries Corporation.[5]

Durante a Segunda Guerra Mundial, a Toyota fabricou caminhões para o Exército Imperial do Japão. Desde essa época, já havia preocupação com a economia de materiais. Devido à escassez, os caminhões militares eram extremamente simples. A guerra terminou pouco antes que se concretizasse um bombardeio contra as fábricas da Toyota na cidade de Aichi.

A produção de automóveis foi retomada em 1947. Em 1949, a Toyota estava à beira da falência. Foi salva por um empréstimo de um consórcio de bancos, que exigiram a organização de um sistema de vendas e a eliminação de mão de obra excessiva.

---

3 MIKA, G. *Kaizen event implementation manual*. 5. ed. Dearborn: Society of Manufacturing Engineers, 2006.

4 Disponível em: http://www.toyota-industries.com/corporateinfo/history/1930.html. Acesso em: 20 out. 2023.

5 Disponível em: http://www.toyota-global.com/company/history_of_toyota/. Acesso em: 20 out. 2023.

No entanto, em 1950, a empresa estava a ponto de desaparecer. Sua produção era irrisória. Os executivos implementaram um programa de demissões e redução de salários, o que provocou uma greve que durou dois meses. Providencialmente, a Toyota foi salva por uma encomenda de mais de cinco mil caminhões, feita pelo exército americano, para serem usados na Guerra da Coreia, que começou naquele ano. Em 1957, o Toyota Crown tornou-se o primeiro carro japonês a ser exportado para os Estados Unidos. As divisões da Toyota nos Estados Unidos e no Brasil foram criadas nesse mesmo ano.

Na década de 1960, a Toyota cresceu e consolidou sua posição como empresa global. Na década de 1970, a crise do petróleo ajudou a tornar atraentes os automóveis japoneses, que eram compactos, econômicos e duráveis.

Conforme a Toyota e outras empresas japonesas se expandiam, provocavam curiosidade a respeito de seu modelo de administração. O que mais se queria saber sobre esse modelo era: como fazem os japoneses para fabricar produtos de alta qualidade, em grandes quantidades, a custo baixo?

Os japoneses fizeram como Henry Ford: nenhum segredo a respeito de seus métodos. Apesar do acesso à informação, muitos anos se passaram até os ocidentais conseguirem se familiarizar e utilizar o modelo japonês de administração. Uma das principais sementes desse modelo é o **Sistema Toyota de Produção**.

## 3 ORIGENS DO SISTEMA TOYOTA DE PRODUÇÃO

O Sistema Toyota de Produção (*Toyota Production System* – TPS) vem evoluindo desde que os teares automáticos começaram a ser fabricados. Quando ocorria um problema, o tear parava de funcionar. Essa interrupção evitava a produção de itens defeituosos. Evitando os produtos defeituosos, os desperdícios também eram evitados e a eficiência aumentava. Essa maneira de trabalhar da máquina inspirou o combate ao desperdício na linha de produção e, em seguida, em toda a empresa.

O sistema Toyota, em sua plenitude, é obra do trabalho de Eiji Toyoda, da família proprietária da Toyota, e de Taiichi Ohno, chefe da engenharia da empresa. Em 1956, os dois visitaram a Ford, nos Estados Unidos.

Toyoda e Ohno concluíram que o principal problema do modelo de Henry Ford era o desperdício de recursos – esforço humano, materiais, espaço e tempo. Fábricas gigantescas, pilhas de materiais em estoque, grandes espaços vazios, pessoas com tarefas muito limitadas. O desperdício mais importante era o **desperdício do esforço humano** – grandes contingentes de funcionários com sua capacidade subaproveitada, trabalhando em tarefas minúsculas, alienados e desmotivados.

Para ser eficiente e competitiva, a Toyota precisaria modificar e simplificar o sistema de Ford, tornando-o mais racional e econômico. Essa conclusão foi decisiva para a implementação do sistema Toyota.

## 4 ESTRUTURA DO SISTEMA TOYOTA

O Sistema Toyota de Produção está ancorado na filosofia da "eliminação completa de todo e qualquer desperdício". Para eliminar desperdícios, os processos produtivos implementados pelos fundadores da Toyota incorporaram, desde o início, os embriões dos dois princípios fundamentais do TPS: *Jidoka* e *just-in-time*. *Kaizen* é a ferramenta que faz o sistema se aprimorar continuamente.

1. *Jidoka*: interromper o andamento das máquinas e das linhas de produção quando ocorre qualquer tipo de problema ou defeito.
2. *Just-in-time*: fabricar apenas a quantidade necessária de produtos.
3. *Kaizen*: práticas de aprimoramento contínuo.

## 4.1 Jidoka (autonomação)

A palavra **Jidoka** – assim como a técnica – remonta à invenção do tear automático por Sakichi Toyoda, fundador do grupo Toyota. A máquina embutia um dispositivo que a fazia parar de funcionar quando surgia um problema, impedindo a produção de itens com defeito.

Transplantado para o TPS, o lema do *Jidoka* é: "a qualidade deve ser enxertada durante o processo de fabricação". Para que o TPS funcione, todas as peças fabricadas ou fornecidas devem atender determinados padrões de qualidade. O *Jidoka* tem o objetivo de garantir essa qualidade.

A palavra **Jidoka** tem sido traduzida como "**autonomação**" ou **automação com toque humano**. Significa que a qualidade é monitorada constantemente. Cada operador tem a responsabilidade de fazer inspeções de qualidade antes de entregar os itens em processo ao ponto seguinte da linha de produção. Se detectar um defeito ou erro, tem autonomia para resolver imediatamente, mesmo que isso implique parar temporariamente a produção. O *Jidoka* está associado a três ferramentas: *andon* (administração visual), *genchi genbutsu* (ir e ver) e *poka-yoke* (à prova de erros).[6]

## 4.2 Just-in-time (na hora certa)

*Just-in-time* (expressão que significa **bem na hora**, **no momento certo** ou **na hora certa**) é a técnica que consiste em produzir apenas o necessário, quando necessário e no volume necessário. O princípio é estabelecer um fluxo contínuo de materiais, sincronizado com a programação do processo produtivo, para minimizar a necessidade de estoques. É o oposto de *just-in-case* – que significa **só por precaução**.

O *just-in-time* é uma ideia de Ohno e Toyoda que faz analogia com o supermercado. Sobre sua visita de 1956, escreveu Ohno: "finalmente, pude realizar meu desejo de conhecer um supermercado de perto". Ohno e Toyoda já haviam tido a ideia de entender cada processo da linha de produção como espécie de loja que fornece peças para o processo seguinte. No entanto, a linha como um todo é administrada do fim para o começo. O processo seguinte (cliente) vai ao processo anterior (supermercado) para obter as peças necessárias (mercadorias) na hora certa e na quantidade necessária. O processo anterior imediatamente produz a quantidade que acabou de sair (reposição de mercadoria nas prateleiras).

"Nós esperávamos que essa ideia nos ajudasse a realizar o objetivo do *just-in-time*, de fabricar apenas o necessário", escreveu Ohno. "Em 1953, nós de fato aplicamos o sistema em nossa oficina de máquina da fábrica principal. Para fazer funcionar o sistema do supermercado, usamos pedaços de papel em que escrevíamos informações sobre o trabalho a ser realizado. Nós chamávamos isso de *kanban*."[7]

O processo do *just-in-time* funciona em quatro etapas:

1. Quando se recebe a encomenda de um veículo, uma instrução de produção deve ser emitida imediatamente para o início da linha de produção.

---

6 Adaptado de: www.toyota-forklifts.eu. Acesso em: 20 out. 2023.

7 OHNO, T. *Toyota production system*. Cambridge, Massachusetts: Productivity Press, 1988.

2. A linha de montagem deve ter em estoque a quantidade necessária de peças para montar qualquer veículo que seja encomendado.
3. A linha de montagem deve repor as peças usadas, retirando a mesma quantidade de peças no processo de produção de peças (processo anterior).
4. O processo anterior deve ter em estoque pequena quantidade de todos os tipos de peças e produzir apenas a quantidade de peças que foram retiradas por operadores do processo seguinte.[8]

O *just-in-time* sustenta-se em quatro ferramentas: *heijunka*, eliminação do desperdício, *takt time* e *kanban*.

## 4.3 *Kaizen* (aprimoramento contínuo)

*Kaizen* é ferramenta para fazer funcionar a filosofia da eliminação completa de todo e qualquer desperdício.

A palavra japonesa **kaizen** significa aprimoramento, mas a ideia original é americana. Seu uso para indicar as práticas industriais de aprimoramento contínuo origina-se nos programas de treinamento em administração da qualidade que as forças de ocupação americanas ofereceram aos japoneses nos anos 1950. Os americanos prepararam um filme em japonês chamado *Aprimoramento (kaizen) em quatro etapas*. Dessa maneira, a ideia de *kaizen* foi introduzida no Japão.

Deming, que você conheceu no Capítulo 9, foi quem transformou a ideia em prática, por meio do ciclo de Deming (originalmente, ciclo de Shewhart) ou ciclo PDCA (Figura 10.3), que ilustra de modo sintético as etapas do aprimoramento contínuo.

No final de sua carreira, Deming modificou o PDCA para *Plan, Do, Study, Act* (Planejar, Fazer, Estudar, Agir – PDSA) por acreditar que "*check*" priorizava a inspeção em vez da análise. Atualmente, o A é entendido como Ajustar. Isso ajuda a entender que a quarta etapa trata mais de ajustar e corrigir a diferença entre a situação presente e a situação planejada, em vez de fazer crer que o A trata apenas de agir e implementar (o que de fato acontece no segundo estágio D).

**Figura 10.3**
Ciclo PDCA ou ciclo de Shewhart-Deming.[9]

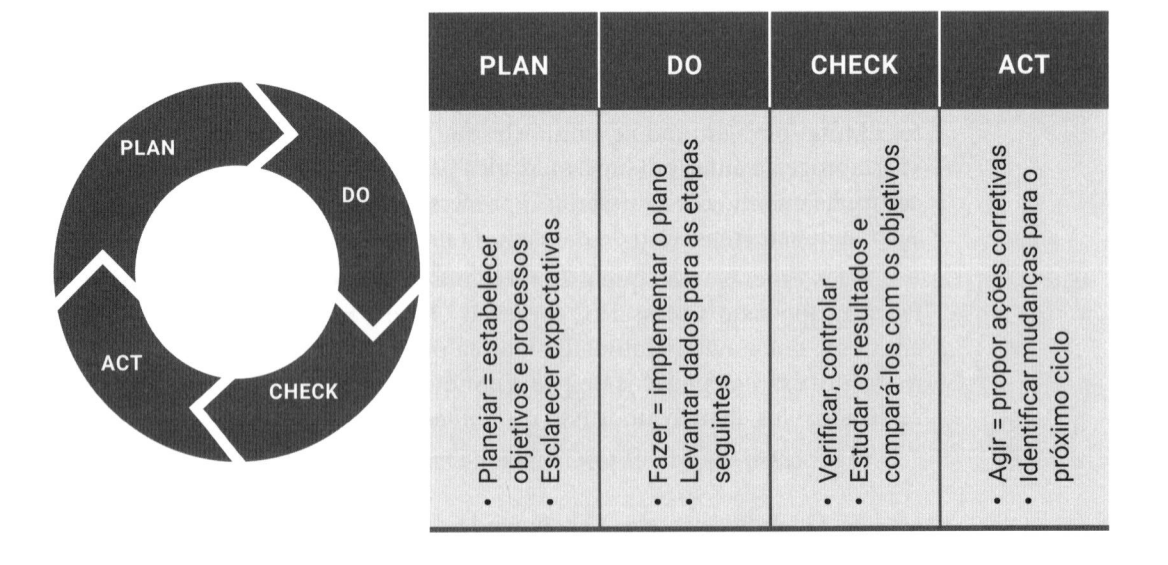

| PLAN | DO | CHECK | ACT |
|---|---|---|---|
| • Planejar = estabelecer objetivos e processos<br>• Esclarecer expectativas | • Fazer = implementar o plano<br>• Levantar dados para as etapas seguintes | • Verificar, controlar<br>• Estudar os resultados e compará-los com os objetivos | • Agir = propor ações corretivas<br>• Identificar mudanças para o próximo ciclo |

---

8 Disponível em: http://www.toyota-global.com/company/vision_philosophy/toyota_production_system/. Acesso em: 20 out. 2023.

9 Disponível em: http://en.wikipedia.org/wiki/PDCA. Acesso em: 20 out. 2023.

## 5 FERRAMENTAS DO SISTEMA TOYOTA

### 5.1 *Andon* (administração visual)

Como o equipamento para de funcionar quando surgem problemas, um único operador consegue monitorar visualmente e controlar diversas máquinas. A ferramenta da visualização para o controle de problemas é o *painel andon*, que fica sobre a linha de montagem, permitindo a leitura rápida das informações (Figura 10.4).

**Figura 10.4**
Painel *andon*.

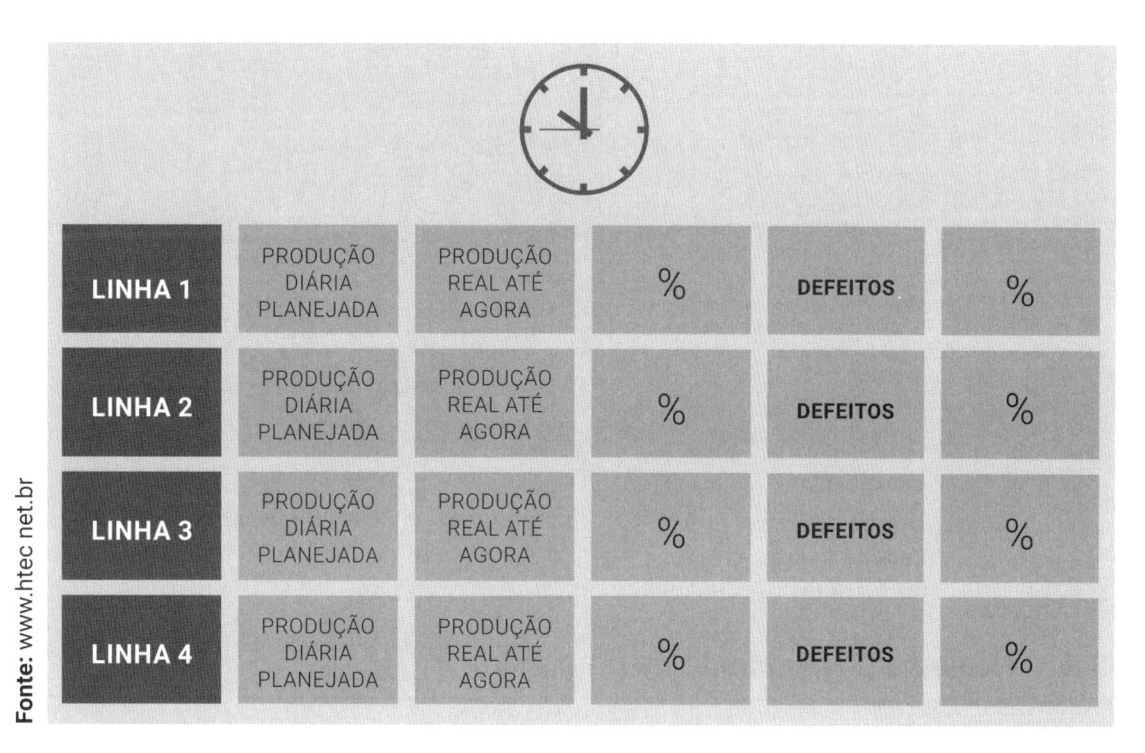

Fonte: www.htec.net.br

### 5.2 *Genshi genbutsu* (ir e ver)

*Genshi genbutsu* significa "ir e ver"; ir à fonte dos problemas, às origens, para observar pessoalmente. É mais atitude do que técnica – consiste em observar *in loco* e procurar as causas dos problemas, em vez de recorrer a informações fornecidas por outros, para entendê-las de forma completa e precisa. Diz a lenda que Taiichi Ohno deixava cada novo engenheiro dentro de um círculo de giz que desenhava no chão da fábrica, com instruções para analisar o que via. Ao voltar, se o engenheiro não tivesse observado o suficiente, Ohno o deixaria mais algum tempo lá. A única maneira de entender o que se passava no chão da fábrica era estar presente.

A "atitude *Gemba*" é designação alternativa para *genshi genbutsu*. **Gemba** significa lugar. Atitude *Gemba* é ir ao lugar em que as coisas acontecem, em vez de depender de relatórios e métricas que não revelam a situação real.

### 5.3 *Poka-yoke* (à prova de erros)

Em alguns carros com câmbio automático, a chave só pode ser tirada do contato se a alavanca estiver na posição P (Figura 10.5). Isso evita que o veículo fique em ponto morto e corra o risco de descer uma ladeira. É um dispositivo *poka-yoke*: à prova de erros. Originalmente, a expressão era *baka-yoke* – o que significa à prova de idiota. Mas essa designação foi substituída por ser muito forte.

**Figura 10.5**
Um dispositivo *poka-yoke*.

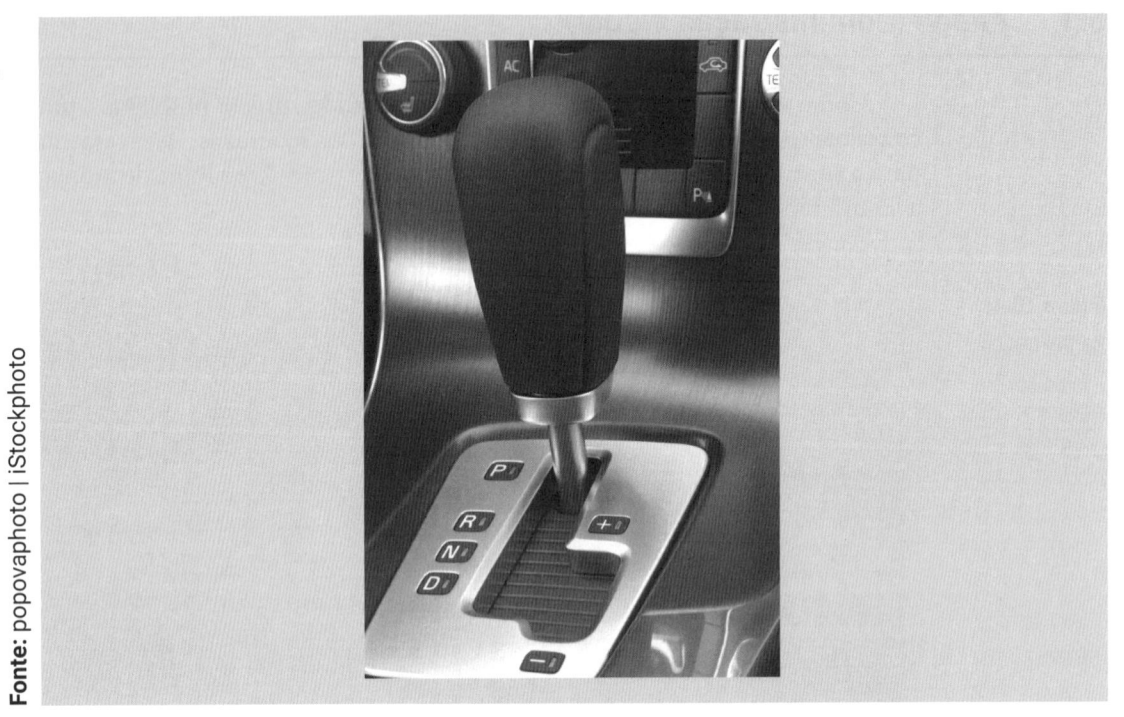

**Fonte:** popovaphoto | iStockphoto

No processo produtivo, o método *poka-yoke* evita que o erro ocorra ou avisa o operador quando há algo errado. O operador pode, então, paralisar o processo. É a principal ideia que faz funcionar o princípio do *Jidoka*.

## 5.4 *Heijunka* (nivelamento da produção)

Na produção em massa tradicional, são fabricados grandes lotes de cada peça ou produto, quase sempre em descompasso com a demanda. A consequência é o crescimento dos estoques de peças que demoram para ser usadas. Se o processo seguinte precisa de outras peças, ou de quantidade menor das que foram fabricadas, a produção flutua. É o oposto do "apenas o necessário". As origens desse modo de produzir estão no tempo de ajuste das máquinas, para produzir peças diferentes. Antes do advento do sistema Toyota, a troca ou ajuste tomava mais de três horas. Em certos casos, até um dia inteiro. Então, fabricava-se muito da mesma peça, para evitar as trocas frequentes.

*Heijunka* é a palavra que significa **nivelamento da produção**. O *heijunka* consiste em desenhar o processo de modo a alcançar um fluxo contínuo, sem faltas nem excessos de material. A produção varia em torno de uma média, conforme a demanda. Se a demanda aumenta ou diminui, as máquinas ou os processos são rapidamente modificados para atendê-la. A prática do *heijunka* elimina o *muri* – sobrecarga ou trabalho sob tensão, que resulta em problemas de segurança e qualidade.

## 5.5 *Takt time* (ritmo cardíaco da produção)

*Takt* é o ritmo do processo ou o tempo do ciclo que atende à demanda do cliente. Em outras palavras, é o tempo que transcorre entre o início e o fim do ciclo de fornecimento – entre a chegada e o atendimento de um pedido. O tempo do *takt* deve estar sincronizado com a procura, evitando tanto a produção excessiva quanto a insuficiente. A sincronização elimina o risco de atrasos e avanços indevidos. O tempo do *takt* e o *heijunka* funcionam coordenadamente para garantir o nivelamento da produção.[10]

## 5.6 *Kanban* (cartão de sinalização)

Na linha de produção, o *just-in-time* funciona como supermercado. O operador que precisa de peças entrega um cartão especificando o que deseja e leva outro, que acompanha o material que recebeu. O cartão, chamado *kanban*, é o sinalizador da movimentação de suprimentos (Figura 10.6).

O *kanban*, um cartão envelopado em plástico, tornou-se a ferramenta que faz funcionar o sistema Toyota. Suponha que levássemos o *kanban* ao supermercado. Como funcionaria? As mercadorias compradas pelos clientes passam pelo caixa. Cartões contendo informações sobre essas mercadorias seriam, então, enviados ao departamento de compras. Com essa informação, as mercadorias que saíssem seriam imediatamente repostas. Esses cartões correspondem ao *kanban* de retirada do sistema Toyota. No supermercado, as mercadorias expostas correspondem ao estoque da fábrica. Se o supermercado tivesse sua fábrica de mercadorias, enviaria para ela um *kanban* de produção. Com as informações deste *kanban*, a fábrica produziria as mercadorias para repor as que tivessem sido vendidas.[11]

**Figura 10.6**
Exemplo de *kanban*.

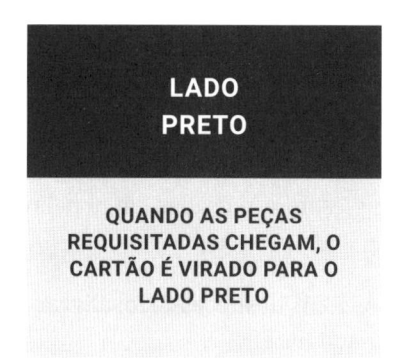

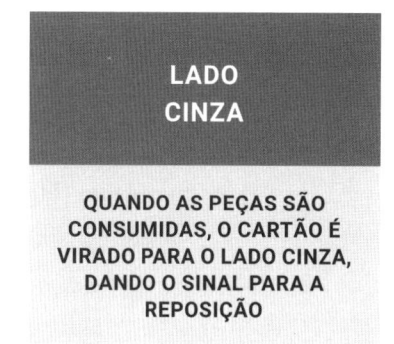

| LADO PRETO | LADO CINZA |
|---|---|
| QUANDO AS PEÇAS REQUISITADAS CHEGAM, O CARTÃO É VIRADO PARA O LADO PRETO | QUANDO AS PEÇAS SÃO CONSUMIDAS, O CARTÃO É VIRADO PARA O LADO CINZA, DANDO O SINAL PARA A REPOSIÇÃO |

Além do ciclo de Shewhart-Deming, que é a ferramenta principal, o *kaizen* sustenta-se em duas práticas: 5S e 5W.

## 5.7 Cinco porquês

*Five whys* ou 5W ou Cinco porquês é o princípio de, como diz o nome, perguntar cinco vezes qual a causa de um problema, o que leva à causa original. Consertada a causa original, a cadeia de problemas se desfaz (Figura 10.7). Ohno cita o seguinte exemplo:

1. Por que a máquina parou? Houve sobrecarga e o fusível queimou.
2. Por que houve sobrecarga? O rolamento não estava suficientemente lubrificado.
3. Por que a lubrificação era insuficiente? A bomba de lubrificação não estava funcionando corretamente.

---

10  Disponível em: http://www.toyota-forklifts.com.pt/. Acesso em: 20 out. 2023.

11  OHNO, T. *Toyota production system*. Cambridge, Massachusetts: Productivity Press, 1988.

4. Por que não estava funcionando corretamente? O eixo da bomba tinha desgaste e vibração.
5. Por que o eixo estava desgastado? Não havia uma peneira para segurar detritos, que acabaram caindo dentro da bomba. Esta é a causa original, ou causa-raiz. Eliminada essa causa, a cadeia de efeitos se interrompe e a máquina não para mais.

Segundo Ohno, o método ou prática 5W foi usado para criar muitas soluções do sistema Toyota.[12]

**Figura 10.7**
Cadeia de cinco causas.

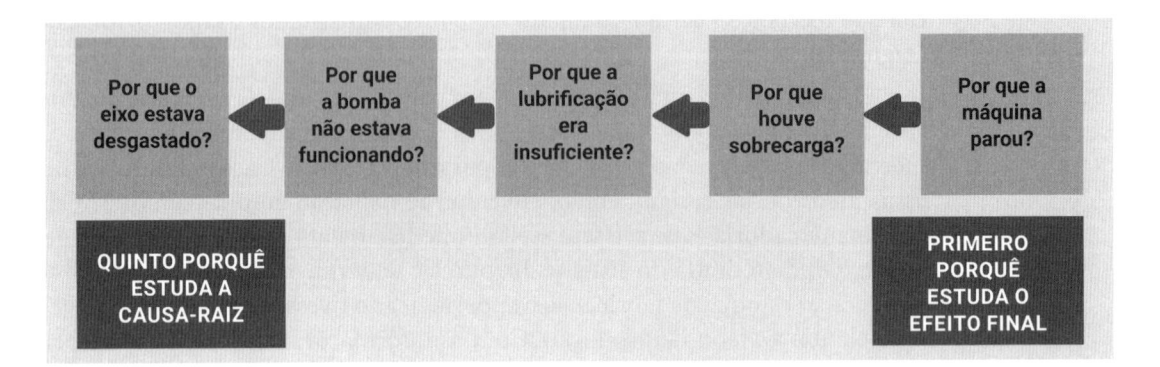

[Figura: Cadeia de cinco porquês, da direita para a esquerda: "Por que a máquina parou?" (PRIMEIRO PORQUÊ ESTUDA O EFEITO FINAL) → "Por que houve sobrecarga?" → "Por que a lubrificação era insuficiente?" → "Por que a bomba não estava funcionando?" → "Por que o eixo estava desgastado?" (QUINTO PORQUÊ ESTUDA A CAUSA-RAIZ)]

## 5.8  5S ou Cinco Ss

5S ou Cinco Ss é uma prática conhecida como "arrumação da casa" ou *housekeeping*. Cada S é a letra inicial de uma palavra em japonês que envolve, basicamente, a arrumação do local de trabalho, embora a ideia possa ser aplicada a qualquer situação – inclusive a casa propriamente dita (Figura 10.8). Na tradução para o inglês, foram usadas cinco palavras que também começam com S:

1. *Seiri* (*sort*, separar): limpar, eliminar os itens desnecessários, livrar-se papel acumulado, evitar a acumulação, deixar o espaço livre.
2. *Seiton* (*systematize*, organizar): fazer a arrumação, organizar os itens que sobraram após a limpeza.
3. *Seiso* (*shine*, dar brilho): limpar o local, tirar a poeira, retirar a sujeira, deixar limpo o que se acabou de usar.
4. *Seiketsu* (*standardize*, padronizar, normatizar): manter permanentemente altos padrões de arrumação e organização do local de trabalho.
5. *Shitsuke* (*sustain, self-discipline*, manter, conservar): fazer funcionar o sistema espontaneamente, sem necessidade de ordens.

**Figura 10.8**
Os cinco Ss.

[Figura: Ideogramas japoneses dos cinco Ss: 整理 SEIRI (Sort, separar); 整頓 SEITON (Systematize, organizar); 清掃 SEISOU (Shine, dar brilho); 清潔 SEIKETSU (Standardize, padronizar); 躾 SHITSUKE (Sustain, manter)]

---
12  OHNO, T. *Toyota production system*. Cambridge, Massachusetts: Productivity Press, 1988.

## 6 UNIVERSALIZAÇÃO DO MODELO JAPONÊS

O interesse pelo sistema japonês intensificou-se nos anos 1980, quando empresas como Toyota, Honda e Nissan instalaram-se nos Estados Unidos e na Europa, impressionando as empresas locais com a superioridade de seus métodos de produção eficiente e sua maneira participativa e igualitária de tratar os funcionários.

Quanto mais se tornava conhecido, mais o modelo japonês revelava a simplicidade de seus componentes: eficiência, qualidade e participação dos funcionários nas decisões. A receita era simples, e, na verdade, era ocidental. O modelo japonês era o modelo americano, que, por sua vez, tinha suas origens no sistema fabril da Revolução Industrial. Com o tempo, os ocidentais aprenderam a colocar em prática a versão oriental de seu próprio modelo. Nos anos 1990, o modelo japonês já havia deixado de ser exclusivamente japonês, tornando-se o padrão universal das empresas que pretendem alcançar e manter a capacidade de competir em escala global.

Há muito tempo, "todos querem ser a Toyota".

### QUESTÕES E EXERCÍCIOS

1. Usando suas próprias palavras, explique o objetivo principal e os componentes básicos do Sistema Toyota de Produção.
2. Qual a relação entre o funcionamento do supermercado e o Sistema Toyota de Produção?
3. Há diferenças entre o Sistema Toyota de Produção e o sistema tradicional da Ford?
4. Quais as vantagens de fabricar apenas o necessário? Há desvantagens?
5. Você já deve ter visto, mesmo em fotos nos jornais, o pátio de uma fábrica de veículos em períodos de recessão. Se o diretor da fábrica lhe mostrasse o pátio cheio de veículos não vendidos e lhe pedisse uma solução, usando os princípios do sistema Toyota, o que você recomendaria?
6. Quais as diferenças e semelhanças entre as proposições de Taiichi Ohno e Frederick Winslow Taylor?
7. A administração científica de Taylor tem alguma similaridade com alguma parte do sistema Toyota? Qual?
8. Como as pessoas podem aplicar os princípios do 5S na sua vida pessoal?

# Parte IV

## Enfoque do Comportamento Humano

**Capítulo 11** – Enfoque Comportamental

**Capítulo 12** – Pessoas e Diferenças Individuais

**Capítulo 13** – Competências

**Capítulo 14** – Aprendizagem

**Capítulo 15** – Motivação

**Capítulo 16** – Liderança

# 11 Enfoque Comportamental

## OBJETIVOS

Ao completar o estudo deste capítulo, você deverá estar preparado para explicar e exercitar os seguintes conceitos:

» Como estudar o comportamento humano e seu impacto sobre o desempenho das organizações.
» Origens e evolução dos estudos sobre o comportamento humano na administração das organizações.
» Os dois principais focos no estudo do comportamento nas organizações: o individual e o coletivo.

## INTRODUÇÃO

Até aqui, estivemos estudando a administração e as organizações sob a perspectiva dos componentes técnicos: normas e regulamentos, sistemas de produção, estruturas organizacionais, métodos de eficiência... Agora, estudaremos as pessoas e seu comportamento, por meio do **enfoque comportamental** ou **enfoque do comportamento organizacional**.

"Comportamento organizacional é definido como área de estudo e aplicação da prática administrativa que procura compreender e usar conhecimentos sobre o comportamento humano em ambientes sociais e culturais para aprimorar o desempenho organizacional."[1] Diferentes disciplinas ocupam-se dessa área de estudo e aplicação, com dois focos principais:

1. **A individualidade**: as características essenciais das pessoas e as diferenças entre elas.
2. **O comportamento coletivo das pessoas**: como integrantes de grupos, de organizações e da sociedade.

Com as lentes do enfoque comportamental, vemos as **pessoas como indivíduos**: as características que as singularizam, seus interesses e sentimentos, suas motivações e atitudes. Vemos também as pessoas como membros de grupos, como integrantes do **sistema social**, formado pela interação entre as pessoas: a formação e a dinâmica dos grupos informais, os conflitos, todos os tipos de processos coletivos. É tão importante o sistema social, em comparação com o sistema técnico, que é representado como a parte oculta de um *iceberg*, muito maior que a parte visível (Figura 11.1).

**Figura 11.1**
O sistema social como a parte submersa do *iceberg*.

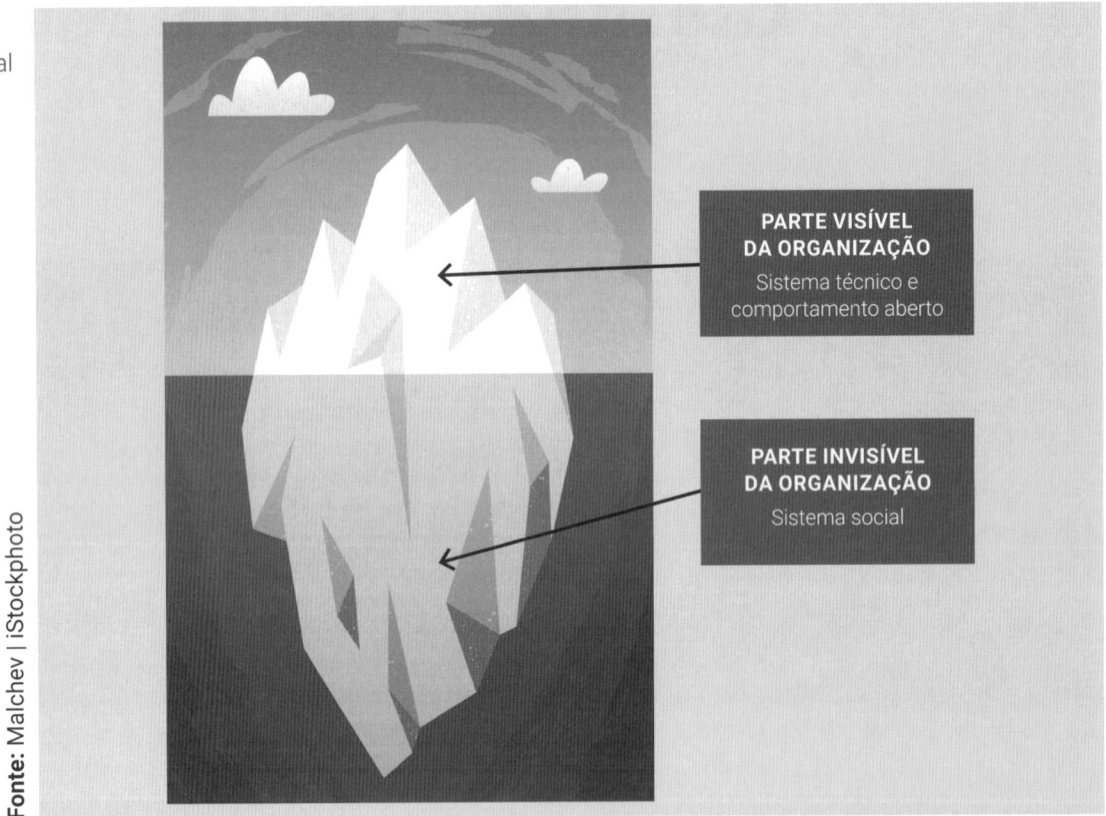

**Fonte:** Malchev | iStockphoto

**PARTE VISÍVEL DA ORGANIZAÇÃO**
Sistema técnico e comportamento aberto

**PARTE INVISÍVEL DA ORGANIZAÇÃO**
Sistema social

Desde o início da era industrial, há o interesse em estudar as pessoas e os sistemas sociais para entender seu impacto sobre o desempenho. Assim, ao mesmo tempo em que se consolidava o enfoque técnico representado por pessoas como Taylor e Ford, o enfoque do comportamento organizacional ganhava espaço na teoria e prática da administração.

No entanto, o enfoque comportamental tem história mais antiga que isso.

---

1   OWENS, R. C. *Organizational behavior in education*. 7. ed. Needham Heights: Allyn and Bacon, 2001.

# 1 HUMANISMO: DE QUE SE TRATA?

O enfoque do comportamento não nasceu com a era industrial. É uma área do conhecimento com raízes muito antigas, que se encontram no **humanismo**, uma corrente de pensamento que envolve dois movimentos diferentes:[2]

1. Humanismo é o nome do movimento literário e filosófico que nasceu na Itália na segunda metade do século XIV.

    O humanismo é dimensão fundamental do Renascimento. O Renascimento, no plano filosófico, é o "reconhecimento do valor do homem em sua totalidade e a tentativa de compreendê-lo em seu mundo, que é o da natureza e da história". Essa linha de pensamento "reivindica para o homem o valor do prazer; afirma a importância do estudo das leis, da medicina e da ética; exalta a dignidade e a liberdade do homem; reconhece seu lugar central na natureza e o seu destino de dominador desta". O humanismo "reconhece a **historicidade** do homem – os vínculos que o ligam e o distinguem do passado". O Renascimento também promoveu o valor humano da educação clássica, compreendendo as disciplinas que formam o homem, por serem próprias do homem e o diferenciarem dos outros animais. Finalmente, o Renascimento reconhece a **naturalidade** do homem – o homem é um ser natural, para o qual o conhecimento da natureza é um elemento indispensável da vida e do sucesso. Essa importância do conhecimento leva ao desenvolvimento da ciência moderna.[3]

2. Humanismo é o nome de qualquer movimento filosófico que tenha como fundamento a natureza humana ou os limites e interesses do ser humano. Toda filosofia para a qual o homem é "a medida das coisas" é humanista. É uma corrente de pensamento que se origina com Protágoras (século V a.C.), implicando a capacidade de julgamento de cada pessoa, que é singular. A "medida" é relativa – cada pessoa tem seu próprio padrão de julgamento.

# 2 ESCOLA DAS RELAÇÕES HUMANAS

Um dos eventos mais importantes na história do enfoque comportamental na administração é o chamado **experimento de Hawthorne**, que revelou a importância do grupo sobre o desempenho dos indivíduos e deu a partida para os estudos sistemáticos sobre a organização informal. O experimento foi realizado no período de 1927 a 1933 e fez parte de um programa mais amplo, orientado pelo professor Elton Mayo, e que durou até 1947. Esse experimento fez nascer a chamada escola de **relações humanas**. Segundo essa escola, entre os fatores mais importantes para o desempenho individual estão as relações com os colegas e os administradores. Hoje, isso pode parecer óbvio demais, mas foi revolucionário e representou uma nova filosofia de administração, em relação às ideias então predominantes da escola científica.

Em 1933, Mayo publicou o livro *The human problems of an industrial civilization*, em que apresentou suas conclusões. Em essência, Mayo diz que o desempenho das pessoas depende muito menos dos métodos de trabalho, segundo a visão da administração científica, do que dos

---

2   ABBAGNANO, N. *Dicionário de filosofia*. São Paulo: Martins Fontes, 2007. p. 602-603.

3   *Idem, ibidem*.

fatores emocionais ou comportamentais. Destes, os mais poderosos são aqueles decorrentes da participação do trabalhador em grupos sociais. A fábrica deveria ser vista como sistema social, não apenas econômico ou industrial, para a melhor compreensão de seu funcionamento e de sua eficácia. As conclusões de Mayo podem ser agrupadas em quatro categorias principais, conforme resumido na Figura 11.2.

**Figura 11.2**
Principais conclusões de Mayo sobre Hawthorne.

| EFEITO HAWTHORNE | LEALDADE AO GRUPO | ESFORÇO COLETIVO | CONCEITO DE AUTORIDADE |
|---|---|---|---|
| Qualidade do tratamento da gerência aos trabalhadores influencia seu desempenho. Bom tratamento incentiva o trabalho de grupo e o desempenho. Esse efeito ficou conhecido como "Efeito Hawthorne". | Sistema social formado pelos grupos determina o desempenho do indivíduo, que pode ser mais leal ao grupo do que à empresa. Alguns grupos fazem por consenso menos do que a organização espera. O efeito Hawthorne não funciona em todos os casos. | A administração deve entender o comportamento coletivo e fortalecer as relações com os grupos. É responsabilidade da administração desenvolver as bases para o trabalho em grupo, o autogoverno e a cooperação. | O supervisor de primeira linha deve ser não um controlador, mas um intermediário entre a administração superior e os grupos de trabalho. O conceito de autoridade deve basear-se na cooperação e na coordenação. Não na coerção. |

Dos diversos antecedentes históricos estudados até este ponto, nasceram os dois eixos principais do moderno estudo do comportamento organizacional: o estudo das características individuais e o estudo do comportamento coletivo. Diferentes ciências do comportamento ocupam-se desses dois temas. Em seguida, este capítulo oferece uma visão panorâmica dessas áreas do conhecimento.

## 3 CIÊNCIAS DO COMPORTAMENTO

O comportamento organizacional é o assunto do qual se ocupam diferentes ciências do comportamento. A Figura 11.3 apresenta um resumo das ciências que se ocupam desses temas. São as chamadas **ciências do comportamento organizacional**. De acordo com Robbins, as seguintes proposições devem ser levadas em conta no estudo do comportamento organizacional:[4]

---

4  ROBBINS, S. P. *Organizational behavior*. Upper Saddle River: Prentice Hall, 2001.

**Figura 11.3**
Ciências do comportamento e seus focos.

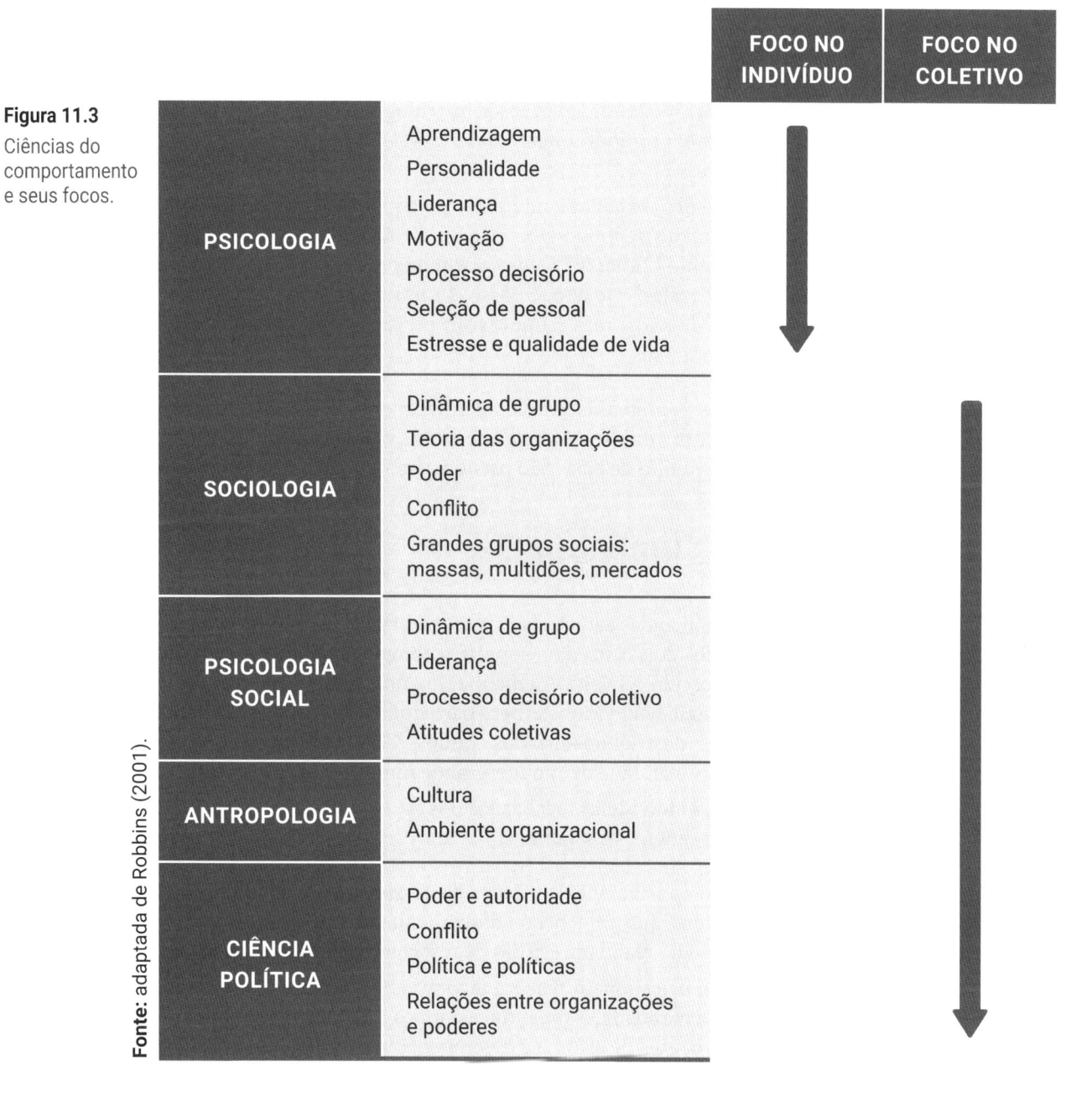

| | | FOCO NO INDIVÍDUO | FOCO NO COLETIVO |
|---|---|---|---|
| **PSICOLOGIA** | Aprendizagem<br>Personalidade<br>Liderança<br>Motivação<br>Processo decisório<br>Seleção de pessoal<br>Estresse e qualidade de vida | ↓ | |
| **SOCIOLOGIA** | Dinâmica de grupo<br>Teoria das organizações<br>Poder<br>Conflito<br>Grandes grupos sociais: massas, multidões, mercados | | ↓ |
| **PSICOLOGIA SOCIAL** | Dinâmica de grupo<br>Liderança<br>Processo decisório coletivo<br>Atitudes coletivas | | |
| **ANTROPOLOGIA** | Cultura<br>Ambiente organizacional | | |
| **CIÊNCIA POLÍTICA** | Poder e autoridade<br>Conflito<br>Política e políticas<br>Relações entre organizações e poderes | | |

**Fonte:** adaptada de Robbins (2001).

1. Cada ciência, disciplina ou campo do conhecimento oferece uma contribuição especializada para cada um dos temas que interessam ao enfoque comportamental.

   Por exemplo: quando se estuda a liderança, pode-se usar a perspectiva da psicologia ou da sociologia. A psicologia estuda a liderança do ponto de vista das motivações e habilidades do líder. A sociologia estuda a liderança do ponto de vista do processo social, em que a missão ou tarefa, as motivações dos liderados e o contexto social mais amplo desempenham papéis importantes.

2. Nenhuma ciência tem a propriedade exclusiva de aspectos específicos do comportamento organizacional, porque as fronteiras entre todas elas não são muito claras. Liderança e poder, por exemplo, são objetos de estudo da psicologia, sociologia e ciência política. O mesmo ocorre com muitos outros assuntos. Por todas essas razões, sempre é importante usar o pensamento sistêmico.

3. Muitos aspectos do comportamento humano não são observáveis diretamente nem passíveis de definição inquestionável. Personalidade, inteligência, atitudes e sentimentos, bem como inúmeros outros aspectos, não são tangíveis nem mensuráveis objetivamente, podendo apenas ser inferidos. Além disso, o peso de cada um desses aspectos sobre o comportamento das pessoas e dos grupos é de difícil, senão impossível, mensuração.

4. Não há verdades absolutas e muito menos conhecimentos definitivos sobre o comportamento humano de modo geral. Como diz um provérbio popular dos estudiosos do comportamento humano: "Deus deixou os problemas mais fáceis para os estudiosos das ciências exatas." De fato, é possível prever o comportamento do Universo dentro de 1 bilhão de anos, mas é impossível prever o comportamento de uma pessoa no próximo momento.

Não são ciências as pretensas áreas do conhecimento como astrologia, numerologia, grafologia, biorritmo, leitura das linhas da mão e outras manias e crendices populares, que não se sustentam em nenhum tipo de base. São pseudociências, que não devem ser levadas a sério.

## 4 CARACTERÍSTICAS INDIVIDUAIS

O estudo sistemático das características individuais e de seu impacto sobre os grupos e as organizações é um dos dois eixos da perspectiva comportamental na administração. Esse eixo nasceu no final do século XIX, na Alemanha, quando foram feitos os primeiros estudos de psicologia experimental. Hugo Munsterberg participou dos grupos que fizeram esses estudos e fundou a psicologia industrial nos Estados Unidos. Mais tarde, os estudos de Jung e de outros cientistas sobre a personalidade deram um grande impulso a esse campo.

As características individuais focalizadas nos estudos comportamentais aplicados à administração são principalmente as seguintes:

- Traços de comportamento ou traços de personalidade definidores de preferências ou temperamentos, que influenciam desempenho no trabalho, estilo de trabalhar em grupo, percepção da realidade e estilo de resolver problemas e tomar decisões.
- Atitudes que determinam reações favoráveis ou desfavoráveis em relação ao próprio indivíduo e à realidade, e que influenciam os interesses e as motivações, contribuindo para definir o nível de esforço e desempenho dos indivíduos e dos grupos.
- Competências, ou aptidões e habilidades, que compõem o sistema de forças que definem as escolhas profissionais e o nível de desempenho dos indivíduos e dos grupos. Liderança, inteligência, mecanismos de aprendizagem e resolução de problemas são exemplos de aptidões que interessam aos estudos comportamentais aplicados à administração.
- Sentimentos e emoções. Esta área do comportamento organizacional ganhou grande impulso no final do século XX, quando se popularizou a ideia de **inteligência emocional**.

## 5 COMPORTAMENTO COLETIVO

O estudo do comportamento das pessoas como integrantes de grupos é o outro eixo importante do enfoque comportamental. Esse eixo abrange todos os modos de comportamento coletivo, desde a dinâmica dos pequenos grupos até os grandes aglomerados humanos, as massas e as multidões. Alguns aspectos do comportamento coletivo que interessam aos estudiosos e praticantes da administração encontram-se analisados sucintamente a seguir.

- **Dinâmica dos grupos**. Os grupos são conjuntos de pessoas, que se formam de maneira espontânea (grupos informais) ou por decisão da organização (grupos formais). Os grupos informais não são distintos dos grupos formais. Os grupos informais nascem dentro dos grupos formais, devido à proximidade física, à semelhança social, à identidade de interesses e aos problemas similares que todos enfrentam. Quando se focaliza o indivíduo, a liderança é estudada como aptidão ou habilidade pessoal. Quando se focaliza o grupo, a liderança é estudada como processo interpessoal. Liderança, processo decisório, comunicação, poder e conflito são alguns dos processos interpessoais compreendidos dentro do ramo da dinâmica dos grupos.

- **Cultura organizacional**. Cultura é a experiência que o grupo adquire à medida que resolve seus problemas de adaptação externa e integração interna, e que funciona suficientemente bem para ser considerada válida. Portanto, essa experiência pode ser ensinada aos novos integrantes como forma correta de perceber, pensar e sentir-se em relação a esses problemas.[5] A cultura organizacional abrange as normas informais de conduta, hábitos, crenças, valores e preconceitos, cerimônias e rituais, símbolos e outros comportamentos, que afetam o desempenho das pessoas e da organização, e que serão analisados em diferentes capítulos deste livro.

- **Sentimentos e clima organizacional**. As percepções e os sentimentos em relação à realidade objetiva da organização podem ser classificados em três grandes categorias: satisfação, insatisfação e indiferença. Todos os componentes da organização afetam as percepções e os sentimentos. Desde a localização física até os objetivos, passando pelos salários, refeitórios, condições de trabalho, limpeza, programas de incentivos, benefícios e integração com os colegas, tudo afeta o modo como as pessoas se sentem em relação à organização. O produto dos sentimentos chama-se clima organizacional. Em essência, o clima é uma medida de como as pessoas se sentem em relação à organização e a seus administradores. O conceito de clima organizacional evoluiu para o conceito de qualidade de vida no trabalho.

- **A empresa como sistema social**. Segundo o enfoque comportamental, a empresa deve ser vista como sistema social, formado primariamente por pessoas, sentimentos, interesses e motivações. Compreender o sistema social (ou organização informal) da empresa é um objetivo importante do enfoque comportamental na administração moderna. Analisando o sistema social, vê-se que as pessoas nas organizações se comportam como pessoas e não como peças de máquinas ou seres estritamente profissionais, de acordo com a visão de Taylor ou Weber. Elas apresentam sentimentos de amizade e hostilidade, cooperação e competição, formam grupos com seus colegas de trabalho e criam regras para a convivência. Além disso, levam para dentro da empresa praticamente todos os seus interesses como pessoas e membros de famílias ou grupos externos. Seu comportamento como indivíduos e integrantes de grupos pode ajudar ou atrapalhar os objetivos da empresa, de modo que os administradores não devem negligenciar esse lado das organizações.

Todos os componentes da organização informal se entrelaçam. Esses componentes são os grupos informais, as normas de conduta, a cultura e o clima organizacional. A análise desses componentes, no Capítulo 12, faz apenas uma separação didática entre eles.

---

5  SCHEIN, E. *Organization culture and leadership*. San Francisco: Jessey-Bass, 1992.

## 6 MUDANÇA DE COMPORTAMENTO A PARTIR DO AMBIENTE

As organizações são, em essência, sistemas complexos, dinâmicos e sociais. Cada pessoa, em seu papel, contribui para o funcionamento do sistema como um todo. Como podemos entender e direcionar mudanças significativas nesses sistemas, especificamente na mudança de comportamento coletivo a partir da mudança do ambiente? Kurt Lewin e BJ Fogg são especialistas em comportamento que proporcionam ferramentas para responder a esta questão.

Kurt Lewin (1890-1947) foi renomado psicólogo social, um dos fundadores da psicologia social moderna. Ele propôs a fórmula B = f(P,E), em que o comportamento (B) é uma função (f) da pessoa (P) em seu ambiente (E). Segundo Lewin, mudanças de comportamento não dependem apenas das características pessoais, mas também do contexto em que a pessoa está inserida. O ambiente, portanto, desempenha papel crucial na definição do comportamento humano. Essa visão sugere que a alteração do ambiente pode levar a mudanças significativas no comportamento coletivo.

Paralelamente, BJ Fogg, um psicólogo da computação da Universidade Stanford, tem uma abordagem semelhante. Ele introduziu a fórmula B = MAP, em que o comportamento (B) é o resultado de três fatores: motivação (M), capacidade (A) e um *prompt* (P), ou um gatilho para o comportamento. A teoria de Fogg, conhecida como Modelo de Comportamento Fogg, enfatiza que mesmo pequenas mudanças no ambiente podem agir como gatilhos para novos comportamentos, e a motivação e a capacidade do indivíduo podem ser amplificadas ou diminuídas com base nessas alterações ambientais.

Os *insights* de Lewin e Fogg sobre a relação entre comportamento, indivíduo e ambiente formam uma importante base para a gamificação, ferramenta emergente na gestão de mudanças e na mudança cultural dentro das organizações. A gamificação é o uso de elementos de *design* de jogos em contextos não-jogo para motivar e engajar as pessoas a mudarem seus comportamentos. Ao moldar o ambiente e oferecer incentivos (recompensas, metas, *feedback*, competição e cooperação), a gamificação pode desencadear mudanças significativas no comportamento coletivo.

Por exemplo, uma organização pode introduzir um sistema de pontos para incentivar a colaboração entre as equipes. Os pontos podem ser concedidos sempre que um membro da equipe ajuda um colega, e a equipe com mais pontos no final do mês pode ser reconhecida ou premiada de alguma forma. Esse é um exemplo simples de como a gamificação pode mudar o ambiente para estimular comportamentos desejáveis.

Essa abordagem tem potencial significativo na gestão da mudança organizacional. As organizações podem utilizar a gamificação para transformar o clima organizacional, construir uma cultura positiva e melhorar a qualidade de vida no trabalho.

É importante lembrar que a gamificação, como qualquer outra ferramenta, deve ser usada de maneira estratégica e sensível. Os gestores devem garantir que as mudanças propostas sejam positivas, justas e alinhadas com a cultura e os valores da organização. Afinal, as organizações são formadas por pessoas – com suas emoções, motivações e necessidades –, e qualquer mudança deve levar isso em consideração.

## 7 VISÃO DE TALENTOS E PONTOS FORTES

A psicologia positiva e a visão dos talentos são importantes contribuições recentes para o estudo do comportamento organizacional.

"O que aconteceria se estudássemos o que está certo com as pessoas?" Essa pergunta, que ocorreu ao psicólogo Donald Clifton, plantou a semente para a revolucionária abordagem da

Gallup à psicologia positiva, que, desde então, tem impactado indivíduos e organizações em todo o mundo.

Ao contrário das abordagens tradicionais que se concentram nas fraquezas, a visão de talentos e pontos fortes da Gallup enfatiza a importância de reconhecer e desenvolver os talentos naturais de cada indivíduo. Como Albert Einstein sabiamente disse: "Todos são gênios. Mas, se você julgar um peixe por sua habilidade de subir em árvores, ele passará a vida inteira acreditando que é estúpido."

### O que são talentos e pontos fortes?

Os talentos são os padrões naturais de pensamento, sentimento e comportamento que podem ser aplicados produtivamente. Já os pontos fortes são a combinação desses talentos com habilidades adquiridas, conhecimentos e experiências. Como Clifton explicou: "Um ponto forte é a capacidade de proporcionar um desempenho quase perfeito consistentemente em uma atividade específica."

A teoria dos pontos fortes sustenta que o desenvolvimento de talentos inatos leva a maior engajamento, satisfação e sucesso. Afinal, como Confúcio nos lembra: "Escolha um trabalho que você ama e você nunca terá que trabalhar um dia em sua vida".

### O CliftonStrengths Assessment

Para ajudar as pessoas a identificar seus talentos e pontos fortes, a Gallup desenvolveu o CliftonStrengths Assessment, um teste psiPensacométrico que mede a presença de 34 temas de talento distintos. Esses temas são divididos em quatro domínios: Pensamento Estratégico, Construção de Relacionamentos, Influência e Execução.

### Domínio de Pensamento Estratégico

1. Analítico
2. Contexto
3. Futurista
4. Ideativo
5. *Input*
6. Intelecção
7. Estudioso
8. Estratégico

### Domínio de Construção de Relacionamentos

9. Adaptabilidade
10. Conexão
11. Desenvolvimento
12. Empatia
13. Harmonia
14. Inclusão
15. Individualização
16. Positivo
17. Relacionamento

### Domínio de Influência

18. Ativação
19. Comando
20. Comunicação
21. Competição
22. Excelência
23. Autoafirmação
24. Significância
25. Carisma

### Domínio de Execução

26. Realização
27. Organização
28. Crença
29. Imparcialidade
30. Prudência
31. Disciplina
32. Foco
33. Responsabilidade
34. Restauração

### O poder dos pontos fortes

A aplicação da abordagem de pontos fortes da Gallup tem demonstrado resultados significativos. Estudos mostram que indivíduos e equipes que se concentram em seus pontos fortes têm maior engajamento, produtividade e desempenho. Como o autor e palestrante Marcus Buckingham afirmou: "As pessoas mais bem-sucedidas não tentam remediar suas fraquezas. Em vez disso, elas capitalizam seus pontos fortes."

De acordo com a Gallup, indivíduos que se concentram na utilização de seus pontos fortes têm três vezes mais probabilidade de experimentar uma excelente qualidade de vida e estão seis vezes mais propensos a demonstrar engajamento em suas atividades profissionais.

## QUESTÕES E EXERCÍCIOS

1. Usando suas próprias palavras, explique o que é e quais as origens do enfoque comportamental na administração das organizações.
2. Usando as lentes do enfoque comportamental, o que vemos nas organizações?
3. Na década de 1930, no Brasil, não existia a instituição das férias para os empregados da indústria. Quando se começou a falar desse assunto, alguns industriais foram contra e publicaram um manifesto afirmando que 30 dias de férias por ano iriam ser 30 dias de ócio que "estragariam" os empregados. Hoje, a situação é muito diferente. Em sua opinião, quais fatores, entre os analisados neste capítulo, induziram essa mudança de situação?

4. O avanço do enfoque comportamental foi impulsionado por diversos fatores: os conflitos entre capital e trabalho, o pensamento humanista etc. Em sua opinião, qual desses fatores foi mais importante para o avanço?
5. Analise os principais componentes do sistema social de uma organização que você conheça.
6. Fazendo referência aos capítulos anteriores, identifique e avalie a contribuição do enfoque comportamental para os seguintes enfoques da administração:
    - Modelo japonês.
    - Qualidade total.
    - Administração científica.
    - Funções da administração.
    - Papel dos gerentes.

# 12 Pessoas e Diferenças Individuais[1]

## OBJETIVOS

Ao completar o estudo deste capítulo, você deverá estar preparado para explicar e exercitar os seguintes conceitos:

» Importância do estudo das características individuais para a administração das organizações.
» Diversidade e individualidade.
» Atributos que diferenciam as pessoas – percepção, atitudes, inteligência etc. – e seu impacto sobre a administração das organizações.

## INTRODUÇÃO

Como vimos no Capítulo 11, o entendimento das diferenças individuais é um dos focos principais de estudo do comportamento organizacional. As diferenças individuais afetam muitos aspectos da administração das organizações. Compreender como as pessoas são, e como agem, ajuda a preparar e tomar decisões de marketing e propaganda, recrutamento e seleção de pessoal, bem como trabalhar em grupo, liderar equipes e conviver com colegas de trabalho.

Segundo a visão humanista, as pessoas são iguais no que tange seus direitos e deveriam ser iguais nas oportunidades. No entanto, do ponto de vista biológico e comportamental, não há

---

[1] O autor registra seus agradecimentos e sua dívida intelectual com Anna Mathilde Pacheco e Chaves Nagel Schmidt, do Instituto de Psicologia da USP, pela inestimável colaboração na preparação deste capítulo.

duas pessoas iguais. De acordo com o enfoque comportamental, entender a diversidade e singularidade das pessoas é uma dimensão importante do processo de administrar as organizações.

Neste capítulo, estudaremos atributos que singularizam as pessoas. Os atributos formam a estrutura interna que determina o comportamento. Esses atributos são em parte inatos e em parte desenvolvidos pelo meio e pela experiência. Os seguintes atributos diferenciam e ajudam a entender as pessoas, seu comportamento e seu desempenho como membros de organizações:

- Percepção.
- Inteligência.
- Atitudes.
- Personalidade.

Esses atributos influenciam-se mutuamente, sendo impraticável estabelecer com precisão os limites entre eles. O mesmo atributo pode ser classificado de duas maneiras diferentes. Isso ocorre, por exemplo, com a motivação, que tanto pode ser vista como atitude ou traço de personalidade. Ocorre também com os modos de pensamento, que tanto são habilidades como traços de personalidade. A classificação precisa não é relevante, não tendo nenhum efeito prático.

## 1  PERCEPÇÃO

**Percepção** é um fenômeno básico do desempenho e da diferenciação entre as pessoas. Percepção é o processo mental de selecionar, organizar e avaliar os estímulos (eventos, informações, objetos, outras pessoas) que o ambiente oferece, interpretando seu significado.[2] A interpretação é uma decodificação que empresta significado e valor ao estímulo. Observe a Figura 12.1. Você enxerga um quadrado e um triângulo? Em caso afirmativo, é a percepção funcionando mais uma vez. Na realidade, são duas séries de pontos organizados de maneira próxima a essas figuras.

No entanto, a percepção transforma a realidade em um padrão que você e muitas outras pessoas reconhecem. A percepção é também definida como o produto da interação entre o estímulo (no caso, essa figura) e o observador (você ou outras pessoas que estão vendo a figura). Nessa interação, o estímulo influencia o observador e é, muitas vezes, por ele influenciado.

Diferentes pessoas reagem de modos diversos ao mesmo estímulo. Assim, a realidade percebida provoca percepções diferentes conforme muda o observador.

**Figura 12.1**
O que você vê?

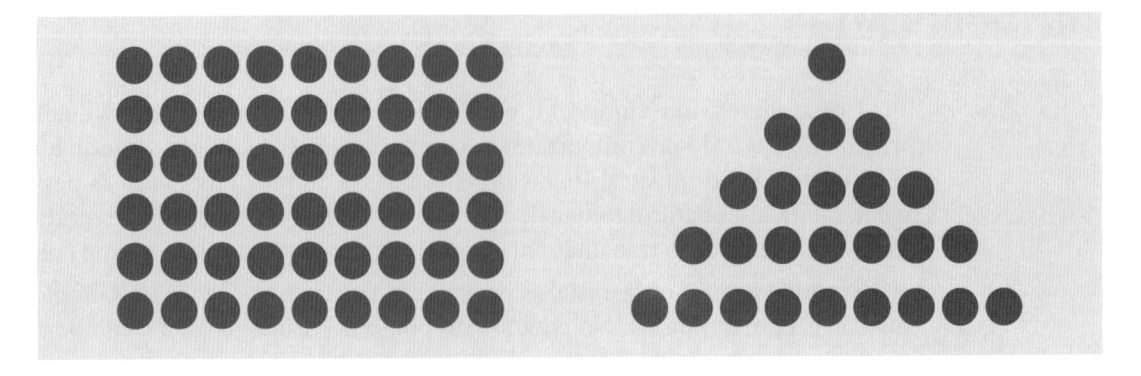

---

2   HERSEY, P.; BLANCHARD, K. H.; JOHNSON, D. E. *Management of organizational behavior*: leading human resources. Upper Saddle River: Prentice Hall, 2001.

Nas organizações, a percepção afeta inúmeros aspectos do comportamento das pessoas. O entendimento da percepção, por esse motivo, é uma competência gerencial, que contribui para a criação de um clima organizacional saudável. A seguir, serão analisados os fenômenos básicos da percepção, os fatores que afetam as diferenças na percepção e os processos de percepção de pessoas.

## 1.1 Percepção de pessoas

A percepção de pessoas, ou **percepção social**, é uma das áreas de estudo do comportamento organizacional. As organizações criam o ambiente em que as pessoas estão continuamente influenciadas pela percepção e pelo julgamento de outros. Todos fazem avaliações mútuas e se comportam constantemente influenciados pela percepção.

No processo de perceber e julgar outras pessoas, ocorrem **simplificações**.

Como a percepção de outros é complexa, a simplificação é um recurso por meio do qual apenas poucos traços do comportamento alheio são percebidos. É a simplificação que produz a percepção seletiva e que conduz a erros no julgamento de outros. Alguns dos erros (ou problemas) que ocorrem no processo de perceber outras pessoas são os seguintes: contraste, estereótipos e preconceito, efeito auréola e projeção (Figura 12.2).

**Figura 12.2** Alguns dos erros/problemas que ocorrem no processo de perceber outras pessoas.

| CONTRASTE | ESTEREÓTIPOS E PRECONCEITOS | EFEITO AURÉOLA | PROJEÇÃO |
|---|---|---|---|
| • Pessoas são percebidas dentro de contextos e contrastadas com outras<br>• Contraste produz impressões favoráveis e desfavoráveis | • Características de um grupo social são simplificadas e projetadas em todos os seus integrantes | • Um traço de comportamento serve de base para generalização a respeito da conduta alheia | • Os outros são percebidos segundo a perspectiva do observador, que faz julgamentos baseados em suas características |

### 1.1.1 Contraste

As pessoas não percebem as outras isoladamente. Com frequência, são comparadas e contrastadas com outras, que representam o ambiente no qual o estímulo é percebido. É o **efeito do contraste** nas relações humanas.

Eis alguns exemplos de como o contraste funciona:

- Um candidato tende a ser percebido de maneira favorável ou desfavorável, dependendo dos candidatos que o precederam. Se os que vieram antes eram muito fracos, a apreciação tende a ser favorável. Se eram muito fortes, a apreciação tende a ser desfavorável.

### 1.1.2 Estereótipos e preconceito

**Estereotipagem** é o que ocorre quando o observador avalia as pessoas pelo fato de pertencerem a determinado grupo a respeito do qual o observador já tem um julgamento. Quando tem contato com pessoa que pertence a esse grupo, o observador entende que ela tem as propriedades que ele atribui ao grupo. Etnia, religião, classe social, profissão e outras características tendem a produzir estereótipos e preconceitos, que sempre dependem do observador.

Estereotipagem é um dos grandes obstáculos à prática da inclusão de pessoas e à gestão inclusiva.

### 1.1.3 Efeito auréola

**Efeito auréola** é o julgamento que se faz de uma pessoa, a partir da observação de um traço entendido como positivo de seu comportamento, especialmente de sua aparência. Frequentemente, o efeito auréola ocorre na primeira impressão. Pode ocorrer nos processos de gestão de pessoas: uma pessoa é aprovada ou rejeitada devido à demonstração de um traço de comportamento que influencia a decisão do avaliador. Por exemplo, a pessoa que é pontual é avaliada positivamente por esse traço de comportamento, mesmo que tenha desempenho inferior em outros critérios.

## 1.2 Janela de Johari

Janela de Johari é uma ferramenta para o estudo da autopercepção. O nome vem de seus autores, Joseph Luft e Harry Ingham. É frequentemente usada em cursos executivos.[3]

Essa ferramenta propõe que as pessoas conhecem determinados traços de seu comportamento. É a área do **conhecimento próprio** sobre o efeito provocado em outros. Parte do comportamento, no entanto, é **desconhecida** pela pessoa, que não percebe seu efeito sobre outros.

Ao mesmo tempo, uma pessoa é parcialmente conhecida por outros; portanto, todos têm traços de comportamento desconhecidos por outros. Com base no conhecimento e desconhecimento próprio e dos outros de cada pessoa, constrói-se a janela total, com quatro áreas ou **arenas** (Figura 12.3).

**Figura 12.3**
Janela de Johari.

|  | EU CONHECIDO POR MIM | EU DESCONHECIDO POR MIM |
|---|---|---|
| **EU CONHECIDO PELOS OUTROS** | ARENA PÚBLICA | ARENA CEGA |
| **EU DESCONHECIDO PELOS OUTROS** | ARENA PARTICULAR | ARENA DESCONHECIDA |

- A **arena pública** é conhecida pela pessoa e ao mesmo tempo pelos outros.
- A arena desconhecida para a própria pessoa e conhecida pelos outros é chamada **arena cega**.
- A arena conhecida pela própria pessoa e desconhecida pelos outros é chamada **arena particular**.
- A última, desconhecida tanto para a própria pessoa quanto para os outros, é chamada **arena desconhecida** – também subconsciente ou inconsciente, de acordo com a psicologia freudiana. A parte submersa do *iceberg* também faz analogia com esta arena.

---

3  HERSEY, P.; BLANCHARD, K. H.; JOHNSON, D. E. *Management of organizational behavior*: leading human resources. Upper Saddle River: Prentice-Hall, 2001.

O tamanho das arenas pode variar devido à interação. Se a pessoa recebe *feedback* de outros, a arena cega pode diminuir. Se a pessoa está disposta a compartilhar informações pessoais com outros, a arena particular pode diminuir. As outras arenas, nesses casos, aumentam.

É dessa maneira, como instrumento de autoconhecimento, que a Janela de Johari é usada em treinamentos executivos.

## 2 ATITUDES

**Atitudes** são estados mentais de predisposição ou prontidão que influenciam a avaliação dos estímulos. Dependendo das atitudes, a avaliação pode ser positiva ou negativa. As atitudes fazem parte das características adquiridas por meio das diversas formas de aprendizagem. Desse modo, embora sejam estáveis, é possível mudá-las. A mudança de atitudes depende da mudança de crenças e sentimentos a respeito dos estímulos (outras pessoas, objetos, grupos, a própria pessoa). Mudando o que você sabe a respeito de um estímulo, ou seus sentimentos, seu comportamento em relação a ele também mudará.

As atitudes têm inúmeras implicações para a administração das organizações.

### 2.1 Atitudes, opiniões e valores

As atitudes manifestam-se por meio de **opiniões**. Opiniões são crenças e julgamentos ou hipóteses a respeito da natureza dos estímulos e da própria pessoa. As atitudes funcionam como quadros de referência, ao passo que as opiniões são focalizadas em aspectos específicos do estímulo. Se você tiver grande interesse em abrir sua própria empresa ou se já for empresário, terá atitude e opinião favorável à pesquisa de oportunidades e aos cursos de formação de empreendedores. Provavelmente, será indiferente em relação a esses temas se tiver interesses diferentes.

**Valores** são convicções a respeito de comportamentos que são certos ou errados, ou de condutas que são pessoal ou socialmente preferíveis. Os valores definem até que ponto determinado comportamento é importante. Um **sistema de valores** dispõe os valores em ordem, de acordo com sua importância relativa. Todas as pessoas e todos os grupos têm um sistema ou hierarquia de valores. Liberdade, igualdade, fraternidade, segurança, educação, honestidade e disciplina são alguns dos valores que fazem parte de muitos sistemas de valores.

### 2.2 Papel das atitudes

O significado dos estímulos é definido pelas **atitudes**. O mesmo fato, visto sob dois ângulos, é interpretado de diferentes maneiras, dependendo das atitudes. Para a pessoa que deseja fazer carreira administrativa, uma oportunidade de promoção tem significado positivo. Para a pessoa que deseja especializar-se como técnico, a perspectiva de promoção não é atraente.

## 3 APTIDÕES

**Aptidões** são competências em potencial. Quando realizam tarefas ou atividades, como desenhar, calcular, construir, correr ou relacionar-se, as pessoas usam aptidões que se converteram em habilidades. A maioria das pessoas é capaz de fazer tudo isso. No entanto, algumas pessoas fazem algumas coisas melhor que outras pessoas, mas não tudo. Alguns bons matemáticos muitas vezes têm dificuldades de relacionamento humano, enquanto alguns grandes músicos ou pintores não conseguem calcular direito. Assim acontece porque as aptidões são desigualmente distribuídas entre as pessoas.

As aptidões agrupam-se em três categorias principais: cognitivas, ou intelectuais, físicas e interpessoais. As habilidades específicas dentro dessas categorias são muitas. A Figura 12.4 apresenta uma lista, baseada em diversas fontes, das principais habilidades específicas em cada uma das três categorias. Essa lista contém apenas as habilidades conhecidas, catalogadas e mais utilizadas na administração.

**Figura 12.4**
Algumas das principais aptidões.

| INTELECTUAIS | FÍSICAS | INTERPESSOAIS |
|---|---|---|
| Aptidão verbal | Coordenação motora | Conversação |
| Aptidão espacial | Destreza manual e digital | Trabalho e decisão em grupo |
| Raciocínio | Capacidade visual, discriminação de cores, sensibilidade auditiva | Capacidade de ajudar outras pessoas a resolver problemas |
| Memória | | |
| Compreensão mecânica | | Liderança e coordenação de grupos |

O estudo das aptidões tem diversas aplicações na administração das organizações. Seleção e desenvolvimento de pessoal estão entre as mais importantes. Por exemplo, memória e relações interpessoais são habilidades importantes para vendedores, assim como organização pessoal e capacidade de planejamento. Se você procura um piloto de avião, vai precisar de uma pessoa com acuidade visual e aptidão numérica, entre outras competências. Para selecionar futuros gerentes, algumas empresas utilizam técnicas de dinâmica de grupo, por meio das quais se avaliam as aptidões analíticas e interpessoais dos candidatos.

## 4 INTELIGÊNCIA

Aptidões e habilidades fornecem a base para o entendimento da **inteligência** – que também pode ser chamada de habilidade ou competência mental ou intelectual. Há diversas definições e três teorias principais sobre a inteligência. As três teorias principais sobre a inteligência são a **teoria do fator geral**, a **teoria triárquica da inteligência** e a **teoria das inteligências múltiplas**. As três têm muitos pontos de sobreposição e são complementares.

### 4.1 Teoria do fator geral

A **teoria do fator geral**, como sugere o nome, propõe que a inteligência consiste de um **fator geral**, ou **g**, que corresponde à capacidade de desempenhar funções intelectuais complexas, como raciocínio abstrato, projeções, analogias e compreensão do ambiente. Se você simplesmente entende o que significa ser inteligente, parabéns – você tem um **fator g** promissor. Para os adeptos da teoria do fator geral, o fator **g** exprime o conceito de inteligência: é aptidão superior, que governa o desenvolvimento e a utilização de outras aptidões e habilidades, chamadas fatores específicos, que formam a capacidade intelectual global (Figura 12.5).

**Figura 12.5**
Representação da Teoria do Fator G.

Em trabalho pioneiro, de 1938, Thurstone identificou sete fatores, estabelecendo as bases para o entendimento não apenas das diferenças no desempenho das pessoas, mas também em sua motivação. Alto nível em qualquer desses fatores produz satisfação no desempenho de atividades que o exigem; inversamente, a satisfação no desempenho de atividades pode levar ao desenvolvimento das habilidades nelas envolvidas.

Os fatores identificados no trabalho de Thurstone, considerado um clássico no estudo da inteligência, são os seguintes:[4]

1. **Compreensão verbal**: capacidade de entender o significado das palavras e as relações de umas com outras e de compreender a informação escrita e falada.
2. **Fluência verbal**: capacidade de usar palavras com facilidade e rapidez, mesmo que sem enfatizar a compreensão verbal.
3. **Aptidão numérica**: capacidade de manejar números e de fazer análise matemática e cálculos aritméticos.
4. **Aptidão espacial**: capacidade de visualizar formas no espaço e de manipular objetos mentalmente, particularmente em três dimensões.
5. **Memória**: capacidade de memorizar, mesmo sem entender o significado, símbolos, palavras e listas de números, em paralelo a outras associações.
6. **Velocidade perceptual**: capacidade de perceber detalhes visuais e de apontar similaridades e diferenças, e de desempenhar tarefas que exigem percepção visual.
7. **Raciocínio indutivo**: capacidade de descobrir regra ou princípio e aplicá-lo na resolução de problemas e de fazer julgamentos lógicos.

## 4.2 Teoria triárquica da inteligência

Uma das críticas à teoria do fator geral, e em particular aos testes de QI que nela se baseiam, é o foco em atividades de fundo escolar. Um estudante pode sair-se muito bem em testes de QI, mas não ter nenhuma proficiência na "escola da vida".

---

[4] THURSTONE, L. L. *Primary mental abilities*: psychometric monographs. Psychometric Society, 1938.

Sternberg, em 1985, fez uma proposição para superar essa ênfase nos problemas abstratos, por meio da **teoria triárquica da inteligência**. A teoria de Sternberg afirma que a inteligência compõe-se de três subtipos diferentes:

1. **Inteligência analítica**: é o tipo de inteligência tradicional, necessária para resolver problemas difíceis e praticar raciocínio abstrato.
2. **Inteligência criativa**: é o tipo de inteligência necessária para a imaginação e para combinar coisas de maneiras inovadoras.
3. **Inteligência prática**: é o tipo de inteligência necessária para adaptar o ambiente de maneira a atender às necessidades.[5]

Agora a explicação da inteligência tornou-se mais abrangente. Além das competências dos "bons alunos", expressas na teoria do fator geral, a ideia da inteligência prática explica como e por que certas pessoas com pouca educação formal são capazes de resolver problemas práticos com facilidade.

## 4.3 Teoria das inteligências múltiplas

A **teoria das inteligências múltiplas** não se propõe a revogar a teoria do fator geral, mas coloca todos os fatores específicos – ou inteligências específicas – no mesmo nível (Figura 12.6). É uma visão otimista da inteligência, que pressupõe a possibilidade de desenvolvê-la por meio de educação e experiência. A teoria das inteligências múltiplas foi proposta por Howard Gardner. Os adeptos da teoria das inteligências múltiplas não colocam o QI em posição superior às demais aptidões como faz a teoria do fator geral. O QI, para essa corrente, compreende algumas aptidões que têm a mesma importância das demais, não havendo hierarquia. As inteligências múltiplas são inter-relacionadas, mas relativamente independentes umas das outras. Algumas ocupações que evidenciam a singularidade e existência das múltiplas inteligências identificadas por Gardner são as seguintes:

- **Linguística**: poetas, escritores, linguistas.
- **Lógico-matemática**: matemáticos, cientistas, filósofos.
- **Musical**: compositores, maestros, músicos, críticos musicais.
- **Espacial**: arquitetos, artistas, escultores, cartógrafos, navegadores, enxadristas.
- **Corporal-cinestésica**: dançarinos, atletas, atores.
- **Pessoal**: psiquiatras, políticos, líderes religiosos, antropólogos.
- **Naturalista**: biólogos, ambientalistas.
- **Existencial**: líderes espirituais, pensadores filosóficos.[6]

Assim como os teóricos das inteligências múltiplas divergem dos adeptos do fator geral, o contrário também ocorre. A polêmica está longe de alcançar um consenso, se é que isso algum dia vai ocorrer.

---

5 STERNBERG, R. J. *Beyond IQ*: a triarchic theory of human intelligence. New York: Cambridge University Press, 1985.

6 GARDNER, H. *Inteligências múltiplas*: a teoria na prática. Porto Alegre: Artes Médicas, 2000.

**Figura 12.6**
Nove inteligências de Gardner.

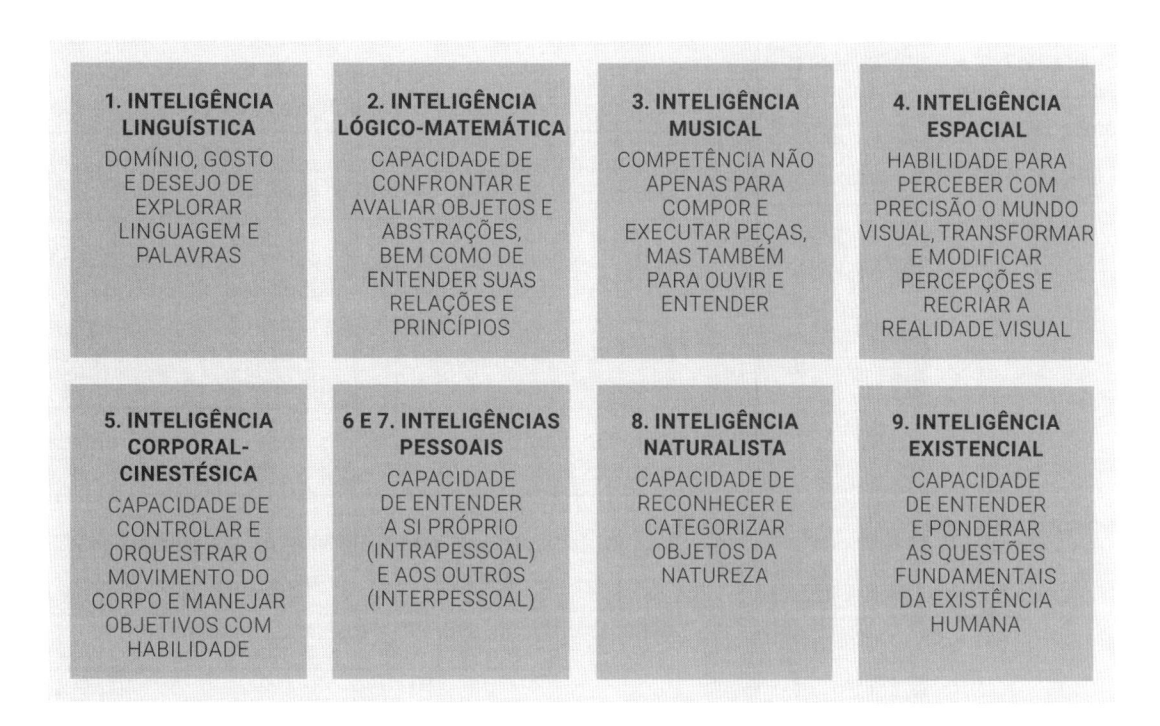

| 1. INTELIGÊNCIA LINGUÍSTICA<br>DOMÍNIO, GOSTO E DESEJO DE EXPLORAR LINGUAGEM E PALAVRAS | 2. INTELIGÊNCIA LÓGICO-MATEMÁTICA<br>CAPACIDADE DE CONFRONTAR E AVALIAR OBJETOS E ABSTRAÇÕES, BEM COMO DE ENTENDER SUAS RELAÇÕES E PRINCÍPIOS | 3. INTELIGÊNCIA MUSICAL<br>COMPETÊNCIA NÃO APENAS PARA COMPOR E EXECUTAR PEÇAS, MAS TAMBÉM PARA OUVIR E ENTENDER | 4. INTELIGÊNCIA ESPACIAL<br>HABILIDADE PARA PERCEBER COM PRECISÃO O MUNDO VISUAL, TRANSFORMAR E MODIFICAR PERCEPÇÕES E RECRIAR A REALIDADE VISUAL |
|---|---|---|---|
| 5. INTELIGÊNCIA CORPORAL-CINESTÉSICA<br>CAPACIDADE DE CONTROLAR E ORQUESTRAR O MOVIMENTO DO CORPO E MANEJAR OBJETIVOS COM HABILIDADE | 6 E 7. INTELIGÊNCIAS PESSOAIS<br>CAPACIDADE DE ENTENDER A SI PRÓPRIO (INTRAPESSOAL) E AOS OUTROS (INTERPESSOAL) | 8. INTELIGÊNCIA NATURALISTA<br>CAPACIDADE DE RECONHECER E CATEGORIZAR OBJETOS DA NATUREZA | 9. INTELIGÊNCIA EXISTENCIAL<br>CAPACIDADE DE ENTENDER E PONDERAR AS QUESTÕES FUNDAMENTAIS DA EXISTÊNCIA HUMANA |

## 5 EMOÇÕES E INTELIGÊNCIA EMOCIONAL

A **inteligência emocional** é uma ideia com grande potencial de aplicação e utilidade em todas as dimensões da sociedade humana. O sucesso ou fracasso, da escola às profissões, da família às empresas, depende tanto ou mais da inteligência emocional quanto da inteligência clássica do QI.

### 5.1 Emoção

**Emoção** é uma palavra com a mesma raiz da palavra **motivação**. Significa impulso, movimento. Assim como acontece com outros aspectos do comportamento das pessoas, não há consenso sobre o significado da emoção nem sobre a classificação das emoções. Os cientistas do comportamento continuam a debater a possibilidade de haver emoções primárias, divididas em centenas de emoções específicas. Goleman define emoção como os **pensamentos, estados psicológicos e biológicos, e uma certa gama de propensões a agir, associados a um sentimento**.

Apesar de o debate continuar, Goleman também propõe uma forma de classificar as emoções em grandes categorias, conforme estão na Figura 12.7.

**Figura 12.7**
Principais emoções.

| | |
|---|---|
| **IRA,** *ANGER* | Raiva, fúria, ódio, ressentimento, exasperação, indignação, animosidade, irritação, irritabilidade, hostilidade. No extremo, ódio patológico e violência. |
| **TRISTEZA,** *SADNESS* | Lamentação, melancolia, autocomiseração, solidão, desalento, consternação, desespero. No extremo, depressão severa. |
| **MEDO,** *FEAR* | Ansiedade, temor, apreensão, nervosismo, inquietação, susto, preocupação, terror. No extremo, psicopatologia, fobia e pânico. |
| **ALEGRIA,** *ENJOYMENT* | Felicidade, alívio, contentamento, prazer, júbilo, divertimento, gratificação, satisfação, euforia, êxtase. No extremo, obsessão. |
| **AMOR,** *LOVE* | Aceitação, amizade, atração, gosto, confiança, afinidade, dedicação, devoção, culto, adoração. No extremo, deslumbramento e paixão obcecada. |
| **SURPRESA,** *SURPRISE* | Choque, espanto, assombro, admiração, maravilhamento. |
| **REJEIÇÃO,** *DISGUST* | Desdém, antipatia, aversão, repulsa, repugnância. |
| **VERGONHA,** *SHAME* | Culpa, desgosto, aflição, embaraço, remorso, humilhação, mortificação, contrição. |

## 5.2 Ingredientes da inteligência emocional

A Figura 12.8 apresenta um panorama dos cinco ingredientes da inteligência emocional e seu significado: autoconhecimento, autocontrole, automotivação, empatia e habilidades interpessoais (ou habilidade social). O melhor da ideia da inteligência emocional é a proposta, de Goleman e outros, como Gardner, de que essa aptidão pode ser desenvolvida. As pessoas podem ser "emocionalmente alfabetizadas" e educadas para lidarem com suas emoções e seu comportamento.

**Figura 12.8**
Principais componentes da inteligência emocional.

| | |
|---|---|
| **AUTOCONHECIMENTO,** *SELF-AWARENESS* | • Capacidade de reconhecer o sentimento no momento de sua ocorrência<br>• Compreensão das próprias emoções, forças, fraquezas, necessidades e impulsos<br>• Compreensão dos próprios valores e objetivos<br>• As pessoas com alto grau de autoconhecimento são capazes de reconhecer como seus sentimentos afetam a si próprias, os outros e seu desempenho profissional |
| **AUTOCONTROLE,** *SELF-REGULATION* | • Manejo das emoções, com base no autoconhecimento<br>• Evolve a capacidade de postergar o recebimento de recompensas<br>• Equivale a uma conversação interior, que controla as emoções e coloca-as a serviço de objetivos úteis<br>• Envolve a capacidade de fazer avaliações de outras pessoas, que apresentam desempenho negativo, sem se deixar dominar por emoções negativas<br>• As pessoas com alto grau de autocontrole emocional são capazes de superar mais facilmente dificuldades da vida |

(Continua)

(Continuação)

| | |
|---|---|
| **AUTOMOTIVAÇÃO,** *SELF-MOTIVATION* | • Impulso interior para a realização<br>• Realização motivada pela satisfação interior, não por incentivos exteriores<br>• Busca da superação de si próprio<br>• As pessoas automotivadas conseguem ser altamente produtivas e eficazes no que se propõem fazer |
| **EMPATIA,** *EMPATHY* | • Capacidade de reconhecer as emoções alheias e considerá-las no processo de tomar decisões de forma inteligente<br>• Capacidade de entender as necessidades e interesses de outras pessoas<br>• Habilidade fundamental em profissões como magistério, vendas, administração e serviços pessoais<br>• Não significa procurar ficar de bem com todo mundo |
| **HABILIDADES INTERPESSOAIS,** *SOCIAL SKILLS* | • Eficácia no relacionamento com outros<br>• Compreendem diversas competências: demonstrar emoções de forma apropriada, entender o efeito das próprias emoções sobre os outros, contagiar os outros com emoções positivas, organizar grupos, negociar soluções, responder de modo apropriado às emoções alheias, detectar e entender emoções alheias<br>• Falta desta habilidade produz arrogância, teimosia e insensibilidade<br>• Arte de relacionar-se positivamente com outros |

## 6 PERSONALIDADE

Todos os conceitos analisados anteriormente convergem para a **personalidade**. É impossível separar percepção, atitudes e aptidões da personalidade. No entanto, a personalidade tem outros ingredientes. É um conceito dinâmico, que procura descrever o crescimento e desenvolvimento do sistema psicológico individual como um todo. De acordo com Adrian Furnham, o conceito de personalidade "abrange todos os traços de comportamento e características fundamentais de uma pessoa (ou das pessoas de forma geral) que permanecem com a passagem do tempo, e que explicam as reações às situações do dia a dia. Os traços de personalidade explicam como e por que as pessoas funcionam".[7]

**Personalidade é um constructo** – constructos são explicações de uma realidade que não se pode observar ou ideias estruturadas que as pessoas formam para explicarem fenômenos que não são diretamente observáveis.

Diversos autores desenvolveram teorias para explicarem o constructo da personalidade.[8] Esses cientistas do comportamento enfatizam as teorias que se apoiam na ideia de **traço de comportamento** ou **traço de personalidade** – o traço é a "menor parcela da personalidade".

---

7   FURNHAM, A. *Personality at work*. London: Routledge, 1992.

8   HERGENHAHN, B. R.; OLSON, M. H. *An introduction to theories of personality*. 5. ed. Upper Saddle River: Prentice Hall, 1999.

Preferências ocupacionais e inteligência numérica, por exemplo, são traços de personalidade. Atitudes são traços de personalidade. Os traços combinam-se em **tipos psicológicos**, que são categorias nas quais as pessoas são colocadas. O introvertido, por exemplo, é um tipo psicológico. Personalidade é um conceito dinâmico, que procura descrever o crescimento e desenvolvimento do sistema psicológico individual como todo.

Uma das teorias da personalidade mais conhecidas e utilizadas no campo da gestão de pessoas é a de Jung, que adota o modelo dos tipos psicológicos. Segundo ele, a personalidade (ou uma parte de seu constructo da personalidade) é formada por **dimensões bipolares**, representados por atitudes e funções do pensamento que se organizam em pares de **temperamentos opostos**. O resumo a seguir apresenta uma versão simplificada de suas proposições.

## 6.1 Atitudes e funções do pensamento

Jung começa pela explicação sobre dois tipos genéricos – **introvertido** e **extrovertido** – chamados **tipos gerais de atitude**, que se distinguem pela direção do interesse em relação aos dados e estímulos que procedem do mundo externo.

- A **atitude extrovertida** não tem o significado popular de desinibição. O extrovertido tem seu interesse primário focalizado nos estímulos externos e nos dados objetivos. As pessoas com preocupações práticas, como empreendedores e pesquisadores das ciências sociais, exemplificam a atitude extrovertida. Os extrovertidos têm atitude favorável a pessoas e eventos do ambiente externo, no qual estão primariamente interessados e, por isso, tendem a ser sociáveis.

- A **atitude introvertida** também não tem o significado popular de timidez. O tipo introvertido, em oposição ao extrovertido, orienta-se por fatores subjetivos. Ele vê as condições externas, mas escolhe decidir por meio de determinantes internas, subjetivas. O "eu" é o importante e significa que o introvertido pensa e julga segundo critérios absolutos, sem depender da opinião pública, por exemplo. O introvertido é seu próprio juiz. O pensar do introvertido é especulativo, questionador, introspectivo e abre novos horizontes, mas é reservado em relação aos fatos, que são de importância secundária, já que o válido é desenvolver e apresentar a ideia subjetiva.[9]

Além das duas atitudes básicas, Jung identificou quatro funções do pensamento, que definem como as pessoas percebem o mundo e processam a informação e as experiências – **sensação**, **intuição**, **pensamento** e **sentimento**. Sensação e intuição são irracionais (têm fundamentos que não se pode explicar com a razão); sentimento e pensamento são racionais (baseados em juízos que se conformam com valores objetivos).

- **Sensação**. A sensação abrange todas as percepções por meio dos órgãos dos sentidos: tudo o que as pessoas ouvem, veem, sentem por meio do tato ou o gosto e cheiro dos alimentos é sensação. A sensação detecta objetos e constata que algo existe. Não tem o sentido popular de pressentimento ou sensacional. A sensação é física (vejo uma flor) e abstrata (a flor é vermelha). O abstrato ressalta as características sensoriais mais evidentes. Sensação é função predominante em crianças, porque ainda não desenvolveram outras funções. A sensação é o oposto da intuição.

- **Intuição**. Intuição significa "olhar para dentro". Intuição é a percepção por via inconsciente ou a percepção de conteúdos inconsciente. Intuição é pressentimento. Não é produzida pelos sentidos; é uma apreensão instintiva de significados, que resultam

---

9   JUNG, C. G. *Tipos psicológicos*. Petrópolis: Vozes, 1991.

de manifestações subjetivas ou objetivas. Segundo Jung, é o conhecimento que não sabemos como chegou até nós. A criatividade, inata ou inspirada por algum estímulo externo, é aptidão de fundo intuitivo.

- **Pensamento**. Pensamento é a função do conhecimento intelectual e da formação lógica das conclusões e dos julgamentos. O pensamento identifica e interpreta os estímulos que a percepção recebe, de maneira neutra e racional, fazendo a conexão entre conteúdos. "Conheço essa pessoa", "esse é meu carro" ou "meu carro precisa de manutenção" é seu pensamento funcionando. É uma função racional, baseada em critérios objetivos, que associa os objetos e estímulos a quadros conceituais e conhecimentos que você armazena no cérebro.

- **Sentimento**. O sentimento avalia as coisas subjetivamente e lhes atribui valor. Pode manifestar-se em "gosto" ou "não gosto". É similar à emoção. O sentimento é processo por meio do qual a pessoa atribui valor a um objeto ou estímulo, valor que se traduz em aceitação ou rejeição. Ele também é uma espécie de julgamento, não intelectual ou racional, mas subjetivo. Toda vez que você faz escolhas baseadas em apreciações ou emoções, é o sentimento decidindo. É ele que faz você gostar de música, teatro, moda, ir à igreja, envolver-se em projetos sociais e filantrópicos, sempre com sentimentos positivos. Como base das decisões, o sentimento opõe-se ao pensamento.

## 6.2 Tipos psicológicos

Combinando as duas atitudes com as quatro funções do pensamento, Jung compõe **oito tipos psicológicos**. Esses tipos não existem em forma pura, porque todas as pessoas apresentam as duas atitudes e as quatro funções. A consciência ou inconsciência desses atributos é questão de desenvolvimento pessoal. Os oito tipos estão resumidos na Figura 12.9.

**Figura 12.9** Tipos psicológicos de Jung.

| FUNÇÕES DO PENSAMENTO | ATITUDES | |
| --- | --- | --- |
| | EXTROVERSÃO | INTROVERSÃO |
| SENSAÇÃO | O tipo sensação extrovertido é o máximo do realismo. Para ele, nada existe além do real e do concreto. Preocupa-se apenas com fatos concretos. Como não tem interesses outros além dos acontecimentos, pode ser de convivência agradável. Este tipo não tem muito interesse em analisar as situações ou dominá-las; apenas em percebê-las e não se preocupar mais com elas. Rejeita o pensamento subjetivo e os sentimentos como norma de vida para si e para os outros. | Aqui, a experiência subjetiva é predominante, assim como a função intelectual da sensação. É um tipo comum entre artistas, que emprestam seu próprio significado à experiência sensorial. Nas palavras de Jung, a intensidade da reação ao estímulo depende do próprio tipo. Isso fica claro quando vários pintores retratam o mesmo objeto ou quando diferentes maestros regem a mesma obra. As diferenças são perceptíveis, não apenas em função do maestro, mas também dos músicos. Não significa que todos os tipos sensação introvertido sejam artistas; o contrário é verdadeiro. Em algumas pessoas, o tipo não se converte em expressão artística. Tende à calma e ao autocontrole, bem como à dificuldade de expressão (comunicação). |

(Continua)

(Continuação)

| FUNÇÕES DO PENSAMENTO | ATITUDES | |
|---|---|---|
| | **EXTROVERSÃO** | **INTROVERSÃO** |
| **INTUIÇÃO** | O tipo intuição extrovertido reprime a sensação, o pensamento e o sentimento. Depende fortemente das situações externas, mas não do modo como o tipo sensação, que enfatiza o concreto. Nas situações externas, ele vê possibilidades, novas experiências em potencial, promessas. Pode ser encontrado em profissões de caráter empreendedor: empresários, investidores, políticos. Quando se lança em um novo empreendimento, parece que a vida começou de novo. O novo, porém, pode tornar-se rotina, cansar e dar origem a novas buscas. | Para o tipo intuição introvertido, a principal parcela da realidade é seu próprio mundo interior. A criatividade exprime-se em ideias abundantes, muitas sem utilidade imediata, mas que são exploradas profundamente. Quase sempre, esse tipo é representado por visionários, místicos ou sonhadores, que produzem ideias novas e estranhas. De todos os tipos, o intuição introvertido é o mais reservado, isolado, distante e o menos compreendido de todos. Noções filosóficas e religiosas importantes são produzidas por pessoas deste tipo. |
| **PENSAMENTO** | Baseia suas opiniões e conclusões sempre em dados objetivos ou ideias válidas em geral. A verdade está lá fora e todos devem segui-la. Ele espera que os circunstantes se submetam a essa sua fórmula de julgamento e decisão e tem dificuldade para tolerar desacordos. É dogmático e frio. Os problemas dos infelizes devem ser tratados por órgãos especializados. O tipo pensamento extrovertido também exclui tudo que não seja racional – atividades estéticas, senso artístico, cultivo da amizade etc. Seu julgamento é do tipo sintético, resumindo os fatos que a realidade oferece, mas não indo além deles. | Jung associa o tipo pensamento introvertido à crítica do conhecimento em geral e à busca do aprofundamento dos horizontes, não sua ampliação. Tem falta de senso prático e é avesso à exposição pública. Dificilmente procura apoio para suas ideias – nas quais acredita intrinsecamente –, especialmente da parte de pessoas influentes. Na defesa de suas ideias, é persistente e não se deixa influenciar. Em relação aos colegas e concorrentes da mesma profissão ou especialidade, tende a achá-los supérfluos, o que em geral lhe cria má vontade. Aos outros, parece inflexível, frio, arbitrário e até mesmo rude. Apenas seus poucos amigos são valorizados, porque entendem sua vida interior. São péssimos professores, pois ficam especulando sobre a matéria a ser ensinada em vez de ensiná-la. |

(Continua)

(Continuação)

| FUNÇÕES DO PENSAMENTO | ATITUDES | |
|---|---|---|
| | **EXTROVERSÃO** | **INTROVERSÃO** |
| SENTIMENTO | O tipo sentimento extrovertido, predominantemente feminino na análise de Jung, é educado para trazer o sentimento ao controle da consciência, sintonizando-o com as situações objetivas e os valores aceitos em geral. Os parceiros são escolhidos de modo racional, por serem adequados em função de classe socioeconômica. O pensamento é reprimido porque perturba o sentimento. Qualquer conclusão que vá de encontro aos sentimentos é rejeitada. | Pessoas quietas, pouco sociáveis, incompreensíveis e, às vezes, melancólicas, são do tipo sentimento introvertido. Não fazem questão de se expor e, quando precisam se manifestar, o fazem de maneira discreta. Sempre parecem frias e reservadas. Para o tipo sentimento introvertido, a realidade subjetiva predomina. Este tipo enfatiza os sentimentos que a experiência produz. A comunicação é difícil, a menos que seja com outras pessoas que tenham a mesma realidade subjetiva e os sentimentos a ela associados. Para este tipo, não é importante impressionar ou influenciar os outros. Como todos os introvertidos, o importante é o interno, não o externo. |
| PERCEPÇÃO | Os **perceptivos** preferem buscar informações antes de decidir – são analíticos. | |
| JULGAMENTO | Os **julgadores** apreciam tomar decisões, mesmo com pouca informação – são pragmáticos. | |

Além das quatro funções psicológicas básicas, Jung sugere, mas não explora, a existência de duas outras, também em oposição, que refletem a maneira de tomar decisões: **percepção** e **julgamento**. Julgamento é a decisão em si; percepção é o processo de busca de informações para tomar decisões. Do mesmo modo como ocorre com as quatro funções básicas, o comportamento pode orientar-se para (ou preferir) um ou outro extremo. Os **julgadores** apreciam tomar decisões, mesmo com pouca informação – são pragmáticos –; os **perceptivos** preferem buscar informações antes de decidir – são analíticos. A inclusão dessa dimensão bipolar produz 16 tipos em vez de oito = 4 × 4 (Figura 12.10).

**Figura 12.10**
Dimensões bipolares.

| | |
|---|---|
| EXTROVERSÃO | INTROVERSÃO |
| SENSAÇÃO | INTUIÇÃO |
| PENSAMENTO | SENTIMENTO |
| JULGAMENTO | PERCEPÇÃO |

## QUESTÕES E EXERCÍCIOS

1. Usando suas próprias palavras, defina percepção e seus três componentes.
2. Explique a teoria das inteligências múltiplas.
3. Usando suas próprias palavras, explique o que é inteligência emocional e seus ingredientes.
4. Explique os tipos gerais de atitude de Jung.
5. Explique as funções do pensamento de Jung.
6. Uma empresa está procurando candidatos a emprego, com nível universitário, que demonstrem as características (competências) listadas a seguir. Como você avaliaria essas competências em você mesmo?
    - Disposição para assumir riscos.
    - Julgamento independente e autoconfiança, mesmo em situações de desafio.
    - Persistência na perseguição de objetivos.
    - Capacidade de aprender com a experiência.
    - Capacidade de inovar, de buscar novas maneiras de fazer as coisas.
7. Qual o peso das diferenças individuais no desempenho no trabalho? Pense em termos de:
    - Idade.
    - Inteligência.
    - Atitudes etc.

# 13 Competências

## OBJETIVOS

Ao completar o estudo deste capítulo, você deverá estar preparado para explicar e exercitar os seguintes conceitos:

» Conceito e principais tipos de competências.
» Graduação de competências para refletir diferentes níveis de complexidade.
» Que são referenciais ou modelos de competências.

## INTRODUÇÃO

Competência é um conceito intuitivo, que faz parte da linguagem comum. Expressões como "é uma pessoa competente", "procuro alguém competente" ou "quem não tem competência não se estabelece" não precisam de explicações.[1]

A ideia de competência tem papel central no enfoque comportamental da administração. É **perspectiva instrumental**, em vez de descritiva.

Organizações são feitas de pessoas, e todos os processos da moderna gestão de pessoas são orientados pelas competências. Descrições de cargos, recrutamento e seleção, gestão do

---

1   MARBOT, É. Compétences: la référence de la gestion des emplois. *In:* THÉVENET, M.; DEJOUX, C.; MARBOT, É.; BENDER, A.-F. (orgs.). *Fonctions RH*: politiques, métiers et outils des ressources humaines. Paris: Pearson Education, 2007.

desempenho e desenvolvimento – tudo é feito com base em competências que a organização e o mercado de trabalho valorizam.

No fim das contas, a expressão **recursos humanos** é sinônimo de competências.[2] Se você pretende ser gestor competente, seja qual for sua especialidade ou nível hierárquico, precisa de domínio sólido do conceito de competência. Competência é um dos conceitos mais complexos no campo do enfoque comportamental. Embora as competências sejam, em geral, apresentadas como comportamentos observáveis, enunciados de modo sucinto, seus fundamentos encontram-se em áreas complexas do conhecimento, especialmente as que lidam com a inteligência.

## 1 QUE SÃO COMPETÊNCIAS?

Há várias definições para **competência** e **competências**:

- "Uma competência é um conjunto de habilidades, comportamentos, atitudes e conhecimentos inter-relacionados dos quais uma pessoa precisa para ser eficaz na maioria das ocupações profissionais e gerenciais."[3]
- "A capacidade existente em uma pessoa, que conduz ao desempenho que atende às demandas do cargo, dentro dos parâmetros do ambiente organizacional, e que, consequentemente, produz os resultados esperados."[4]
- "Competência é uma combinação de saber (conhecimento), saber ser (*savoir-être*, capacidade de adaptação ao ambiente), aptidões e traços de personalidade. Na competência se associam o inato e o adquirido."[5]
- "Em situação de trabalho, capacidades que permitem exercitar convenientemente uma função ou profissão (Associação Francesa de Normalização)."[6]
- "Conjunto de conhecimentos, de capacidades de ação e de comportamentos estruturados em função de um objetivo, dentro de um tipo de situação dada."[7]
- "As competências representam a linguagem do desempenho. As competências podem articular tanto os resultados esperados de um indivíduo como a maneira pela qual essas atividades são desempenhadas. Como todos na organização podem aprender a falar essa linguagem, as competências representam um meio comum e universalmente compreendido de descrever o desempenho esperado em muitos contextos diferentes."[8]
- "Conjunto de saberes, saber-fazer e saber fazer-fazer relativos a um domínio de conhecimentos específicos (sabendo-se que cada domínio pode se ramificar em subdomínios, em função do nível de precisão pretendido). Exemplo: hospitalidade, biologia, contabilidade, documentação, eletricidade..."[9]

---

2   CADIN, L.; GUÉRIN, F.; PIGEYRE, F. *Gestion des ressources humaines*. 3. ed. Paris: Dunod, 2007.

3   HELLRIEGEL, D.; SLOCUM JR.; J. W.; WOODMAN, R. W. *Organizational behavior*. Cincinnati: South-Western College Publishing, 2001.

4   BOYATZIS, R. *The competent manager*. New York: Wiley, 1982.

5   HAEGEL, A. *La boîte à outils des ressources humaines*. Paris: Dunod, 2012.

6   MARBOT, É., *op. cit.*

7   MARBOT, É., *op. cit.*

8   RANKIN, N. Benchmarking survey. *Competency and Emotional Intelligence*, 12 (1), 4-6, 2004.

9   LABRUFFE, A. *Management des compétences*. La Plaine Saint-Denis: AFNOR, 2010.

Guy Le Boterf é um consultor francês, pioneiro e referência no estudo das competências. Segundo Le Boterf, "competência é a mobilização ou ativação de diversos saberes, em uma situação e um contexto específico". A competência não se resume ao saber, mas envolve a ação na qual esse saber é colocado em prática, para produzir resultados. A Figura 13.1 apresenta um resumo de sua concepção sobre a competência.[10]

**Figura 13.1**
Competência e resultados.

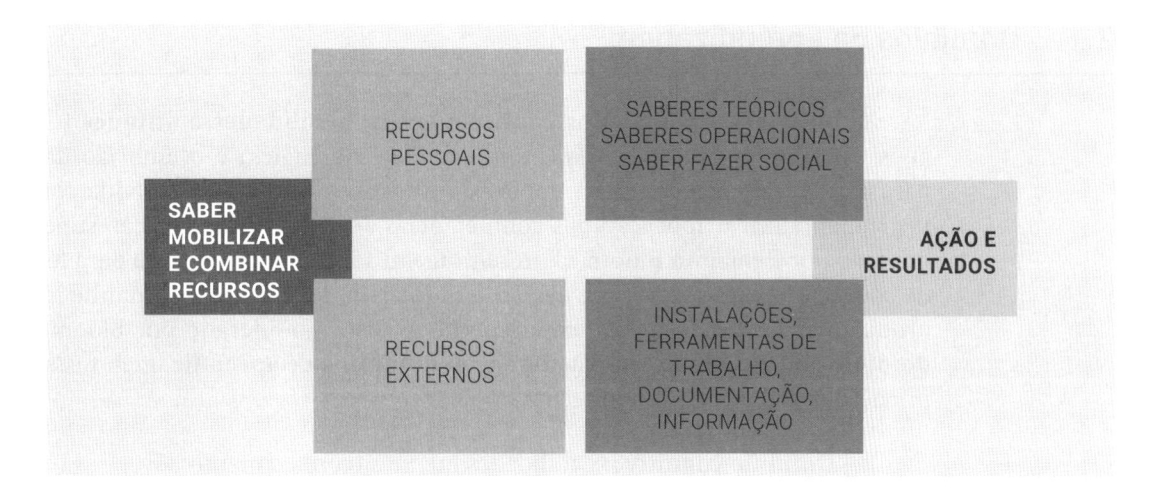

[Diagrama: SABER MOBILIZAR E COMBINAR RECURSOS → RECURSOS PESSOAIS; SABERES TEÓRICOS, SABERES OPERACIONAIS, SABER FAZER SOCIAL; RECURSOS EXTERNOS; INSTALAÇÕES, FERRAMENTAS DE TRABALHO, DOCUMENTAÇÃO, INFORMAÇÃO → AÇÃO E RESULTADOS]

Enfim, a competência só se revela na ação: está sempre ligada a resultados do trabalho ou de quaisquer atividades; envolver saber fazer e efetivamente fazer, com a demonstração de resultados.

> Assim, a situação de trabalho constitui o elemento central que empresta sentido à competência: um indivíduo não é competente em termos absolutos, mas, necessariamente, em termos de enfrentamento de situações, já que, sem passar pela prova das situações reais, a competência permanece virtual.[11]

É potencial que não se realiza.

As competências estão em um fluxo de desenvolvimento. Nascem das aptidões, transformam-se em habilidades e se desenvolvem como capacidade de agir e ação efetiva. Em estágio superior, transformam-se em **perícia** (*expertise*).

> Peritos (*experts*), portanto, são pessoas que desenvolveram suas competências em nível elevado. Indivíduos competentes são pessoas que desenvolveram suas aptidões em nível elevado. Aptidões, competências e perícia (*expertise*) estão em um *continuum*. O avanço no *continuum* depende da aquisição de habilidades mais amplas e profundas do que as do nível em que a pessoa se encontra, além de mais eficiência na utilização dessas habilidades (Figura 13.2).[12]

**Figura 13.2**
Competência é um estágio no desenvolvimento das aptidões.

APTIDÕES → HABILIDADES → COMPETÊNCIA → PERÍCIA

---

10  Le BOTERF, G. *Construire les compétences individuelles et collectives*. Paris: Editions d'organisation, 2006.

11  CADIN, L.; GUÉRIN, F.; PIGEYRE, F. *Gestion des ressources humaines*. 3. ed. Paris: Dunod, 2007.

12  STERNBERG, R. G.; Intelligence, competence, and expertise. *In:* ELLIOT, A. J.; DWECK, C. S. *Handbook of competence and motivation*. New York: The Guilford Press, 2005.

## 2 TIPOS DE COMPETÊNCIAS

Assim como há diferentes definições de competências, também há diferentes maneiras de classificá-las. As principais classificações são examinadas a seguir.

### 2.1 Domínios da aprendizagem

A conhecida tipologia dos **conhecimentos, habilidades** e **atitudes** (CHA, em português, ou KSA – *knowledge, skills and atitudes*, em inglês) é o embrião das competências para a gestão de pessoas. Essa tipologia ou taxonomia foi desenvolvida com o objetivo de instrumentalizar a aplicação das competências ao campo da educação superior. Um grupo liderado por Benjamin Bloom a apresentou, em 1956, como proposta para formas avançadas de educação – como analisar e avaliar – indo além do simples recordar de informações, que produz o aprendizado mecânico e repetitivo. O grupo liderado por Bloom identificou três **domínios de atividades educacionais** ou **domínios de aprendizagem** (esta segunda denominação tornou-se mais conhecida):

1. **Domínio cognitivo**: habilidades mentais (conhecimento).
2. **Domínio afetivo**: sentimentos ou áreas emocionais (atitudes).
3. **Domínio psicomotor**: habilidades manuais ou físicas (habilidades).

As três competências propostas por Bloom eram e continuam sendo entendidas como **objetivos do processo de aprendizagem**. Em outras palavras, depois de uma atividade de aprendizagem, o estudante deveria ter adquirido novas habilidades e atitudes e novos conhecimentos. Reconheceu a fórmula? "Ao final, deverá ser capaz de…"? Claro, nós a estamos usando para abrir todos os capítulos do livro. Hoje, muito da literatura técnica e dos processos educacionais baseiam todo seu planejamento nesse tipo de fórmula. Isso evidencia a influência exercida pelo trabalho de Bloom.

O grupo de Bloom sistematizou competências para os domínios cognitivos e afetivos. Outros autores ampliaram consideravelmente suas proposições e desenvolveram categorias para o domínio psicomotor.[13]

### 2.2 Habilidades gerenciais

Outra contribuição importante para a consolidação das competências no campo da gestão de pessoas vem dos estudos sobre o desempenho dos gerentes. Um dos trabalhos seminais nessa linha foi apresentado por Katz, em 1955, que propõe que o sucesso dos administradores (*administrators* como sinônimo de *managers*) depende de três grandes categorias de habilidades inter-relacionadas: técnica, humana e conceitual. Segundo Katz, a habilidade é a **capacidade de transformar conhecimento em ação**.

Outros autores e referenciais usam categorias similares às de Katz ou versões ampliadas delas. Há autores que propõem competências específicas, que podem ser encaixadas nas categorias de Katz. Um dos mais importantes é Mintzberg.

Você já estudou esse assunto no Capítulo 8 e não vamos repeti-lo aqui.

---

13 BLOOM, B. S. (ed.). *Taxonomy of educational objectives, Handbook I*: the cognitive domain. New York: Longman, 1956-1984.

## 2.3 A escola francesa dos saberes

Outra maneira de classificar as competências é aquela adotada pelos franceses, que as agrupam em categorias de **saberes**. Apesar da denominação diferente, os conceitos básicos são os mesmos. A principal classificação francesa é chamada **trilogia dos saberes**: saberes propriamente ditos, saber fazer e saber ser. A essa trilogia agregaremos o **saber fazer-fazer**.

- **Saberes propriamente ditos**: conjunto dos conhecimentos gerais ou especializados para realizar uma atividade. Podem ser conhecimentos teóricos ou o domínio de determinadas linguagens científicas e técnicas.[14] O todo ou parte de um conhecimento teórico relativo à totalidade assim como a uma simples unidade de um assunto. Por exemplo: "conhece os princípios termodinâmicos do motor a explosão, conhece a mecânica dos fluidos, conhece a escrita egípcia".[15]
- **Saber fazer**: domínio de ferramentas e métodos para realizar uma atividade. É importante determinar quanto do saber-fazer é transferível para outras situações de trabalho.[16] É também o exercício da totalidade ou de parte das técnicas, das práticas e dos métodos de uso relativos a um saber. Por exemplo: "é capaz de diagnosticar uma disfunção em um motor a explosão, calcular o coeficiente de reabastecimento de um reservatório de água colocado em uma temperatura inferior a zero, decifrar hieróglifos egípcios e escrever um texto nessa linguagem".[17]
- **Saber ser**: conjunto de aptidões e comportamentos no trabalho, maneiras desejáveis de agir e interagir. Não se trata de avaliar a personalidade das pessoas.[18]
- **Saber fazer-fazer**: significa saber fazer outras pessoas fazerem, ensinar; procedimento que permite explicar, ensinar e controlar a execução de um saber-fazer ou o conhecimento de um saber. Por exemplo: "explicar o funcionamento de um motor a explosão, transmitir seu saber a estudantes de mecânica, demonstrar um procedimento ou método de desmontar um motor, mostrar o procedimento de reabastecimento de um tubo, ensinar a escrita egípcia e sua decodificação".[19]

Agora, em resumo, você conhece três perspectivas para a classificação das competências: os domínios da aprendizagem, as habilidades gerenciais (estas duas, de origem americana) e os saberes (esta perspectiva, de origem francesa). Passemos agora ao estudo da graduação das competências.

## 3 GRADUAÇÃO DAS COMPETÊNCIAS

A aquisição e o desenvolvimento das competências são processos graduais, que requerem educação, treinamento e experiência. A grande maioria das pessoas ingressa no mundo das competências, se houver a oportunidade, como **noviço**, **iniciante**, **aprendiz** ou outra palavra que indique o primeiro estágio na escala da competência em muitas profissões – e termina a carreira no grau de **pleno**, **sênior**, **principal**, **mestre** ou equivalente: o último estágio da escala.

---

14 MARBOT, É. *Op. cit.*

15 LABRUFFE, A. *Op. cit.*

16 MARBOT, É. *Op. cit.*

17 LABRUFFE, A. *Op. cit.*

18 MARBOT, É. *Op. cit.*

19 LABRUFFE, A. *Op. cit.*

Cada competência, para refletir esse processo de desenvolvimento progressivo, é graduada em níveis. O número de níveis varia de três a mais de dez. Veja, na Figura 13.3, um exemplo muito usado de escala de competências: as quatro faixas do programa Seis Sigma, que se baseiam nas faixas do karatê.

**Figura 13.3**
Escala de competências do programa Seis Sigma.

| FAIXA VERDE – GREEN BELT | FAIXA PRETA – BLACK BELT | MESTRE FAIXA PRETA – MASTER BLACK BELT | CAMPEÃO – CHAMPION |
|---|---|---|---|
| Este é o nível do "soldado" do programa Seis Sigma. Treinado nas teorias e ferramentas básicas, dedica parte de seu tempo a projetos de Seis Sigma. Conhece os fundamentos e sabe fazer. | Os *black belts* dedicam todo seu tempo a projetos. São treinados em ferramentas avançadas, gerenciamento de projetos, mudança, equipes e produção enxuta. | Os *master black belts* gerenciam programas e projetos que abrangem toda a organização; selecionam, supervisionam e orientam os *green* e *black belts*; são agentes de mudança. Seu treinamento compreende estatística avançada e competências de liderança. | A rigor, os campeões não fazem parte da hierarquia dos *belts*. Os campeões são os promotores, patrocinadores e "padrinhos" dos projetos Seis Sigma. |

Essa é uma escala específica para determinado tipo de competências, ligadas a um tipo específico de projeto. Essa é também uma escala básica, que pode ser acrescida de um ou dois níveis no início: faixa branca e faixa amarela, por exemplo. Esses níveis iniciais indicam as competências necessárias para as pessoas que se envolvem perifericamente ou que têm participação eventual em projetos Seis Sigma: apenas o conhecimento dos fundamentos desse método é importante nessas posições.

Agora que você já tem uma visão das escalas que graduam as competências, passemos ao estudo dos modelos de competências.

## 4 MODELOS DE COMPETÊNCIAS

**Modelos** ou **referenciais** (*frameworks*) de competências são conjuntos organizados de competências, em geral associadas a escalas. **Organizado** significa que as competências se agrupam em categorias, também chamadas domínios ou famílias. Todos os modelos de competências têm aproximadamente a mesma estrutura, representada na Figura 13.4. Há diferentes maneiras de usar as escalas. Em certos casos, as escalas compreendem as descrições dos níveis, como nos exemplos citados. Em outros casos, são apenas escalas numéricas, sem descrições. Alguns modelos não usam nenhum modo de escala, apenas as descrições das competências específicas.

**Figura 13.4**
Estrutura simplificada de um modelo de competências.

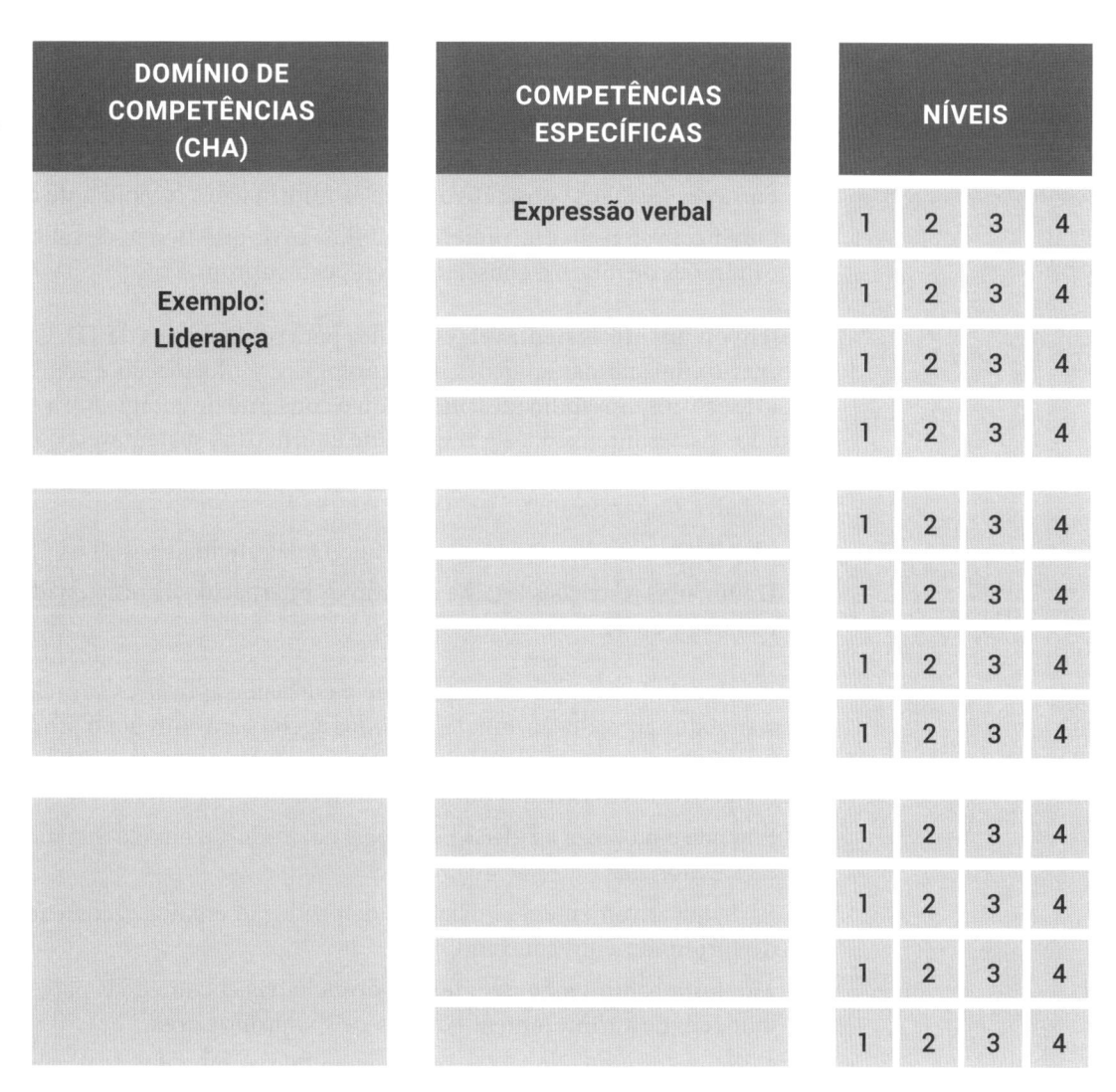

| DOMÍNIO DE COMPETÊNCIAS (CHA) | COMPETÊNCIAS ESPECÍFICAS | NÍVEIS |
|---|---|---|
| Exemplo: Liderança | Expressão verbal | 1 2 3 4 |
| | | 1 2 3 4 |
| | | 1 2 3 4 |
| | | 1 2 3 4 |
| | | 1 2 3 4 |
| | | 1 2 3 4 |
| | | 1 2 3 4 |
| | | 1 2 3 4 |
| | | 1 2 3 4 |
| | | 1 2 3 4 |
| | | 1 2 3 4 |
| | | 1 2 3 4 |

## 5 EXEMPLOS DE COMPETÊNCIAS

Os modelos especificam as competências para profissões (como a engenharia de sistemas ou a administração de projetos), para cargos gerenciais (em geral, para todos os cargos gerenciais da organização ou de uma profissão) e para todas as pessoas da organização, independentemente do cargo que ocupam. Algumas competências extraídas de modelos e outras proposições, indicando sua eventual aplicação e origem, são apresentadas a seguir.

1. **Tino comercial** (*business acumen*). Uma pessoa com tino comercial consegue entender, movimentar-se e atuar eficazmente dentro de uma empresa e de seu ambiente de negócios; consegue entender os princípios dos negócios, tanto do ponto de vista da empresa quanto do cliente, promovendo uma situação comercial (financeira) vantajosa para os dois lados.[20]

---

[20] Disponível em: http://www.nestlecareers.co.uk/html/graduate/graduate-what-we-look-for-nestle-jobs.htm. Acesso em: 20 out. 2023.

2. **Comunicação**. Capacidade de transmitir informações, ideias e sentimentos para outras pessoas, de modo inteligível; habilidade de descrever, transformando o pensamento em imagens e palavras, por meio da fala, escrita e gesticulação, de modo a transmitir significado; uma pessoa com habilidade de comunicação consegue:
   - Fornecer *feedback* construtivo sobre as informações recebidas de outras pessoas.
   - Ouvir com atenção e ativamente: habilidade de questionar, de solicitar informações e opiniões de modo a conseguir as respostas apropriadas.[21]

3. **Desenvolvimento sustentável** (específica para profissionais de TI). Competência para estimar o impacto das soluções de tecnologia de informação e comunicação em termos de eco-responsabilidades, incluindo o consumo de energia. Orienta a organização e outras partes interessadas a respeito de alternativas sustentáveis consistentes com o negócio. Aplica uma política de compras e vendas de TIC compatíveis com eco-responsabilidades. Capaz de:
   - Monitorar e medir o consumo de energia das atividades de TI.
   - Dominar as restrições legais e os padrões internacionais relacionados com a sustentabilidade da TI.[22]

4. **Princípios de fabricação**. Compreende e consegue aplicar os princípios apropriados de manufatura (produção enxuta, métodos ágeis) para entregar o produto especificado no momento certo, com a qualidade certa e ao custo certo, atendendo às mudanças no mercado e nas necessidades dos consumidores.
   - Entende e mobiliza as ideias principais da produção enxuta – como os Sete Desperdícios Mortais.
   - Participa ativamente de iniciativas de produção enxuta, recorrendo a ferramentas de aprimoramento contínuo.
   - Monitora continuamente o tempo de ciclo das encomendas para encontrar possibilidades de aprimoramento dentro de sua própria área.
   - Combina os conceitos de produção enxuta e os métodos ágeis em um sistema eficiente e eficaz de produção.

5. **Pensamento crítico** (específico para estudantes). Capacidade de:
   - Levantar questões e problemas vitais (formulando-os com clareza e precisão).
   - Juntar e avaliar informações relevantes (usando ideias abstratas para interpretá-las com exatidão e isenção).
   - Chegar a conclusões e soluções bem fundamentadas (avaliando-as por meio de critérios e padrões relevantes).
   - Pensar com a mente aberta dentro de sistemas alternativos de raciocínio (reconhecendo e avaliando, conforme a necessidade, suas premissas, implicações e consequências práticas).
   - Comunicar-se eficazmente com outros na busca de soluções para problemas complexos.[23]

---

21 HELLRIEGEL, D.; SLOCUM JR., J. W.; WOODMAN, R. W. *Op. cit.*

22 Comité Européen de Normalisation. European e-Competence Framework 2.0, 2012. Disponível em: www.ecompetences.eu. Acesso em: 20 out. 2023.

23 ELDER, L.; PAUL, R. Critical thinking: competency standards essential for the cultivation of intellectual skills, Part 1. *Journal of Developmental Education*, v. 34, n. 2, 38-39, 2010.

6. **Saber ser**. Capacidade de:
    - **Adaptação**: adaptar-se a situações variadas e de ajustar seus comportamentos em função das características do ambiente, dos desafios da situação e do tipo de interlocutor.
    - **Análise**: identificar os diferentes componentes de um problema e de uma situação e suas inter-relações, a fim de definir como lidar com eles.
    - **Negociação**: formalizar, redigir e transmitir diversos tipos de informações, de maneira a alcançar o objetivo de informar ou comunicar-se com os interlocutores envolvidos.
    - **Organização e gestão de prioridades**: eficácia na organização de suas próprias atividades; capacidade de otimizar a utilização dos recursos em uma situação de trabalho coletivo.
    - **Orientação para resultados**: atingir seus objetivos, enfrentando dificuldades e obstáculos de todos os tipos.
    - **Tomada de decisão**: tomar rapidamente decisões e de hierarquizar suas ações em função de sua urgência/importância dentro de um contexto em evolução.
    - **Senso relacional**: entrar em contato com outros, de praticar escuta criativa, de construir uma rede de relações e de utilizá-la como ajuda e apoio; capacidade de estabelecer a relação e o *feedback* necessário para a compreensão mútua.
    - **Síntese**: selecionar e agregar de modo consistente a informação disponível para alcançar um diagnóstico confiável ou uma solução adaptada.
    - **Trabalho em equipe**: integrar-se e cooperar dentro de um ou de diversos grupos de trabalho, projetos ou redes e de oferecer uma contribuição eficaz.[24]

Diversas empresas e instituições disponibilizam seus modelos de competências na internet. Você próprio pode fazer uma busca e encontrar modelos de competências praticamente para todas as profissões e situações, inclusive para estudantes, e desenvolver seu próprio modelo, usando esses exemplos.

## QUESTÕES E EXERCÍCIOS

1. Selecione em sua memória os dois melhores profissionais que você já conheceu ou conhece. NÃO OS IDENTIFIQUE. Agora, justifique sua escolha, explicando quais competências eles tinham. Trabalhe junto com seus colegas para criar um padrão de competência para professores.
2. Repita o exercício acima com a "profissão" de estudante. Trabalhe com seus colegas para criar um padrão de competência para estudantes.
3. Competência é o mesmo que escolaridade? Justifique sua resposta.
4. Competência é o mesmo que "escola da vida"? Justifique sua resposta.
5. Quais são as utilidades de um modelo (também chamado referencial ou padrão) de competências?
6. Para sua profissão, identifique as principais categorias de competências, com uma escala de quatro pontos.

---

24 Disponível em: http://www.compagniedrh.com/definitionssavoiretre.php. Acesso em: 20 out. 2023.

# 14
# Aprendizagem

## OBJETIVOS

Ao completar o estudo deste capítulo, você deverá estar preparado para explicar e exercitar os seguintes conceitos:

- » Aprendizagem.
- » Principais teorias ou perspectivas sobre a aprendizagem.
- » Como as aptidões se transformam em competências.
- » Estilos de aprendizagem, que determinam as preferências pelos métodos educacionais.

## INTRODUÇÃO

Aprendizagem é um dos mecanismos para transformar aptidões em competências. Promover a aprendizagem é uma das responsabilidades dos gestores em relação aos integrantes de suas equipes.

Define-se **aprendizagem** como mudança estável do comportamento, por meio do desenvolvimento das aptidões, que resulta na aquisição de conhecimentos, aprimoramento de habilidades e formação ou mudança de atitudes. O que chamamos saber, saber fazer (incluindo o saber fazer-fazer) e saber ser. Conhecimentos, habilidades e atitudes são os domínios da aprendizagem. Ou competências.

A aprendizagem fica evidente quando a pessoa consegue demonstrar que sabe algo que não sabia, ou consegue fazer algo que não fazia, ou aprecia e avalia o ambiente e a si mesmo de maneira diferente. O processo de aprendizagem é familiar a todos. "Aprendeu a andar de bicicleta; a nadar; a ler e interpretar balanços; a resolver equações; mudou seus hábitos alimentares e está fazendo regime; vejam, está falando!" – todos sabemos do que se trata quando ouvimos ou dizemos frases assim.

O processo de aprendizagem é contínuo. Os domínios da aprendizagem ou competências se expandem sem cessar. O "estoque" do que foi aprendido influencia a velocidade e o modo como os novos conhecimentos, habilidades e atitudes são processados e internalizados.

## 1 PERSPECTIVAS SOBRE APRENDIZAGEM

Há diferentes teorias ou perspectivas sobre como as pessoas aprendem, sendo três as principais: **cognitiva**, **social** e **construtivista**, que se complementam. Essas teorias foram criadas para lidar com a aprendizagem de crianças. Seu uso no mundo adulto envolve adaptação.

### 1.1 Cognitivismo

A **perspectiva cognitiva** está interessada no que se passa na cabeça das pessoas: como elas processam as informações, quais são suas motivações para aprender, como os conhecimentos e significados são codificados, armazenados e aplicados. É uma perspectiva de conteúdo e ao mesmo tempo de processo, que procura entender como a aprendizagem funciona, no nível dos processos mentais.

O educador ou gestor alinhado com a perspectiva cognitiva:

- Procura entender as motivações e necessidades de *trainees*, treinandos participantes de programas de desenvolvimento gerencial, estudantes etc.
- Reconhece que as pessoas controlam, até certo ponto, o que aprendem.
- Fornece às pessoas *feedback* sobre seu desempenho, sabendo que é ingrediente importante do processo de aprendizagem.
- Oferece ideias e modelos conceituais para as pessoas processarem.

### 1.2 Perspectiva da aprendizagem social

Há diversas teorias da aprendizagem social. Uma das mais importantes é a **teoria do desenvolvimento social** de Lev Vygotsky, a qual diz que a aprendizagem precede o desenvolvimento psicológico e é influenciada pela vida social. Em essência, a interação, especialmente com pessoas com mais conhecimento e experiência, tem efeito positivo sobre a aprendizagem do indivíduo. O **outro com mais conhecimento** pode ser não apenas um instrutor ou professor, mas também um colega de grupo de estudos com mais competências.

O **outro com mais conhecimento** está diretamente relacionado com uma das ideias mais instigantes de Vygotsky: a **zona de desenvolvimento proximal** (ZDP), que é uma ponte entre o conhecimento (ou competência) real e o conhecimento (ou competência) potencial. O **outro com mais conhecimento** é quem ajuda a pessoa a transpor a ponte e transformar o potencial em real (Figura 14.1).

**Figura 14.1**
Zona de desenvolvimento proximal.

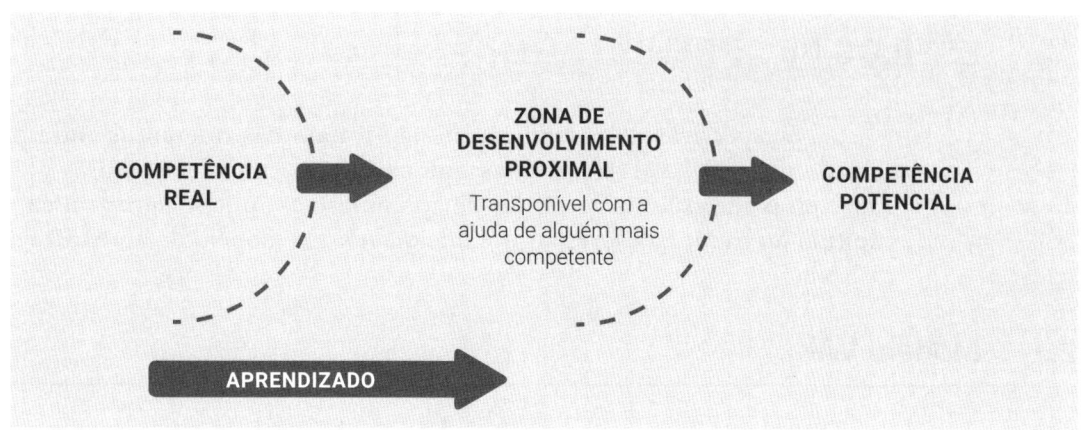

[Figura: COMPETÊNCIA REAL → ZONA DE DESENVOLVIMENTO PROXIMAL (Transponível com a ajuda de alguém mais competente) → COMPETÊNCIA POTENCIAL; seta APRENDIZADO]

No mundo atual, a tecnologia da informação, que oferece não apenas a informação e o conhecimento, mas também a oportunidade de interagir, desempenha, de certo modo, o papel de **outro mais informado**.

Agora, alinhado com a perspectiva da aprendizagem social, o gestor ou educador seria um adepto do trabalho de grupo. Os conteúdos para aprendizagem seriam organizados em tópicos de crescente complexidade, que as pessoas deveriam estudar e pesquisar juntas.

## 1.3 Construtivismo

A perspectiva construtivista na aprendizagem tem elementos da perspectiva social e da perspectiva cognitiva. O princípio do construtivismo educacional é a pessoa como parte ativa no processo de aprendizagem, que ocorre por meio da interação com a realidade e não da atuação diretiva do educador. O conhecimento é construído com base na experiência, por meio da criação de **estruturas de significado** que explicam o mundo real. Novas informações ou realidades são integradas às estruturas de significado por meio de **esquemas de assimilação**, segundo Jean Piaget. As estruturas de significado são construídas e reconfiguradas constantemente, mas podem rechaçar novas experiências que não conseguem explicar. Tornar explícitas as estruturas de significado ajuda a avaliá-las criticamente e reconstruí-las. A **elaboração cooperativa**, que vem das ideias de Vygotsky, é outro princípio do construtivismo: trabalhando juntos, os aprendizes se ajudam e potencializam o processo de aprendizagem.

Agora você que é gestor ou educador alinhado com o construtivismo, eis algumas das ferramentas que irá usar:

- **Atividades práticas das quais o conhecimento é abstraído**: por exemplo, atividades ao ar livre, como caminhada e esportes, para a aprendizagem de liderança e trabalho de grupo; atividades no campo para aprendizagem de princípios de agricultura; construção de barcos ou qualquer tipo de veículo ou protótipo para aprendizagem de conceitos e técnicas de engenharia, matemática, física etc.
- **Estudo de casos**: contato indireto com a realidade, por meio de narrativas, para desenvolver habilidades analíticas, decisórias e prospectivas.
- **Aprendizagem baseada em problemas (*problem based learning* – PBL)**: variante do estudo de caso, em que os participantes constroem o caso usando perspectivas de diferentes disciplinas – economia, administração, finanças, contabilidade, por exemplo.
- **Atividades de pesquisa e descoberta**: visitas a museus, expedições, exploração de novas realidades, período de estudos em outro país, aulas de laboratório, visitas a instalações produtivas (fábricas, usinas) etc.
- **Projetos**: feitos em equipe ou individualmente, para desenvolvimento de produtos, eventos ou ideias, dentro de restrições de tempo e custo.

## 2 ESTILOS DE APRENDIZAGEM

As perspectivas da aprendizagem não tratam das diferenças entre pessoas. Precisamos de mais ideias e ferramentas que permitam entender como as pessoas aprendem. Entre essas ideias estão os estilos de aprendizagem, que se agrupam em modelos. Neste capítulo do livro, estudaremos o modelo VAK e o modelo da aprendizagem experiencial de Kolb.

### 2.1 Modelo VAK

O **modelo VAK** reconhece três estilos, com base nos canais da expressão humana, chamados **modalidades**. Os três estilos de aprendizagem são sintetizados na sigla VAC: visual, auditivo e cinético (*visual, auditory and kinesthetic* – VAK). São também chamados VACT: visual, auditivo, cinético e táctil (*visual, auditory, kinesthetic and tactile* – VAKT). Veja na Figura 14.2 o resumo dos três estilos.[1]

**Figura 14.2** Modelo VAK.

| VISUAIS | AUDITIVOS | CINESTÉSICOS |
|---|---|---|
| • Facilidade ou preferência pela linguagem escrita<br>• Facilidade ou preferência por símbolos | • Facilidade com a aprendizagem de informações transmitidas verbalmente<br>• Facilidade para se exprimir verbalmente | • Facilidade com a aprendizagem por meio de experimentação e manipulação<br>• Gosto pelo movimento |

#### 2.1.1 Auditivos

Os **auditivos** têm preferência pela informação recebida pelo sentido da audição e aprendem mais com as técnicas tradicionais de ensino. Os auditivos têm melhor desempenho em atividades educacionais quando as instruções são transmitidas em voz alta, quando precisam falar em público ou quando as informações são apresentadas e exigidas no modo oral. Para lidar eficazmente com o estilo auditivo, o gestor ou educador deve:[2]

- Começar novos assuntos pela explicação do que vai ser apresentado; concluir com a síntese do que foi apresentado.
- Usar o método socrático de fazer perguntas para extrair informação; organizar e complementar a informação assim obtida.
- Realizar atividades auditivas, como *brainstorming* e outras dinâmicas de grupo; reservar tempo para processar a informação assim produzida.
- Incentivar as pessoas a fazer perguntas.
- Dialogar com as pessoas que estão em situação de aprender.

---

1 CARBO, M.; DUNN, R.; DUNN, K. *Teaching students to read through their individual learning styles*. Upper Saddle River: Prentice Hall, 1986.

2 Disponível em: http://www.nwlink.com/~donclark/hrd/styles/vakt.html. Acesso em: 20 out. 2023.

## 2.1.2 Visuais

"Me mostre, faça um desenho para eu entender" é típico dos **visuais**. Os visuais utilizam dois subcanais: linguístico e espacial. Os **visual-linguísticos** aprendem por meio da linguagem escrita, em tarefas e problemas como ler e escrever. Lembram-se do que foi escrito, mesmo que só leiam uma vez. Gostam de fazer anotações e prestam atenção quando assistem a aulas e palestras. Os **visual-espaciais** têm dificuldade com a linguagem escrita e facilidade com gráficos, demonstrações, ilustrações e outros materiais visuais. São bons em gravar fisionomias e lugares. Para lidar eficazmente com o estilo visual, deve-se:

- Usar gráficos, tabelas, diagramas, ilustrações e outros auxílios visuais.
- Apresentar resumos, sinopses, mapas mentais, calendários e materiais para leitura e anotações.
- Distribuir material para leitura posterior.
- Distribuir material com espaço em branco para anotações.
- Estimular questões para mantê-los alertas em situações de predominância auditiva.
- Sempre que possível, suplementar a informação verbal com ilustrações.
- Incentivar o desenho.

## 2.1.3 Cinéticos

Muitas pessoas entram no mundo da aprendizagem pela porta cinética: é o mundo do toque, do sentido táctil, do movimento, da experiência prática, dos trabalhos manuais. À medida que avançam, as pessoas passam a explorar o mundo visual e o auditivo. Muitos adultos, no entanto, permanecem cinéticos.

Os **cinéticos** têm mais facilidade e melhor desempenho quando se envolvem e participam de laboratórios de ciências, apresentações de teatro, excursões e atividades físicas ou a "mão na massa".

Para lidar eficazmente com o estilo auditivo, o educador deve:[3]

- Realizar atividades que façam os estudantes-treinandos se movimentar.
- Tocar música, quando apropriado, durante as atividades.
- Usar pincéis coloridos para dar ênfase aos pontos principais, em *flip-charts* ou quadros brancos.
- Fazer intervalos frequentes.
- Usar recursos que possam ser manipulados: por exemplo, ensinar projetos por meio da construção da torre de papel.
- Usar gráficos que permitam a visualização de tarefas complexas.

Segundo os adeptos do modelo VAK, as pessoas usam as três modalidades para adquirir novas informações e processar novas experiências. Para cada pessoa, há predominância de um ou dois estilos, que definem a melhor maneira de aprender um assunto ou enfrentar uma tarefa. Essa preferência muda de um problema ou assunto para outro. No entanto, a ênfase exclusiva ou excessiva em um estilo pode ser prejudicial para a aprendizagem. As pessoas que participam de atividades educativas devem ser educadas também para pensar criticamente em seu próprio estilo, ou sua combinação de estilos, para se beneficiar dos outros.

---

[3] Disponível em: http://www.nwlink.com/~donclark/hrd/styles/vakt.html. Acesso em: 20 out. 2023.

Por essa razão, e também porque os estilos podem ser entendidos como preferências (que se reforçam com o hábito), os especialistas em educação recomendam que a informação seja apresentada nas três modalidades, não importa qual seja a preferência dos estudantes ou treinandos. Finalmente, ainda não está totalmente comprovado que a adequação do método de ensino ao estilo de aprendizagem produz os melhores resultados.

## 2.2 Modelo da aprendizagem experiencial de Kolb

O modelo proposto por David Kolb reconhece quatro estilos, que se baseiam no processamento de informações adquiridas por meio da experiência. "O conhecimento resulta do processo de adquirir experiência e transformá-la", segundo David Kolb, que usa a palavra **experiencial** para indicar a ênfase na experiência.[4] Trata-se de um modelo com forte orientação construtivista, mas não apenas isso.

O modelo de Kolb começa com uma matriz formada pelo cruzamento de duas escalas (Figura 14.3).

**Figura 14.3**
Matriz de Kolb.

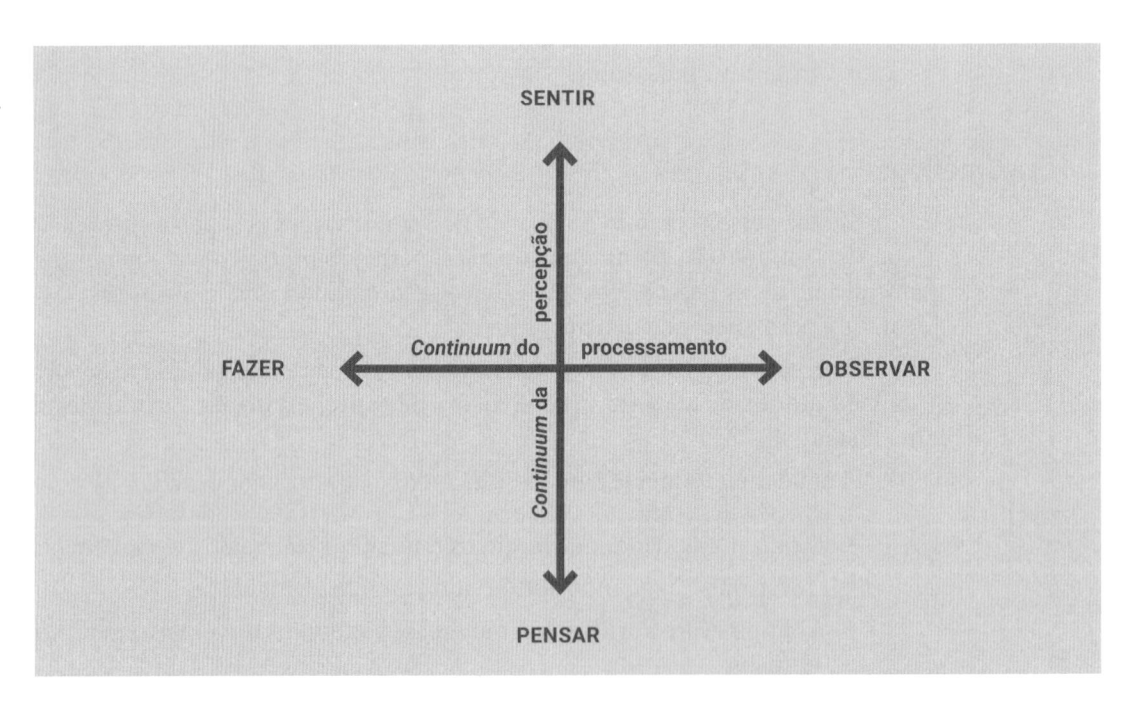

- No eixo horizontal, o ***continuum* do processamento** (indica como as pessoas enfrentam as tarefas; como adquirem experiência; preferência por aprender fazendo ou observando). No extremo esquerdo dessa escala, está a **experimentação ativa** (**fazer**); no extremo direito da escala, está a **observação reflexiva** (**observar**). Em outras palavras, as pessoas escolhem como enfrentar a tarefa ou experiência por meio de escolha entre:
    1. Observar outras pessoas envolvidas na experiência e refletir sobre o que acontece (observar – observação reflexiva).
    2. "Pular" a reflexão e partir diretamente para a ação (fazer – experimentação ativa).

---

4   KOLB, D. *Experiential learning*: experience as the source of learning and development. Englewood Cliffs, New Jersey: Prentice Hall, 1984.

- No eixo vertical, o *continuum* **da percepção** (indica a resposta emocional às tarefas e problemas; como as pessoas transformam a experiência em conhecimento; preferência por aprender por meio de pensamento ou sentimento). No extremo superior da escala, está a **experiência concreta (sentir)**; no extremo inferior, está a **conceptualização abstrata (pensar)**. Simultaneamente à escolha anterior, as pessoas escolhem como transformar a experiência em conhecimento útil:
    1. Adquirindo novas informações por meio de raciocínio, análise e planejamento (pensar – conceptualização abstrata).
    2. Experimentando (*experiencing*) as qualidades concretas, tangíveis e sensíveis do mundo (sentir – experiência concreta).

A Figura 14.4 apresenta alguns exemplos desses quatro modos de aprendizagem.

**Figura 14.4** Exemplo dos quatro modos de aprendizagem.

| Exemplos | Observação reflexiva | Conceptualização abstrata | Experiência concreta | Experimentação ativa |
|---|---|---|---|---|
| Aprender a andar de bicicleta | Pensar em pedalar e observar alguém pedalando. | Entender a teoria e o princípio da operação da bicicleta. | Ouvir os conselhos e dicas de um ciclista experiente. | Montar na bicicleta e sair pedalando. |
| Aprender um aplicativo | Refletir sobre o que você acabou de aprender. | Ler o manual do programa. | Usar a "ajuda" para se orientar; receber orientação de alguém. | Começar a usar e aprender com erros e acertos. |
| Aprender a ensinar | Observar seu professor ensinando. | Ler livros e artigos sobre a profissão de professor. | Alguém experiente, como seu orientador acadêmico, ensina você a ensinar. | Usar suas habilidades interpessoais para começar a praticar. |
| Aprender álgebra | Anotar suas reflexões e conceitos sobre equações. | Ouvir explicações sobre o que é. | Resolver uma equação passo a passo. | Praticar a resolução de problemas. |

A matriz transforma-se em ciclo que gira no sentido horário, fazendo surgir os quatro estilos de Kolb (Figura 14.5).

**Figura 14.5**
Modelo da aprendizagem experiencial de Kolb.

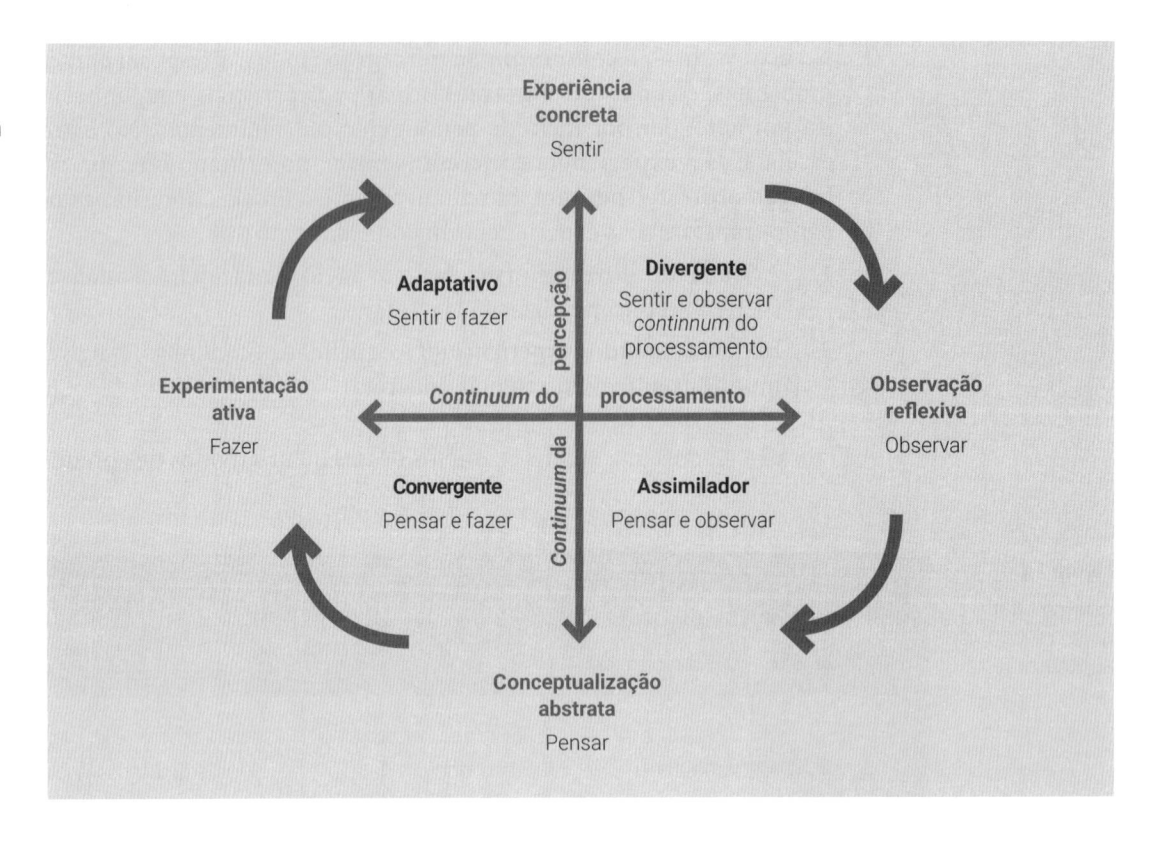

*Diagrama: eixo vertical "Continuum da percepção" entre Experiência concreta (Sentir) e Conceptualização abstrata (Pensar); eixo horizontal "Continuum do processamento" entre Experimentação ativa (Fazer) e Observação reflexiva (Observar). Quadrantes: Adaptativo (Sentir e fazer), Divergente (Sentir e observar), Convergente (Pensar e fazer), Assimilador (Pensar e observar).*

## 2.2.1 Divergente (*diverging*, concreto, reflexivo)

O **divergente** enfatiza a maneira inovadora e imaginativa de fazer as coisas. Interpreta as situações concretas por meio de diferentes perspectivas e usa a observação mais que a ação. Gosta de trabalhar em grupo e é mais eficaz em situações que envolvem a geração de ideias, como *brainstorming*. Os divergentes têm interesses culturais amplos, gostam das artes, gostam de juntar informações, são interessados em pessoas, tendem a ser orientados por sentimentos, ouvem ideias alheias sem preconceitos e apreciam receber *feedback*.

## 2.2.2 Assimilador (*assimilating*, abstrato, reflexivo)

O **assimilador** compila diversas observações e reflexões e as junta em um todo integrado, conciso e lógico. Gosta de raciocinar indutivamente e criar modelos e teorias, assim como esquematizar projetos e experimentos. Para o assimilador, as ideias e os conceitos são mais importantes que as pessoas. Os assimiladores são mais atraídos pelas teorias bem fundamentadas do que pelas orientações práticas sobre como realizar tarefas. É o estilo característico e importante para as pessoas que buscam carreiras científicas. Em situações formais de aprendizagem, os assimiladores preferem leituras, aulas expositivas, exploração de modelos e tempo para refletir.

## 2.2.3 Convergente (*converging*, abstrato, ativo)

As pessoas com estilo **convergente** interessam-se mais pelas tarefas técnicas do que pelas pessoas e relações humanas. Têm melhor desempenho quando procuram usar as ideias e teorias de forma prática, para tomar decisões e resolver problemas. São pessoas com habilidades técnicas e tendência para a tecnologia, que gostam de experimentar novas ideias e trabalhar de forma pragmática.

## 2.2.4 Adaptativo (*accommodating*, concreto, ativo)

Os **adaptativos** preferem fazer primeiro e pensar ou analisar depois. Usam o processo de tentativa e erro muito mais do que o pensamento e a reflexão. São eficazes para se acomodar a novas circunstâncias e situações de mudança; resolvem problemas de maneira impulsiva e intuitiva. Têm facilidade para trabalhar em grupo; para se relacionar com pessoas, a quem recorrem para solicitar informações, em vez de fazer suas próprias análises.

Assim como acontece com o modelo VAK, o de Kolb pressupõe que as pessoas tenham estilos preferidos. Uma pessoa adaptativa terá dificuldades se for submetida a processos de aprendizagem orientados para modelos teóricos; enquanto o assimilador ficará à vontade. A ideia de que os estilos são situacionais, isto é, as pessoas os adaptam a cada caso, não tem fundamento.

Os modelos, assim como a própria ideia de modelos, não desfrutam de aprovação unânime. Muito pelo contrário, há quem os julgue metodologias sem comprovação suficiente, que podem causar prejuízos, especialmente se aplicadas sem critério aos mais jovens. No fundo, os modelos padecem do problema fundamental das ciências humanas: são constructos teóricos, que retratam realidades intangíveis. Até hoje ninguém viu um buraco negro, mas ninguém duvida de sua existência; não há ninguém que tenha visto um estilo andando à solta, mas há quem **duvide** dessa **ideia**. Podemos deduzi-los do comportamento observável e elaborar constructos para explicá-los, mas não podemos usá-los indiscriminadamente.

No entanto, os modelos têm os entusiastas, que os julgam úteis para os educadores entenderem não só as pessoas em processo de aprendizagem, como também a si próprios.

### QUESTÕES E EXERCÍCIOS

1. O que é aprendizagem? Que mudanças no comportamento não são aprendizagem?
2. Explique a perspectiva cognitiva da aprendizagem.
3. Explique a perspectiva construtivista da aprendizagem.
4. Explique a perspectiva social da aprendizagem.
5. Explique o modelo VAK.
6. Dentro do modelo VAK, como você se situa?
7. Explique como as aptidões se desenvolvem e se transformam em competências.

# 15 Motivação

## OBJETIVOS

Ao completar o estudo deste capítulo, você deverá estar preparado para explicar e exercitar os seguintes conceitos:

» Motivação como impulso interno e como efeito de estímulos externos.
» Dois tipos de teorias sobre a motivação: teorias de processo e teorias de conteúdo.
» Conteúdo das principais teorias da motivação.

## INTRODUÇÃO

**Motivo**, **motivação**, **mover**, **movimentar** e **motor** são todas palavras modernas que têm a mesma origem e estão associadas à mesma ideia: a palavra latina *motivus*, que significa aquilo que movimenta, que faz andar. O estudo da motivação – dos fatores que movimentam as pessoas – é um dos temas centrais do enfoque comportamental na administração. Essa importância justifica-se porque é necessário compreender os mecanismos que movimentam as pessoas, para os comportamentos de alto desempenho, indiferença ou improdutividade, a favor ou contra os interesses da organização e da administração.

## 1 SIGNIFICADO DA MOTIVAÇÃO

A palavra **motivação** indica as causas ou os motivos que produzem determinado comportamento, seja qual for. A motivação é a energia ou força que movimenta o comportamento e que tem três propriedades: direção, intensidade e permanência (Figura 15.1).

**Figura 15.1**
Três propriedades da motivação.

| DIREÇÃO | INTENSIDADE | PERMANÊNCIA |
|---|---|---|
| Objetivo do comportamento motivado; direção para a qual a motivação leva o comportamento. A pessoa está motivada para fazer o quê? | Magnitude da motivação: quão motivada a pessoa está? | Duração da motivação: durante quanto tempo a pessoa ficou motivada? |

As teorias sobre a motivação, que explicam o desempenho das pessoas em situações de trabalho, dividem-se em dois grupos principais. Há um grupo de teorias que procura explicar **como** funciona o mecanismo da motivação. São as chamadas **teorias de processo**. O segundo grupo procura explicar quais são os motivos específicos que fazem as pessoas agir. São as chamadas **teorias de conteúdo**. Veja a Figura 15.2.

**Figura 15.2**
Tipos de teorias da motivação.

| TEORIAS DE PROCESSO: procuram explicar como funciona a motivação | TEORIAS DE CONTEÚDO: procuram explicar quais fatores ou estímulos motivam as pessoas |
|---|---|
| 1. Teoria da expectativa<br>2. Teoria da equidade | 1. Teoria das necessidades<br>2. Teoria dos dois fatores |

Em seguida, as seguintes teorias de processo serão examinadas: teoria da expectativa e teoria da equidade. Depois, estudaremos as teorias de conteúdo, começando pela Hierarquia de Maslow.

## 2 TEORIA DA EXPECTATIVA

A **teoria da expectativa** (*expectancy theory*), criada por Victor Vroom, propõe que as pessoas se esforçam para alcançar resultados ou recompensas, que para elas são importantes, ao mesmo tempo em que evitam os resultados indesejáveis.[1] A teoria da expectativa retrata a ideia intuitiva de que o esforço depende do resultado que se deseja alcançar. Essa teoria pode ser exemplificada pelo estudante que pretende entrar na universidade (a recompensa) e para isso precisa passar pelo vestibular (o desempenho). Para passar pelo vestibular, é preciso fazer um programa de estudo intensivo (o esforço). Assim como o estudante, as pessoas, em geral, são motivadas pela crença de que seu esforço produz o desempenho que lhe permite alcançar

---

1  VROOM, V. H. *Work and motivation*. New York: John Wiley and Sons, 1964.

os resultados que desejam. De acordo com a teoria da expectativa, a motivação é função da crença de que é possível alcançar um resultado, multiplicada pelo valor atribuído ao resultado. Simbolicamente:

**Motivação** = **Expectativa** (crença de que o esforço produz o resultado)
× **valor atribuído ao resultado**

Em outras palavras, a teoria da expectativa procura explicar a cadeia de causas e efeitos que liga o esforço inicial ao resultado ou à recompensa final. Os componentes principais da teoria da expectativa são os seguintes: o valor dos resultados, a associação entre o desempenho e a recompensa e a associação entre o esforço e o desempenho (Figura 15.3). Analisemos em seguida esses componentes.

**Figura 15.3**
Representação da teoria da expectativa.

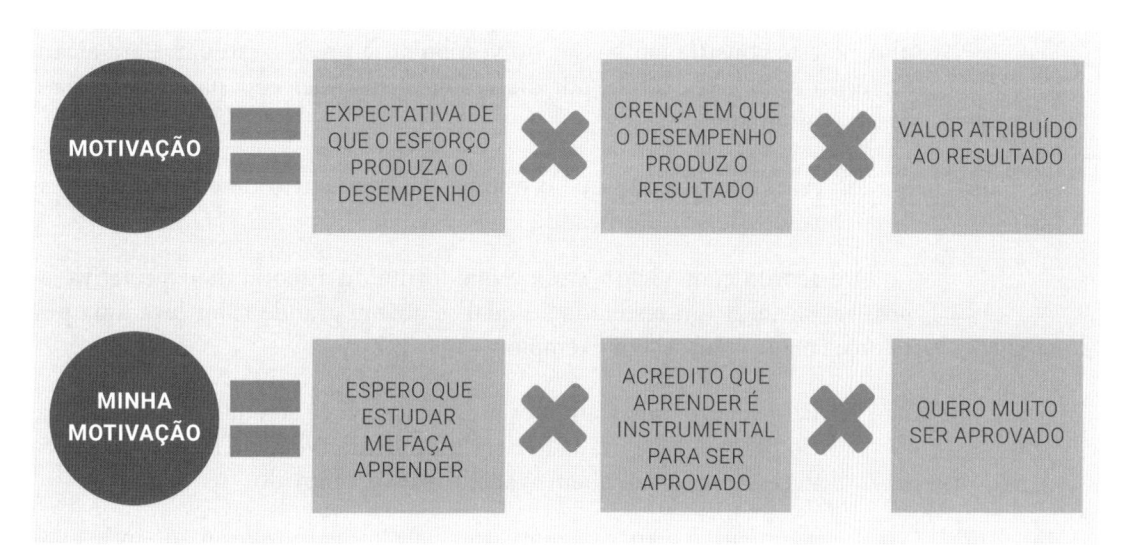

## 2.1 Valor dos resultados

O valor percebido dos resultados depende da satisfação ou insatisfação associada a alcançá-los e representa o atrativo que vai desencadear o esforço inicial. Para entender esse elemento da teoria da expectativa, deve-se perguntar:

- Qual é o valor ou a importância da recompensa para a pessoa? O valor ou a importância das recompensas é relativo e depende de cada pessoa. Para alguém, entrar na universidade pode ser uma recompensa muito atraente. Para outra pessoa, a recompensa desejada pode ser um emprego com estabilidade. Recompensas muito desejadas têm a probabilidade de produzir altos níveis de desempenho, que requerem grande esforço para serem alcançados.

## 2.2 Desempenho e resultado

O segundo elemento da teoria da expectativa é a crença de que o desempenho produz os resultados. Se o resultado é aumento salarial, é preciso alcançar uma promoção. Se o resultado é a possibilidade de comprar um carro novo, é preciso ganhar dinheiro. Alcançar a promoção ou ganhar dinheiro é o instrumento que permite alcançar os resultados desejados.

O desempenho é **instrumental** na obtenção dos resultados. Para entender esse elemento da teoria da expectativa, é preciso perguntar:

- A pessoa acredita que seu desempenho permite alcançar os resultados?

Os valores da expectativa variam entre 0 e 1. Se a pessoa acredita que o desempenho não produz o resultado, a expectativa é 0. Se a pessoa acredita que o desempenho produz o resultado, a expectativa é 1. Por exemplo, os jogadores das equipes esportivas, na maioria das vezes, acreditam que conseguem bater o adversário. Sua expectativa é +1. No entanto, a perspectiva de enfrentar um adversário muito mais forte pode provar um estado de "já perdemos". Sua expectativa é 0.

## 2.3 Esforço e desempenho

O elemento final da teoria da expectativa é a crença de que o esforço produz o desempenho. Se este consiste em passar no vestibular, é preciso estudar. Para alcançar a promoção, é preciso trabalhar e assim por diante. Para entender essa parte da teoria da expectativa, é preciso perguntar:

- A pessoa acredita que o esforço vai produzir o desempenho necessário para que o resultado seja alcançado?

De acordo com Victor Vroom, que formulou a teoria da expectativa, a crença de que é possível alcançar um resultado ao qual se atribui grande valor leva uma pessoa a realizar os esforços mais intensos. Por exemplo:

- Para você, é importante ser promovido. Você acredita que estudar bastante é necessário para ser bem avaliado e ser promovido. Você irá fazer todo esforço para estudar o necessário para ser bem avaliado e ser promovido.

Inversamente, a crença de que é possível alcançar um resultado indesejável leva a pessoa a diminuir o esforço. Por exemplo:

- Para você, é importante ficar com a família. Você acredita (por experiência própria ou observação) que as pessoas que são promovidas têm que se dedicar mais ao trabalho e são obrigadas a ficar longe da família. Você deixará de se esforçar para ser promovido porque ficar longe da família é para você um resultado indesejável.

De acordo com a teoria da expectativa, como tudo depende da importância da recompensa, administrar a motivação torna-se um processo de administrar recompensas. As recompensas também desempenham papel importante nos princípios do behaviorismo, outra teoria de processo, analisada em seguida.

## 3 TEORIA DA EQUIDADE

O ponto central da **teoria da equidade** (ou teoria do equilíbrio) é a crença de que as recompensas devem ser proporcionais ao esforço e iguais para todos. Se duas pessoas realizam o mesmo esforço, a recompensa de uma deve ser igual à da outra. Idealmente, deve haver equidade ou equilíbrio.

As premissas da teoria da equidade estabelecem que as pessoas sempre fazem comparações entre seus esforços e recompensas com os esforços e recompensas dos outros, especialmente quando há algum tipo de proximidade. Uma pessoa pode comparar-se com si própria, em emprego anterior ou outra posição na mesma empresa; ou pode comparar-se com outras pessoas, na mesma organização ou em organizações diferentes.

A sensação de falta de equidade resulta da percepção de que alguém se esforça menos e consegue mais, ou vice-versa. Essa sensação pode produzir frustração, perda de autoestima, sentimento de desprezo pelos colegas e prejuízos ao desempenho.

## 4  HIERARQUIA DE MASLOW

Abraham Maslow (1908-1970) é o autor de conhecida teoria que se baseia na ideia das necessidades humanas.[2] Ele desenvolveu a ideia de que as necessidades humanas se dispõem numa **hierarquia** complexa e dividem-se em cinco grupos, retratados numa pirâmide (Figura 15.4):

1. **Necessidades fisiológicas ou básicas**: alimento, abrigo (proteção contra a natureza), repouso, exercício, sexo e outras necessidades orgânicas.
2. **Necessidades de segurança**: proteção contra ameaças, como as de perda do emprego e riscos à integridade física e à sobrevivência.
3. **Necessidades sociais**: amizade, afeto, interação e aceitação dentro do grupo e da sociedade.
4. **Necessidades de estima**: autoestima e estima por parte de outros.
5. **Necessidades de autorrealização**: utilizar o potencial de aptidões e habilidades, autodesenvolvimento e realização pessoal.

**Figura 15.4**
Pirâmide de Maslow.

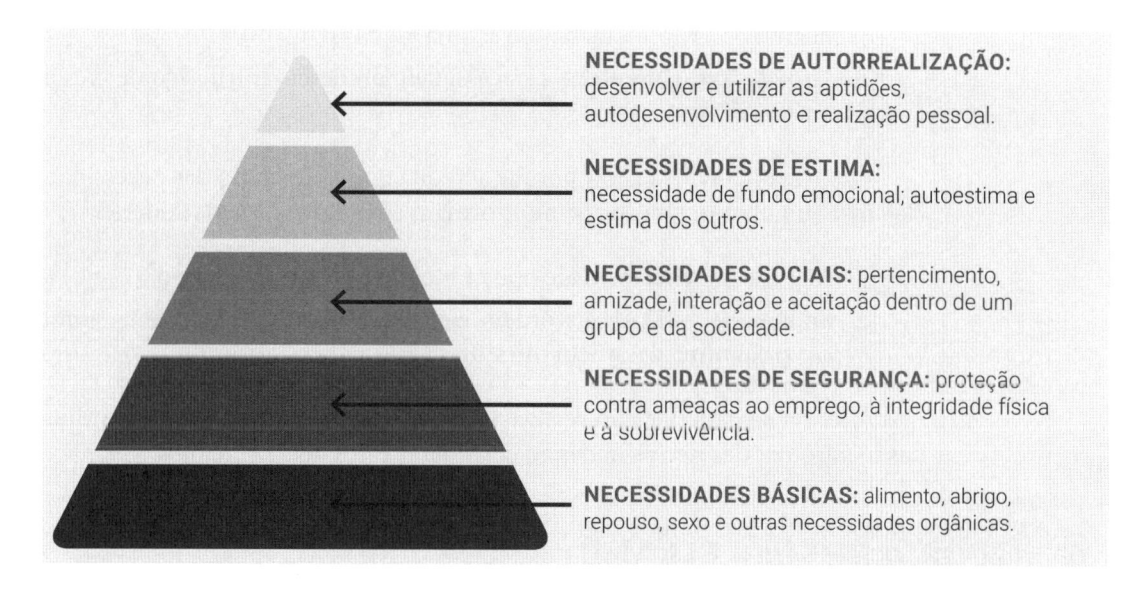

NECESSIDADES DE AUTORREALIZAÇÃO: desenvolver e utilizar as aptidões, autodesenvolvimento e realização pessoal.

NECESSIDADES DE ESTIMA: necessidade de fundo emocional; autoestima e estima dos outros.

NECESSIDADES SOCIAIS: pertencimento, amizade, interação e aceitação dentro de um grupo e da sociedade.

NECESSIDADES DE SEGURANÇA: proteção contra ameaças ao emprego, à integridade física e à sobrevivência.

NECESSIDADES BÁSICAS: alimento, abrigo, repouso, sexo e outras necessidades orgânicas.

De acordo com a teoria de Maslow:

- As necessidades básicas manifestam-se em primeiro lugar, e as pessoas procuram satisfazê-las antes de se preocuparem com as de nível mais elevado.
- Uma necessidade de uma categoria qualquer precisa ser atendida antes que a necessidade de uma categoria seguinte se manifeste.

---

2  MASLOW, A. H. A theory of human motivation. *Psychological Review*, July 1943.

- Uma vez atendida, a necessidade perde sua força motivadora, e a pessoa passa a ser motivada pela ordem seguinte de necessidades.
- Quanto mais elevado o nível das necessidades, mais saudável a pessoa é.
- Há técnicas de administração que satisfazem às necessidades fisiológicas, de segurança e sociais. Os gerentes podem trabalhar no sentido de possibilitar que as outras sejam satisfatoriamente atendidas.

Essa visão a respeito da motivação é bastante positiva. De acordo com a teoria de Maslow, as pessoas estão em processo de desenvolvimento contínuo e tendem a progredir ao longo das necessidades, buscando atender uma após outra, e orientando-se para a autorrealização. Outro ponto importante na noção da hierarquia das necessidades é a predominância de determinada necessidade sobre as demais. Uma necessidade ou um grupo de necessidades pode ser predominante nos motivos internos de uma pessoa, devido a fatores como idade, meio social ou personalidade.

## 5 TEORIA ERG

Clayton Alderfer é o autor de uma versão revista da teoria de Maslow. Sua proposta tem o nome de **Teoria ERG**, e entende que há três grupos principais de necessidades (cujas iniciais formam a sigla):

1. *Existence,* **existência**: compreende as necessidades básicas, fisiológicas e de segurança, de Maslow.
2. *Relatedness,* **relacionamento**: compreende as necessidades de relações pessoais significativas e as necessidades de estima, de Maslow.
3. *Growth,* **crescimento**: é a necessidade ou desejo intrínseco de crescimento pessoal e autorrealização.

Alderfer difere de Maslow porque acredita que a satisfação das necessidades não é sequencial, mas simultânea. Dois princípios formam a base da teoria de Alderfer:

1. Mais de uma necessidade pode funcionar ao mesmo tempo.
2. Se uma necessidade de ordem elevada permanece insatisfeita, aumenta o desejo de satisfazer uma de ordem inferior.

A teoria de Alderfer não revoga a de Maslow, mas acrescenta um aprimoramento à ideia das hierarquias das necessidades ao considerar esses dois princípios.

## 6 TEORIA DE McCLELLAND

Outra teoria que se baseia na ideia das necessidades foi proposta por David McClelland.[3] Ele identificou e estudou três necessidades específicas, que se encaixam nas propostas por Maslow, ou a elas se acrescentam. Essas necessidades específicas são as seguintes: **necessidade de realização**, **necessidade de poder** e **necessidade de associação** ou **filiação** (Figura 15.5).

---

3   McCLELLAND, D. C. *The achieving society*. New York: Van Nostrand, 1961.

**Figura 15.5**
Três necessidades da Teoria de McClelland.

| CONCEITO | SÍMBOLO | DEFINIÇÃO | COMPORTAMENTO CARACTERÍSTICO |
|---|---|---|---|
| Necessidade de realização (*achievement*) | nAch | Necessidade de sucesso, avaliado segundo algum padrão pessoal | • Valorização do sucesso<br>• Gosto por metas desafiadoras<br>• Ambição elevada |
| Necessidade de filiação (*affiliation*) | nAff | Necessidade de relacionamento e amizade | • Valorização das relações humanas<br>• Preferência por atividades que proporcionem contatos |
| Necessidade de poder (*power*) | nPow | Necessidade de exercer domínio; de influenciar outras pessoas | • Busca de posições que tenham poder<br>• Tentativas de influenciar outras pessoas<br>• Valorização do poder como forma de satisfação pessoal ou de realizar metas coletivas |

## 7 TEORIA DOS DOIS FATORES

Agora, vamos analisar outra importante ideia sobre o conteúdo da motivação: a **teoria dos dois fatores**, de Frederick Herzberg. Essa teoria explica como o ambiente de trabalho e o próprio trabalho interagem para produzir motivação.[4] Segundo Herzberg, a motivação resulta de fatores que podem ser divididos em duas categorias principais (Figura 15.6).

A teoria dos dois fatores afirma que a motivação pelo trabalho é diferente da satisfação com o ambiente de trabalho. O trabalho em si atende a necessidades e produz satisfações diferentes das que estão associadas ao ambiente ou às condições de trabalho.

**Figura 15.6**
Síntese da teoria dos dois fatores.

| CATEGORIAS DE FATORES | FATORES ESPECÍFICOS | EFEITO DOS FATORES |
|---|---|---|
| **Fatores motivacionais** ou intrínsecos, relacionados ao conteúdo do trabalho | • Conteúdo do trabalho: natureza das tarefas<br>• Sentido de realização<br>• Exercício da responsabilidade<br>• Possibilidade de crescimento<br>• Orgulho e prestígio<br>• Reconhecimento pelo trabalho bem-feito | • Apenas o trabalho em si e seu conteúdo podem produzir motivação; para haver motivação, a condição é a sintonia entre a natureza das tarefas (conteúdo do trabalho) e os interesses e as qualificações da pessoa |
| **Fatores higiênicos** ou extrínsecos, relacionados com as condições ou com o ambiente de trabalho | • Comportamento do chefe<br>• Relações com os colegas<br>• Salário<br>• Políticas de administração de pessoas<br>• Condições físicas do ambiente e segurança do trabalho | • O ambiente de trabalho produz satisfação ou insatisfação com o próprio ambiente, mas não motivação para o trabalho |

---

4  HERZBERG, F.; MAUSNER, B.; SNYDERMAN, B. B. *The motivation to work*. New York: John Wiley, 1959.

Segundo Herzberg, satisfação e insatisfação não são polos opostos do mesmo *continuum*, mas duas dimensões diferentes, conforme mostra a Figura 15.7. O oposto de satisfação não é insatisfação, mas não satisfação; o oposto de insatisfação não é satisfação, mas não insatisfação. Atualmente, essa ideia está simplificada: fatores higiênicos estão associados à satisfação e fatores motivacionais à motivação.

**Figura 15.7**
Satisfação e insatisfação na teoria de Herzberg.

A teoria dos dois fatores consolidou o princípio de que motivação vem do trabalho e não do ambiente. A teoria explica, por exemplo, por que certos profissionais dão mais importância à atividade que realizam do que a possíveis vantagens materiais que ela possa trazer. De acordo com as pesquisas de Herzberg, contadores, engenheiros e gerentes encontram-se em profissões que permitem essa realização pessoal.

De acordo com a teoria de Herzberg, é a combinação do ambiente de trabalho e do conteúdo do trabalho que faz funcionar o motor interno – um sem o outro tende a ser ineficaz. Para que os fatores de motivação sejam eficazes, é preciso haver uma base de segurança psicológica e material, representada pela presença dos fatores extrínsecos. Do mesmo modo, para que os fatores extrínsecos tenham o efeito positivo desejado sobre o desempenho, é preciso que o trabalho ofereça algum grau de desafio ou interesse para o trabalhador.

## 8 TEORIA DOS DESEJOS BÁSICOS

A teoria dos 16 desejos básicos é de autoria do psicólogo e professor Steven Reiss, um estudioso que buscava entender e explicar as motivações intrínsecas do comportamento humano. A origem dessa teoria remonta à década de 1990, quando Reiss começou a questionar as teorias tradicionais da motivação, que, em sua opinião, não abrangiam adequadamente a complexidade e a diversidade dos desejos humanos.

Reiss identificou 16 desejos fundamentais que seriam comuns a todas as pessoas e intrínsecos à sua natureza, baseando-se em sua pesquisa sobre personalidade, teoria das necessidades humanas e valores culturais. Não importa nossa origem cultural ou social, o autor afirma que esses desejos básicos controlam nosso comportamento e moldam nossos objetivos e aspirações.

Para validar sua teoria, Reiss conduziu uma série de estudos empíricos com milhares de participantes de diversas culturas e contextos sociais. Utilizando questionários e análises estatísticas, ele conseguiu identificar padrões consistentes de desejos e motivações que corroboravam sua teoria. Além disso, o trabalho de Reiss estabeleceu uma relação entre os 16 desejos básicos e o bem-estar psicológico, demonstrando a relevância de sua teoria para a compreensão da saúde mental e da felicidade.

A teoria dos 16 desejos básicos é importante no estudo das motivações humanas, pois oferece uma abordagem abrangente e integrativa para entender o que nos move e nos motiva. Ao identificarmos e compreendermos nossos desejos fundamentais, podemos obter *insights* valiosos sobre nossas próprias motivações e as dos outros, facilitando a comunicação, a cooperação e a tomada de decisões em ambientes organizacionais e em nossas vidas pessoais.

O trabalho de Steven Reiss representa um marco importante no estudo das motivações humanas, proporcionando uma visão holística e rica em nuances do que nos impulsiona e nos orienta. Ao explorarmos e compreendermos esses desejos fundamentais, estamos mais aptos a desvendar os mistérios do comportamento humano e a aplicar esse conhecimento em nossas vidas e nas organizações.

Antes de abordar cada um dos 16 desejos básicos, é importante entender o Reiss Motivation Profile® e sua escala. Esse perfil, desenvolvido pelo professor Steven Reiss, PhD, é único por ser cientificamente fundamentado e validado academicamente por outros pesquisadores. O perfil conecta as prioridades motivacionais aos traços de personalidade, ajudando-nos a compreender o impacto das prioridades motivacionais nos relacionamentos.

Seus resultados no Reiss Motivation Profile® indicam a intensidade e prioridade dos seus 16 desejos básicos. A maneira como você prioriza suas necessidades faz de você um indivíduo único, com mais de 2 bilhões de combinações de perfis possíveis. Não há resultados bons ou ruins; cada uma das 16 necessidades básicas e seus 32 valores associados são psicologicamente normais e compartilhados por todos os seres humanos em todo o mundo. Um resultado negativo não indica algo necessariamente negativo ou ruim, mas apenas a direção da sua preferência na necessidade individual.

Os resultados do Reiss Motivation Profile® são estatisticamente válidos, o que significa que alguns resultados são válidos e outros não. O objetivo é identificar quais resultados refletem precisamente suas necessidades e valores. A análise concentra-se principalmente nas necessidades mais significativas, aquelas com pontuações entre −2,00 e −0,84 e entre +0,84 e +2,00. As necessidades médias, com pontuações entre −0,83 e +0,83, não costumam ter muita influência na personalidade e motivação das pessoas (Figura 15.8).

**Figura 15.8** Escala de Reiss Motivation Profile®.

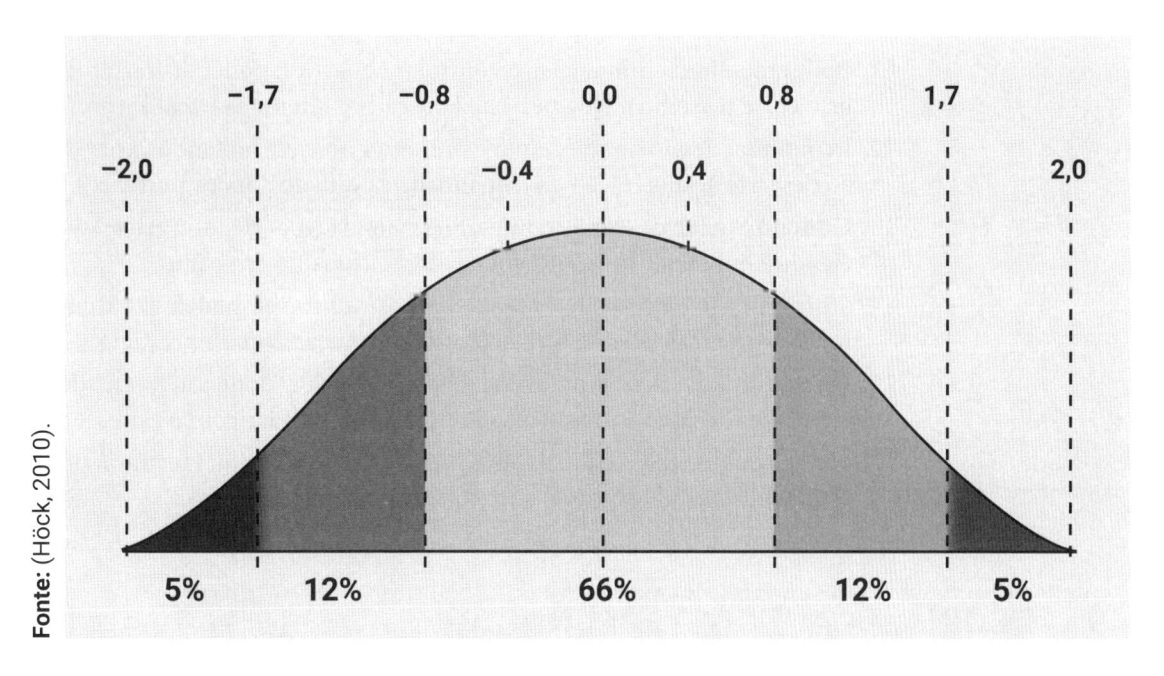

Fonte: (Höck, 2010).

O Reiss Motivation Profile® pressupõe que uma pessoa seja mentalmente saudável e tenha uma personalidade normal. Ele nunca é usado para diagnosticar possíveis problemas de saúde mental. Se for necessário comparar os resultados do perfil com outras pessoas, será solicitada sua permissão antes de compartilhar as informações. As pontuações não são divulgadas, mas são utilizadas as cores azul-claro, laranja e azul escuro para indicar a intensidade das necessidades individuais para fins comparativos.

Agora, vamos detalhar cada um dos 16 desejos básicos, explicando o conceito e as características das pessoas que possuem um desejo básico forte e das que possuem um desejo básico fraco.

1. **Aceitação**: desejo básico de ser aceito e evitar críticas, que pode variar de autoconfiança à insegurança dependendo da intensidade do desejo.
2. **Beleza**: desejo por experiências esteticamente agradáveis, podendo manifestar-se como uma apreciação profunda ou indiferença em relação à estética do ambiente.
3. **Curiosidade**: desejo de aprendizado e compreensão, podendo ser mais teórico ou mais prático dependendo da intensidade do desejo.
4. **Alimentação**: desejo de consumir e apreciar alimentos, variando desde um interesse mínimo em alimentos até um apetite robusto e uma valorização de diversas culinárias.
5. **Família**: desejo de criar e cuidar de filhos, podendo manifestar-se como desejo de passar tempo significativo com a família ou preferir priorizar outros objetivos.
6. **Honra**: desejo de aderir a princípios éticos e valorizar a herança cultural, variando de priorizar a conveniência à atribuição de grande valor à integridade.
7. **Idealismo**: desejo de justiça, igualdade e auxílio ao próximo, podendo ser manifestado como foco no autointeresse ou na busca ativa de mudanças positivas na sociedade.
8. **Independência**: desejo de autossuficiência e liberdade pessoal, variando de valorizar o trabalho em equipe à preferência por autonomia e individualidade.
9. **Ordem**: desejo por organização, rotina e estabilidade, podendo variar de apreciação pela espontaneidade à preferência por estrutura e consistência.
10. **Atividade Física**: desejo de exercício muscular, podendo variar de um estilo de vida mais sedentário à valorização de atividades fisicamente vigorosas.
11. **Poder**: desejo de influenciar e controlar situações, podendo variar de preferir equilíbrio entre trabalho e vida pessoal à busca por liderança e realização.
12. **Economia**: desejo de colecionar e preservar objetos, podendo variar de uma tendência ao descarte à valorização da frugalidade e cuidado com os pertences.
13. **Contato Social**: desejo de companhia e amizade, podendo variar de valorizar a privacidade à busca por uma vida social ativa e trabalho em equipe.
14. *Status*: desejo de respeito baseado na posição social, podendo variar de humildade e rejeição ao materialismo à valorização de riqueza, fama e prestígio.
15. **Tranquilidade**: desejo de evitar ansiedade e dor, podendo variar de apreciação por atividades de risco à precaução e dificuldade em lidar com o estresse.
16. **Vingança**: desejo de confrontar aqueles que ofendem ou frustram, podendo variar de evitar conflitos à exibição de um forte espírito competitivo.

## 9 TEORIA DA AUTODETERMINAÇÃO

A Teoria da Autodeterminação (também conhecida como SDT ou *Self-Determination Theory*, em inglês) foi desenvolvida pelos psicólogos Edward L. Deci e Richard M. Ryan, nos anos 1980. A primeira versão da teoria foi publicada em 1971. Essa teoria fornece uma estrutura abrangente para o estudo da personalidade e da motivação humanas. Foi desenvolvida no contexto da psicologia positiva e aborda dois tipos de motivação que as pessoas experienciam: intrínseca e extrínseca.

A SDT é baseada em seis miniteorias diferentes que explicam diferentes tipos de motivação. Essas miniteorias incluem a Teoria das Necessidades Básicas, a Teoria da Motivação Intrínseca e Extrínseca, a Teoria da Motivação Cognitiva, a Teoria da Orientação da Meta, a Teoria da Internalização e Integração dos Valores e a Teoria do Desenvolvimento do Ser Humano. Uma noção de "autodeterminação", diz ela, torna as pessoas mais motivadas.

A distinção entre motivações intrínsecas e extrínsecas é o núcleo da SDT. Uma pessoa é motivada por seus interesses internos, curiosidade e satisfação pessoal, o que é conhecido como motivação intrínseca. Por outro lado, a motivação extrínseca ocorre quando as ações são impulsionadas por recompensas provenientes de fontes externas, como dinheiro, *status* ou elogios.

A SDT oferece ampla gama de vantagens. Por exemplo, a teoria ajuda a explicar como e por que as ações e os comportamentos humanos são motivados. A teoria tem sido usada para entender e incentivar a motivação intrínseca em escolas, esportes, negócios e cuidados de saúde. Em saúde, pode ser usada para incentivar as pessoas a aderir a práticas saudáveis, como dieta e exercício. Pode melhorar o desempenho dos funcionários no trabalho, aumentar sua satisfação com o trabalho e reduzir o esgotamento.

A ideia de três necessidades psicológicas básicas, universais e inatas, é um componente fundamental da teoria. Essas necessidades incluem competência (sentir-se eficaz em lidar com o ambiente), relacionamento (sentir-se conectado com os outros) e autonomia (sentir-se autodeterminado e no controle de sua própria vida). De acordo com a teoria, o cumprimento dessas necessidades é essencial para o bem-estar psicológico e a motivação intrínseca. A motivação e o bem-estar podem ser prejudicados quando essas necessidades não são atendidas. Como resultado, a SDT é uma teoria eficaz para compreender e melhorar a motivação e o bem-estar humano em várias situações.

## 10 MOTIVAÇÃO 3.0

Daniel Pink tornou-se mundialmente conhecido por escrever sobre comportamento humano, motivação e negócios. Pink apresenta "Motivação 3.0", uma terceira onda na evolução da motivação humana, em seu livro *Drive: the surprising truth about what motivates us*.

O TED Talk de Daniel Pink, "A ciência surpreendente da motivação", contribuiu significativamente para a popularidade de sua pesquisa. Nessa palestra, o autor argumenta contra modelos tradicionais de motivação como "cenouras e varas" e defende uma abordagem mais eficaz, baseada em três motivadores intrínsecos (autonomia, maestria e propósito). De acordo com Pink, este é um passo a passo da Motivação 3.0:

- **Entenda como a motivação evolui**: Pink fala sobre três tipos de motivação. A Motivação 1.0 baseia-se na sobrevivência, motivada por necessidades biológicas básicas, como comida e abrigo. A Motivação 2.0 usa um sistema de cenoura e vara com recompensas e punições. A **autodeterminação** e o **envolvimento** em tarefas intrinsecamente satisfatórias são os pilares da Motivação 3.0, que Pink afirma ser a mais eficaz na sociedade contemporânea.
- **Autonomia**: Pink diz que ter autonomia sobre seu trabalho motiva as pessoas. Isso significa que elas têm autoridade sobre o que fazem, quando fazem, como fazem e com quem fazem. Quando as empresas dão aos seus funcionários mais autonomia, eles geralmente estão mais satisfeitos com seu trabalho e mais produtivos.

- **Maestria**: a busca pela maestria é outra chave para a Motivação 3.0. As pessoas desejam sentir-se capazes e competentes em tudo o que fazem. Isso não significa ser bom em algo; isso significa estar em melhoria constante, onde sempre há coisas novas para aprender e maneiras de melhorar.
- **Propósito**: Pink diz que, quando as pessoas sentem que seu trabalho tem um propósito maior, elas ficam mais motivadas. As pessoas são mais propensas a se sentirem motivadas e engajadas quando percebem que seu trabalho está contribuindo para o bem maior.

A pesquisa de Pink concluiu que a Motivação 3.0, que se baseia em autonomia, maestria e propósito, é mais eficaz na motivação humana no ambiente de trabalho contemporâneo. A Motivação 3.0 pode aumentar a satisfação no trabalho, a produtividade e a criatividade, em contraste com a Motivação 2.0, que consiste em recompensas e punições. Ele defende que as organizações devem reavaliar seus métodos de gerenciamento e incentivos para que se alinhem com esses valores.

## QUESTÕES E EXERCÍCIOS

1. Usando suas próprias palavras, defina a motivação como processo que afeta o indivíduo e explique suas três propriedades.
2. Explique os três tipos de teorias da motivação.
3. Em sua opinião, qual das teorias a seguir é mais apropriada para explicar a motivação de uma pessoa que quer alcançar alto nível de desempenho em qualquer atividade – por exemplo, nos estudos, no trabalho ou nos esportes?
    - Teoria das expectativas.
    - Hierarquia das necessidades de Maslow.
4. Faça duas listas: uma, dos fatores que deixam você mais insatisfeito com seu trabalho; outra, dos fatores que deixam você mais satisfeito. Compare suas respostas com os fatores de motivação e higiene de Herzberg. Sua experiência confirma essa teoria ou não?
5. Cite exemplos das seguintes situações, que ilustram a teoria dos dois fatores:
    - Alta ocorrência de fatores motivacionais e higiênicos.
    - Baixíssima ocorrência de fatores motivacionais e higiênicos.
    - Alta ocorrência de fatores motivacionais; ausência de fatores higiênicos.
    - Fatores motivacionais ausentes; alta ocorrência de fatores higiênicos.
6. Qual teoria da motivação melhor explica as vocações missionárias, que envolvem apenas sacrifício sem recompensa?

# 16 Liderança

## OBJETIVOS

Ao completar o estudo deste capítulo, você deverá estar preparado para explicar e exercitar os seguintes conceitos:

» A liderança como função objetiva de condução de pessoas.
» A liderança como processo de influência interpessoal.
» Os elementos do complexo da liderança.
» As principais teorias da liderança.

## INTRODUÇÃO

O processo da **liderança** tem papel central no trabalho dos administradores de todos os tipos de organização. Sempre recebeu atenção de pesquisadores, historiadores e de praticantes da administração, que a estudaram para aprender lições e formar líderes. Como resultado da reflexão sobre a experiência e dos estudos formais, há diferentes concepções e teorias sobre a liderança. Nenhum consenso. Há até mesmo uma teoria da não liderança, que propõe o desenvolvimento da capacidade de autogestão das pessoas – e que não é uma ideia apenas teórica. A autogestão, como prática, vem da antiga Grécia e continua atual.

No entanto, até mesmo os grupos autogeridos têm líderes, ainda que transitórios. De fato, as organizações, sejam os pequenos grupos ou as grandes corporações, não passam sem líderes. Como resultado, o interesse em estudar a liderança renova-se continuamente.

Este capítulo procura oferecer uma contribuição ao entendimento desse importante processo social e organizacional que é a liderança.

## 1 COMPREENDENDO A LIDERANÇA

A palavra **líder** vem do inglês pré-medieval, significando a pessoa que conduz um grupo ou uma organização. A pessoa ou grupo que desempenha o papel de líder influencia, guia ou conduz o comportamento de um ou mais liderados ou seguidores. Não há qualquer conotação de competência extraordinária no sentido original. Simplesmente, o líder é a pessoa que tem a responsabilidade de conduzir o grupo. É uma função dentro do grupo. Por exemplo, em inglês, a expressão *band leader* e a palavra *conductor* significam a mesma coisa: maestro ou, dependendo da situação, o chefe da banda. É só isso; nada de sobrenatural.

Ou seja, a liderança é um papel que algumas pessoas desempenham, temporariamente ou durante muito tempo. Liderança é um dos papéis gerenciais, na concepção de Henry Mintzberg.

No caso da autoridade formal, esse papel pode ter sido atribuído ao líder por outro líder, em posição superior, ou pelo grupo, que escolhe, por exemplo, um governante por meio de voto. A pessoa pode ainda progredir em uma carreira de líderes, como acontece entre os militares. No caso da liderança informal, sem base na autoridade burocrática, a liderança depende do **consentimento** dos liderados.

## 2 O COMPLEXO DA LIDERANÇA

A liderança é um processo interpessoal dentro de um contexto complexo, formado por quatro componentes principais (Figura 16.1):

1. As características do líder, especialmente suas competências e sua motivação para exercer a liderança.
2. As motivações e competências dos liderados.
3. As características da missão ou tarefa a ser realizada.
4. A conjuntura organizacional, social, econômica e política dentro da qual a liderança é exercida.

Em seguida, esses quatro componentes serão analisados sucintamente.

**Figura 16.1**
Contexto da liderança.

## 2.1 Motivações e características do líder

Algumas pessoas são líderes porque **gostam de liderar**. David McClelland foi quem estudou a necessidade de poder (o interesse em perseguir, ocupar e exercitar posições de poder). Segundo McClelland, pode-se satisfazer à necessidade de poder de muitas maneiras (controle de recursos, informação e pessoas). Além disso, a necessidade de poder desconsidera a recompensa material – o que importa é o que a pessoa consegue fazer com o poder.[1]

Competências e motivações são dois focos principais no estudo da liderança. Continue lendo.

## 2.2 Motivações e competências dos liderados

Os processos da motivação e da liderança estão interligados.

Os liderados seguem o líder por alguma **razão ou motivo**. Em resumo, há uma troca – a aceitação da liderança em troca da realização da missão que interessa aos dois lados. Isso faz da liderança um processo que sempre envolve uma transação – entre o líder e os seguidores. Portanto, a liderança sempre é transacional, mas há um sentido restrito para essa palavra.

Outro aspecto a ser analisado no processo de liderança são as **competências dos liderados**. A competência dos liderados varia de modo proporcionalmente inverso à liderança. Mais competência dos seguidores, menos necessidade de intervenção do líder. Menos competência dos seguidores, mais necessário se torna o líder.

## 2.3 Características da missão ou tarefa

O que liga o líder aos seguidores é a existência de uma **tarefa ou missão**.

Existem dois tipos de missão ou tarefa: moral e calculista.

1. A missão que apresenta um desafio ou problema para o grupo resolver tem **conteúdo moral**. A missão de conteúdo moral apela ao senso de responsabilidade, valores, desejos, aptidões e habilidades ou outros fatores do comportamento dos liderados. A recompensa que o liderado recebe nada mais é do que a realização da missão (ou a tentativa de realizá-la). Seguidores que exemplificam esse tipo de comportamento são: missionários, adeptos de seitas e pessoas que se dedicam a atividades em que encontram recompensas psicológicas intrínsecas.

2. A missão que apresenta uma recompensa (que pode ser psicológica ou material) em troca da obediência dos seguidores é **transacional**. A missão transacional estabelece metas e oferece incentivos para sua realização. Tanto o líder quanto o seguidor (em geral, gerente e funcionário), em uma relação transacional, enxergam o trabalho como um sistema de trocas entre contribuições e recompensas. A relação governada por trocas entre contribuições e recompensas chama-se **contrato psicológico do tipo calculista**.

---

1  McCLELLAND, D. C. *The achieving society*. Princeton: Van Nostrand, 1961.

## 2.4 Conjuntura

A **conjuntura** é representada pelos fatores históricos, organizacionais e culturais dentro dos quais ocorre o processo de liderança. A importância que tem a liderança, em contraste com a autoridade formal ou a organização formal, por exemplo, é um fator cultural. Em certas culturas, a liderança tem mais importância que a autoridade formal. Em outras, acontece o contrário. A posição permanente do líder é um fator organizacional. Nas forças armadas, por exemplo, é impossível exercer a liderança de baixo para cima, embora isso seja normal em organizações civis.

Em seguida, estudaremos as principais teorias sobre a liderança, também chamadas modelos de liderança. Todas essas teorias tentam explicar o fenômeno da liderança e como o líder pode ser eficaz no desempenho de seu papel.

## 3 TEORIA DOS TRAÇOS

A **teoria dos traços** (na verdade, há diversas teorias de traços) procura explicar o fenômeno da liderança por meio de certos traços de personalidade, de nascença ou adquiridos, que os líderes demonstram. Conhecendo esses traços, consegue-se identificar os líderes potenciais. Além disso, seria possível desenvolver esses traços nas pessoas e, assim, formar líderes.

Não é certo que os traços da liderança sejam imutáveis ou inatos, embora muito de nosso comportamento seja influenciado pela personalidade e pelas tendências com que nascemos.

Alguns traços de liderança (também chamados traços de competência gerencial) identificados em estudos sobre líderes são os seguintes:

- Orientação para a eficiência.
- Preocupação com as consequências.
- Proatividade.
- Autoconfiança.
- Habilidade para fazer apresentações verbais.
- Conceptualização, raciocínio conceitual.
- Uso de poder compartilhado.
- Capacidade de administrar processos grupais.[2]

As conclusões dos estudos sobre traços não têm valor de previsão. Sabe-se que os líderes têm determinados traços, mas as pessoas que têm os mesmos traços não são nem se tornam, necessariamente, líderes. Além disso, até hoje não se conseguiu identificar um conjunto de traços de personalidade comum a todos os líderes. Alguns são bem-humorados, outros são rabugentos. Alguns são taciturnos, outros extrovertidos. Por fim, não se conseguiu demonstrar que os líderes têm traços de personalidade diferentes dos de outras pessoas. Apesar desses problemas, o estudo dos traços de personalidade mostra conclusões importantes. Alguns dos traços de personalidade mais característicos dos líderes são a iniciativa nas relações pessoais e o senso de identidade pessoal.

Nos modelos de liderança que estudaremos a seguir, sempre há algum conteúdo relativo aos traços de comportamento.

---

2 BOYATZIS, R. E. *The competent manager:* a model for effective performance. New York: Wiley, 1982.

## 4 TEORIAS DOS ESTILOS DE LIDERANÇA

A **forma de usar a autoridade** é outro foco importante no estudo da liderança. Há diferentes teorias que focalizam a liderança sob essa perspectiva. É uma perspectiva antiga, que se origina na Grécia.

### 4.1 Autocracia e democracia

Os termos **autocracia** e **democracia** são empregados para definir duas formas (ou estilos) de usar a autoridade – tanto a autoridade formal quanto a autoridade produzida pelo consentimento dos liderados. O estilo pode ser autocrático ou democrático, dependendo de o líder centralizar ou compartilhar a autoridade com seus liderados. Esses estilos são reconhecidos desde a Antiguidade Clássica, assim como suas disfunções: o excesso de democracia (a **demagogia**, que consistia em buscar a popularidade com os governados) e a **tirania** (o abuso da autoridade). Ao longo dos séculos, o conceito não mudou (Figura 16.2).

**Figura 16.2** Estilos de liderança estudados desde a Antiguidade.

| TIRANIA | AUTOCRACIA | DEMOCRACIA | DEMAGOGIA |
|---|---|---|---|
| • Excesso de autoridade.<br>• Abuso de autoridade. | • Centralização do poder de decisão no chefe. | • Poder compartilhado.<br>• Líder escolhido pelos liderados. | • Busca de popularidade com os liderados. |

- **Autocracia.** Quanto mais concentrado o poder de decisão no líder, mais autocrático é seu comportamento ou estilo. Muitas formas do comportamento autocrático abrangem prerrogativas da gerência, como as decisões que independem de participação ou aceitação.
- **Democracia.** Quanto mais as decisões forem influenciadas pelos integrantes do grupo, mais democrático é o comportamento do líder. Os comportamentos democráticos envolvem alguma espécie de influência ou participação dos liderados no processo de decisão ou de uso da autoridade por parte do dirigente.

À medida que o estudo da liderança evoluiu, criaram-se outros nomes para os dois estilos básicos: liderança orientada para a tarefa e liderança orientada para as pessoas (Figura 16.3). Cada estilo engloba diferentes comportamentos que podem ser eficazes ou ineficazes, dependendo da situação.

**Figura 16.3** Dois estilos básicos de liderança.

| LIDERANÇA ORIENTADA PARA A TAREFA | LIDERANÇA ORIENTADA PARA PESSOAS |
|---|---|
| Compreende os comportamentos classificados dentro do modelo autocrático de uso da autoridade. O líder orientado para a tarefa tem muito mais interesse e preocupação com a tarefa do que com o grupo que a executa. | Compreende os comportamentos classificados dentro do modelo democrático de uso da autoridade. O líder orientado para pessoas acredita que deve criar um clima confortável para as pessoas, que resultará em bom desempenho. |
| A liderança orientada para a tarefa é também chamada:<br>• Estilo tarefa.<br>• Liderança orientada para a produção, para a produtividade ou para a eficiência.<br>• Liderança orientada para o planejamento e a organização.<br>• Liderança diretiva.<br>• Liderança socialmente distante. | A liderança orientada para pessoas é também chamada:<br>• Estilo pessoas.<br>• Liderança orientada para as relações humanas.<br>• Liderança orientada para a consideração ou para o grupo.<br>• Liderança consultiva, participativa ou consultiva-participativa.<br>• Liderança preocupada com a equipe. |
| O líder orientado para a tarefa:<br>• Focaliza o trabalho do subordinado ou grupo, enfatizando o cumprimento de prazos, os padrões de qualidade e a economia de custos.<br>• Insiste na necessidade de cumprir as metas, e superar a concorrência ou o desempenho passado.<br>• Esclarece as responsabilidades individuais e designa tarefas para pessoas específicas. | O líder orientado para pessoas:<br>• Focaliza o próprio funcionário ou grupo, enfatizando as relações humanas e o desenvolvimento da capacidade de trabalhar em equipe.<br>• Ouve e presta atenção.<br>• É amigável.<br>• Apoia os funcionários. |
| No extremo, a liderança orientada para a tarefa torna-se tirania ou ditadura. | No extremo, a liderança orientada para a tarefa torna-se permissiva ou demagógica. |

## 4.2 Liderança bidimensional

A liderança orientada para a tarefa e a liderança orientada para as pessoas, a princípio, foram consideradas estilos em oposição, mutuamente excludentes, assim como se pensava a respeito da autocracia e da democracia – como ideias em conflito. Porém, à medida que a pesquisa sobre a liderança avançou, verificou-se que a tarefa e as pessoas não são polos opostos da mesma dimensão, mas limites do mesmo território. Essa é a visão **bidimensional da liderança**, segundo a qual o líder pode combinar os dois estilos em seu comportamento ou enfatizá-los simultaneamente. Essa ideia proporcionou grande avanço para o estudo da liderança.

A visão bidimensional da liderança permitiu oferecer uma explicação para conciliar a eficácia do líder com as duas orientações. Blake e Mouton, uma dupla de pesquisadores da liderança, desenvolveram a ideia da **grade gerencial** (*managerial grid*), que é um espaço delimitado por duas "réguas" dos estilos básicos – tarefa e pessoas (Figura 16.4)[3]. De acordo com esse modelo, o líder pode dar muita ou pouca ênfase para a tarefa e, ao mesmo tempo, muita ou pouca ênfase para as pessoas. A grade baseia-se na visão bidimensional da liderança, atribuindo valores aos dois estilos. A combinação dos dois estilos cria cinco possibilidades principais:

- Líder-tarefa, orientado para a produção (9,1).
- Líder-pessoas, orientado para as pessoas (1,9).
- Líder negligente, que não se preocupa com tarefas nem pessoas (1,1).
- Líder-equipe, orientado simultaneamente para pessoas e tarefas (9,9).
- Líder "meio-termo", medianamente preocupado com resultados e pessoas (5,5).

**Figura 16.4**
Grade gerencial de Blake e Mouton.

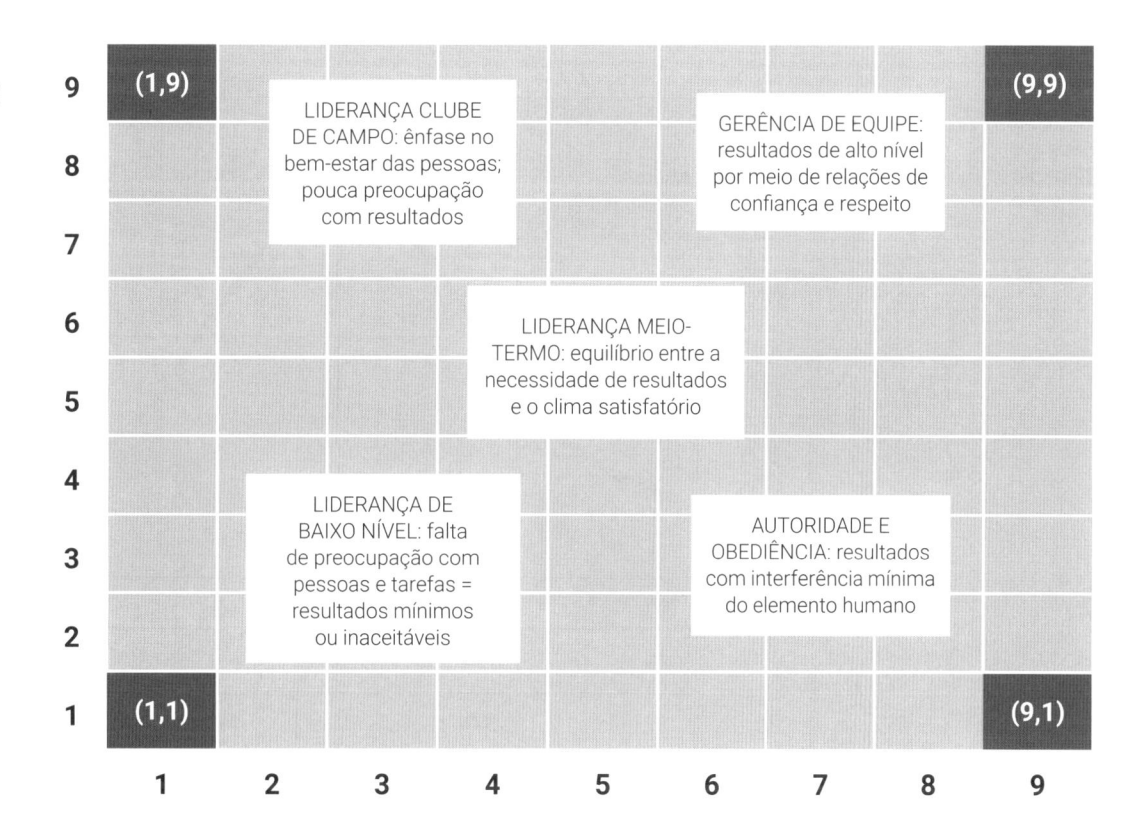

(1,9) LIDERANÇA CLUBE DE CAMPO: ênfase no bem-estar das pessoas; pouca preocupação com resultados

(9,9) GERÊNCIA DE EQUIPE: resultados de alto nível por meio de relações de confiança e respeito

LIDERANÇA MEIO-TERMO: equilíbrio entre a necessidade de resultados e o clima satisfatório

LIDERANÇA DE BAIXO NÍVEL: falta de preocupação com pessoas e tarefas = resultados mínimos ou inaceitáveis

AUTORIDADE E OBEDIÊNCIA: resultados com interferência mínima do elemento humano

(1,1) (9,1)

De acordo com Blake e Mouton, melhor é o estilo quanto mais se aproximar da possibilidade "9-9", ou quanto mais o comportamento do líder for o de um gerente de equipe. Depois de alcançar grande repercussão, o modelo de Blake e Mouton foi criticado por causa de sua proposta de um comportamento que funcionaria bem em qualquer situação. Não há um estilo que seja melhor que os outros, qualquer que seja a situação, diziam os críticos. A ideia de que a eficácia do estilo é condicionada pela situação resultou no desenvolvimento de diversas teorias da liderança situacional.

## 5 LIDERANÇA SITUACIONAL

Em essência, as teorias da **liderança situacional** dizem que a eficácia do estilo depende da situação. O principal problema dessas teorias é descobrir qual estilo ajusta-se a qual situação.

---

3  BLAKE, R. R.; MOUTON, J. S. *The managerial grid*. Houston: Gulf, 1964.

Para isso, é preciso resolver outro problema: como avaliar a situação? Neste capítulo, estudaremos a proposição de Hersey e Blanchard.

O modelo de Hersey e Blanchard é um dos mais conhecidos entre as teorias da liderança situacional.[4] A situação, nesse modelo, é definida em termos de **maturidade dos liderados**. A maturidade deve ser analisada em relação a uma tarefa específica, de modo que uma pessoa ou grupo não é jamais imaturo completamente, porque pode dominar diferentes tarefas de forma diferente. Quanto mais maduro o seguidor, menos intenso deve ser o uso da autoridade pelo líder e mais intensa a orientação para o relacionamento. Inversamente, a imaturidade deve ser gerenciada por meio do uso "forte" da autoridade, com pouca ênfase no relacionamento. Segundo Hersey e Blanchard, essa ideia principal divide-se em quatro estilos ou formas de liderança, conforme mostra a Figura 16.5.

**Figura 16.5**
Modelo de Hersey e Blanchard.

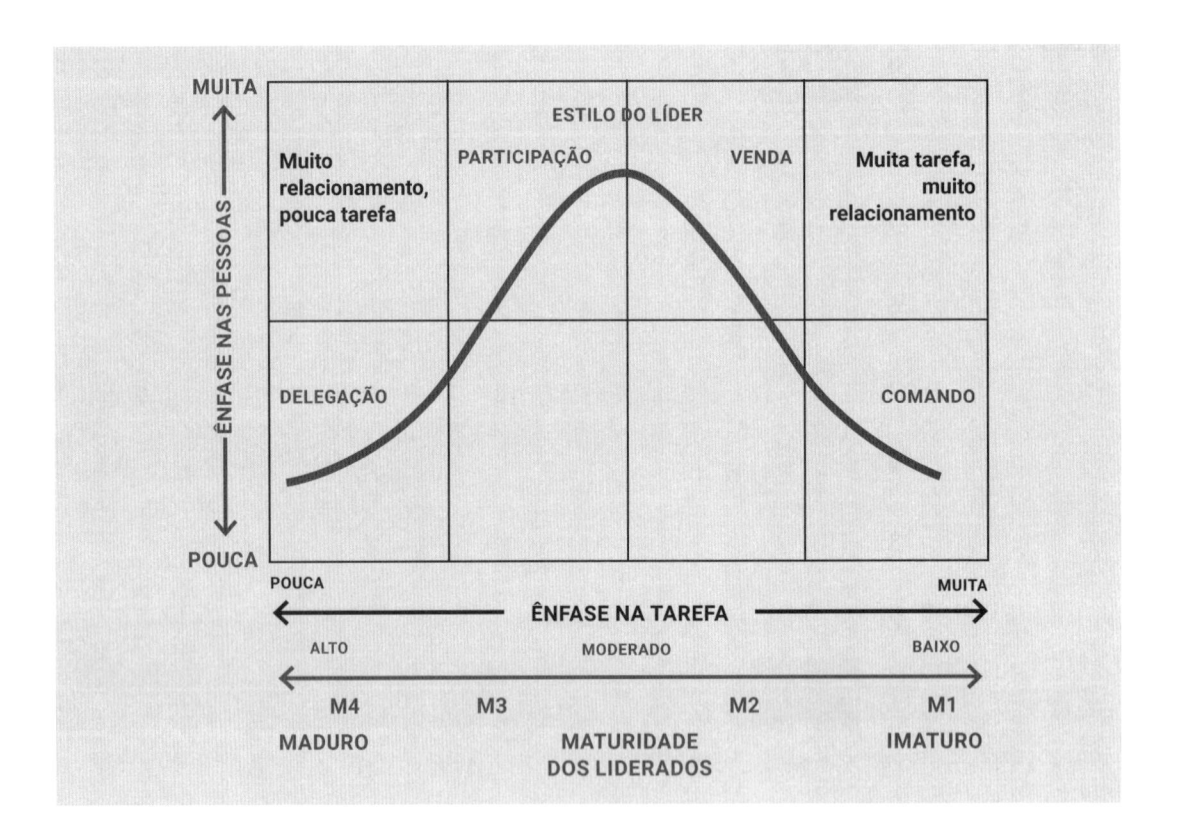

- **E1: Comando**: adequado a pessoas com baixo nível de maturidade, prevê alto nível de comportamento orientado para a tarefa, com pouca ênfase no relacionamento. Um comportamento específico, nesse caso, é dar ordens e reduzir o apoio emocional.
- **E2: Venda**: compreende alto nível de comportamentos orientados simultaneamente para a tarefa e o relacionamento e ajusta-se a pessoas com elevada vontade de assumir responsabilidades, mas pouca experiência ou conhecimento. Assim, o líder precisa ser ao mesmo tempo diretivo e oferecer o apoio emocional que reforça o entusiasmo.
- **E3: Participação**: orienta-se fortemente para o relacionamento, com pouca ênfase na tarefa, e ajusta-se com grande competência, mas pouco interesse em assumir responsabilidades, devido a sentimentos de insegurança ou motivação.

---

4  HERSEY, P.; BLANCHARD, K. H. *Management of organizational behavior*. Englewood Cliffs: Prentice Hall, 1972.

- **E4: Delegação**: consiste em dar pouca atenção tanto à tarefa quanto ao relacionamento, ajustando-se a pessoas que tenham as condições ideais para assumir responsabilidades – competência e motivação.

Um dos pontos fortes na teoria de Hersey e Blanchard é o reconhecimento da competência e motivação como elementos importantes do processo de liderança e o reconhecimento de que a maturidade é dinâmica. Um problema dessa proposição está na ideia de que as pessoas imaturas devem ser tratadas com o "uso forte" da autoridade. É possível que pessoas imaturas tratadas autoritariamente permaneçam imaturas, e não cheguem a se desenvolver.

Todas as teorias da liderança situacional recebem críticas quando tentam estabelecer receitas, e são elogiadas quando propõem princípios, como o próprio da liderança situacional, ou o princípio de que a liderança deve ser flexível, ajustada à situação.

## 6 LIDERANÇA CARISMÁTICA E LIDERANÇA TRANSACIONAL

Os modelos de liderança estudados até este ponto baseiam-se no comportamento do líder em relação aos liderados. São modelos que dependem da ideia de que a autoridade pode ser mais orientada para a equipe de colaboradores (democracia ou pessoas) ou mais orientada para o próprio líder e para a execução da tarefa (autocracia ou tarefas).

Os modelos de liderança que estudaremos agora baseiam-se na recompensa que o líder oferece aos seguidores. São modelos que analisam o estilo motivacional do líder. Há dois estilos ou modelos nesta categoria: o **transformacional** (ou carismático) e o **transacional**.[5]

A liderança transformacional tem um contrato psicológico do tipo moral com seus seguidores; a transacional, um contrato calculista.

### 6.1 Liderança transacional

A **liderança transacional** é definida como o estilo que tem por base uma relação de troca entre o líder e seus seguidores. O líder usa recompensas e punições para obter a obediência ou o acordo dos seguidores. As recompensas podem ser tangíveis (incentivos financeiros ou prêmios materiais) ou intangíveis (elogios formais, diploma de funcionário do mês, medalhas). A liderança transacional tem as seguintes premissas:

- Recompensas e punições motivam as pessoas.
- Os sistemas sociais funcionam melhor quando têm cadeia de comando claramente definida.
- Sob acordo ou contrato para realizar uma tarefa, as pessoas cedem toda autoridade ao chefe.
- A finalidade primária de um subordinado é fazer o que o chefe manda.

Dirigentes empresariais, de modo geral, representam a liderança transacional.

### 6.2 Liderança transformacional

A **liderança transformacional** ou **carismática** é definida como o estilo que se baseia na identificação entre o líder e os liderados – o líder "puxa"; não "empurra" os liderados. Ou seja, a base é moral, não calculista como no caso da liderança transacional.

---

5   BURNS, J. M. *Leadership*. New York: Harper & Row, 1978.

A liderança transformacional atrai os liderados pela pessoa do líder ou pela causa que ele representa. Motivação intrínseca, estímulo intelectual e inspiração são algumas palavras associadas à liderança transformacional.

Líderes sociais e religiosos, de modo geral, representam a liderança transformacional.

As duas espécies de recompensas – morais e materiais – são importantes para todos os tipos de pessoas. Assim como a liderança-tarefa e a liderança-pessoa podem ser combinadas em benefício da eficácia e do desempenho, o mesmo ocorre com a liderança carismática e a transacional.

## 7 LIDERANÇA SERVIDORA

**Liderança servidora** é ideia com origens muito antigas, tendo sido objeto da reflexão e pregação de grandes filósofos e missionários. Entre os hindus, no cristianismo e no islamismo, o líder – de qualquer tipo – sempre é servo de seus seguidores.

Em 1970, o executivo americano Robert K. Greenleaf (1904-1990) retomou essa ideia em um ensaio intitulado *The servant as leader* (O servo como líder), no qual afirmou que "o líder servidor começa servindo à causa na qual acredita, para depois desenvolver a aspiração a líder. É diferente do líder que começa liderando...".

A liderança servidora é próxima do modelo transformacional, porque enfatiza a mudança e a colaboração. No entanto, os líderes servidores diferenciam-se dos transformacionais porque trabalham para os seguidores, enquanto os transformacionais buscam engajar os seguidores em uma causa.

Capacidade de ouvir com atenção para entender o que se passa com outros, capacidade de ouvir a voz interior e refletir, empatia, consciência, raciocínio conceitual, pensamento antecipatório e compromisso com o crescimento das pessoas são alguns dos traços de comportamento do líder servidor.[6]

## 8 TEORIA DA SUBSTITUIÇÃO DA LIDERANÇA

Para finalizar o capítulo, chegamos à teoria que afirma que a liderança é desnecessária, dependendo de certas condições. Essa é a **teoria da substituição da liderança**. As condições que minimizam ou eliminam a necessidade da liderança são características do funcionário, da tarefa e da própria organização.

A necessidade de liderança diminui à medida que:

- As pessoas têm as competências necessárias para executar suas tarefas e avançar, tomando conta de si próprias.
- As tarefas fornecem elevado potencial de motivação e *feedback* para o próprio trabalhador.
- A organização incentiva e as pessoas conhecem e praticam os mecanismos da autogestão.
- A organização tem suas tarefas estruturadas e é capaz de se ajustar a novas circunstâncias, por meio da participação de seus integrantes.[7]

---

6   GREENLEAF, R. K. *Servant leadership*: a journey into the nature of legitimate power and greatness. Mahwah: Paulist Press, 1977.

7   KERR, S.; JERMIER, J. M. Substitutes for leadership: their meaning and measurement. *Organizational Behavior and Human Performance*, 22, 375-403, 1978.

A teoria da substituição da liderança é ilustrada por uma citação de A. N. Whitehead: "O problema não é como produzir grandes homens, mas como produzir grandes sociedades. A grande sociedade fornece os homens para as ocasiões."

## QUESTÕES E EXERCÍCIOS

1. Usando suas próprias palavras, explique como os processos da motivação e da liderança estão interligados.

2. Encontre em sua memória uma pessoa que você conheça ou tenha conhecido e que seja um líder eficaz ou que tenha demonstrado liderança eficaz em uma situação específica. Não é necessário citar o nome da pessoa, mas é importante que você a conheça. Analise:
   - Suas habilidades, competências e motivações, que fizeram ou fazem dele um líder eficaz.
   - Seus traços de personalidade.
   - As competências, motivações e outras características dos seguidores (inclusive você).
   - A situação específica na qual a liderança foi exercida.
   - A conjuntura ou contexto mais amplo em que a liderança foi exercida.
   - O estilo usado por esse líder.

3. Identifique agora alguém que, em sua opinião, seja um líder carismático. Descreva o comportamento dessa pessoa e sua relação com seus seguidores.

4. Pense em um gerente para o qual você tenha trabalhado. Seu primeiro chefe, por exemplo. Essa pessoa era também um líder? Explique sua resposta.

5. Em que circunstâncias você julga que a liderança autocrática seja aceitável e necessária? Explique sua resposta.

6. Em sua opinião, a liderança autocrática tem conotação negativa? Por quê?

7. Pense em uma equipe esportiva que tenha desempenho medíocre nos jogos. Você acha que um treinador com grandes qualidades de liderança seria capaz de recuperar esse time? Como?

8. Avalie a si próprio em termos de competência de liderança. Nesses termos, como acha que é visto por outras pessoas? Qual seu estilo? Quais os determinantes (traços de personalidade, motivações) de seu papel de liderança? Quais seus pontos fortes e fracos?

9. Para que a "liderança sem líder" funcione, quais são as condições? Você já vivenciou ou testemunhou uma situação de "liderança sem líder"? Descreva e explique.

10. Algumas empresas usam exercícios de dinâmica de grupo para identificar o potencial de liderança nos candidatos a *trainees* gerenciais.
    - Em que tipo de competência se baseia a identificação do potencial nesses exercícios?
    - Você já passou por um teste desses? Qual sua experiência?
    - Se fosse passar por um teste desses, como acha que deveria se comportar? Qual acha que seria seu desempenho?
    - Se todos os participantes do exercício tivessem que demonstrar potencial de liderança, qual seria a estratégia mais apropriada para superá-los?

11. Em sua opinião, quais dos métodos a seguir são mais apropriados para identificar o potencial de liderança?
    - Experiência – por exemplo, como oficial nas forças armadas, como dirigente de algum tipo de organização, como liderança acadêmica.
    - Demonstração prática para os selecionadores – por exemplo, participar de um debate com outros candidatos, conduzir uma sessão de treinamento de algum tipo de atividade, liderar os colegas numa atividade ao ar livre.
    - Observação de traços de comportamento ao longo de um período probatório – por exemplo, iniciativa, disposição para falar e argumentar, autocontrole.
12. Você foi convidado a delinear um programa de treinamento para o desenvolvimento de lideranças numa organização social. Quais são as principais atividades que você propõe?

# Parte V

## Administração Avançada

**Capítulo 17** – Pensamento Sistêmico

**Capítulo 18** – Representações Complexas das Organizações

**Capítulo 19** – Ética nas Organizações

**Capítulo 20** – Cultura Organizacional

**Capítulo 21** – Agilidade Organizacional

# 17
# Pensamento Sistêmico

## OBJETIVOS

Ao completar o estudo deste capítulo, você deverá estar preparado para explicar e exercitar os seguintes conceitos:

» Sistema e enfoque sistêmico (ou pensamento sistêmico).
» Complexidade.
» Importância e aplicações do pensamento sistêmico na administração.
» Organizações como sistemas em interação com ambientes.
» Modelo Cynefin.
» Gestão 3.0.

## INTRODUÇÃO

**Complexidade** é uma ideia com muitas definições, é atributo de situações, objetos, conceitos, pessoas e formas de raciocinar, entre outras coisas. Entender e lidar com a **complexidade** são os objetivos do **pensamento sistêmico**. Desenvolvendo seu pensamento sistêmico, você passa a dominar uma ferramenta intelectual que permite analisar, compreender e administrar **situações complexas**.

*Complexo* vem do latim *com* (junto) + *plexus* (particípio de *plectere*, que significa *trançar* e *entrelaçar*).[1] Literalmente, complexo é aquilo que tem muitas dobras ou é entrelaçado.

---

1 MORRIS, W. *The American Heritage Dictionary of the English Language.* New York: American Heritage Publishing, 1970.

Figurativamente, é complexo aquilo que se compõe de muitas partes, que é difícil de manejar ou entender, que tem muitas variáveis, que é formado de diferentes elementos, que não se consegue visualizar totalmente. Complicado e complexo têm a mesma raiz e indicam desafios para a mente.

A complexidade é ideia central do pensamento sistêmico. Segundo Bertalanffy, o principal guru do pensamento sistêmico, "a tecnologia e a sociedade tornaram-se tão complexas que as soluções tradicionais não são mais suficientes. É necessário utilizar abordagens de natureza holística ou sistêmica, generalistas ou interdisciplinares".[2]

A administração lida com inúmeras situações complexas: recursos materiais múltiplos, pessoas, partes interessadas, unidades organizacionais, canais de distribuição etc. Todas essas variáveis estão entrelaçadas em relacionamentos também complexos.

Em resumo, muitas situações que os administradores enfrentam são formadas por muitas variáveis. Complexidade é a condição normal que as organizações e os administradores devem enfrentar.

Complexidade, sistemas e pensamento sistêmico são ferramentas intelectuais dos administradores.

## 1 DEFINIÇÕES DE COMPLEXIDADE

A complexidade de uma situação pode ser definida em termos de:

- **Incerteza**: é "a diferença entre a quantidade de informação necessária para realizar uma tarefa e a quantidade de informação da qual se dispõe".[3] A incerteza pode afetar os objetivos da tarefa, os métodos para realizá-la e todas as variáveis que a tarefa ou situação comporta. Nesse sentido, incerteza é equivalente a falta de conhecimento.
- **Quantidade e hostilidade**: de partes interessadas na tarefa, situação ou problema. É o que ocorre numa negociação entre partes em conflito.
- **Porte**: duração, volume de recursos, tamanho de um produto, por exemplo, são critérios que também afetam a complexidade.
- **Abrangência**: conforme os problemas progridem do individual para o social, a complexidade aumenta. Uma crise econômica que afeta vários países, por exemplo, é problema inerentemente complexo.
- **Dificuldade técnica**: profundidade e extensão dos conhecimentos necessários para resolver um problema ou enfrentar uma situação.
- **Dinamismo e dificuldades impostas pelo ambiente**: concorrência, oferta/demanda de matérias-primas, evolução da tecnologia, comportamento da sociedade, demografia etc.

A complexidade, além de ser definida por condições objetivas da situação, pode ser subjetiva: depende de atributos da pessoa que está enfrentando a situação. A **complexidade percebida** está associada a fatores pessoais como idade, experiência e formação:

- A complexidade é **função decrescente da idade**. Os mais maduros percebem menos complexidade nas situações gerenciais.

---

2 BERTALANFFY, L. von. *General system theory*. New York: George Braziller, 1968.

3 Autoria dessa definição indeterminada.

- A percepção de complexidade aumenta com o tamanho da empresa, já que aumentam as interações e o grau de formalidade da gestão. O ambiente organizacional parece desempenhar papel importante no grau de complexidade da situação.
- As situações mais complexas são: gestão de crises e imprevistos, gestão de conflitos, tomada de decisão em situações de informação insuficiente, desligamento de colaborador e questionamento da ordem.[4]

Consideremos agora como a complexidade afeta as organizações e a administração.

## 2 SITUAÇÕES COMPLEXAS

A maioria dos problemas e situações, seja qual for sua extensão e seu conteúdo, é produto de múltiplas causas e fonte de inúmeras consequências. Os acidentes de trânsito exemplificam esse ponto. Excesso de velocidade, alcoolismo, má conservação dos veículos, falta de habilitação estão entre as causas. Danos pessoais e materiais, sofrimentos para as famílias envolvidas e necessidade de cuidados e terapias são algumas consequências. Os problemas são mais ou menos complexos, mas não há problemas que sejam totalmente simples (Figura 17.1).

**Figura 17.1**
A complexidade é formada por muitas causas e consequências.

### 2.1 Problemas complexos da sociedade moderna

A sociedade moderna oferece problemas de natureza intrinsecamente complexa, causados pela interação de diferentes fatores. Grandes concentrações urbanas, crise econômica afetando todo o mundo, esgotamento de recursos naturais, aquecimento global e mudanças climáticas, entre inúmeros outros problemas, caracterizam a complexidade da situação contemporânea para os administradores das organizações públicas e privadas.

Muitas organizações não estão diretamente empenhadas em enfrentá-los, mas esses problemas, em maior ou menor grau, afetam todas e aumentam o número de variáveis que os administradores devem considerar em suas decisões.

---

4 LEROY, D. et al. *Estudo internacional sobre as situações gerenciais em projetos*. Curitiba: MundoPM, v. 9, série 50, p. 66-73, 2013.

## 2.2 Organizações envolvidas em problemas complexos

Há na sociedade moderna organizações que estão incumbidas especificamente de enfrentar problemas muito complexos. Muitas dessas organizações não são singulares, mas resultam da interação e colaboração de diferentes organizações.

Defesa civil, portos e aeroportos, organizações multilaterais, como consórcios de empresas, prefeituras de grandes cidades, entrepostos de abastecimento, cooperativas, montadoras de veículos e outros empreendimentos similares, são colmeias ou condomínios de organizações. Esses condomínios são complexos e seus problemas de administração são muito mais difíceis que aqueles de organizações singulares, por maiores que sejam.

# 3 SOLUÇÕES COMPLEXAS PARA SITUAÇÕES COMPLEXAS

A ferramenta que lida com a complexidade é o **enfoque sistêmico** (ou **pensamento sistêmico**), que possibilita: (1) visualizar a interação de componentes que se agregam em totalidades ou conjuntos complexos; (2) entender a multiplicidade e a interdependência das causas e variáveis dos problemas complexos; e (3) criar soluções para problemas complexos.

O pensamento sistêmico, com sua perspectiva das interpretações e soluções para problemas complexos, complementa e integra os conhecimentos especializados da administração.

# 4 A IDEIA DE SISTEMA

O ponto de partida do enfoque sistêmico é a **ideia de sistema**. Cientistas e filósofos há muito vêm trabalhando com a ideia de sistema, para ajudar a entender e dar soluções complexas para problemas complexos.

**Sistema é um todo complexo ou organizado; é um conjunto de partes ou elementos que formam um todo unitário ou complexo.** Um conjunto de partes que interagem e funcionam como todo é sistema. Qualquer entendimento da ideia de sistema compreende:

- Um conjunto de entidades chamadas partes, elementos ou componentes.
- Alguma espécie de relação ou interação das partes.
- Propriedades do conjunto que são superiores às dos componentes individuais.

Os sistemas são feitos de dois tipos de componentes ou partes:

1. Físicos ou concretos, ou itens materiais, como equipamentos, máquinas, peças, instalações e até mesmo pessoas. Esse é o *hardware* dos sistemas.
2. Conceituais ou abstratos, como conceitos, ideias, símbolos, procedimentos, regras, hipóteses e manifestações do comportamento intelectual ou emocional. Esse é o *software* dos sistemas.

Muitos sistemas são formados por uma combinação de elementos físicos e abstratos. Em alguns sistemas, predomina um tipo de componente.

O próprio enfoque sistêmico é um sistema de ideias. Trata-se de uma proposição consolidada em inúmeras disciplinas, que pode ser caracterizada como filosofia ou forma de produzir, interpretar e utilizar conhecimentos. Essa filosofia tem aplicações em todas as áreas da atividade e do raciocínio humanos, e também como método de resolver problemas e organizar conjuntos complexos de componentes.

## 5 ESTRUTURA DOS SISTEMAS

Qualquer sistema pode ser representado como conjunto de elementos ou componentes interdependentes, que se organizam em três partes: (1) entradas, componentes ou insumos; (2) processo de interação entre as partes e de transformação dos insumos; e (3) saídas ou resultados.[5] Essa representação é uma das **ferramentas do pensamento sistêmico**.

A situação concreta que mais facilmente ilustra um sistema é a fábrica (ou qualquer sistema de produção). A fábrica – em si um dos componentes – processa (transforma) entradas como matérias-primas, energia e mão de obra para fornecer produtos – as saídas. As entradas e as saídas fazem o sistema interagir com outros sistemas, que formam o ambiente (Figura 17.2). O ambiente é um sistema de sistemas.

**Figura 17.2** Estrutura dos sistemas.

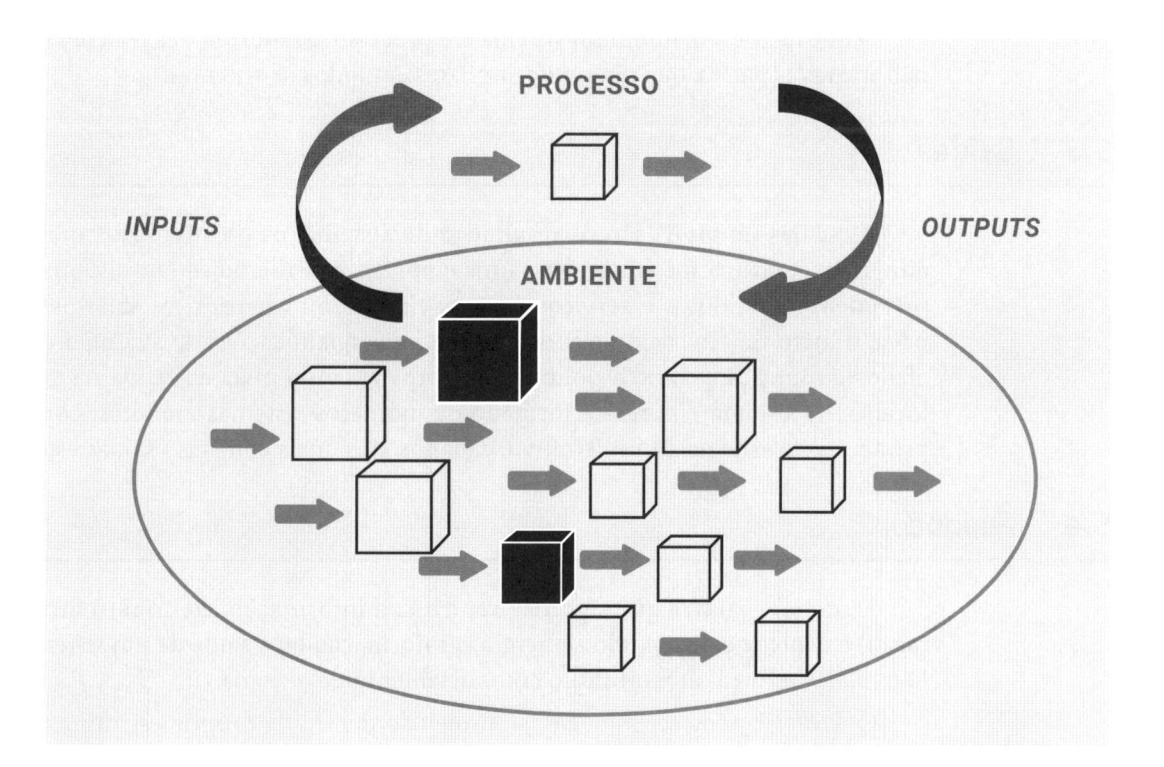

### 5.1 Entradas

As **entradas** (*inputs*) compreendem os componentes do sistema: são os elementos ou recursos físicos e abstratos de que o sistema é feito, incluindo todas as influências e os recursos recebidos do meio ambiente. Por exemplo, um sistema de produção de veículos compreende os seguintes componentes, entre outros:

- Sistema de projeto do produto.
- Fornecimento de peças intercambiáveis.
- Máquinas e equipamentos.

---

5   Essa definição também se aplica a processo. A definição de processo, que veremos novamente neste capítulo e em outras partes do livro, enfatiza as transformações de insumos em saídas do sistema.

- Trabalhadores especializados.
- Procedimentos padronizados de montagem.
- Instalações de montagem.

## 5.2 Processo

Todo sistema é dinâmico e tem **processos** que interligam os componentes e transformam os elementos de entrada em resultados. Cada tipo de sistema tem um processo ou uma dinâmica própria. Todas as organizações usam pessoas, dinheiro, materiais e informação, mas um banco é diferente de um exército e os dois de uma escola e esses três de um hospital, por causa das diferenças nos processos internos e nos resultados de cada um. São diferentes a tecnologia, as normas e os regulamentos, a cultura e os produtos e serviços que cada um produz.

O que define a natureza do sistema é o processo, a natureza das relações entre as partes, e não apenas as partes, que são muito similares em todos os sistemas.

## 5.3 Saídas

As saídas (*outputs*) são os resultados do sistema, os objetivos que o sistema pretende atingir ou efetivamente atinge. Para uma empresa, considerada como sistema, as saídas compreendem os produtos e serviços para os clientes ou usuários, os salários e impostos que paga, o lucro de seus acionistas, o aumento das qualificações de sua mão de obra e outros efeitos de sua ação, como a poluição que provoca ou o nível de renda na cidade em que se localiza. O sistema-empresa é formado de inúmeros sistemas menores, como o sistema de produção e o sistema administrativo, cada um dos quais com suas saídas específicas.

## 5.4 *Feedback*

*Feedback* (palavra que significa retorno da informação, efeito retroativo ou realimentação) é o que ocorre quando a energia, a informação ou a saída de um sistema a ele retorna. O *feedback* reforça ou modifica o comportamento do sistema.

O *feedback* pode ser intencional, projetado dentro da própria estrutura do sistema, para cumprir uma finalidade de controle ou reforço. Um mecanismo de *feedback* que provavelmente a maioria das pessoas conhece e que tem uma finalidade de controle é o velocímetro. Com ele, o motorista compara o comportamento do veículo com a velocidade permitida e faz os ajustes necessários (especialmente se houver um aviso de controle por radar). Outro mecanismo de *feedback* planejado são as provas escolares, que permitem ao estudante e à direção da escola avaliar e reforçar seu desempenho.

## 6 SINERGIA

**Sinergia** é uma propriedade dos sistemas. Sinergia é o conceito de que o todo é maior que a simples soma de suas partes. Um sistema ou conjunto de recursos tem sinergia quando o resultado da interação das partes é maior que a simples soma das partes.

Por exemplo, um grupo de pessoas que interagem pode formar uma família, empresa ou cidade. Sem interação, são apenas um aglomerado de pessoas, como os passageiros de um ônibus. Sem interação, o grupo não é mais do que a simples agregação de seus componentes. É a interação que produz o efeito que faz surgir o sistema.

## 7 TEORIA GERAL DOS SISTEMAS

O método que procura entender como os sistemas funcionam é a teoria geral dos sistemas, desenvolvida pelo cientista alemão Ludwig von Bertalanffy. Ele observou, na década de 1930, que a ciência se acostumara a tratar de modo compartimentado muitos problemas que exigiam uma abordagem mais ampla ou holística.

Ele formulou, então, as duas ideias básicas de sua teoria geral dos sistemas: interdependência das partes e tratamento complexo da realidade complexa.

1. **Interdependência das partes**: "para compreender, é preciso analisar não apenas os elementos, mas também suas inter-relações: a inter-relação das enzimas na célula, de muitos processos mentais conscientes e inconscientes, a estrutura e a dinâmica dos sistemas sociais. Isso exige a exploração dos muitos sistemas no universo à nossa volta, com todas suas particularidades". Em resumo, os sistemas são todos ou totalidades formadas de partes interdependentes.

2. **Tratamento complexo da realidade complexa**: de acordo com Bertalanffy, é necessário aplicar vários enfoques para entender uma realidade que se torna cada vez mais complexa e para lidar com ela: "A tecnologia e a sociedade hoje em dia tornaram-se tão complexas que as soluções tradicionais não são mais suficientes. É necessário utilizar abordagens de natureza holística ou sistêmica, generalistas ou interdisciplinares." Segundo a teoria geral dos sistemas, os limites de um sistema dependem não do próprio sistema, mas do observador. As fronteiras entre os sistemas, ou entre o sistema e seu ambiente, são arbitrárias. Enxergar sistemas é a habilidade que corresponde a essa ideia. Mais tarde, outros autores reforçariam essa ideia, recusando as definições de sistemas como entidades com atributos objetivos. Sistemas devem ser definidos em termos da percepção e das distinções traçadas pelos observadores. São **constructos**, entidades construídas cognitivamente pelas pessoas. No extremo, **sistema é o que se percebe como sistema**.

## 8 ORGANIZAÇÕES COMO SISTEMAS

Uma ideia resultante do enfoque sistêmico é a definição da organização como sistema: **uma organização é um sistema composto de elementos ou componentes interdependentes**. A compreensão dos elementos que interagem nas organizações é uma habilidade básica para os administradores. Sob a perspectiva do enfoque sistêmico, a organização revela-se como conjunto de pelo menos dois sistemas (ou subsistemas) que se influenciam mutuamente: o sistema técnico e o social.

- **Sistema técnico**: é formado por recursos e componentes físicos e abstratos, e que, até certo ponto, independem das pessoas: objetivos, divisão do trabalho, tecnologia, instalações, duração das tarefas, procedimentos.
- **Sistema social**: é formado por todas as manifestações do comportamento dos indivíduos e dos grupos: relações sociais, grupos informais, cultura, clima, atitudes e motivação.

Como os limites dos sistemas são arbitrários e dependem do observador, podem-se imaginar outros sistemas, além do social e do técnico. Por exemplo, é possível distinguir três sistemas, e não apenas dois, nas organizações: o social, o estrutural e o tecnológico. Como os sistemas são constructos produzidos cognitivamente, você próprio pode enxergar outros sistemas dentro da organização. Experimente.

# 9 ANÁLISE E PLANEJAMENTO DE SISTEMAS

A capacidade de planejar e construir sistemas que funcionem bem é necessária para a eficácia das organizações e para a qualidade de vida dos usuários e da sociedade de modo geral. Essa necessidade conduz a moderna teoria dos sistemas para sua aplicação prática: análise e planejamento. Para analisar ou planejar sistemas, os elementos são: ambiente, objetivos, componentes, processo e governança.

## 9.1 Ambiente

Todo sistema está integrado dentro de um ambiente, formado por outros sistemas que se organizam em sistemas cada vez maiores. Os sistemas importam energia do ambiente e a processam, para transformá-la e devolvê-la aos outros sistemas.

Na análise de qualquer sistema, é necessário entender qual seu ambiente e seu papel dentro dele: as relações de interdependência, as fontes de recursos, os destinatários dos produtos e serviços, as regras que devem ser obedecidas. Principalmente, a análise deve focalizar a missão do sistema dentro do ambiente: sua utilidade para outros sistemas.

## 9.2 Objetivos

Em qualquer processo de análise ou planejamento de sistemas é fundamental a compreensão dos objetivos. Um sistema deve sempre ser descrito ou projetado em termos de seus objetivos reais ou pretendidos, e depois em termos de seus componentes ou elementos. É a clareza dos objetivos que permite o correto dimensionamento dos componentes e do processo do sistema. As principais perguntas que permitem entender e planejar os objetivos do sistema são as seguintes:

- Qual é a finalidade do sistema?
- Que critérios ou indicadores se utilizam ou se podem utilizar para avaliar a eficácia do sistema?
- Quem são os clientes ou usuários do sistema?

## 9.3 Componentes

Os componentes de um sistema dependem dos objetivos, podendo ser concretos ou abstratos. Um sistema de produção é feito de máquinas, pessoas, instruções para operação, peças, fornecedores, instalações e muitos outros elementos. Um sistema de informações é feito de pessoas, pontos de monitoramento, equipamentos de processamento, documentos, resumos e relatórios, entre outros elementos.

Algumas das perguntas que se deve fazer na análise de um sistema são as seguintes:

- Quais são as partes, os elementos ou componentes do sistema?
- Qual a natureza de cada componente?
- Onde esses componentes podem ser encontrados ou adquiridos?
- O que se deve fazer para obter a participação desses componentes?

Um aspecto importante a analisar em qualquer sistema é a possível ausência de componentes ou a degeneração de algum componente.

## 9.4 Processo

O processo de um sistema é a maneira como os componentes se relacionam para criar uma sequência de operações ou procedimentos que produzem os resultados esperados. O processo cria um ritmo, a velocidade segundo a qual o sistema funciona.

**Tempo de ciclo** é a expressão usada para indicar o tempo que transcorre entre o início e o fim de um processo. Por exemplo: o tempo que vai desde que um cliente faz um pedido até o momento em que a encomenda é entregue.

Os processos criam operações que transformam os *inputs* em *outputs*. Nos sistemas de produção, máquinas e equipamentos transformam a matéria-prima em peças e componentes que se agregam em partes cada vez maiores, até chegar ao produto final. As principais perguntas relacionadas ao processo que se deve fazer na análise e no planejamento de um sistema são as seguintes:

- Que operações devem ser realizadas para que os objetivos sejam atingidos?
- De que modo os componentes do sistema devem ser organizados para que as operações sejam realizadas?
- Qual o tempo de ciclo do processo?

## 9.5 Governança

O ingrediente final de qualquer sistema é outro sistema, de governança. O objetivo desse sistema é garantir a realização dos objetivos. A governança e o *feedback* gerenciam a informação necessária para que o sistema seja capaz de regular seu próprio funcionamento. As principais perguntas relacionadas com a governança do sistema são as seguintes:

- Como garantir a realização dos objetivos do sistema?
- Que informações indicam se o sistema está atingindo seus objetivos?
- Como podem ser obtidas essas informações?
- Que decisões devem ser tomadas?

## 10 CONTRIBUIÇÃO AO ESTUDO E GESTÃO DA COMPLEXIDADE

Por muito tempo, organizações em todo o mundo se habituaram a usar as melhores práticas para resolver problemas. Se funcionava em uma, deveria funcionar em outras. Mas a eficácia dessa abordagem começou a ser questionada a partir de meados do século XX. As soluções que funcionaram para uma empresa já não eram tão fáceis de replicar para outra. Parecia que a "magia" das boas práticas não era mais tão atraente.

Dave Snowden, então consultor sênior da IBM, desenvolveu um estudo significativo sobre as histórias organizacionais, particularmente sobre a transmissão de conhecimento tácito nas empresas, nesse contexto. Ele foi um dos membros da equipe que criou a estrutura de tomada de decisão conhecida como Cynefin[6] no início do século XXI. O Cynefin representa uma mudança significativa na maneira como as organizações abordam a resolução de problemas; ele se afasta da premissa de previsibilidade e repetibilidade e se concentra em complexidade e emergência.

---

6  Pronuncia-se quinéfin.

O Cynefin classifica os problemas em cinco contextos diferentes, baseados na natureza da relação causal: claro, complicado, complexo, caótico e confuso. Cada um desses casos requer uma maneira diferente de tomar decisões:

1. **Claro**: caracterizado pela estabilidade e uma clara relação de causa e efeito. Aqui, as decisões são baseadas em melhores práticas estabelecidas.
2. **Complicado**: esse é o domínio dos especialistas. Embora haja uma relação de causa e efeito, ela não é tão óbvia, necessitando de análise especializada para encontrar a melhor prática para uma dada situação.
3. **Complexo**: aqui, a relação de causa e efeito não pode ser estabelecida. Esse domínio requer a experimentação e a busca de um padrão emergente, um ambiente seguro para falhar e aprender.
4. **Caótico**: neste domínio, a relação entre causa e efeito é impossível de ser estabelecida. Requer respostas rápidas para estabilizar a situação antes que a tomada de decisões possa ocorrer.
5. **Confuso**: este domínio é aplicável quando não há clareza sobre qual dos outros quatro domínios é predominante.

O *framework* Cynefin oferece uma contribuição única para a tomada de decisão, incentivando a compreensão, ou criação de sentido sobre o contexto em que um problema se encontra, antes de construir uma estratégia para resolvê-lo. Essa contribuição é particularmente importante no ambiente organizacional, aprimorando a compreensão da complexidade dos desafios e enfatizando a necessidade de adotar uma variedade de abordagens para solucioná-los. Como resultado, opõe-se à mentalidade de "melhores práticas" ou "tamanho único" e enfatiza a importância da adaptabilidade e resiliência em um ambiente cada vez mais imprevisível e complexo.

## 11 GESTÃO 3.0

Gestão 3.0 é outra contribuição importante para a inclusão da complexidade e do pensamento sistêmico na caixa de ferramentas do administrador no século XXI.

Para entender a Gestão 3.0, é fundamental conhecer suas predecessoras, a Gestão 1.0 e a 2.0, bem como os importantes experimentos que moldaram nossa compreensão do comportamento humano no local de trabalho.

A Gestão 1.0 é o modelo que nasceu com a Revolução Industrial. Com forte viés industrial, as pessoas são comparadas a peças em uma grande engrenagem, caracterizada por uma estrutura de comando e controle rígida.

A Gestão 2.0 nasceu da compreensão do ser humano como o ativo mais importante da organização. No entanto, esse estágio falhou quando transformou a gestão em prêmio, símbolo de ascensão profissional, criando escassez e competição nas organizações. Isso resultou em uma situação em que muitos se tornaram gestores por motivos incorretos – não para se preocupar com o sistema ou os outros, mas para obter reconhecimento e autoridade. A centralização da gestão e esse fenômeno resultaram em um ambiente de trabalho infeliz e instável.

O "Caso de Melly Shum" é um exemplo notável dessa questão. Melly Shum é um nome emblemático na área de gestão e cultura organizacional. Quando se fala em inadequação no ambiente de trabalho, infelicidade e necessidade de mudança, o caso de Melly é frequentemente mencionado.

A história de Melly Shum vem de um cartaz exibido na cidade de Roterdã, na Holanda. Em 1990, a Witte de With Center for Contemporary Art encomendou ao artista canadense

Ken Lum uma obra para sua fachada. O resultado foi um *outdoor* com a foto de uma mulher sorridente em um escritório com a legenda: "Melly Shum odeia o seu trabalho". Desde então, Melly Shum tornou-se um símbolo de descontentamento no local de trabalho.

Embora Melly Shum seja uma personagem fictícia, sua situação ressoa com muitos trabalhadores ao redor do mundo. Ela representa todos os empregados que se sentem insatisfeitos, desvalorizados, ou simplesmente odeiam seus trabalhos.

A Gestão 3.0, conceituada por Jurgen Appelo, surge como resposta a essas questões. Essa abordagem vê a gestão não como uma função centralizada, mas como uma responsabilidade compartilhada por todos na organização. Ela se sustenta em duas bases fundamentais e seis visões.

As duas bases fundamentais da Gestão 3.0 são a Gestão e Liderança e o Pensamento Complexo. A Gestão e Liderança propõem que a gestão não deve ser centralizada, mas compartilhada por todos na organização, independentemente de suas posições formais. Todos devem se sentir habilitados para liderar e gerir suas próprias responsabilidades e projetos. Isso promove o envolvimento e a propriedade, ao mesmo tempo em que ajuda a criar um ambiente de trabalho mais colaborativo e produtivo.

O Pensamento Complexo, por outro lado, aborda a complexidade inerente às organizações modernas. As organizações são vistas como sistemas adaptativos complexos, organismos vivos, que estão sempre mudando e evoluindo. Em vez de tentar controlar cada aspecto individualmente, a Gestão 3.0 propõe que devemos focar em gerenciar o sistema como um todo. Isso requer uma abordagem mais flexível e adaptável, que possa responder às mudanças e incertezas.

Agora, vamos às seis visões da Gestão 3.0:

1. **Energizar as pessoas**: isso envolve entender o que motiva as pessoas e criar um ambiente de trabalho que as energize e as faça sentir-se valorizadas.

2. **Empoderar as equipes**: a Gestão 3.0 promove a autonomia das equipes, permitindo-lhes tomar suas próprias decisões e serem responsáveis por seus resultados.

3. **Alinhar restrições**: isso se refere ao equilíbrio entre dar às equipes a liberdade de experimentar e estabelecer certas diretrizes e restrições para garantir a consistência e o alinhamento com os objetivos da organização.

4. **Desenvolver competências**: a Gestão 3.0 entende que o desenvolvimento contínuo de habilidades e competências é fundamental para o sucesso de longo prazo de uma organização.

5. **Crescer a estrutura**: isso envolve a adaptação constante da estrutura organizacional para atender às necessidades em constante mudança da organização e de seu ambiente. É importante ressaltar que o verbo "crescer", aqui, é uma tradução para "*grow*", que possui uma perspetiva de cultivo ou desenvolvimento, mais do que simplesmente crescimento.

6. **Melhorar tudo**: essa visão enfatiza a melhoria contínua, encorajando a experimentação e a aprendizagem a partir dos erros.

O objetivo principal da Gestão 3.0 é estabelecer um ambiente de trabalho em que os funcionários se sintam valorizados, envolvidos e capazes de tomar decisões por conta própria. É sobre entender a complexidade inerente às organizações modernas e administrar o sistema como um todo, em vez de tentar controlar cada aspecto de forma específica. De acordo com essas seis perspectivas, a Gestão 3.0 oferece um novo caminho para a gestão, considerando a "modernidade líquida"[7] do século XXI.

---

7   A expressão "modernidade líquida" é um conceito cunhado por Zygmunt Bauman para descrever a natureza fluida e volátil da sociedade contemporânea, onde as mudanças são constantes e nada permanece estável por muito tempo. BAUMAN, Z. *Liquid modernity*. Cambridge: Polity Press, 2000.

## QUESTÕES E EXERCÍCIOS

1. Usando suas próprias palavras, defina complexidade.
2. Dê exemplos de situações complexas, que se encaixem em sua definição.
3. Qual é a relação entre complexidade e pensamento sistêmico?
4. Explique a ideia das organizações como sistemas.
5. Explique os elementos que formam um sistema.
6. Que elementos devemos focalizar ao analisarmos um sistema?

# 18
# Representações Complexas das Organizações

## OBJETIVOS

Ao completar o estudo deste capítulo, você deverá estar preparado para explicar e exercitar os seguintes conceitos:

» Evolução dos conceitos de orgânico e mecanicista como representação das organizações.
» Imagens das organizações.
» Aprendizagem organizacional.

## INTRODUÇÃO

Modelos são representações abstratas das organizações reais. Max Weber criou um modelo no qual o principal eram as regras burocráticas.

No atual estágio dos estudos sobre as organizações, existem **modelos complexos** – ou **representações complexas** das organizações, com até oito tipos.

Esses modelos preservam e ao mesmo tempo expandem e aprimoram as concepções de Max Weber e dos outros autores. Em seguida, serão examinadas as **imagens**, que procuram classificar as organizações em certas categorias ou representá-las por meio de metáforas. Depois, encerrando o capítulo, serão examinadas as teorias sobre a **aprendizagem organizacional**.

# 1 ORGANIZAÇÕES SEGUNDO MINTZBERG

Para Mintzberg, há sete tipos ou configurações de organizações (Figura 18.1). Cada tipo é caracterizado pela parte da organização que é mais importante para suas operações. Essa parte mais importante (*key part*) influencia a organização e define sua estrutura. A existência de uma parte mais importante e a estrutura da organização dependem de certas condições que variam de um caso para outro. Os gerentes devem entender a configuração de sua organização para garantir a harmonia de suas partes e seu funcionamento eficaz. Uma organização em particular pode apresentar mais de uma configuração ao mesmo tempo, ou configurações diferentes em partes diferentes.[1]

**Figura 18.1** Organizações segundo Mintzberg.

EMPRESARIAL | MÁQUINA | PROFISSIONAL | DIVERSIFICADA

INOVADORA | MISSIONÁRIA | POLÍTICA

## 1.1 Organização empresarial

A **organização empresarial** é o tipo mais simples de organização, fortemente centralizada no executivo principal ou no empreendedor que a fundou e a dirige. Concessionárias de veículos, lojas, uma **nova agência do governo** ou uma ativa empresa industrial de pequeno porte são exemplos desse tipo de configuração.

- Na organização empresarial, a **cúpula estratégica** (*strategic apex*) é a parte mais importante. Essa parte é representada pelo presidente ou executivo principal e seus auxiliares diretos.
- Favorecem essa configuração as condições clássicas da empresa dirigida pelo fundador e proprietário, que atua num ambiente relativamente simples, embora dinâmico, com o qual uma única pessoa consegue lidar. Muitas organizações passam por este estágio estrutural em seus primeiros anos. Algumas, que permanecem pequenas ou médias, preservam esse modelo. As organizações empresariais permitem acesso direto ao chefe e a proximidade com a missão. Outras pessoas podem achá-las autocráticas e paternalistas, além de frágeis, porque dependem de uma única pessoa.

## 1.2 Organização máquina

Grandes empresas industriais, companhias aéreas e usinas siderúrgicas são exemplos de organizações com a configuração da **organização máquina**. As atividades da organização máquina têm caráter repetitivo, favorecendo a uniformidade dos procedimentos e a padronização das práticas administrativas.

- Na organização máquina, similar ao ideal weberiano, a parte mais importante é a **tecnoestrutura**, que compreende os especialistas e dirigentes de áreas como

---

1  MINTZBERG, H. *The structuring of organizations*. Englewood Clifs: Prentice Hall, 1979.

planejamento, finanças, treinamento e pesquisa operacional. A organização máquina não depende de uma única pessoa. Frequentemente, é controlada por uma cúpula corporativa ou pelo governo.
- Os técnicos (membros da tecnoestrutura) buscam a padronização, que rotiniza as tarefas e possibilita o controle por meio de regulamentos. É altamente centralizada, com o poder dividido entre a cúpula estratégica e a tecnoestrutura.

## 1.3 Organização profissional

A **organização profissional** baseia-se na gestão do conhecimento. São exemplos de organizações profissionais as escolas, os hospitais, os escritórios de advogados, contadores e arquitetos, as empresas especializadas em *design* de moda e as agências de publicidade. Quem tem o conhecimento são os especialistas, as pessoas como os professores, contadores, médicos ou advogados.

- A parte mais importante da organização profissional é o **núcleo operacional** (*operating core*), que compreende as pessoas envolvidas diretamente no fornecimento de produtos e serviços. Num hospital, são os médicos e enfermeiros; numa escola, são os professores.
- A organização profissional é dominada por especialistas com treinamento avançado, que apreciam a autonomia e exercem atividades que exigem habilidades técnicas ou artesanais. Os profissionais são independentes, porque os leigos não podem interferir em seu trabalho. Assim, o poder do conhecimento prevalece na organização profissional. A organização profissional também é influenciada por padrões externos, criada por associações e instituições profissionais, como os conselhos regionais das profissões regulamentadas.

## 1.4 Organização diversificada

As **organizações diversificadas** são as grandes corporações empresariais, com muitas unidades de negócios, assim como as grandes universidades que têm muitos *campi* e os ministérios governamentais que dirigem empresas estatais. Têm certa similaridade com a organização máquina, devido ao fato de serem controladas por um escritório ou administração central.

- A **linha média** é a parte mais importante da organização diversificada. A linha média compreende os gerentes de gerentes, que se situam entre a cúpula estratégica e o núcleo operacional. Na empresa industrial, são os chefes como os de produção e outros chefes abaixo deles. A distância da administração central e o tamanho fortalecem a linha média, ao redor da qual a organização funciona.
- A organização diversificada pode apresentar certa tendência ao feudalismo, quando as unidades de negócio têm autossuficiência, com suas divisões de marketing, compras, produção e finanças.

## 1.5 Organização inovadora

Agências espaciais, produtoras de filmes de arte, fábricas que produzem protótipos e empresas do ramo petroquímico são exemplos de **organizações inovadoras**. São organizações jovens, que enfatizam a pesquisa e precisam inovar constantemente, para lidar com ambientes dinâmicos. São singularmente orgânicas e descentralizadas.

- Na organização inovadora, ou *adhocracia*, a parte mais importante é o pessoal que faz **pesquisa e desenvolvimento** (P&D, *R&D, research and development*), ou que trabalha com o conhecimento, e de quem a inovação depende. Diferentemente da organização profissional, que busca a aplicação padronizada do conhecimento preexistente, a organização inovadora busca encontrar novos conhecimentos, por meio de equipes multidisciplinares que trabalham em projetos.
- A cooperação é o mecanismo básico de coordenação. A *adhocracia* é o modelo mais distante dos preceitos clássicos.

## 1.6 Organização missionária

Organizações religiosas, empresas japonesas e certas empresas ocidentais são exemplos de organizações com a configuração **missionária**.

- A organização missionária tem como parte mais importante não uma unidade ou grupo de pessoas, mas a **ideologia**. A ideologia (um sistema de valores e crenças) é o elemento aglutinador que mantém unidas as partes da organização missionária.
- Sentido de missão, liderança do tipo carismático e respeito às tradições são ingredientes que se combinam nas organizações missionárias, para reforçar a identificação e motivação das pessoas. A coordenação é exercida por meio de normas e reforçada por mecanismos de seleção e doutrinação de pessoas.

## 1.7 Organização política

As **organizações políticas** não têm parte mais importante, nem mecanismos de coordenação geral, e são caracterizadas pelo conflito.

- Todas as organizações, de acordo com Mintzberg, têm algum grau de conflito que se baseia num componente político. O conflito é positivo porque estimula a mudança.
- No entanto, quando se generaliza, o conflito pode comprometer o funcionamento da organização. É o que ocorre frequentemente na administração pública e em empresas privadas que passam por processos de fusão ou incorporação.

## 2 AS ORGANIZAÇÕES SEGUNDO MORGAN

Gareth Morgan é autor de proposta muito conhecida sobre as imagens das organizações. Morgan postula que todas as pessoas têm **imagens mentais** das organizações em que trabalham. Uma organização é vista de modo diferente por diferentes pessoas. A mesma pessoa também pode vê-la de diferentes maneiras. Conhecer as imagens mentais permite entender e administrar melhor as organizações. Morgan propõe oito imagens possíveis das organizações (Figura 18.2): máquinas, organismos vivos, cérebros, culturas, sistemas políticos, prisões psíquicas, sistemas em fluxo e transformação e instrumentos de dominação.[2]

---

2  MORGAN, G. *Imagens da organização*. São Paulo: Atlas, 1996.

**Figura 18.2**
Imagens de Morgan.

| MÁQUINA | ORGANISMO VIVO | CÉREBRO | CULTURA |
| SISTEMA POLÍTICO | PRISÃO PSÍQUICA | SISTEMA EM FLUXO E TRANSFORMAÇÃO | INSTRUMENTO DE DOMINAÇÃO |

## 2.1 Máquina

A organização imaginada como **máquina** enfatiza a organização e a hierarquia, procurando deixar bem claro quais são as responsabilidades e quem tem autoridade sobre quem. Lojas de cadeias de *fast food*, desfiles militares e departamentos de contabilidade são frequentemente vistos como máquinas. Disciplina, estabilidade e tratamento uniforme das pessoas são características que a máquina valoriza. Weber a descreveu em seu tipo ideal. Para Gareth Morgan, o ponto forte desse tipo de organização é o mesmo das máquinas reais: o funcionamento regular. Seu ponto fraco é a desumanização do trabalho.

## 2.2 Organismo vivo

O **organismo vivo** é a metáfora biológica das organizações; é o **modelo orgânico**. A ênfase está na capacidade de adaptação e não no arranjo ordenado das coisas. Os centros acadêmicos e os departamentos de criação das agências de propaganda são exemplos de organizações vivas. As tarefas e as linhas de autoridade podem ser mudadas continuamente, para permitir o alinhamento da organização com seu ambiente.

Morgan aponta como pontos fortes a flexibilidade dos sistemas abertos e a ênfase no desenvolvimento das competências humanas, o que é particularmente apropriado para lidar com ambientes turbulentos e competitivos, como é o caso dos ramos de alta tecnologia. Os organismos vivos, no entanto, não são indefinidamente adaptativos. Como também apontaram outros autores, o conflito interno que é característico dos sistemas orgânicos pode levá-los à obsolescência e à extinção.

## 2.3 Cérebro

A imagem do **cérebro** aplica-se às organizações em que a inteligência e o conhecimento estão espalhados em todos os lugares, como acontece nas instituições de pesquisa e nas universidades. Assim, qualquer parte da organização pode reproduzir e fazer o papel do todo. Além disso, cada parte aprende por si e, também aprende a aprender. A aprendizagem vai além da simples correção dos erros, para chegar até o questionamento e correção das condições que provocam os erros.

O cérebro pode ser feito de partes que não aprendem umas com as outras, ou não conseguem questionar seu próprio modo de trabalhar.

## 2.4 Cultura

A quarta imagem de Morgan é a das organizações como **culturas**. As pessoas que compartilham uma cultura interpretam situações e eventos da mesma maneira. É o que acontece nas organizações religiosas e nas que têm missões filantrópicas. A visão da cultura permite enxergar outros aspectos além dos formais e racionais, mostrando as possibilidades de mudança. Quando uma empresa de transportes vê seus passageiros como clientes, e não como carga, a mudança de perspectiva tem impacto positivo sobre a estratégia e a competitividade.

## 2.5 Sistema político

Como **sistema político**, a organização é feita de interesses de vários tipos: departamentais, grupais, pessoais e assim por diante. Além disso, pode ser democrática ou autocrática, ou ficar em algum ponto no meio desses dois extremos. Essa ideia mostra as empresas, e qualquer outro tipo de organização, como coalizões políticas com múltiplos objetivos que precisam ser compatibilizados. O processo de administrar organizações, segundo Morgan, deve reconhecer a natureza política das organizações.

## 2.6 Prisão psíquica

A visão das **prisões psíquicas** mostra as organizações com muito maior poder sobre as pessoas do que elas na realidade têm. As pessoas ficam confinadas a seus papéis limitados e tornam-se incapazes de pensar de maneira diferente da que acreditam ser a desejada pela organização. Essa ilusão ocorre apenas na mente das pessoas e pode ser rompida, de acordo com Morgan. Por isso, é responsabilidade dos gerentes derrubar as barreiras mentais e interpretar de maneira diferente suas tarefas e a organização em que trabalham.

## 2.7 Sistema em fluxo e transformação

A sétima imagem de Morgan é a das organizações em **contínuo processo de mudança** e intercâmbio com o ambiente. Essa imagem permite enxergar a necessidade de adaptação para a sobrevivência, em que a influência é recíproca, entre a organização e o ambiente. Todas as organizações são sistemas que funcionam como fluxos (processos), interagindo com o ambiente, e se transformam para se adaptar. A incapacidade de transformação torna a organização ineficaz e condena-a à extinção.

## 2.8 Instrumento de dominação

A última imagem de Morgan mostra as organizações como **instrumentos de dominação**. Os grandes empreendimentos, como a construção da Muralha da China, ou a Pirâmide de Quéops, são demonstrações do triunfo da técnica e da habilidade, e também do sacrifício de muitos para a glória de poucos. As organizações têm poder e o utilizam para se beneficiar, muitas vezes causando danos a seus empregados, ao ambiente e à sociedade.

## 3 APRENDIZAGEM ORGANIZACIONAL

Outra maneira de estudar as organizações é utilizar os conceitos da **aprendizagem organizacional**. Esse conceito interage com diferentes áreas do conhecimento: aprendizagem, capital humano, processos da gestão do conhecimento, inovação, processo decisório e resolução de problemas etc. Um dos fundamentos do conceito de aprendizagem organizacional é a associação com o processo decisório. É o processo de tomar decisões e resolver problemas que produz a aprendizagem.[3]

## 3.1 Argyris & Schön

Argyris e Schön pertencem à escola que interpreta as organizações como organismos e como imagens. Em suas palavras:

> Uma organização é como um organismo; cada uma de suas células contém uma imagem particular, parcial e mutável de si própria em relação ao todo. Como organismo, a prática da organização deriva dessas imagens. A organização é um artefato feito de maneiras individuais de representá-la. Assim, nossa investigação a respeito da aprendizagem organizacional deve focalizar não entidades estáticas chamadas organizações e sim o processo ativo de organizar que, no fundo, é um empreendimento cognitivo. Os participantes individuais se empenham continuamente em entender a organização e em se conhecer dentro do contexto da organização. Ao mesmo tempo, seus continuados esforços para conhecer e testar seu conhecimento representam o objeto de sua investigação. Organizar é uma investigação reflexiva...[4]

Os dois conceitos-chave de Argyris e Schön são: **aprendizagem de circuito simples** (*single loop learning*) e **aprendizagem de circuito duplo** (*double loop learning*).[5]

### 3.1.1 Aprendizagem de circuito simples

Na **aprendizagem de circuito simples**, a organização é capaz de detectar e corrigir erros, com base nas ferramentas – normas, objetivos e conhecimentos – existentes. Não há aquisição de novas competências; portanto, não há aprendizagem.

Não há aprendizagem porque as pessoas evitam questionar essas ferramentas. A discussão aberta das contradições e problemas da organização é arriscada e, portanto, evitada. O que se aprende é seguir as regras, só isso. Nesse processo, a aprendizagem tem reforço simples (*single loop*), fechando-se em si mesma. Argyris e Schön deram o nome de **Modelo I** às regras de comportamento que caracterizam os gerentes nesse tipo de ambiente. Essas regras formam a **teoria da prática** (*theory-in-use*). A teoria da prática contrasta com o discurso aberto, ou discurso oficial, no qual os gestores defendem pontos de vista avançados, como a gestão participativa e a liberdade de expressão, mas não os toleram.

### 3.1.2 Aprendizagem de circuito duplo

Para permitir a aprendizagem organizacional, Argyris e Schön propõem o **Modelo II**, que consiste em agir com base em informações obtidas de forma participativa e debates livres, para criar comprometimento interno e, principalmente, aprimorar as ferramentas de análise e decisão para resolver problemas. Os gerentes que seguem o Modelo II não são defensivos e, por isso, conseguem participar de um processo de **aprendizagem com reforço duplo** (*double loop learning*), em que há mudança de comportamento por meio da **aquisição de novas competências**.

---

3 CYERT, R. M.; MARCH, J. A. *A behavioral theory of the firm*. Englewood Cliffs: Prentice Hall, 1963.

4 ARGYRIS, C.; SCHÖN, D. *Organizational learning:* a theory of action perspective. Reading, Mass: Addison Wesley, 1978. p. 16-17.

5 *Op. cit.*

A proposta é auxiliar os gestores a identificar o lapso que há entre o discurso oficial e o comportamento real, que segue o Modelo I, de modo que as pessoas não se sintam ameaçadas e possam evoluir para o Modelo II. Argyris e Schön postulam que essa mudança para a aprendizagem organizacional só é possível quando há envolvimento da alta administração.

## 3.2 Peter Senge

Peter Senge, do MIT, foi aluno de Argyris em Harvard e por ele influenciado no estudo da aprendizagem organizacional. Senge postula que as organizações, para terem sucesso, devem aprender a lidar com a mudança contínua. Devem tornar-se sistemas que aprendem.[6]

Senge reconhece que as organizações têm certas características que as incapacitam para a aprendizagem. Por exemplo:

- Comprometimento excessivo das pessoas com sua própria posição dentro da empresa, sem preocupação com o todo.
- Atribuição de culpa e responsabilidade a fatores externos. As dificuldades são sempre os outros que criam: outros departamentos, o governo, a concorrência, que é desleal. Nunca se reconhecem as deficiências internas, o que prejudica a capacidade de aprender.
- Ilusão de que ser proativo significa atacar os outros que estão no ambiente externo, sem reconhecer a necessidade de mudança interna.
- Preocupação com eventos imediatos, que impede a visão de padrões de mudança de longo prazo.
- Incapacidade de perceber mudanças graduais, que representam ameaças maiores do que os eventos imediatos.
- Ilusão de que aprendizagem resulta apenas da experiência. As pessoas aprendem **também**, mas não exclusivamente, com a experiência. Nos ambientes complexos, muitas ações não produzem experiência imediata, de modo que as pessoas não aprendem.
- Mito de que a alta administração é coesa e tem consenso. Esse mito produz a eliminação de desacordos e resulta em compromissos que dão a impressão de que a cúpula é uma equipe unida.

Para combater essas dificuldades, Senge propõe cinco disciplinas:

(1) **Domínio pessoal** (*personal mastery*)

As pessoas devem procurar ter o mais alto nível possível de controle, não sobre outras pessoas, mas sobre si próprias. A primeira disciplina de Senge é o autocontrole ou disciplina pessoal, que significa a capacidade de as pessoas entenderem a si próprias e terem clareza quanto a seus objetivos.

A aprendizagem pessoal é a base da aprendizagem organizacional, porque, segundo Senge, as organizações não conseguem aprender mais do que seus integrantes. No entanto, poucas organizações estimulam a autodisciplina. Como resultado, tornam-se enormes repositórios de energia humana e potencial de aprendizagem que não se consegue desenvolver.

---

6   SENGE, P. N. *The fifth discipline*: the art and practice of the learning organization. New York: Century Doubleday, 1992.

(2) **Modelos mentais** (*mental models*)

A segunda disciplina compreende o questionamento dos modelos mentais implícitos que os membros da organização carregam. Modelos mentais, para Senge, são crenças, atitudes e percepções a respeito de clientes, produtos, ambiente, funcionários e outros aspectos da organização.

Os modelos mentais transformam-se em hábitos que dificilmente são questionados, muito menos abandonados. O sucesso da organização, no entanto, depende de sua capacidade de enxergar de maneira diferente e mudar costumes e procedimentos arraigados em sua cultura.

(3) **Visão compartilhada** (*shared vision*)

A terceira disciplina, a visão compartilhada, significa o entendimento comum a respeito do futuro da organização. A visão não é uma posição artificial para constar em manuais. Segundo Senge, uma visão genuína e aceita por todos os membros é uma das chaves para o sucesso da organização.

(4) **Aprendizagem em equipe** (*team learning*)

Num ambiente cooperativo, o grupo de trabalho consegue ser mais do que simples agrupamento de indivíduos. O potencial de sinergia desenvolve-se, possibilitando ao grupo ser mais inteligente que cada um de seus integrantes individualmente. Para que a inteligência grupal se materialize, a cooperação deve substituir as guerras entre feudos organizacionais.

(5) **Pensamento sistêmico** (*systems thinking*)

Pensamento sistêmico é a quinta disciplina, que permite integrar e compreender as demais. Para Senge, é necessário raciocinar de modo sistêmico, em vez de enxergar apenas o que está mais perto do observador. A contribuição principal da quinta disciplina é a arte de enxergar ao mesmo tempo a floresta e as árvores, e não apenas conjuntos destas últimas, o que é usual quando se tem visão imediatista.

## 4 CONTEXTO DAS ORGANIZAÇÕES

Aplicando os princípios do pensamento sistêmico, este final do capítulo analisará as organizações dentro de um contexto de **forças e partes interessadas**.

As **forças** que afetam as organizações são de quatro ordens: políticas, econômicas, sociais e tecnológicas (PEST). As **partes interessadas** são pessoas e outras organizações que têm interesse ou são afetadas pelo desempenho da organização. Do entendimento das forças e das partes interessadas dependem o planejamento estratégico e operacional, a gestão do desempenho e a própria sobrevivência da organização.

Um exemplo do efeito das forças PEST é a tecnologia da informação. Hoje, provavelmente todos os órgãos da administração pública têm *sites* na internet. É o mínimo que o cidadão pode esperar – ter acesso aos serviços públicos e ser atendido de maneira rápida e precisa, por meio do estado da arte tecnológico. No entanto, frequentemente se recebem notícias sobre falhas da administração pública na arquitetura e na manutenção dos *sites*.

O cidadão-usuário é a parte interessada mais importante da administração. Muitos serviços requerem sua presença para serem fornecidos. Agregando tecnologia e eficiência no uso dos recursos, pode-se citar outro exemplo: o Programa Poupatempo, sistema de atendimento rápido implantado em 1997 pelo governo do Estado de São Paulo. O Programa Poupatempo funciona em instalações com postos de atendimento de diversas organizações da administração pública. Entre os serviços mais utilizados estão: emissão de Carteira de Identidade, Carteira Nacional de Habilitação, Licenciamento de Veículos, Atestado de Antecedentes Criminais e Carteira de Trabalho.[7] Tão eficiente é o programa, e tão positiva a avaliação dos usuários, que se tornou modelo de atendimento seguido em outros estados.

Os interesses do usuário combinam-se com os de outras partes interessadas para comporem um sistema de exigências e necessidades que a organização deve atender. Por exemplo:

- **Servidores**: satisfação no trabalho, remuneração, planos de carreira.
- **Fornecedores**: pagamentos em dia, encomendas precisas, manutenção da relação de negócios.
- **Credores**: segurança, estabilidade gerencial, capacidade de pagar, cumprimento dos compromissos.

## QUESTÕES E EXERCÍCIOS

1. Selecione algumas organizações que você conheça e identifique com quais modelos de organização analisados neste capítulo elas se parecem.
2. A escolha do modelo de organização não é arbitrária, mas situacional: depende de fatores como o ambiente (mercado e concorrência), missão, tipo de mão de obra empregada etc. Explique como esses fatores determinam a escolha dos modelos organizacionais.
3. Você criou uma empresa especializada em fornecer uniformes para escolas de ensino fundamental. Você tem uma pequena oficina própria, mas a maior parte de sua produção é terceirizada. Atualmente, você fornece uniformes para duas escolas, mas pretende conseguir outros contratos. Sua demanda é altamente previsível: uma vez por ano, os novos alunos compram os uniformes em bloco. Depois disso, há vendas esporádicas para reposição ou eventos especiais. Seu quadro de pessoal compreende você, sua mulher, uma vendedora, dois auxiliares. Todo mundo faz tudo, dos contatos com os fornecedores às entregas nas escolas.
    - Dos modelos de organização estudados neste capítulo, qual você acha mais apropriado para descrever sua empresa?
4. Compare agora três organizações: sua empresa de uniformes, uma loja da McDonald's e um restaurante familiar de pequeno porte (casal de proprietários + cinco funcionários), usando como base os indicadores listados na tabela a seguir.

---

7   Disponível em: www.poupatempo.sp.gov.br. Acesso em: 26 nov. 2023.

| INDICADORES | SUA EMPRESA | MCDONALD'S | RESTAURANTE FAMILIAR |
|---|---|---|---|
| Estrutura mecanicista, organismo ou cérebro? | | | |
| Estrutura de autoridade: centralizada ou distribuída? | | | |
| Trabalho de equipe ou individualizado? | | | |
| Interdependência das tarefas | | | |
| Tarefas: rotineiras e padronizadas ou inovadoras? | | | |
| Trabalhadores especializados ou multifuncionais? | | | |
| Competências usadas: técnicas, sociais, físicas? | | | |

5. Agora, sua pequena empresa de roupas cresceu muito. Você tem inúmeros clientes e fornece uniformes escolares e roupas profissionais, para muitas empresas. Qual dos modelos (ou qual combinação de modelos) de organização analisados neste capítulo se aplicam a sua agora grande empresa?
6. Com suas próprias palavras, defina:
   - O conceito de organizações que aprendem.
   - As cinco disciplinas de Senge.

# 19 Ética nas Organizações

## OBJETIVOS

Ao completar o estudo deste capítulo, você deverá estar preparado para explicar e exercitar os seguintes conceitos:

» Ética e sua abrangência na administração das organizações.
» Classificação do comportamento ético por meio de uma escala.
» Fundamentos da governança corporativa.
» *Environmental, Social and governance* (ESG) – ambiente, sociedade e governança (ASG).

## INTRODUÇÃO

A Ética é a disciplina que se ocupa das ações humanas que envolvem valores, que afetam a dignidade, os direitos naturais e as necessidades fundamentais das pessoas e o bem-estar da sociedade. A Ética é a ciência do *ethos*, palavra que, entre os gregos, indicava tanto (1) o modo de ser ou caráter de uma pessoa, quanto (2) o alinhamento da conduta ao que era costume, ao que tinha validade consagrada e era, portanto, convencional na antiga *polis* ou cidade-estado. A palavra **Ética** tem a mesma base da palavra **Moral**, do latim *mores*.[1]

---

1   VAZ, P. H. C. de L. *Escritos de Filosofia IV*: introdução à ética filosófica 1. São Paulo: Loyola, 2002.

Por meio de um enfoque normativo, a Ética examina como as coisas deveriam ser; como as pessoas deveriam agir, em relação a si mesmas e em relação aos outros.[2] Em essência, a Ética é um domínio do comportamento virtuoso em relação a si e aos outros.

A **dignidade** é a base da criação e do desenvolvimento da Ética como prática da relação da pessoa consigo mesma e com a sociedade, e também como corpo de conceitos e preceitos sobre a vida. A dignidade é o critério básico para que a Ética assuma seu papel normativo. Quando a ação humana viola a dignidade, é a Ética que está sendo comprometida. "A dignidade... é o fundamento dos direitos humanos universais. Cada homem, mesmo limitado pela matéria, pelo tempo e pelo espaço, que o tornam precário, finito e mortal, possui uma dignidade ontológica absoluta e irrenunciável, é sempre um fim e nunca somente um meio a ser usado, explorado ou traficado."[3]

Códigos de ética fazem parte do sistema de valores que orientam o comportamento das pessoas, dos grupos e das organizações e seus administradores. A noção de ética e as decisões pessoais e organizacionais que são tomadas com base em qualquer código de ética refletem os valores vigentes na sociedade. A ética estabelece a conduta apropriada e as formas de promovê-la, segundo as concepções vigentes na sociedade como um todo ou em grupos sociais específicos.

## 1 ABRANGÊNCIA DA ÉTICA NA ADMINISTRAÇÃO

A discussão sobre a ética abrange e questiona inúmeros aspectos da administração das organizações e de suas relações com a sociedade. Esses aspectos podem ser classificados em algumas categorias principais. A classificação pode ser feita em quatro categorias ou níveis: nível social, nível dos *stakeholders*, nível da administração e das políticas internas e nível individual.

### 1.1 Nível social da ética

No **nível da sociedade de modo geral**, as questões éticas relacionam-se com a própria presença, o papel e o efeito das organizações na sociedade. Algumas das questões éticas envolvidas neste nível são as seguintes:

- É justo os executivos ganharem o equivalente a dezenas de salários dos trabalhadores operacionais?
- Pode-se aceitar a influência das empresas nas decisões governamentais, como das construtoras na preparação do orçamento das obras da União?
- É correto empresas e interesses privados participarem da escolha de governantes e dirigentes, por meio do financiamento de campanhas políticas? O que esses patrocinadores pedem, em troca de seu apoio, aos candidatos que ajudaram a eleger?

Neste nível, como nos demais, as questões éticas abrangem decisões não cobertas pela lei. Essencialmente, está certo o Estado ser dominado por interesses privados?

---

2   GARCIA, S. R. *Teologia e bioética*. São Leopoldo: Universidade do Vale do Rio dos Sinos, Cadernos Teologia Pública, ano 2, n. 14, 2005. p. 1-21.

3   MEZZOMO, Dr. Pe. A. A. *Humanização hospitalar*: fundamentos antropológicos e teológicos. São Paulo: Edição do autor, 2010.

## 1.2 Nível do *stakeholder*

*Stakeholder* (**parte interessada**) é conceito alternativo ao de *shareholder* (**acionista**). Partes interessadas são pessoas que estão associadas direta ou indiretamente à organização ou que sofrem algum de seus efeitos: clientes, fornecedores, distribuidores, funcionários, ex-funcionários e a comunidade, na medida em que são afetados pelas decisões da administração. Essas pessoas podem ser indivíduos ou membros de grupos ou organizações. Alguns aspectos da administração das organizações que envolvem questões éticas, neste nível, são os seguintes:

- Quais são as obrigações da empresa no que tange à necessidade de informar sobre os riscos de seus produtos para o consumidor (álcool, tabaco, adoçantes, por exemplo)?
- Como se devem pautar as relações dos funcionários com os usuários, especialmente no caso dos funcionários públicos, em suas relações com os contribuintes?
- Quais são as obrigações da empresa com relação ao impacto da operação e desativação de fábricas sobre a comunidade, os fornecedores e os distribuidores?

## 1.3 Ética na administração e política internas

No **nível da administração e política internas**, a discussão sobre a ética focaliza especialmente as relações da empresa com seus empregados. Algumas questões relevantes são as seguintes:

- Quais são as obrigações da empresa com seus funcionários?
- Que tipos de compromissos a empresa pode exigir de seus funcionários?
- Qual o impacto sobre a força de trabalho das decisões sobre redução de produção ou desativação de operações?
- Que participação os funcionários devem ter nas decisões que afetam a empresa?

Muitas decisões que as empresas e outras organizações devem tomar todos os dias são afetadas por essas questões éticas. Liderança, motivação, planejamento de carreira, movimentação de pessoal e conduta profissional são assuntos que envolvem questões éticas.

## 1.4 Ética no nível individual

As questões éticas, **no plano individual**, dizem respeito à maneira como as pessoas devem tratar-se umas às outras. Por exemplo:

- Quais obrigações e direitos as pessoas têm como seres humanos e trabalhadores?
- Quais as obrigações em relação aos empregadores, funcionários e colegas?
- Que normas de conduta devem orientar as decisões que envolvem ou afetam outras pessoas?

As decisões neste plano têm grande impacto sobre o clima organizacional e a qualidade de vida percebida pelos funcionários, porque os atingem mais de perto em assuntos pessoais. Por exemplo, algumas organizações ajudam os funcionários a resolverem problemas pessoais, como doenças de familiares. Esse tipo de ação baseia-se na convicção de que a empresa tem a obrigação de socorrer seus funcionários quando eles enfrentam dificuldades que não conseguem resolver sozinhos.

## 2 CRIAÇÃO DE SISTEMAS DE VALORES

**Valores** são julgamentos a respeito do que é desejável e indesejável e oferecem justificativas para as decisões. Assim como os indivíduos e as sociedades, as empresas também têm valores.

Os valores formam a base dos códigos de ética. Ilustres pensadores têm participado da construção de sistemas de valores. A seguir serão considerados três deles: Confúcio, Aristóteles e Kant.

### 2.1 Confúcio

Confúcio (551-479 a.C.) desenvolveu um conceito de renascimento moral social. Se colocada em prática, essa ideia estabeleceria a utopia do Estado como bem público e criaria as condições para a paz entre os homens.

- O princípio mais elevado do Confucionismo é a norma da reciprocidade: a conduta virtuosa em relação aos outros consiste em tratar os outros como cada um gostaria de ser tratado. Em muitas culturas, existem princípios semelhantes a essa norma, também chamada **Regra de Ouro**, que tem duas versões: (1) Tudo o que quereis que os homens vos façam, fazei-o vós a eles; e (2) Não façais aos outros o que não quereis que vos façam.

- Para Confúcio, a conduta virtuosa em relação a si próprio consiste em buscar desenvolver habilidades, adquirir educação, trabalhar duro, não gastar mais dinheiro que o necessário, e cultivar a paciência e a perseverança. O consumo desenfreado é condenável, assim como perder a calma. A moderação é valorizada em tudo.

**Figura 19.1**
Caricatura de Confúcio (551-479 a.C.).

Fonte: nicoletaionescu | iStockphoto

## 2.2 Aristóteles

A ética no Ocidente tem suas raízes nas ideias de Aristóteles (384-322 a.C.). Embora defendesse uma sociedade baseada na escravidão, Aristóteles criou uma ética que diz respeito à virtude e ao bem-estar das pessoas.

Sua ética é definida em termos dos "**fins do ser humano**". Os fins das pessoas são não apenas seus objetivos de curto prazo e seus projetos de vida. As pessoas têm um fim intrínseco último, que é a felicidade. A razão e a virtude são os meios para alcançar a felicidade, que é uma propriedade da alma.

A felicidade não resulta do prazer, nem da fortuna nem do poder. A felicidade é a vida virtuosa de acordo com a razão. Uma vida direita é uma vida ativa, cheia de amigos, de participação na comunidade e ocupada com a atividade filosófica da contemplação.

**Virtude** é a tradução de *aretê*, palavra que também significa excelência. As virtudes podem e devem ser ensinadas. Há duas formas de excelência: a intelectual, que compreende a inteligência e o discernimento, e a moral, que compreende a liberalidade e a moderação. A excelência moral está relacionada com a escolha de ações e emoções. Essa escolha depende do uso da razão e do pensamento. O excesso é um tipo de erro, assim como a falta. Portanto, deve-se buscar o meio-termo. A virtude envolve o equilíbrio no comportamento, o meio entre os extremos, tal como a beleza envolve simetria e ordem. As pessoas devem esforçar-se para pôr em prática a excelência moral e intelectual para se tornarem boas. A alma deve ser cultivada por hábitos que lhe permitam distinguir o bem.

As virtudes específicas de que Aristóteles se ocupou são aquelas que fazem um ser humano excelente e com quem é bom viver: coragem, temperança, senso de justiça, bom senso de humor, veracidade, cordialidade. A ética de Aristóteles está ligada a suas concepções políticas. Somente na comunidade social e política pode-se realizar o comportamento ideal no qual se baseia a felicidade. A felicidade individual pressupõe a felicidade da família, dos amigos e dos concidadãos. Para serem felizes, as pessoas devem ter um bom governo, capaz de formar cidadãos de bom caráter, habituados a praticar o bem.

**Figura 19.2**
Estátua de Aristóteles na Grécia.

Fonte: PanosKarapanagiotis | iStockphoto

## 2.3 Kant

No século XVIII, o filósofo alemão Immanuel Kant transformou a **Regra de Ouro** em seus dois **imperativos categóricos**, que estabelecem o comportamento ideal para a vida em sociedade:

1. Uma ação é moralmente correta para uma pessoa em determinada situação se, e somente se, a razão dessa pessoa para tal ação é a razão que essa mesma pessoa desejaria que outras tivessem ao agir, em qualquer situação semelhante.

2. Uma ação é moralmente correta para uma pessoa se e somente se, ao agir, essa pessoa não use outras pessoas simplesmente como meios para avançar em seus próprios interesses, e também tanto respeite quanto desenvolva as capacidades destas outras pessoas para escolherem livremente por elas próprias.

As diferentes versões da Regra de Ouro estão na base da maior parte dos princípios éticos, estabelecendo que um comportamento só é bom ou aceitável se for bom e aceitável para outras pessoas. O comportamento que agride ou desagrada outras pessoas é inaceitável e deve ser condenado. Esse preceito é também o fundamento da doutrina da responsabilidade social. Segundo essa doutrina, cada cidadão deve comportar-se de maneira a preservar os interesses da comunidade a que pertence. Se cada pessoa se comportar de maneira socialmente responsável, todos serão beneficiados.

**Figura 19.3**
Immanuel Kant.

Fonte: GeorgiosArt | iStockphoto

## 3 ESTÁGIOS DE DESENVOLVIMENTO MORAL

Em qualquer momento, valores éticos antigos convivem com os mais novos e avançados. A obediência aos valores mais avançados continua a ser opção de indivíduos e grupos, uma vez que há quem prefira ficar com os valores mais atrasados. As organizações, por meio de seus administradores, também fazem opções, permitindo situá-las numa escala de valores.

Uma das escalas disponíveis propõe três níveis ou estágios de valores, chamados **estágios de desenvolvimento moral**: **pré-convencional**, **convencional** e **pós-convencional**. Esses são os estágios básicos, admitindo-se que essa classificação pode ter outros níveis. Portanto, cada um dos estágios a seguir é uma escala em si própria.

## 3.1 Estágio pré-convencional de desenvolvimento moral

Neste estágio, a ética é essencialmente **individualista** ou **egoísta**. Não há regras comuns aceitas, a não ser a regra de que não há regras. Os indivíduos e grupos agem muito mais motivados pela busca do prazer pessoal, ou interesse do grupo a que pertencem, do que por qualquer outro tipo de padrão de conduta. Não há qualquer preocupação com a questão da responsabilidade das organizações ou indivíduos em relação à sociedade.

São indicativos deste estágio de desenvolvimento moral os seguintes princípios de conduta:

- Cada um por si.
- O negócio é levar vantagem em tudo.
- Os outros que se danem.
- O mundo é dos espertos.

No campo das doutrinas econômicas e da administração das empresas, este estágio é conhecido como darwinismo social, por causa da teoria da "seleção natural", exposta por Darwin em seu livro de 1859, *A origem das espécies*. Segundo a teoria de Darwin, as formas de vida evoluem e se aprimoram por meio de um processo natural que permite a sobrevivência apenas das espécies mais fortes, ou mais aptas. Portanto, a natureza representa a vitória das formas de vida mais capazes. O alinhamento dos valores gerenciais com esse princípio revela o estágio pré-convencional de desenvolvimento moral de uma organização.

## 3.2 Estágio convencional de desenvolvimento moral

No estágio convencional, a ética continua sendo individualista. Porém, as regras de conduta são elaboradas tendo em vista o julgamento de outras pessoas ou grupos e os prejuízos e vantagens desse julgamento. Nesse estágio, o receio da punição pelo comportamento incorreto e a busca da aprovação social determinam os valores e o comportamento da empresa. É a ética da conveniência.

No campo da administração, esse estágio corresponde às estratégias que a empresa adota por causa da regulamentação ou do interesse em atingir certos nichos de mercado. Esse é o comportamento da empresa que age rigorosamente dentro da lei, no que diz respeito a qualquer aspecto, não por acreditar que a lei deva ser seguida, mas porque agiria de modo contrário se não houvesse alguma punição associada ao comportamento alternativo. Por exemplo, uma empresa adota "estratégias verdes" ou de "inclusão de minorias" apenas por causa do impacto sobre sua imagem pública, não por convicção:

– Se me comportar como os outros esperam que me comporte, poderei ter vantagens ou evitar retaliações.

## 3.3 Estágio pós-convencional de desenvolvimento moral

No **estágio pós-convencional** de desenvolvimento moral, o comportamento atingiu o mais alto nível ético. A conduta pessoal, grupal ou individual está fundamentada em princípios morais que reconhecem os direitos alheios, o impacto do comportamento sobre os outros, as gerações futuras, os exemplos para os jovens, e conceitos como justiça, honra, dignidade, autorrealização por meio do respeito para consigo próprio e para com os outros. O comportamento é orientado por princípios e convicções, e não pelas convenções, pelo receio da punição ou pela busca de recompensas. A ideia de responsabilidade social está no centro deste estágio de desenvolvimento moral.

São indicativos deste estágio de desenvolvimento moral os seguintes raciocínios e comportamentos:

- Minha liberdade termina onde começa a liberdade do vizinho.
- Não há o que me obrigue a fazer algo que considere moralmente errado.
- Não importa a opinião da maioria, mas valores universais e ideais, como justiça, direito, igualdade, liberdade, fraternidade.
- Mulheres e crianças primeiro.

No estágio pós-convencional de desenvolvimento moral, o comportamento é determinado pelo **idealismo moral**.

## 4 RESPONSABILIDADE SOCIAL

O princípio da **responsabilidade social** baseia-se na premissa de que as organizações são instituições sociais, que existem com autorização da sociedade, utilizam os recursos da sociedade e afetam a qualidade de vida da sociedade. Um dos principais representantes dessa corrente é Andrew Carnegie, fundador da U.S. Steel, que, em 1899, nos Estados Unidos, publicou *O evangelho da riqueza*, livro no qual estabeleceu os dois princípios da responsabilidade social corporativa: **caridade** e **zelo** (*stewardship*). Esses princípios baseavam-se numa visão paternalista do papel do empresário em relação aos empregados e aos clientes.

- Princípio da caridade

O **princípio da caridade**, segundo Carnegie, diz que os indivíduos mais afortunados da sociedade devem cuidar dos menos afortunados, compreendendo desempregados, doentes, pobres, pessoas com deficiências físicas. Esses desafortunados podem ser auxiliados diretamente ou por meio de instituições como igrejas, associações de caridade ou movimentos de auxílio.

- Princípio do zelo

O **princípio do zelo** (*stewardship*), derivado da Bíblia, estabelece que as empresas e indivíduos ricos deveriam enxergar-se como depositários de sua propriedade. Segundo Carnegie, os ricos têm seu dinheiro com a confiança do resto da sociedade e podem usá-lo para qualquer finalidade que a sociedade julgar legítima. O papel da empresa é também aumentar a riqueza da sociedade, por meio de investimentos prudentes e uso cauteloso dos recursos sob sua responsabilidade. Uma base para a aceitação da doutrina da responsabilidade social é a proposição de que as organizações provocam efeitos que nem sempre são bons para seus *stakeholders*. Seus benefícios para a coletividade são contrabalançados pelos prejuízos que, involuntariamente, muitas vezes causam, como danos ao ambiente, demissões, desemprego e corrupção de autoridades.

## 5 GOVERNANÇA CORPORATIVA

Na passagem para o século XXI, as ideias de ética e responsabilidade social evoluíram para se transformar em ferramentas de aplicação prática. Essa evolução foi representada pela doutrina e especialmente pelos regulamentos da **governança corporativa**.

Os princípios da governança corporativa têm raízes no chamado **conflito de agência**. O conflito de agência é um dos componentes da **teoria da firma** ou teoria do agente-principal. Nessa teoria, o principal (acionista ou proprietário) contrata agentes (executivos, conselheiros) para administrar a empresa.

O conflito surge quando os agentes agem em seu próprio benefício, em detrimento dos interesses do proprietário. Quando o proprietário é a multidão de investidores privados de uma sociedade de capital aberto, o conflito de agência se multiplica. A má gestão prejudica esses inúmeros investidores, a reputação do mercado de ações e, no final das contas, a própria sociedade.

A **governança corporativa** é o conjunto de mecanismos que procuram evitar o conflito de agência e assegurar o desempenho e a permanência da empresa, equilibrando os interesses de diferentes *stakeholders* – acionistas, administradores, clientes, fornecedores, financiadores, o governo e a comunidade. Como a governança corporativa focaliza a realização dos objetivos da empresa, sua abrangência é total – engloba todas as áreas da administração, dos planos e controles internos até a medição do desempenho e a transparência das práticas corporativas.

Das empresas, a governança corporativa migrou para outros tipos de organização, como órgãos de governo, organizações não governamentais e organizações sem finalidade de lucro.

"O **Instituto Brasileiro de Governança Corporativa** (IBGC), organização sem fins lucrativos, é a principal referência do Brasil para o desenvolvimento das melhores práticas de Governança Corporativa."[4] Foi criado em 1995 como Instituto Brasileiro de Conselheiros de Administração (IBCA), com o objetivo de fortalecer a atuação dos conselhos de administração das empresas. Com a ampliação de suas atividades, o nome foi mudado para Instituto Brasileiro de Governança Corporativa (IBGC).

> O IBGC promove palestras, fóruns, conferências, treinamentos e *networking* entre profissionais, além de produzir publicações e pesquisas. O Instituto conta, ainda, com o Programa de Certificação para Conselheiros de Administração e Conselheiros Fiscais, que permite ao participante adquirir conhecimentos sobre um conjunto de temas necessários para seu bom desempenho dentro das organizações. Ao obter essa certificação, o conselheiro passa a integrar o Banco de Conselheiros Certificados do IBGC.[5]

O IBGC oferece um código de melhores práticas, disponível para todos os interessados no tema da governança corporativa.[6]

## 6 EMPRESAS E AMBIENTE

Desde os últimos 25 anos do século XX, tem havido crescente interesse no ambiente e no futuro da relação entre a sociedade e o ambiente. Esse interesse tornou o tema da **sustentabilidade ambiental** parte da discussão sobre ética e governança corporativa.

Em todo o mundo, existe a consciência de que o ambiente é uma questão sistêmica, que envolve todas as nações e o comportamento de cada pessoa. Praticamente, todas as necessidades humanas precisam ser atendidas por algum tipo de produto ou serviço que cobra um preço da natureza. Sem limites, a produção de bens e serviços acabará comprometendo a capacidade de renovação dos recursos naturais e a qualidade da vida. No extremo, a sobrevivência da espécie

---

4   Disponível em: https://www.ibgc.org.br/. Acesso em: 20 out. 2023.

5   *Idem, ibidem*.

6   Disponível em: https://www.ibgc.org.br/. Acesso em: 20 out. 2023.

humana ficará comprometida pelo atendimento de suas necessidades. Como resultado, há algum tempo muitos governos vêm estabelecendo restrições para a atividade econômica que tenha algum tipo de impacto sobre o ambiente. Por causa disso, as organizações de todos os tipos precisam incluir o ambiente em suas práticas administrativas.

**Desenvolvimento sustentável** é conceito nuclear na discussão sobre as relações entre as empresas e o ambiente. Essa ideia foi definida pela chamada Comissão Mundial do Ambiente e do Desenvolvimento como:

> o desenvolvimento que atende às necessidades do presente sem comprometer a capacidade de atendimento das necessidades das gerações futuras.

Segundo o conceito de desenvolvimento sustentável, a exploração dos recursos, a orientação dos investimentos, o desenvolvimento tecnológico e a mudança institucional são compatíveis com o atendimento das necessidades atuais e futuras. O conceito de desenvolvimento sustentável vai além da simples preservação dos recursos da natureza: baseia-se no entendimento de que os problemas do planeta são interdependentes e sistêmicos. Segundo o Instituto dos Recursos Mundiais, um país não poderá alcançar seus objetivos econômicos sem alcançar objetivos sociais e ambientais – como educação e oportunidades de emprego para todos, saúde e assistência à maternidade para todos, distribuição igualitária de recursos, populações estáveis e uma base sustentável de recursos naturais.

## 7 AMBIENTE, SOCIEDADE E GOVERNANÇA

ESG é a sigla para *Environmental, Social and Governance* ou, em português, Ambiental, Social e Governança (ASG). Trata-se de um conjunto de critérios usados para avaliar o impacto e a sustentabilidade de uma empresa nessas três áreas. O objetivo é identificar práticas empresariais que vão além do lucro, considerando também o bem-estar ambiental e social, assim como a ética na gestão. Investidores, consumidores e outros *stakeholders* demonstram seu crescente interesse e preocupação com esses critérios como um modo de medir o desempenho a longo prazo, a responsabilidade corporativa e o valor de uma organização para a sociedade e, consequentemente, para o mercado.

No século XXI, o cenário empresarial tem evoluído rapidamente, exigindo adaptação e transformações das organizações a estas novas realidades. Uma dessas grandes mudanças está relacionada ao conceito de ESG, que abrange questões de governança, meio ambiente e sociedade. O ESG tem desempenhado papel central nessa evolução desde seu surgimento. O impacto e a crescente importância desse movimento são cruciais para entender a direção que a administração organizacional moderna está tomando.

### 7.1 Origens do ESG

A ideia do ESG pode ser remontada aos anos 1960 e 1970, quando surgiram inquietações sobre os impactos das organizações no meio ambiente e na sociedade. No entanto, a popularidade do conceito consolidado e da sigla "ESG" no setor financeiro começou apenas na década de 2000.

O relatório "Who Cares Wins", publicado em 2004, é frequentemente associado à base desse conceito. Esse relatório resultou de uma iniciativa liderada pelo então Secretário-Geral das Nações Unidas, Kofi Annan. Ele enfatiza a relação entre responsabilidade social, sustentabilidade ambiental e investimentos equitativos.

Annan propôs a grandes corporações financeiras incorporar os problemas ESG em suas análises e seus processos de tomada de decisão. Como consequência, ficou claro que melhores resultados financeiros a longo prazo podem ser alcançados incorporando questões ambientais, sociais e de governança.

## 7.2 A consolidação do ESG: os princípios para o investimento responsável

Com a criação dos Princípios para o Investimento Responsável (PRI) pelas Nações Unidas em 2006, o ESG foi oficialmente reconhecido como uma consideração importante para os investidores. Como resultado desses princípios, os fatores ESG foram incorporados ao processo de tomada de decisões sobre investimentos, tornando o ESG um ponto central de discussão no mundo financeiro.

## 7.3 Impacto e relevância do ESG na administração organizacional moderna

O ESG não se limita a práticas éticas ou de conformidade; agora faz parte da estratégia da empresa. Seu impacto na gestão organizacional contemporânea pode ser visto em várias facetas:

1. **Reputação e confiança**: as práticas ESG têm impacto significativo na imagem da empresa. Para clientes, investidores e outras partes interessadas, as empresas que demonstram verdadeiro compromisso com as questões ESG têm reputação mais sólida e maior confiança.

2. **Inovação e crescimento**: novas oportunidades de negócios podem surgir ao se adotarem práticas sustentáveis. Empresas proativas em relação ao ESG frequentemente descobrem novos mercados, criam produtos e encontram métodos de negócios inovadores.

3. **Atração e retenção de talentos**: as empresas que adotam práticas ESG tendem a atrair e reter talentos em um mercado de trabalho competitivo, especialmente entre as gerações mais jovens que valorizam organizações por causa de seus propósitos e valores.

## 7.4 Desafios e oportunidades: preparando-se para um mundo orientado pelo ESG

A transição para um modelo de negócios centrado no ESG apresenta dificuldades. É necessário que as organizações façam uma avaliação profunda de si mesmas, principalmente em relação às suas práticas, seus valores e sua cultura, e planejem mudanças significativas em suas abordagens e métodos de operação, que também sejam refletidas na estratégia corporativa. Embora seja uma transformação desafiadora, os benefícios a longo prazo superam os desafios iniciais para as organizações que se comprometem com essa jornada.

Para as organizações se prepararem eficazmente para o ESG, elas devem:

1. **Realizar avaliações abrangentes**: é fundamental entender o estado atual da empresa em relação aos princípios ESG para que as organizações possam se preparar adequadamente para o ESG. Isso inclui avaliar as práticas atuais, encontrar lacunas e estabelecer metas claras.

2. **Engajamento das partes interessadas**: para formular e implementar eficazmente as estratégias ESG, é essencial incorporar as opiniões de clientes, funcionários, comunidades locais e outras partes interessadas.

3. **Educação e treinamento**: é imperativo que todos, desde a alta administração até os funcionários da linha de frente, tenham uma compreensão do propósito do ESG de sua importância no contexto organizacional.

## 7.5 Instrumentalizando as organizações com a orientação ESG

Muitas organizações podem enfrentar o desafio de mudar para um modelo de negócios que incorpora práticas de ESG. Pode ser difícil saber por onde começar ou como priorizar as ações quando há tantas considerações a levar em conta, desde as normas de governança até os efeitos ambientais. É aí que entra este assunto. Embora o que vem a seguir seja um resumo, é importante lembrar que essas recomendações não são um caminho único ou mesmo uma "melhor prática" com que todos concordam. Cada organização precisará adaptar essas ideias ao seu próprio ambiente.

Os seguintes pontos podem ser úteis para a implementação de uma estratégia de ESG, mas não devem ser enxergados como uma lista obrigatória, ou mesmo uma melhor prática:

- **Diagnóstico ESG completo**: realizar uma avaliação inicial com o objetivo de identificar áreas de melhoria e oportunidades em questões ambientais, sociais e de governança.
- **Estabelecimento de um comitê ESG multidisciplinar**: constituir um comitê dedicado à ESG, composto por membros de vários departamentos, para supervisionar e coordenar as ações relacionadas.
- **Indicadores-Chave de Desempenho (KPIs)**: criar indicadores específicos para cada pilar do ESG, estabelecidos com a função de monitorar o progresso e responsabilizar as partes envolvidas.
- **Empregar tecnologia**: implantar sistemas de gestão que monitorem permanentemente métricas relevantes e específicas, como consumo de energia e emissões de carbono, entre outras.
- **Relatórios e transparência na comunicação**: para garantir conformidade e engajar as partes interessadas, os relatórios anuais do ESG devem ser publicados e submetidos a auditorias externas.
- **Educação e treinamento**: desenvolver iniciativas de capacitação e *workshops* para promover a cultura ESG em todos os níveis da organização.

Ao levarem em consideração essas práticas, as empresas podem começar a construir seu próprio caminho em direção a uma abordagem mais sustentável e responsável no mundo corporativo.

**Figura 19.4**
ESG remonta aos anos 1960-1970, quando surgiram inquietações sobre os impactos das organizações no meio ambiente e na sociedade.

Fonte: pada smith | iStockphoto

## 8 DIVERSIDADE E INCLUSÃO

No contexto organizacional moderno, diversidade e inclusão atuam como componentes-chave para uma gestão eficaz e moral. Esses elementos tornam-se necessários numa sociedade globalizada e cada vez mais interconectada, não apenas desejáveis. Tão importante quanto uma estratégia corporativa que incorpore esses dois temas é a compreensão de seus significados, que, embora intrinsicamente conectados, são significativamente diferentes.

### 8.1 O que é diversidade?

Diversidade é um conceito relacionado à pluralidade e variação de características de uma pessoa. Essas características podem ser culturais, físicas, demográficas, comportamentais, entre outras. De acordo com a pesquisa "Diversidade Aprendiz", realizada pela Organização Internacional do Trabalho (OIT), mais de 85% das empresas demonstram preocupação com questões de diversidade. Categorias como gênero, etnia, idade, religião, orientação sexual e condições físicas e mentais podem fazer parte desse foco nas diferenças. O direito à igualdade de oportunidades é garantido na Declaração Universal dos Direitos Humanos, independentemente dessas características.

### 8.2 O que é inclusão?

O termo "inclusão", por outro lado, refere-se à capacidade de reconhecer, identificar, compreender e valorizar essas diferenças para que seja possível criar um ambiente igualitário e respeitoso. A inclusão é a realização de ações e políticas que visam acolher e integrar essa diversidade de forma equitativa e respeitosa. Portanto, não é apenas ter uma equipe diversa; é, principalmente, sobre como criar oportunidades e ambientes nos quais a diversidade seja valorizada e respeitada.

### 8.3 Diferenças entre diversidade e inclusão

A diversidade observa as diferenças entre os indivíduos, mas a inclusão busca entender como essas diferenças são tratadas, aceitas e integradas no ambiente organizacional. A falta de inclusão na diversidade pode levar a ambientes de trabalho segregados, em que as diferenças são reconhecidas, mas não respeitadas, celebradas ou valorizadas.

Embora crescentes pesquisas relacionem diversidade e inclusão a um melhor desempenho organizacional, é vital que não as valorizemos por esse motivo. O valor intrínseco da diversidade e da inclusão está relacionado com a promoção de uma atmosfera em que todos se sintam valorizados e respeitados, incentivando oportunidades equitativas e defendendo a dignidade humana. Como resultado, esses componentes servem como um objetivo em si mesmos, em vez de apenas um meio para melhores resultados organizacionais.

### 8.4 Organização inclusiva e organização saudável

Um ambiente de trabalho inclusivo e diversificado é importante para a saúde da organização, pois também contribuirá para fatores como clima organizacional, retenção de talentos, construção de uma cultura organizacional com valores fortes, satisfação no trabalho e inovação, entre outros. Desse modo, diversidade e inclusão apoiam um ambiente de trabalho psicologicamente seguro que encoraja o aprendizado e a inovação, além de melhorar o bem-estar dos funcionários.

Inspirado em tais pressupostos, Steven Johnson argumenta em seu livro de 2010, *De onde vêm as boas ideias*, que a inovação frequentemente surge por meio de redes de ideias inter-relacionadas em vez de momentos isolados de "*eureka*". Em outras palavras, experiências, perspectivas e conhecimentos diversos são essenciais para sustentar essas redes de ideias. Desse modo, a inclusão promove uma rica gama de ideias e pontos de vista que podem desencadear inovação, garantindo que todas as vozes sejam ouvidas e reconhecidas, independentemente de onde venham ou qual *status* possam ter.

"O truque para ter boas ideias é não sentar em isolamento glorioso e tentar pensar grandes pensamentos. O truque é colocar mais peças na mesa." – Steven Johnson

## 8.5 Adoção de políticas de diversidade e inclusão pelas organizações

Promover a diversidade e a inclusão é um componente essencial para as organizações modernas, tanto pelo seu valor inerente em promover igualdade de direitos e oportunidades, quanto pelos seus potenciais benefícios para a saúde e sustentabilidade organizacionais. A gestão inclusiva, portanto, destaca-se não apenas como uma estratégia econômica, mas também como uma exigência moral e ética. As organizações têm o dever de fomentar um ambiente de trabalho equitativo e inclusivo, no qual todos sejam tratados com respeito e dignidade, independentemente de sua cor, etnia, gênero, orientação sexual, idade, religião, habilidades ou quaisquer outras características únicas.

A seguir, apresentamos uma seleção de dez estratégias que são apenas algumas das muitas maneiras pelas quais as empresas podem trabalhar para desenvolver uma cultura baseada na diversidade e na inclusão. O objetivo principal é criar um ambiente onde cada pessoa se sinta realmente vista, ouvida e valorizada.

1. **Mapeamento de talentos com foco em diversidade**: mais do que apenas recrutar uma força de trabalho diversificada, as organizações também podem mapear os talentos existentes e, assim, descobrir como a diversidade de habilidades pode ser mais bem utilizada.
2. **Ambientes de trabalho multissensoriais**: construa ambientes que considerem as necessidades de diferentes estilos de aprendizado e capacidades sensoriais. A iluminação ajustável e os *layouts* de espaço mais flexíveis são algumas das opções possíveis de serem incluídas nessa estratégia.
3. **Programas de mentoria reversa**: por que não usar os líderes mais experientes como mentores dos mais jovens? Isso pode promover a compreensão mútua entre gerações e desenvolver a relação mestre-aprendiz, fortalecendo o espírito de equipe.
4. **Desenvolvimento de um índice de inclusão**: utilize métricas e KPIs para medir o grau de inclusão na empresa, permitindo que o progresso seja rastreado de modo objetivo ao longo do tempo.
5. **Sessões de *shadowing* para líderes**: permita que os executivos participem de um dia com funcionários de diferentes níveis hierárquicos e departamentos para obter uma visão direta dos problemas que os colegas enfrentam.
6. **Desenvolva uma cultura organizacional inclusiva**: um estudo da *Harvard Business Review* afirma que construir culturas organizacionais que reflitam o valor da diversidade e da inclusão pode levar a uma participação no mercado maior e até à conquista de novos mercados.
7. **Campanhas de conscientização cultural**: crie rituais de celebração e dias comemorativos de diferentes culturas para educar os funcionários e promover um ambiente de trabalho inclusivo.

8. **Fóruns de escuta ativa**: construa um ambiente seguro onde os funcionários possam falar abertamente sobre suas experiências com diversidade e inclusão e denunciar qualquer discriminação.
9. **Implementação de políticas internas**: a inclusão deve fazer parte dos valores da empresa. Implementar políticas internas é crucial para transformar esses valores em ações efetivas.
10. **Rodas de conversa e grupos de afinidade**: incentive a formação de redes e comunidades internas que se concentrem em identidades e interesses específicos, como LGBTQIAPN+ e mulheres empreendedoras, fomentando reuniões regulares para discussões seguras sobre diversidade e inclusão com o objetivo de obter compreensão mútua e suporte emocional.

Os Objetivos de Desenvolvimento Sustentável (ODS) das Nações Unidas (ONU), por exemplo, sublinham a importância dessas características nesse contexto. O Objetivo 5, especificamente, busca "Alcançar a igualdade de gênero e empoderar todas as mulheres e meninas", enquanto o Objetivo 10 tenta "Reduzir a desigualdade dentro dos países e entre eles". Esses objetivos revelam um compromisso generalizado de construir sociedades inclusivas e justas, nas quais as organizações desempenham papel fundamental.

As organizações têm responsabilidade ética de promover a diversidade e a inclusão, e, ao mesmo tempo, essas práticas podem trazer benefícios tangíveis para o ambiente de trabalho e para os resultados do negócio. O compromisso com esses princípios contribui para o avanço em direção a uma sociedade mais justa, sustentável e igualitária.

## QUESTÕES E EXERCÍCIOS

1. Explique, com suas próprias palavras, os três níveis da ética na administração. Cite exemplos.
2. Identifique alguns dos principais tipos de *stakeholders* que são afetados pelo comportamento de uma organização que você conheça.
3. Usando suas próprias palavras, explique com exemplos os três estágios do desenvolvimento moral.
4. Com suas próprias palavras, defina conflito de agência e governança corporativa.
5. Usando suas próprias palavras, explique o conceito de desenvolvimento sustentável
6. Por que as profissões precisam de códigos de ética?
7. Faça uma busca na *web* sobre a utilização de conceitos de ESG. Prepare um pequeno relatório para apresentar aos colegas da classe.

# 20
# Cultura Organizacional

## OBJETIVOS

Ao completar o estudo deste capítulo, você deverá estar preparado para explicar e exercitar os seguintes conceitos:

» Cultura organizacional e seus principais componentes.
» Funções e disfunções da cultura.
» Socialização.
» Análise e classificação de culturas por meio de indicadores.

## INTRODUÇÃO

Todo grupo social precisa resolver dois problemas principais: **convivência** de seus integrantes e **adaptação** ao mundo exterior. A adaptação ao mundo exterior compreende as relações com outros grupos e a sobrevivência. Uma das maneiras de entender como os grupos resolvem esses problemas é a análise da **cultura** – o repertório de experiências, conhecimentos e valores que se desenvolvem e que são transmitidos aos novos integrantes.

Este capítulo oferece uma visão conceitual da cultura nas organizações e esquemas para classificar e analisar culturas organizacionais.

# 1 CULTURA ORGANIZACIONAL

Segundo uma conhecida definição de Edgar Schein, **cultura** é

> um conjunto de premissas que um grupo aprendeu a aceitar, como resultado da solução de problemas de adaptação ao ambiente e de integração interna. Essas premissas... podem ser ensinadas a novos integrantes como sendo a forma correta de perceber, pensar e sentir-se em relação a esses problemas de adaptação externa e integração interna.[1]

Segundo Hofstede, a cultura "inclui conhecimentos, valores, crenças, arte, moral, leis, costumes e outras aptidões e hábitos adquiridos pela pessoa como membro da sociedade".[2]

O estudo da cultura, assunto da antropologia, é utilizado para entender as organizações. Todas as organizações desenvolvem sua cultura. O conteúdo específico de cada cultura depende da aprendizagem no processo de resolver problemas de adaptação ao meio ambiente e de convivência interna. O elemento mais simples e mais explícito da cultura, que exemplifica esse processo, é a **linguagem**.

# 2 COMPONENTES DA CULTURA ORGANIZACIONAL

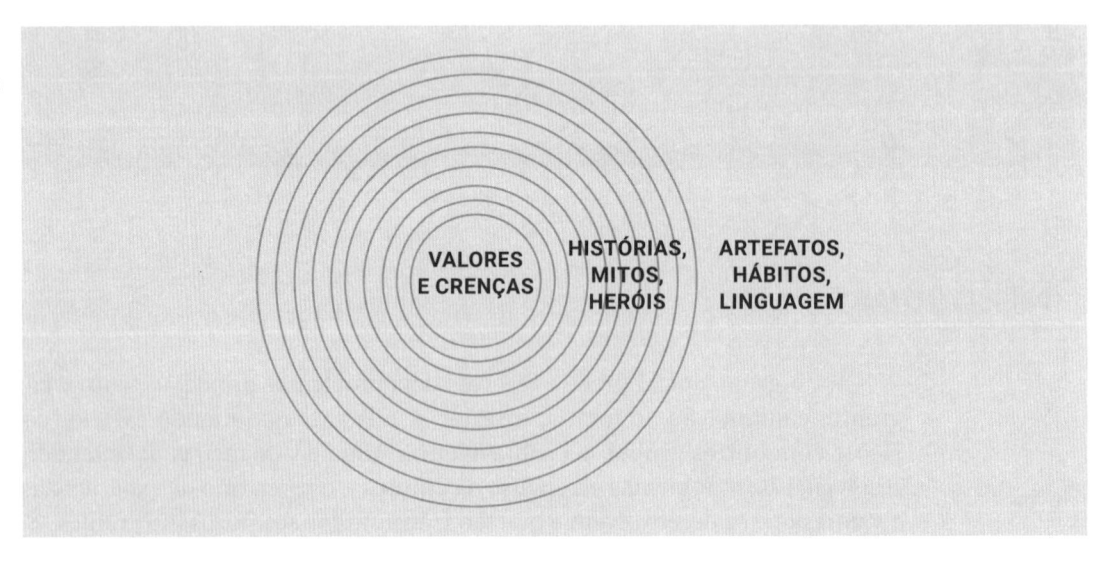

Analisar a cultura organizacional é **tarefa complexa**, porque nem todos os seus componentes são observáveis. Para melhor entender a cultura organizacional, é preciso distinguir os componentes que são observáveis diretamente daqueles que requerem exame aprofundado. A Figura 20.1 resume essa ideia, mostrando os componentes da cultura organizacional distribuídos em níveis. O esquema aplica-se a qualquer alcance de análise da cultura: ocupacional, grupal ou social.

**Figura 20.1**
Níveis da cultura organizacional.

---

1 SCHEIN, E. *Organizational culture and leadership*. San Francisco: Jossey-Bass, 1985.

2 HOFSTEDE, G. *Culture's consequences*: comparing values, behaviors, institutions, and organizations across nations. 2. ed. Thousand Oaks: Sage, 2000.

Os componentes que se situam no nível mais alto (ou externo) são os que se podem observar diretamente: os artefatos, a linguagem e os comportamentos habituais. Quando se chega a uma organização ou quando se visita uma cidade ou país pela primeira vez, é isso que se percebe. As construções, as máquinas, a disposição dos móveis, os alimentos típicos, a maneira como as pessoas se vestem e se tratam, sua linguagem e os símbolos que usam.

Os componentes que se situam nos níveis mais profundos (valores e premissas) não se revelam diretamente à observação e são mais difíceis de analisar. As pessoas que integram um grupo social nem sempre têm consciência de seus próprios valores. Para um observador externo, no entanto, alguns desses valores podem se revelar de maneira mais evidente.

Analisemos em seguida alguns dos principais componentes da cultura organizacional.

## 2.1 Artefatos

Entre os componentes mais visíveis de uma cultura organizacional estão seus **artefatos**. Os artefatos compreendem: arquitetura, veículos, roupas, produtos que as pessoas usam.

A primeira impressão que um visitante ou novo funcionário recebe é produzida por esses componentes mais visíveis da cultura da organização. Ao mesmo tempo, esses componentes também fornecem aos recém-chegados algumas indicações sobre como se comportar. Assim como outros aspectos visíveis da cultura organizacional, por trás dos artefatos estão hábitos, atitudes e valores que requerem mais tempo para serem compreendidos. Além disso, os artefatos permitem avaliar a maneira como a organização usa a tecnologia, o próximo componente a ser analisado.

## 2.2 Tecnologia

As organizações (e todos os tipos de grupos sociais) transformam o conhecimento e a experiência em recursos, produtos e serviços, desde a fabricação de pães até a exploração do código genético humano. **Tecnologia** é o repertório de conhecimentos, transformados em ferramentas, utilizados pelas pessoas e organizações para resolverem problemas.

A cultura tecnológica exprime os diferentes estágios de utilização do conhecimento em que as organizações se encontram. O **estado da arte** é o estágio mais avançado da cultura tecnológica. Por exemplo, no momento em que este livro está sendo escrito, a Inteligência Artificial (IA) está sendo usada para produzir textos como se tivessem sido escritos por humanos. **Não é o caso deste livro...**

## 2.3 Símbolos

**Símbolos** compreendem comportamentos e objetos que carregam e transmitem mensagens e significados dentro de uma cultura organizacional. São elementos como cerimônias, rituais, imagens, hábitos e linguagem. Em certas organizações, esse componente da cultura é de grande importância, porque reforça os valores organizacionais e o senso de identidade coletiva. Toda organização tem símbolos, mas em algumas eles são muito fortes. Além dos tribunais, os militares, as igrejas de muitos credos e as universidades antigas são exemplos de organizações que dispõem de símbolos que procuram criar impressão dramática tanto entre seus integrantes quanto no público externo. São elementos com carga simbólica:

- **Histórias, mitos e heróis: histórias** e **mitos** são elementos das tradições orais passados para as novas gerações, de maneira a perpetuar a cultura dominante. As histórias são narrativas ou sequências de eventos, sobre os fundadores, as crises, os sucessos e outros episódios marcantes da vida da organização. Frequentemente, a história combina elementos da realidade e da ficção. Os **mitos**, ao contrário, são totalmente fictícios. Os **heróis** são personagens das histórias e mitos. Eles personificam os valores e representam os modelos de comportamento que as pessoas procuram alcançar. Os heróis realizam feitos incomuns, mas que as pessoas comuns podem repetir. Para que os heróis possam ser imitados, a organização deve oferecer alguns apelos, como a visão e as histórias de sucesso, bem como a ideia de que praticamente todos têm o potencial para alcançá-lo. Grandes atletas, fundadores de nações, ideologias e religiões, criadores de grandes empresas e pessoas que superaram dificuldades são frequentemente alçados à condição de heróis.

- **Rituais e cerimônias**: rituais e cerimônias são eventos estruturados e coreografados, que carregam significado, celebram acontecimentos e sucessos e mantêm viva a lembrança das tradições. Festas de formatura, cerimônias de transferência de comando, solenidades de posse de autoridades e a Oktoberfest (em todo o mundo) são exemplos desses eventos.

## 2.4 Valores

**Valores** estão no íntimo da cultura organizacional. Valores compreendem crenças, preconceitos, ideologia e todos os tipos de atitudes e julgamentos compartilhados pelos integrantes da organização, a respeito de qualquer elemento interno ou externo. Alguns autores distinguem os valores declarados (ou discurso oficial) dos valores reais, que de fato guiam o comportamento das pessoas na organização.

Crenças, valores e preconceitos estão na base das normas de conduta, influenciando inúmeros aspectos do comportamento das pessoas nas organizações. Por exemplo, a maneira como os chefes tratam seus funcionários, a maneira como os funcionários tratam os clientes e, de modo geral, como as pessoas se relacionam.

## 3 FUNÇÕES DA CULTURA ORGANIZACIONAL

A cultura organizacional define a maneira como os integrantes da organização devem interagir entre si e com o mundo externo. A cultura padroniza a maneira como as pessoas devem resolver esses dois problemas e reduz a incerteza. No dia a dia, as pessoas sabem que basta seguir as regras ditadas pela cultura para não errar. Em seguida, serão analisadas as maneiras como a cultura ajuda as pessoas a resolverem os problemas de convivência interna e de relações com o mundo exterior.

## 3.1 Convivência interna

Uma das principais funções da cultura é regular as relações entre os membros da organização: como devem interagir, que tratamento devem dar-se, como resolvem conflitos. Esses e muitos outros comportamentos são desenvolvidos pela **convivência** do dia a dia e passam a fazer parte da cultura. A seguir, são apresentados alguns exemplos específicos de comportamentos que integram a cultura de uma organização qualquer:

- A cultura define os critérios para a avaliação de resultados e do desempenho dos indivíduos, bem como as ações corretivas a serem implementadas no caso de erros e problemas. A cultura também define as recompensas e punições. Por exemplo, a cultura estabelece a faixa de tolerância para lidar com um erro que uma pessoa comete. Algumas organizações são tolerantes com o erro e o interpretam como parte do processo de aprendizado. Outras organizações são intolerantes e castigam qualquer desvio.

- A cultura define o comportamento em relação à autoridade, o modo como devem se relacionar pessoas de diferentes classes sociais, a estratificação social e o *status* das pessoas e dos subgrupos. Em certas organizações, por exemplo, o tratamento dado pela equipe ao chefe tende à informalidade. Em outras organizações, as posições de chefia exigem grande formalidade e tratamento cerimonioso.

- A cultura define a tendência à solidariedade e ao associativismo em contraposição ao individualismo. Certas organizações e sociedades são caracterizadas por alto grau de espírito comunitário e tendência à cooperação; outras se caracterizam pela valorização do individualismo e pelo desinteresse em relação aos problemas que afetam a comunidade.

## 3.2 Regras de conduta nas relações com o mundo exterior

A segunda função importante que a cultura desempenha é regular as relações com outros grupos e com o ambiente de forma geral: o modo como o mundo externo deve ser encarado e como os membros de outros grupos devem ser tratados. O mundo externo existe dentro das próprias organizações: para cada grupo, são os outros grupos. Em relação a esse mundo exterior, desenvolvem-se hábitos e atitudes. Por exemplo, o grau de confiança ou desconfiança em relação aos integrantes de outras organizações, assim como o tratamento amistoso ou hostil dado aos imigrantes, bem como a rivalidade entre bairros e cidades, são componentes da cultura das organizações e sociedades.

## 4 DISFUNÇÕES DA CULTURA ORGANIZACIONAL

A cultura organizacional pode criar disfunções, que prejudicam a capacidade de resolver os problemas de convivência interna e adaptação externa. Disfunções na cultura organizacional são desvios no comportamento coletivo, que fazem o papel de degenerações sociais. As disfunções, assim como a própria cultura, não são percebidas pelos membros do próprio grupo ou organização. São exemplos de disfunções da cultura:

- Dificuldade de entender e processar mudanças ambientais.
- Resistência generalizada à necessidade de mudança interna.
- Dificuldade de aceitar outras culturas e pontos de vista alheios.
- Tendência a subestimar outros grupos, especialmente concorrentes e clientes.
- Uso excessivo de jargão ou vocabulário ocupacional, como disfarce de solidez intelectual, prejudicando a comunicação com outros grupos.
- Tendência a utilizar mais recursos para cuidar da própria organização do que no desempenho da missão ou no atendimento aos clientes.

## 5 SOCIALIZAÇÃO ORGANIZACIONAL

**Socialização** (ou **aculturação**) é o processo por meio do qual os indivíduos aprendem e adquirem a cultura de uma organização ou ocupação. De maneira sutil ou coercitiva, os recém-chegados são aculturados, aprendendo a se comportar de acordo com as normas do grupo ou da organização já existente. O contrário muitas vezes acontece. Os recém-chegados transmitem seus hábitos e valores aos nativos ou aos integrantes do grupo que existia antes. Nos países formados basicamente por imigrantes, como é o caso do Brasil, ocorre um processo de mão dupla. Os recém-chegados aprendem os símbolos, especialmente o idioma, e outros elementos da cultura. Ao mesmo tempo, trazem para os nativos seus costumes e valores, como as tradições e os pratos típicos.

A socialização ocorre por um processo de **aquisição de comportamentos** ou **regras de conduta**, associados aos **papéis** que as pessoas desempenham nas organizações. Os papéis, por sua vez, estão associados aos cargos ou funções que as pessoas assumem. Nas organizações e na sociedade, cada pessoa assume diferentes funções e desempenha diferentes papéis. Por exemplo, o papel de tomador de decisões e o papel de líder estão associados ao cargo de gerente; o papel de chefe da família, antigamente associado ao pai, hoje se divide entre pai e mãe.

Os papéis compreendem comportamentos ou regras de conduta. Alguns dos comportamentos são fundamentais e devem obrigatoriamente ser incorporados se a pessoa pretende ser aceita na organização. No exército, você precisa usar uniforme e conhecer as patentes.

Os comportamentos ou regras de conduta são comunicados aos recém-chegados por diferentes meios. Por exemplo:

- Descrições de cargos, manuais, políticas organizacionais e outros recursos da organização formal.
- Orientação dos veteranos e treinamento formal.
- Cerimônias de iniciação, como as semanas de integração dos calouros.

## 6 SINGULARIDADE E DIVERSIDADE CULTURAL

Apesar de haver dois problemas básicos a resolver – convivência e adaptação ao mundo exterior –, os padrões culturais variam de uma sociedade para outra, porque os recursos utilizados e as experiências são diferentes. A variação nas formas de resolver os problemas de convivência e adaptação ao mundo exterior produz a diversidade cultural. A maneira específica como cada grupo, organização e comunidade resolve seus problemas produz a singularidade cultural.

### 6.1 Diversidade

Todos os povos e sociedades enfrentam os mesmos tipos de problemas, porém com recursos e abordagens diferentes. Desse modo, todas as organizações formadas dentro de uma mesma sociedade tendem a ser similares entre si, porque são microcosmos dessa mesma sociedade. Porém, muitas sociedades, formadas por povos distintos, ou por imigração intensa, tornaram-se sociedades multiculturais. Assim, em situações de trabalho ou mesmo em situações sociais, as pessoas precisam aprender a lidar com diferentes culturas nacionais. Pense num país como o Brasil. Você acha que há uma cultura brasileira única ou você acha que há diferentes culturas regionais? Você já sabe a resposta. Há muitos países dentro do Brasil, embora certos traços de cultura sejam comuns a todas as regiões. O mesmo acontece com muitos outros países.

Na atualidade, inúmeras organizações operam em muitos países. Por isso, a administração moderna dá grande importância ao entendimento das culturas nacionais e das diferenças entre elas.

## 6.2 Singularidade

A singularidade cultural manifesta-se não apenas nas especificidades de cada organização, mas também dentro de cada grupo e profissão. As agências de um banco têm seus próprios padrões culturais, que são diferentes dos padrões da administração central. Isso faz cada organização ser uma constelação de culturas, que podem se integrar ou viver em conflito. Além disso, os diferentes grupos profissionais de cada organização compartilham valores e hábitos com seus colegas de outras organizações e sociedades. É provável que os contadores do Banco do Brasil compartilhem alguns valores e tecnologias com os contadores de bancos de outros países, em que pesem as singularidades das culturas nacionais e organizacionais. A razão é sempre a mesma: cada grupo profissional resolve problemas muito típicos, o que o faz desenvolver seus próprios costumes e valores.

Em resumo: entendendo como pensam os diferentes grupos de profissionais, você será capaz de analisar seu próprio comportamento e conviver mais produtivamente com os outros.

## 7 INDICADORES DE CULTURAS

Uma forma de estudar e contrastar culturas consiste em usar **pares de comportamentos opostos**, classificados em indicadores ou categorias (exatamente como as dimensões bipolares no constructo de Jung e outros autores). Os indicadores também são chamados atributos ou dimensões da cultura organizacional. Com base nessa ideia, podem-se construir escalas ou réguas para analisar a cultura organizacional, como a da Figura 20.2.

**Figura 20.2**
"Régua" para contrastar culturas.

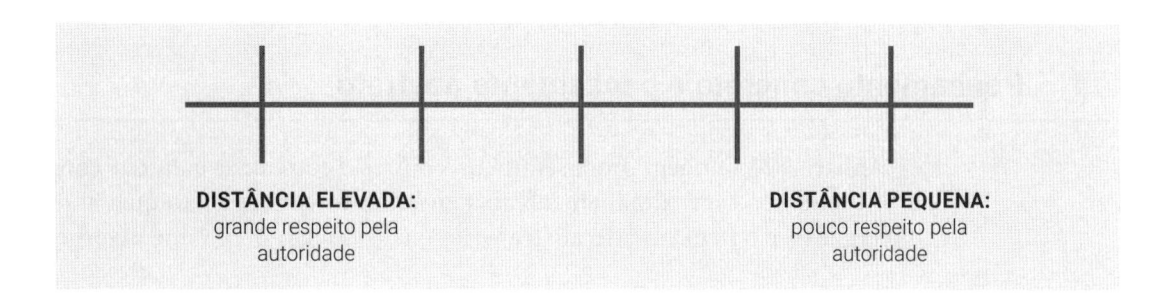

**DISTÂNCIA ELEVADA:**
grande respeito pela autoridade

**DISTÂNCIA PEQUENA:**
pouco respeito pela autoridade

Estude agora alguns indicadores identificados em estudos sobre a cultura organizacional.

## 7.1 Orientação para o futuro

Segundo Hofstede, as culturas podem ser orientadas para o longo prazo ou para o curto prazo. Nas culturas orientadas para o longo prazo, prevalece a preocupação com a construção de vantagens competitivas; nas culturas orientadas para o curto prazo, prevalece a preocupação com os resultados imediatos e o sistema de controle avalia os gerentes com base nesses resultados.

- A atitude **proativa** (característica da cultura orientada para o longo prazo) é representada pelas forças que desejam e impulsionam as mudanças nos objetivos e na mobilização dos recursos.

- A atitude **reativa** (característica da cultura orientada para o curto prazo) é representada pelas forças que desejam e preservam a estabilidade, a manutenção do *status quo*. É a atitude dos administradores que processam negativamente o *feedback* que vem do ambiente externo e de dentro da própria organização. Essa informação não é capaz de provocar qualquer mudança, seja no modo como a organização trata seus recursos, seja no modo como se relaciona com o ambiente.

## 7.2 Distância do poder

A distância do poder é um indicador utilizado para avaliar como as pessoas enxergam a autoridade e as diferenças de *status*. Nas culturas com **elevada distância do poder**, há grande respeito pela autoridade e se espera que os chefes dirijam as equipes. Nas culturas com **pequena distância do poder**, a hierarquia é plana e as pessoas têm a expectativa de participar do processo decisório.[3]

## 7.3 Estruturação das atividades no tempo

Segundo Anbari *et al.*, a forma de lidar com o tempo produz duas culturas: **sequencial** e **sincrônica**. Nas culturas que estruturam o tempo sequencialmente, as pessoas fazem uma coisa de cada vez. O tempo é visto como uma linha estreita, feita de segmentos consecutivos e distintos, na qual as atividades podem ser planejadas. Os planos devem, em seguida, ser respeitados. Os compromissos relativos ao tempo são levados extremamente a sério. Nas culturas sincrônicas, as pessoas fazem várias coisas ao mesmo tempo. O tempo é uma faixa ampla, na qual diversas coisas podem ser feitas simultaneamente. O tempo é flexível e intangível. Os compromissos que envolvem o tempo são desejáveis, não absolutos, e os planos mudam com facilidade.[4]

## 7.4 Pensamento concreto e pensamento abstrato

Anbari *et al.* também propuseram um contraste entre duas culturas, com base no padrão de pensamento – aproximadamente, o **pensamento concreto**, ao qual associaram o nome **convergente**, e o **pensamento abstrato**, ao qual associaram o nome **divergente**.

- Os membros da **cultura convergente** tendem a ser analíticos e a procurar pragmaticamente uma solução quando enfrentam um problema. Em vez do todo, enxergam primariamente os detalhes. Eles são chamados convergentes porque conseguem rapidamente convergir de diferentes ideias para uma conclusão ou para encontrar uma resposta única e correta.

- O modo de pensar dos **divergentes** é descrito como "criativo". Eles absorvem informação concreta e refletem de maneira abstrata. Consideram diversas possibilidades e enfatizam o entendimento, quando enfrentam um problema, e conseguem usar o pensamento sistêmico, trabalhando com a visão de conjunto em vez das partes. Os americanos são convergentes, ao passo que os europeus são divergentes.[5]

---

[3] HOFSTEDE, G. *Op. cit.*

[4] ANBARI, F. T.; KHILKHANOVA, E.; ROMANOVA, M. V.; RUGGIA, M., TSAY, C. H.-H.; UMPLEBY, S. A. *Cultural differences in projects*. Washington: PMI 2010 Research and Education Conference, 2010.

[5] ANBARI, F. *et al. Op. cit.*

O que a psicologia vê como traços de comportamento, a sociologia vê como dimensões da cultura. Tanto em uma como em outra disciplina, é nítido o reconhecimento de dois temperamentos opostos ou complementares – conceitual (divergente, intuição-introversão-pensamento), ou platônico, e o pragmático (convergente, extroversão-sensação-pensamento), ou aristotélico. Pode-se deduzir o desempenho de uma equipe formada exclusivamente por um ou por outro tipo psicológico ou cultura. Apenas conceituais: riqueza de ideias, mas dificuldade de execução. Apenas pragmáticos: velocidade de decisão, com pouca base de informação. A combinação de tipos ou culturas tende a funcionar melhor, porque os dois se complementam.

## 7.5 Linguagem

Este indicador divide as culturas em dois tipos básicos. As culturas de **alto contexto** baseiam-se na confiança pessoal e na palavra falada. São culturas que dão grande importância às relações sociais e à convivência humana, para que as pessoas se conheçam e se avaliem.

As culturas de **baixo contexto**, ao contrário, dão mais valor à palavra escrita e à formalidade. São orientadas para a eficiência e entendem a convivência social como perda de tempo.

## 7.6 Universalismo em contraposição a particularismo

Este indicador mede até que ponto as regras são inflexíveis e permanentes ou podem ser mudadas para se ajustarem a situações particulares. Quando as normas se aplicam a todos, a cultura é **universalista**. Quando há dois pesos e duas medidas, a cultura é **particularista**.

## 7.7 Mecanicismo e organicismo

A distinção entre máquinas (**modelo mecanicista**) e organismos vivos (**modelo orgânico**) é também utilizada para estudar culturas.

- A **cultura mecanicista** reflete condições ambientais relativamente estáveis. As tarefas são especializadas e precisas. A hierarquia de controle é bem definida. A responsabilidade pela coordenação, assim como a visão de conjunto, pertence exclusivamente à alta administração. A comunicação vertical é enfatizada. Organizações deste tipo valorizam a lealdade e obediência aos superiores.
- A **cultura orgânica** reflete condições instáveis, ambientes com os quais a organização não tem familiaridade. Ambientes assim oferecem problemas complexos que não podem ser resolvidos por pessoas com especialidades tradicionais. Por isso, nos sistemas orgânicos, há contínua redefinição de tarefas. Ninguém é especialista em nada, ou todos são especialistas em tudo. A natureza cooperativa do conhecimento é enfatizada, não a especialização. Preferem-se a interação e a comunicação de natureza informativa (em lugar de ordens), o que cria alto nível de comprometimento com as metas da organização. Os organogramas são de pouca utilidade para descrever as tarefas das organizações do tipo orgânico. Muitas vezes, elas não têm organogramas.

Chegando a este ponto da leitura, você tem agora um esquema para fazer uma análise específica de qualquer organização, segundo a perspectiva de sua cultura. Que tal agora refletir um pouco sobre a cultura de uma organização que você conheça? Pegue uma folha de papel e anote sua opinião a esse respeito, sugira o mesmo a outros colegas e depois conversem para verificar os pontos comuns. Comece pensando nos costumes, nos valores, na tecnologia e prossiga para pontos específicos, utilizando os indicadores de 7.1 a 7.7. Inclua outros elementos que certamente vão enriquecer sua análise, como a diversidade cultural dentro da empresa que você escolheu. Pense nos desafios que a empresa está enfrentando hoje e nos ajustes que deveriam ser feitos. Refletir sobre a cultura é uma forma importante de entender o comportamento das pessoas dentro da organização e a forma como se relacionam com o ambiente externo. A análise que aqui está sendo proposta deverá ajudá-lo nesse propósito.

## QUESTÕES E EXERCÍCIOS

1. Usando suas próprias palavras, defina cultura organizacional.
2. Explique quais são os componentes da cultura, usando exemplos.
3. Compare duas ou mais organizações que você conheça, usando os indicadores de cultura estudados neste capítulo.
4. Como estudamos no Capítulo 10, o fundamento do Sistema Toyota de Produção é o combate ao desperdício. Esse princípio, por sua vez, tem fundamento na cultura da sociedade japonesa. País pequeno, com poucos recursos naturais, o Japão estimulou em seus habitantes o espírito de economia e eficiência, a combatividade e a capacidade de cooperação para sobreviver num ambiente hostil. Depois da guerra, a escassez de recursos tornou-se dramática, provocando dificuldades que só se amenizaram como resultado de um longo período de trabalho duro e metódico. É natural que os japoneses tenham adotado seriamente a doutrina de aprimorar continuamente a utilização de recursos na administração de suas empresas.
    - Como se explica que a filosofia do combate ao desperdício tenha sido implementada com sucesso nas filiais da Toyota ao redor do mundo, em especial em países com abundância de espaço e recursos, como é o caso do Brasil e dos Estados Unidos?
5. Está em andamento um processo de fusão de três empresas, cada uma de um país. Os estilos de tomar decisões, especialmente em grupo, são peculiares. Pela descrição a seguir, indique quais os problemas potenciais na integração das culturas. Como você trataria esses problemas?
    - Uma das empresas vem de uma cultura analítica. As decisões só são tomadas depois de todas as alternativas terem sido avaliadas de acordo com critérios (por exemplo, o custo ou a contribuição para a competitividade de uma solução). As reuniões são dedicadas a estudar dados sobre problemas, identificar critérios e somente depois disso tomar decisões.
    - Uma das empresas vem de uma cultura pragmática. As decisões são tomadas após análises muito rápidas, individualmente ou em reuniões. As pessoas dessa cultura não hesitam em assumir responsabilidades pelas decisões que tomam, mas não existe a atitude de acusar as pessoas por decisões incorretas.
    - Uma das empresas vem de uma cultura de consenso. Decisões, especialmente quando importantes, só são tomadas depois que todas as pessoas envolvidas são consultadas e concordam. Mudanças organizacionais, implantação de sistemas e projetos de aprimoramento de processos, por exemplo, são decididos desse modo.

# 21 Agilidade Organizacional

## OBJETIVOS

Ao concluir o estudo deste capítulo, você deverá estar preparado para:

» Compreender a história e o desenvolvimento do movimento ágil, sendo capaz de explicar seus princípios fundamentais e como eles moldaram a noção de agilidade organizacional.
» Identificar e analisar os componentes principais da agilidade organizacional, demonstrando como eles se traduzem em práticas e estratégias dentro de uma organização.
» Avaliar a aplicação de diferentes métodos, *frameworks* e modelos no contexto da agilidade organizacional, demonstrando entendimento de como eles podem ser adaptados para atender às necessidades específicas de uma organização.
» Investigar a relação entre a cultura, o comportamento organizacional e a agilidade organizacional, incluindo a capacidade de utilizar indicadores e métricas para avaliar o sucesso da implementação ágil.
» Examinar abordagens para a implementação da agilidade em larga escala, sendo capaz de explorar os desafios e as estratégias potenciais para superá-los e aplicar estes conceitos em cenários reais por meio de exercícios práticos.

## INTRODUÇÃO

Diante da evolução constante das demandas do mercado e do avanço tecnológico, a agilidade organizacional tornou-se essencial para a organização moderna. Essas organizações buscam maneiras de se tornar mais ágeis, capazes de antecipar e se adaptarem às mudanças rapidamente, lidar com os desafios de uma sociedade cada vez mais conectada e aproveitar as oportunidades decorrentes do crescimento vertiginoso da tecnologia. Para iniciarmos esta jornada, é necessário termos uma compreensão da história, da evolução e dos princípios do movimento ágil. Também é importante conhecer os componentes essenciais da agilidade organizacional e como aplicá-los de forma eficaz.

Este capítulo explorará o movimento ágil desde sua origem até sua incorporação nas organizações modernas. Serão apresentados os principais fatores que impulsionaram o surgimento do movimento ágil, bem como os princípios fundamentais que moldaram o conceito de agilidade organizacional. Essa análise histórica nos ajudará a entender como a agilidade se tornou uma estratégia competitiva essencial e criará uma base sólida para estudar a agilidade organizacional.

A agilidade organizacional, por outro lado, para ser alcançada, requererá um conjunto de métodos, estratégias e componentes que, quando colocados em prática, têm o potencial de transformar uma organização. Examinaremos seus elementos essenciais e como eles se manifestam nas operações diárias de uma organização. A estrutura organizacional, os processos de tomada de decisão e a gestão de projetos estão entre as áreas abrangidas. Cada parte é uma peça do quebra-cabeça que, quando combinada com sucesso, cria uma organização extremamente ágil.

Além disso, o capítulo discutirá maneiras pelas quais vários modelos, *frameworks* e métodos podem ser usados para aumentar a agilidade de uma organização. A multiplicidade de métodos e abordagens originadas desde o final do século XX reflete a gama de situações em que a agilidade organizacional pode ser mister. Além disso, é fundamental para o sucesso da agilidade saber como adaptar esses modelos e estruturas para atender às necessidades específicas de uma organização.

A conexão intrínseca da agilidade com a cultura e o comportamento organizacional é uma das suas características mais distintivas. Como resultado, um grande trecho deste capítulo será dedicado a examinar como a cultura e o comportamento dentro de uma organização interferem e influenciam na agilidade. Além de examinarmos como usamos métricas e indicadores para medir o sucesso da implementação ágil, discutiremos elementos como confiança, comunicação aberta, responsabilização e adaptabilidade.

Finalmente, mas não menos importante, o desafio de implementar a agilidade em larga escala será abordado neste capítulo. Embora a agilidade possa ser útil em pequenos times, quando é aplicada a níveis organizacionais mais altos, revelará inúmeros desafios. Examinaremos métodos para superar esses obstáculos e apresentaremos exemplos de aplicação desses conceitos.

Ao concluir o estudo deste capítulo, você adquirirá uma compreensão completa da agilidade organizacional, incluindo sua história, seus componentes, como eles se relacionam com a cultura e o comportamento organizacional, e como ela é implementada em larga escala. Acreditamos que com esta informação, você estará mais preparado para adotar e desenvolver a agilidade em sua própria empresa.

## 1 ORIGENS DO ÁGIL

### 1.1 Ágil e *Lean*

Embora alguns de seus princípios tenham sido aplicados desde muito antes, o movimento Ágil, como o conhecemos hoje, começou na indústria de desenvolvimento de *software* no final do século XX.

A abordagem tradicional de gerenciamento de projetos de *software*, conhecida como modelo em cascata, empregava um processo estritamente sequencial. Com a definição dos requisitos do sistema, seguiram-se o *design*, a implementação, a verificação e a manutenção do sistema. Esse modelo funcionou bem nos casos em que os requisitos eram claros desde o início e não mudavam. No entanto, como as demandas dos usuários e do negócio mudavam mais rápido do que o projeto poderia acomodar, muitos projetos de *software* enfrentavam desafios significativos na prática.

Como conhecemos hoje, a Gestão Ágil é o resultado de uma evolução de ideias e práticas de várias fontes, não de apenas uma. A filosofia *Lean*, por exemplo, que surgiu na indústria automobilística da Toyota após a Segunda Guerra Mundial, foi uma das influências mais importantes para a construção do que conhecemos hoje como Ágil. Os princípios *Lean* têm sido implementados com sucesso em uma variedade de setores, muito além do setor de *software*.

Mary e Tom Poppendieck, um casal experiente em *Lean* e desenvolvimento de *software*, desempenharam um papel importante no encontro entre a filosofia oriental, do Lean, e o Manifesto Ágil, escrito nos Estados Unidos. Mary e Tom têm muitos anos de experiência em computação e desenvolvimento de *software*, e eles se uniram para trazer os princípios *Lean* para o desenvolvimento de *software* ágil. Seu livro mais importante nesse contexto, *Lean software development: an agile toolkit*, apresenta a integração.

Os valores e práticas do Ágil se alinharam fortemente com os princípios *Lean*. O princípio fundamental do *Lean*, eliminação de desperdícios, é refletido nas práticas Ágeis, que buscam a eficiência e evitam o trabalho que não agrega valor. A entrega contínua do Ágil e o conceito *Lean* de entrega de valor contínuo se complementam, com o objetivo de fornecer *software* funcional de alta qualidade regularmente, o que permite *feedback* rápido e a capacidade de adaptar o produto às necessidades do cliente. Além disso, a retrospectiva Ágil – um momento para pensar e planejar melhorias – reflete o princípio de melhoria contínua do *Lean*.

Por meio de seus escritos e ensinamentos, particularmente em *Lean software development: an agile toolkit*, os Poppendiecks ajudaram a estabelecer uma conexão entre *Lean* e Ágil, demonstrando como essas duas filosofias poderiam se complementar e fortalecer uma à outra. Eles fizeram uma grande contribuição para a comunidade de *software*, estabelecendo uma base sólida para a prática do desenvolvimento Ágil ao integrar práticas e princípios *Lean*. Até hoje, o campo do desenvolvimento de *software* continua a receber informações e melhorias.

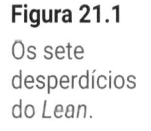

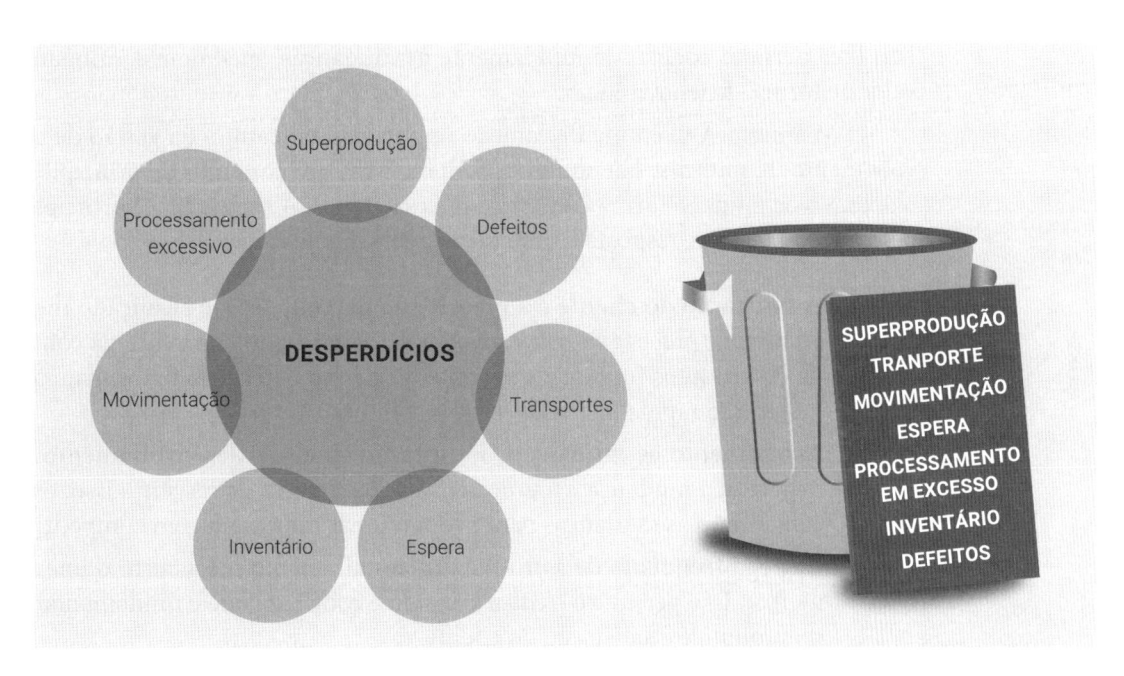

**Figura 21.1**
Os sete desperdícios do *Lean*.

## 1.2 Principais *frameworks* e métodos

Uma variedade de abordagens e metodologias de desenvolvimento de *software* focou na flexibilidade e na interação com o cliente para abordar esses problemas, cada vez mais complexos e desafiadores. As iniciativas mais notáveis incluíam o *Scrum* de Ken Schwaber e Jeff Sutherland, o Desenvolvimento de *Software* Rápido (RAD) de James Martin, a Programação Extrema (XP) de Kent Beck e o Desenvolvimento de *Software* Adaptativo (ASD) de Jim Highsmith.

Embora cada um desses métodos tenha seus próprios princípios e práticas, o que unia todos era o objetivo de reagir rapidamente às mudanças, trabalhar em estreita colaboração com o cliente e entregar frequentemente. Como resultado dessas semelhanças, todos concordaram que lutavam pela mesma coisa, apesar de suas estratégias serem diferentes.

## 1.3 Manifesto Ágil para Desenvolvimento de *Softwares*

Dezessete renomados especialistas e praticantes desses métodos reuniram-se em Snowbird, Utah, em fevereiro de 2001, para discutir suas abordagens ao desenvolvimento de *software*. A reunião produziu o Manifesto para o Desenvolvimento Ágil de *Software*. O Manifesto criou quatro valores fundamentais e 12 princípios que definem o que significa ser ágil. Os valores são:

1. Indivíduos e interações mais que processos e ferramentas.
2. *Software* em funcionamento mais que documentação abrangente.
3. Colaboração com o cliente mais que negociação de contratos.
4. Responder a mudanças mais que seguir um plano.

Esses valores reforçam a crença de que, embora haja valor nos itens à direita (processos e ferramentas, documentação abrangente, negociação de contratos e seguir um plano), os itens à esquerda (indivíduos e interações, *software* funcional, colaboração com o cliente e resposta a mudanças) são mais importantes.

A Agilidade Organizacional é o resultado da expansão da filosofia Ágil para além do desenvolvimento de *software* e para todas as áreas de negócios. A agilidade organizacional é um objetivo das organizações que aplicam os princípios e valores ágeis em todas as suas operações. Isso lhes permite adaptar-se rapidamente às mudanças, melhorar continuamente e entregar valor de forma eficiente e eficaz.

O Manifesto Ágil é uma declaração importante no campo da gestão de projetos e desenvolvimento de *software*. Foi cunhado com base em um conjunto de princípios essenciais com o objetivo de mudar a forma como as coisas são feitas. A seguir, os 12 princípios centrados em pessoas, cooperação, resposta a mudanças e geração de valor:

1. **A satisfação do cliente é a prioridade máxima**: isso é alcançado mediante a entrega contínua e precoce de *software* com valor agregado. Essa entrega contínua e antecipada de produtos funcionais permite ao cliente obter benefícios mais cedo, e permite a integração rápida de *feedback* para melhorias futuras.
2. **Acolhimento às mudanças, mesmo no final do desenvolvimento**: no mundo dos negócios, a mudança é a única constante. Em vez de resistir a isso, os processos ágeis capitalizam as mudanças para proporcionar uma vantagem competitiva ao cliente.
3. **Entrega frequente de *software* funcional**: quanto mais curto o intervalo de entrega, melhor. Isso permite o *feedback* rápido e contínuo, que é fundamental para a melhoria do produto e a satisfação do cliente.

4. **Colaboração diária entre os profissionais de negócios e desenvolvedores**: para entender melhor e atender às necessidades do cliente, é crucial que os desenvolvedores e o negócio trabalhem juntos diariamente durante todo o projeto.
5. **Projetos construídos em torno de indivíduos motivados**: forneça o ambiente e o suporte necessários, e confie neles para realizar o trabalho. Isso reflete a ênfase na autonomia da equipe e a crença de que as pessoas motivadas produzem os melhores resultados.
6. **Comunicação face a face para transmitir informações**: este é considerado o meio mais eficiente e eficaz de compartilhar informações dentro de uma equipe de desenvolvimento.
7. *Software* **funcional como a principal medida de progresso**: isso garante que o foco esteja na entrega de valor, em vez de apenas completar tarefas ou etapas.
8. **Desenvolvimento sustentável**: é importante que todos – patrocinadores, desenvolvedores e usuários – sejam capazes de manter um ritmo constante para garantir a longevidade do projeto.
9. **Atenção contínua à excelência técnica e ao bom *design***: esses são os fundamentos que permitem a agilidade.
10. **Simplicidade é essencial**: minimizar o trabalho que não precisa ser feito maximiza a eficiência do projeto.
11. **As melhores soluções surgem de equipes auto-organizáveis**: acredita-se que as equipes que têm a capacidade de se auto-organizar e autogerenciar geralmente produzem melhores arquiteturas, requisitos e *designs*.
12. **Reflexão regular para se tornar mais eficaz**: em intervalos regulares, a equipe reflete sobre como se tornar mais eficaz, e então ajusta e refina seu comportamento de acordo. Esse é um elemento-chave do aprendizado e da melhoria contínua, que são fundamentais na abordagem ágil.

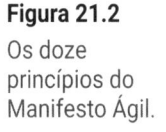

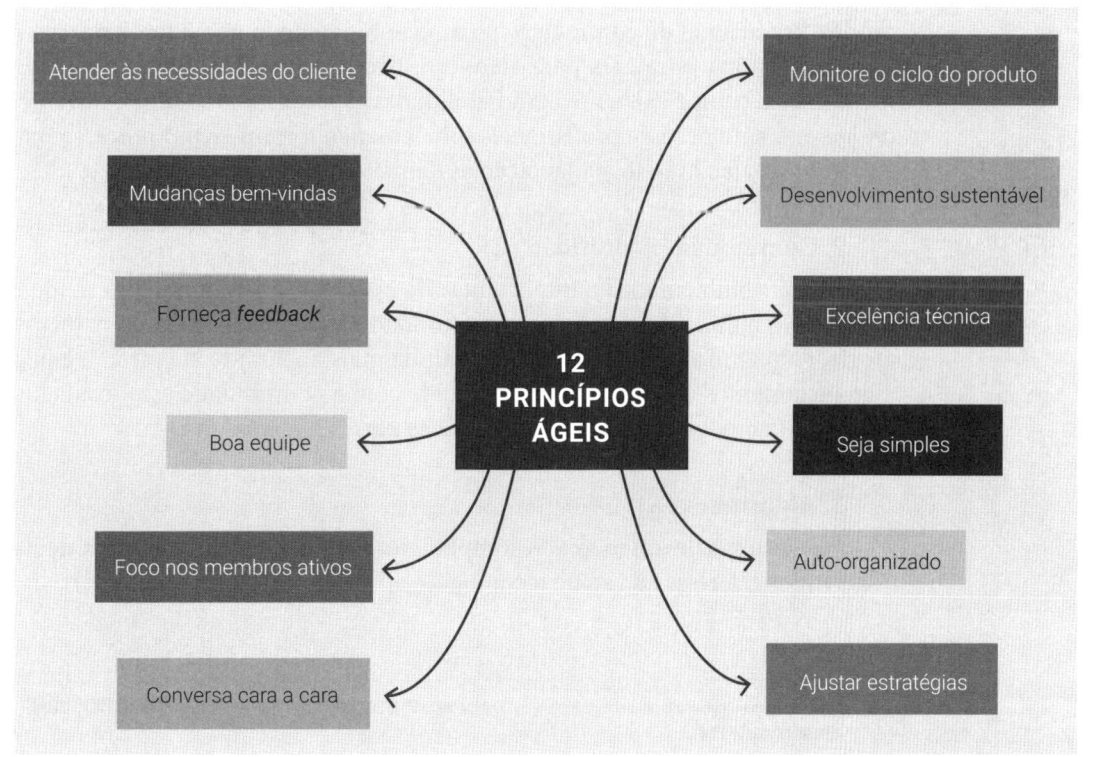

**Figura 21.2**
Os doze princípios do Manifesto Ágil.

Quando aplicados de modo congruente entre si e com os valores, esses princípios podem transformar o modo como as organizações criam valor para seus clientes e *stakeholders*.

## 2 COMPONENTES DA AGILIDADE ORGANIZACIONAL

As organizações ágeis estão ganhando popularidade, e por uma boa razão. A agilidade oferece uma maneira de responder rapidamente e eficazmente às mudanças no ambiente de negócios de hoje, que é extremamente volátil, incerto, complexo e ambíguo. Em vez de apenas sobreviverem, ela permite que as empresas se adaptem e prosperem.[1]

### 2.1 Organizações exponenciais

As ideias sobre organizações exponenciais (ExOs) são discutidas por Salim Ismail, Michael S. Malone e Yuri van Geest[2] em seu livro *Organizações exponenciais*. Essas ideias são a base para muitas das características que definem uma organização ágil. As ExOs estão criando maneiras de alcançar a agilidade com seu uso inovador de tecnologia e estruturas organizacionais flexíveis.

As organizações exponenciais são empresas que alcançam crescimento e desempenho significativamente acima da média por meio do uso de novas tecnologias organizacionais e de aceleração.

ExOs têm cinco atributos de escala (SCALE): SCALE é uma metodologia adotada pelas empresas exponenciais que buscam crescimento acelerado. A palavra SCALE é um acrônimo que representa cinco atributos fundamentais para essas organizações: *Staff* sob demanda (S), Comunidade e Multidão (C), Algoritmos (A), Ativos Alavancados (L), e Engajamento (E). Veremos cada um deles em detalhes:

#### 1. *Staff* sob Demanda (S)

Este é o primeiro atributo da estratégia SCALE e representa um desvio importante do modelo tradicional de contratação. O *Staff* sob demanda não é terceirização no sentido tradicional, mas uma estratégia para atender à necessidade de trabalho pontual ou para complementar uma equipe existente com habilidades especializadas. Com o advento das plataformas *on-line*, a contratação de profissionais sob demanda tornou-se um processo mais rápido, flexível e econômico, facilitando a adaptação às demandas do projeto.

#### 2. Comunidade e Multidão (C)

Este atributo enfatiza a importância de envolver um grupo maior do que apenas a equipe interna. No mundo dos negócios, a comunidade pode incluir clientes, parceiros, fornecedores e até fãs, enquanto a multidão se estende ainda mais, incluindo até mesmo equipes sob demanda e financiamentos coletivos. A proximidade com a comunidade é colocada antes das vendas, e isso estreita o relacionamento com todas as partes interessadas.

#### 3. Algoritmos (A)

No contexto de um mercado competitivo, a análise de dados é fundamental. O atributo dos Algoritmos refere-se ao uso de tecnologia e aprendizado de máquinas para analisar e encontrar

---

1 SUTHERLAND, J.; SUTHERLAND, J. J. *Scrum*: the art of doing twice the work in half the time. New York: Crown Business, 2014.

2 ISMAIL, S.; MALONE, M. S.; van GEEST, Y. *Organizações exponenciais*. São Paulo: HSM, 2014.

padrões nos dados. Esse aprendizado permite que a organização encontre tendências e oportunidades no mercado, e é a base para o conceito de *Big Data*. O uso eficaz de algoritmos e dados pode impulsionar o desenvolvimento de novos produtos e serviços.

### 4. Ativos Alavancados (L)

Este atributo é sobre a utilização eficiente de recursos compartilhados. Os ativos alavancados são aqueles que são compartilhados entre várias empresas, resultando em custos reduzidos e maior agilidade. Esse conceito pode ser ilustrado pelo modelo de negócio da Uber, que opera uma frota massiva de veículos sem possuir nenhum.

### 5. Engajamento (E)

O último atributo, Engajamento, envolve a criação de um ambiente que encoraje a colaboração e o comportamento positivo. Isso se traduz em benefícios como maior fidelidade do cliente, uma mudança de "multidão" para "comunidade", marketing alavancado e um ciclo de *feedback* positivo com os usuários.

Embora não seja necessário que uma empresa adote todos os cinco atributos para experimentar um crescimento exponencial, a presença de mais atributos torna o crescimento mais provável. Assim, a metodologia SCALE apresenta um caminho estratégico para as organizações que buscam crescimento exponencial.

De modo semelhante, as ExOs têm cinco atributos de ideias (IDEAS): Interfaces, *Dashboards*, Experimentação, Autonomia e Tecnologias Sociais. A experimentação, por exemplo, promove a inovação e a adaptabilidade; a autonomia incentiva a tomada de decisão rápida e eficaz, e as tecnologias sociais facilitam a comunicação e a colaboração, aspectos essenciais de uma organização ágil.

### 1. Interfaces

As Interfaces referem-se aos pontos de contato entre a organização e o mundo externo. No contexto de uma ExO, as interfaces são usadas para acessar recursos e capacidades externas, que podem ser contratados sob demanda, permitindo que a organização seja mais enxuta e flexível. As interfaces podem incluir plataformas digitais, APIs, entre outras, e são essenciais para interagir efetivamente com clientes, parceiros, fornecedores e outras partes interessadas.

### 2. *Dashboards*

*Dashboards* são ferramentas de visualização de dados que permitem que os líderes e membros da equipe acompanhem o desempenho em tempo real. Em uma ExO, os *dashboards* são usados para acompanhar uma variedade de métricas-chave, permitindo que a organização responda rapidamente a mudanças e oportunidades. *Dashboards*, quando bem projetados, podem fornecer *insights* significativos e permitir a tomada de decisões baseada em dados.

### 3. Experimentação

A Experimentação é um componente fundamental de qualquer organização que busca a inovação. Em uma ExO, a experimentação é encorajada e apoiada, com a falha vista como uma parte natural do processo de aprendizado. Isso pode envolver o teste de novas ideias, produtos, processos ou modelos de negócios em uma base regular, com o objetivo de aprender e melhorar continuamente.

### 4. Autonomia

A Autonomia refere-se à capacidade de trabalhar de forma independente, com pouca ou nenhuma supervisão direta. Em uma ExO, a autonomia é incentivada para promover a agilidade e a rapidez na tomada de decisões. Isso pode envolver o empoderamento das equipes para tomar suas próprias decisões e o uso de estruturas organizacionais horizontais e flexíveis, que permitem que as ideias e a inovação floresçam.

### 5. Tecnologias Sociais

As Tecnologias Sociais são ferramentas e plataformas que facilitam a comunicação e a colaboração. Elas são vitais para a operação de uma ExO, permitindo que equipes distribuídas geograficamente trabalhem juntas de forma eficaz e eficiente. Isso pode incluir ferramentas de comunicação *on-line*, plataformas de compartilhamento de arquivos, redes sociais corporativas, entre outros elementos. Essas tecnologias não só facilitam a comunicação e a colaboração, mas também podem promover a transparência e a participação, que são fundamentais para uma cultura ágil e inovadora.

**Figura 21.3** Os atributos de ideias e escala das organizações exponenciais.

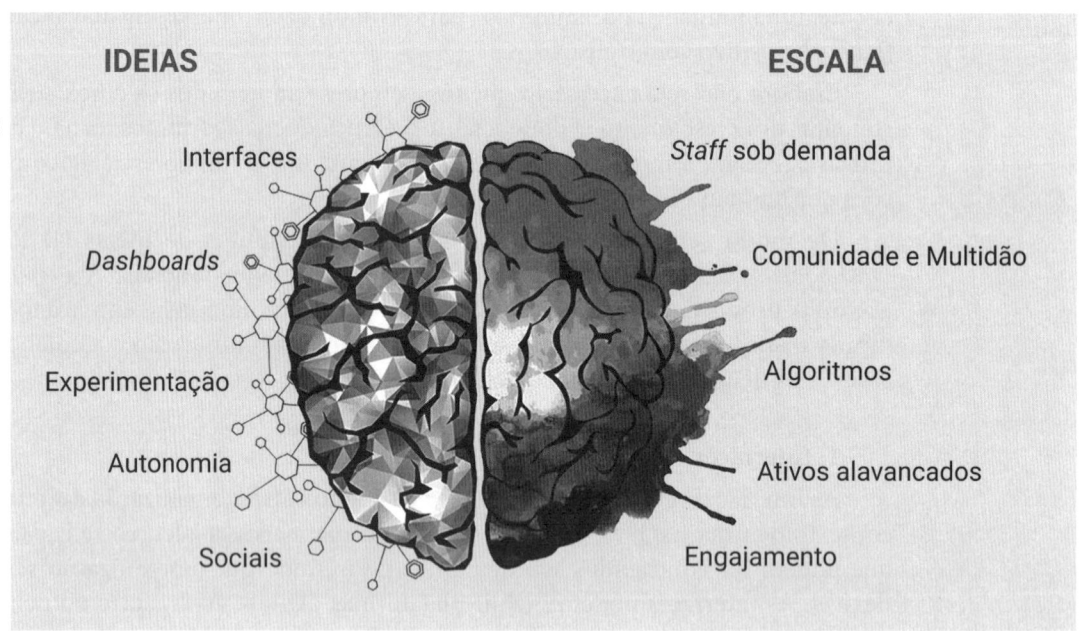

## 2.2 Feitas para durar

Além das ExOs, as organizações ágeis, focadas na adaptabilidade e na resposta rápida às mudanças, podem se inspirar significativamente nos conceitos apresentados por Jim Collins e Jerry I. Porras em seu livro *Feitas para durar*.[3]

De acordo com o livro *Built to last: successful habits of visionary companies*, de Jim Collins e Jerry Porras, empresas feitas para durar compartilham um conjunto de atributos comuns. Essas empresas:

1. **Preservam o núcleo/Estimulam o progresso**: essas empresas mantêm um equilíbrio entre preservar seu núcleo (valores e propósito) e estimular progresso e mudança. A ideologia principal da empresa é mantida inalterada, enquanto estratégias e práticas de negócios evoluem com o tempo.

---

3 COLLINS, J.; PORRAS, J. I. *Feitas para durar*: práticas bem-sucedidas de empresas visionárias. Rio de Janeiro: Rocco, 1994.

2. **Possuem uma ideologia central bem definida**: uma forte ideologia central (valores e propósito) é a espinha dorsal de empresas duradouras. Esse conjunto de crenças orienta todas as decisões e ações da empresa, e permanece consistente ao longo do tempo.
3. **Têm claro o conceito de *Big Hairy Audacious Goals* (BHAGs)**: empresas visionárias estabelecem e perseguem metas ambiciosas e audaciosas (BHAGs) que funcionam como poderosos mecanismos de progresso. Elas também incentivam a experimentação e aprendem com os erros.
4. **Cultura de "tentar e aprender"**: promovem uma cultura de experimentação, tentativa e erro, e aprendizado. Encorajam os funcionários a inovar, a aceitar que erros serão cometidos e a tomar pequenos passos em direção ao progresso.
5. **Autonomia para os funcionários**: essas empresas proporcionam aos funcionários a autonomia que precisam para inovar e tomar decisões, dentro de limites estruturados e estabelecidos previamente.
6. **Gestão interna**: valorizam o desenvolvimento e a promoção de talentos internos em vez de buscarem talentos externos. Acreditam na continuidade de liderança e preservação do núcleo.
7. **Cultura de disciplina**: as empresas construídas para durar não se contentam com o suficiente. Elas se esforçam para melhorar continuamente e adotar novas ideias e tecnologias.
8. **Alinhamento**: asseguram que todos os elementos da empresa, incluindo metas, políticas, sistemas de pagamento e comportamentos de gestão, estejam em conformidade com a ideologia central.
9. **Visão projetada do futuro**: juntamente à sua ideologia central, as empresas visionárias delineiam uma visão clara e convincente do futuro que pretendem alcançar. Essa imagem é materializada por meio de metas ambiciosas e audaciosas (BHAGs) que estão enraizadas em uma visão ampla, porém com descrições vívidas do futuro que desejam alcançar.

Esses atributos fornecem uma base para a construção de empresas que não apenas têm sucesso no presente, mas são construídas para durar e prosperar ao longo do tempo.

A agilidade vai além de uma mera resposta rápida à mudança. Ela também se manifesta na capacidade de gerar valor de maneira eficaz e eficiente. Nesse aspecto, as estratégias inspiradas na filosofia *Lean*, originada na Toyota, são fundamentais. O pensamento *Lean* privilegia a eliminação de desperdícios, a contínua melhoria dos processos e a ênfase na criação de valor para o cliente. Essa abordagem colabora na formação de organizações mais eficientes e voltadas para a satisfação de seus *stakeholders*.

A Agilidade Organizacional representa um compilado de ideias e práticas direcionadas à construção de instituições adaptáveis e eficientes, com um nítido enfoque no atendimento ao cliente. Nesse ambiente empresarial cada vez mais dinâmico e volátil, tais organizações encontram-se estrategicamente posicionadas para prosperar e destacar-se.

## 3 MÉTODOS, *FRAMEWORKS* E MODELOS

A compreensão das distinções entre método, metodologia, estrutura e modelo é essencial para a execução eficaz de projetos. Aqui, serão apresentados os conceitos e as aplicações de cada um desses termos.

- **Método**: é um processo ou procedimento usado para realizar uma tarefa determinada. É uma maneira organizada de fazer algo, normalmente com um conjunto específico de etapas ou ações a seguir. Todas as áreas de negócios fazem uso de métodos, que geralmente são específicos para a tarefa em questão.

- **Metodologia**: o termo "metodologia" refere-se a uma abordagem estruturada e bem fundamentada do ponto de vista teórico, para atingir objetivos ou resolver problemas. Um conjunto de métodos, princípios, ferramentas e práticas que são usados de forma sistemática é chamado de metodologia. A maioria das vezes, o termo é usado em pesquisa científica, mas também pode ser aplicado aos negócios e à gestão.

- *Framework,* **ou estrutura**: é um conjunto de conceitos, práticas e padrões que são usados para abordar um tipo específico de problema. Embora um *framework* ofereça orientação e estrutura, ele também permite flexibilidade na implementação de detalhes específicos. Quando se trata de desenvolvimento de produtos, por exemplo, ele é frequentemente empregado para fornecer uma "estrutura" para o desenvolvimento de uma aplicação.

- **Modelo**: uma representação simplificada de um sistema complexo é chamada de modelo. Ao permitir prever o comportamento do sistema em diferentes condições, ele ajuda a entender como esse sistema funciona. Os modelos são usados em todas as áreas da ciência e da indústria, incluindo modelagem financeira e previsões do clima.

A seguir, será apresentado um resumo de algumas das principais abordagens ágeis, utilizadas na gestão de projetos e desenvolvimento de produtos, incluindo suas origens, autores, principais aplicações, resumos e importância.

***Lean Startup*** **(a *Startup* Enxuta)**: conjunto de práticas de negócios que visam acelerar a aprendizagem e diminuir o ciclo de desenvolvimento de produtos, foi criado por Steven Blank e seu aluno, Eric Ries, em 2008. O conceito principal é a ideia de criar mínimos produtos viáveis para testar as premissas principais do negócio e ajustar os produtos com base nos *feedbacks* dos clientes. Isso reduz o desperdício, aumenta a eficiência e melhora a percepção de valor pelo cliente. O *Lean Startup* é muito relevante para a gestão de projetos porque enfatiza a aprendizagem contínua e a adaptação rápida às mudanças.

**Figura 21.4**
*Lean Startup.*

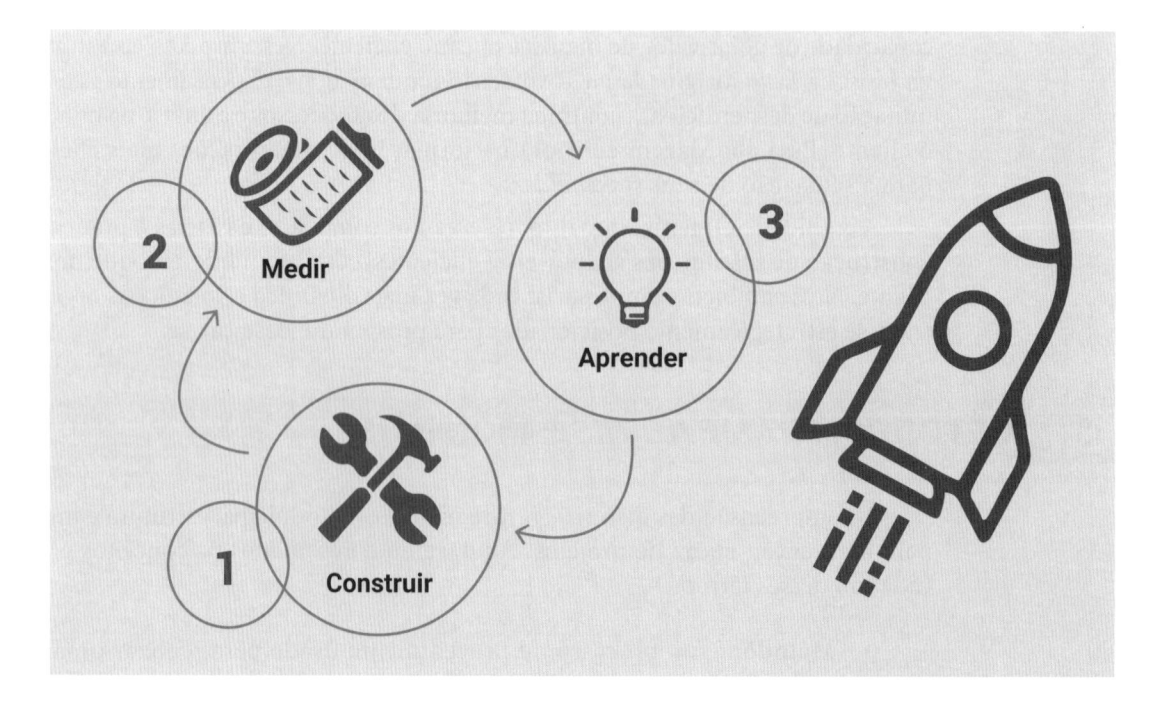

**Scrum**: *framework* leve que ajuda pessoas, equipes e organizações a gerar valor por meio de soluções adaptativas para problemas complexos. Criado por Ken Schwaber e Jeff Sutherland na década de 1990. Ele é fundamentado no pensamento enxuto (*Lean*) e no empirismo, com grande ênfase no trabalho em equipe, melhoria contínua e entrega iterativa de produtos de alta qualidade. O trabalho *Scrum* é dividido em *sprints*, que são intervalos de tempo predeterminados, geralmente de duas a quatro semanas, em que um conjunto específico de tarefas deve ser concluído. Devido à sua flexibilidade, transparência e eficiência, é um dos *frameworks* ágeis mais populares.

**Figura 21.5**
Ciclo *Scrum*.

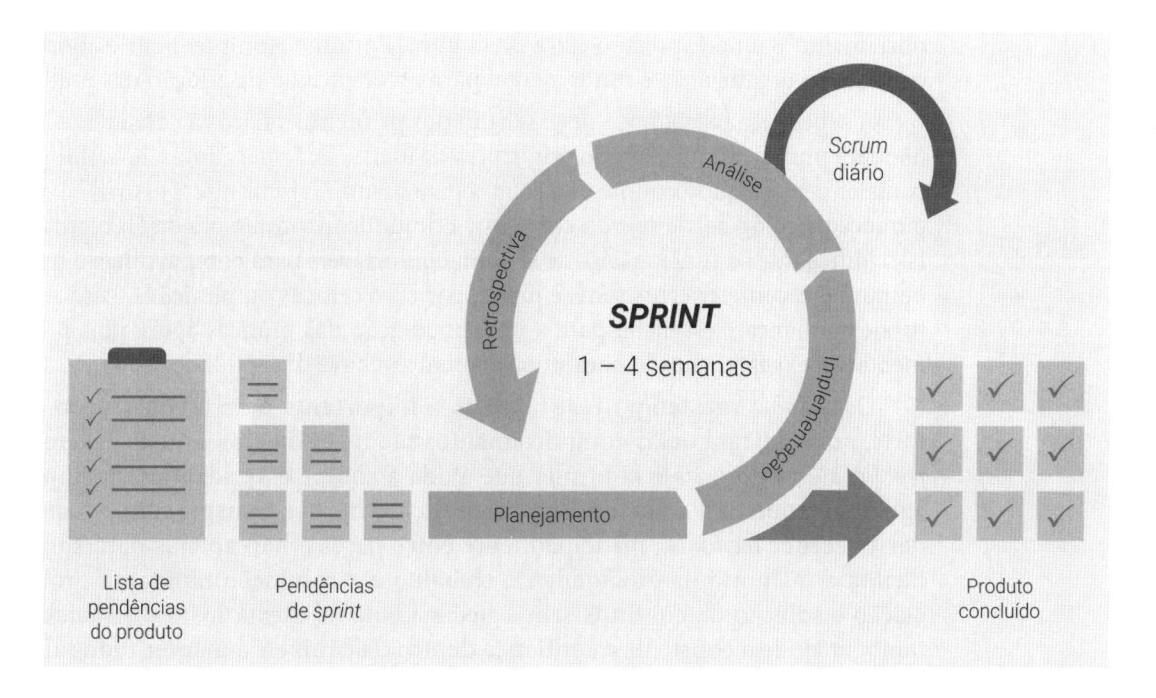

**XP (Programação Extrema)**: a *Extreme Programming* (XP), uma metodologia ágil de desenvolvimento de *software* desenvolvida por Kent Beck durante sua supervisão do projeto C3 da Chrysler na década de 1990, enfatiza a qualidade do *software* e a capacidade de se adaptar aos requisitos do cliente. A programação em pares, a integração contínua e o desenvolvimento orientado a testes são algumas das práticas inovadoras introduzidas pela XP. A XP melhora a qualidade do *software* e gerencia o risco de projeto, tornando-a popular para projetos de *software* complexos e em evolução.

**Kanban**: trata se de um sistema inicialmente desenvolvido pela Toyota nos anos 1940, que foi idealizado para melhorar o fluxo e manter alto nível de produção. Esse sistema de gestão visual foi, posteriormente, utilizado como inspiração e adaptado para o contexto do desenvolvimento de *software* pelo consultor David Anderson, em 2004, e publicado em seu livro de mesmo nome (*Kanban*). O método faz uso de um painel visual, conhecido como "quadro *Kanban*", para rastrear o avanço das tarefas e limitar o excesso de trabalhos simultâneos, o que pode levar à sobrecarga. O sistema *Kanban* mostra-se um aliado valioso na gestão de projetos, uma vez que facilita a identificação de gargalos, possibilitando a tomada de ações corretivas e aprimorando a eficiência do fluxo de trabalho. Portanto, *Kanban* não apenas aumenta a visibilidade do progresso das tarefas, mas também aprimora a capacidade de uma equipe em monitorar, gerenciar e melhorar seus processos.

A flexibilidade, o trabalho em equipe, a adaptação às mudanças e a entrega de valor ao cliente são os principais objetivos desses métodos ágeis. Eles estão se tornando cada vez mais populares no mundo da gestão de projetos e produtos, porque fornecem ferramentas e práticas que ajudam as equipes a lidar com a incerteza e a complexidade. Cada um tem suas próprias vantagens e desvantagens, e alguns são melhores para alguns projetos. Ao entender as diferenças, você pode escolher o método ou combinação de métodos que melhor atenda às necessidades do seu projeto.

## 4 CULTURA E COMPORTAMENTO

A cultura e o comportamento das organizações são essenciais durante um processo de mudança, especialmente aquelas que buscam implementar práticas ágeis. É a cultura que dita como as pessoas em uma organização interagem e trabalham entre si. Por outro lado, o comportamento é uma expressão clara da cultura. Portanto, compreender e abordar a cultura e a conduta da organização é fundamental para obter sucesso na adoção das práticas ágeis.

A segurança psicológica deve ser um dos primeiros pontos a considerar. "A crença de que não será punido ou humilhado por expressar ideias, fazer perguntas, levantar preocupações ou cometer erros, e que a equipe está segura para assumir riscos interpessoais" é o que define a segurança psicológica, de acordo com Amy Edmondson, professora da Harvard Business School. Isso indica que os funcionários se sentem confortáveis para compartilhar o que pensam, fazer perguntas e cometer erros sem se preocupar com críticas ou punições. Esse ambiente de abertura e confiança é essencial para a implementação das práticas ágeis, pois promove a experimentação e o aprendizado contínuo, elementos-chave da agilidade.

O *feedback* em tempo real também é importante para a construção de uma cultura forte, pois indicará quais comportamentos são incentivados e quais devem ser evitados. O *feedback* é um processo contínuo que ajuda a equipe a se adaptar e melhorar no trabalho ágil. Isso requer um ambiente de comunicação aberto e transparente, em que todos possam dar e receber *feedback*, principalmente entre pares e não apenas para subordinados. Isso facilita a melhoria da qualidade do trabalho e a resolução rápida de problemas, a negociação e solução de conflitos sem a necessidade de escalá-los. O *feedback* em tempo real também ajuda a construir a confiança dentro da equipe e a manter todos alinhados com os objetivos da equipe e da organização.

A auto-organização é um terceiro componente essencial para o Ágil. Equipes auto-organizadas são aquelas em que os membros do time têm a autonomia sobre seu próprio trabalho e tomam decisões sobre ele. Isso não significa que não haja liderança; em vez disso, cada membro da equipe tem a chance de liderar outras pessoas em diferentes momentos. Como os membros da equipe têm autoridade direta sobre seu trabalho, a auto-organização estimula a responsabilidade, a propriedade (de *ownership*) e o comprometimento. Ao aproveitar a diversidade de habilidades e conhecimentos da equipe, isso também contribui para resultados mais criativos e efetivos.

A cultura ágil enfatiza os valores. O Manifesto Ágil, um importante documento sobre agilidade, estabelece valores e princípios fundamentais, já mencionados anteriormente, que ajudarão a moldar a conduta e o processo de tomada de decisões em um ambiente ágil, contribuindo, assim, para a criação de uma cultura centrada no valor e na satisfação do cliente.

A agilidade também depende da simplicidade. O Manifesto Ágil define isso como "a arte de maximizar a quantidade de trabalho não realizado". Em outras palavras, as equipes em um ambiente ágil se esforçam para evitar o desperdício, evitar a complexidade e se concentrar no trabalho que agrega valor. Isso requer uma sociedade que aprecie a simplicidade, a clareza e a eficiência.

A cultura e o comportamento são cruciais para grupos ou organizações que desejam implementar práticas ágeis. Isso requer a internalização de valores ágeis, a busca pela simplicidade, o foco no *feedback* em tempo real, a promoção da auto-organização e um ambiente seguro para assumir riscos. A criação de tal cultura e comportamento pode ser difícil, mas é um passo importante para uma transformação ágil real.

## 5 AGILIDADE EM LARGA ESCALA

Uma ideia importante resultante do enfoque sistêmico é a definição de que a expressão "Gestão Ágil em Larga Escala" refere-se à adoção de práticas e princípios de gestão ágil em grandes projetos e níveis organizacionais mais altos. As organizações exploraram maneiras de expandir as práticas ágeis para além de equipes individuais ou pequenos projetos, a fim de aplicá-las nas grandes iniciativas organizacionais, programas, portfólios e, até mesmo, na consecução da estratégia da organização à medida que o Ágil se tornou mais popular.

A principal distinção entre a gestão ágil em larga escala e a gestão ágil simples reside principalmente no tamanho e na complexidade da organização ou do projeto/produto que está sendo desenvolvido. O Ágil em larga escala envolve várias equipes, frequentemente localizadas em diferentes locais, trabalhando em projetos e produtos mais complexos e interdependentes. Por outro lado, o Ágil em pequena escala geralmente refere-se a uma ou duas equipes, que trabalham em um pequeno projeto ou produto.

A coordenação das equipes é um dos maiores desafios da gestão ágil em larga escala. A sincronização dos cronogramas de trabalho, a comunicação eficaz e o alinhamento dos objetivos e prioridades são exemplos disso. Manter a adaptabilidade e a flexibilidade inerentes ao Ágil em uma escala maior pode ser um desafio adicional.

Os *frameworks*, métodos e modelos específicos para a gestão ágil em larga escala estão entre as várias abordagens apresentadas para lidar com esses problemas.

O *Scaled Agile Framework* (SAFe) é uma das ferramentas de gestão ágil mais populares em larga escala. Ele fornece uma estrutura que permite que o Ágil seja expandido para níveis de portfólio, programa e equipe, além de fornecer princípios e práticas para entrega, colaboração e alinhamento em larga escala. Ele incorpora *Lean* e DevOps, bem como componentes de *Scrum*, *Kanban* e XP.

O *framework* LeSS, também conhecido como *Large Scale Scrum*, é outra abordagem popular. Ele é baseado no *Scrum* e se esforça para expandir os princípios e práticas do *Scrum* para várias equipes, como o nome sugere. Ele torna as coisas mais simples, evitando a adição de mais papéis, artefatos e processos desnecessários. Além disso, enfatiza a coordenação e a integração contínua por meio de *sprints* de alinhamento e reuniões de coordenação.

O *Nexus*, um *framework* derivado do *Scrum*, é focado na organização e integração de equipes *Scrum*. Ele adiciona um cargo novo, o *Nexus Integration Team*, que cuida de garantir que o trabalho das diferentes equipes esteja integrado e alinhado de maneira eficaz.

Jeff Sutherland, cocriador do *Scrum*, também é autor do *framework* Scrum@Scale, designado para expandir *Scrum* em níveis organizacionais a partir de equipes individuais. O Scrum@Scale, que se baseia nos princípios fundamentais do *Scrum*, permite que as organizações forneçam produtos e serviços de maneira adaptativa com uma velocidade notável, além de otimizar a eficiência e a eficácia das entregas. A ideia do modelo é transformar toda a organização em uma equipe *Scrum*, o que facilita a comunicação, a cooperação e a aceleração dos processos de tomada de decisão. Os dois componentes principais do *framework* são o Ciclo do *Scrum* Master, que se concentra na organização e fluidez das equipes; e o Ciclo do Dono do Produto, que se concentra na tomada de decisões estratégicas e no gerenciamento do *backlog* do produto.

O modelo de trabalho do Spotify, que evoluiu naturalmente para a empresa de música Spotify, é um exemplo de outras abordagens. O modelo Spotify não é realmente um modelo prescritivo. Ele é conhecido por suas "tribos", "esquadrões", "guildas" e "capítulos", que fornecem uma estrutura adaptável e flexível para uma grande colaboração e coordenação.

**Figura 21.6**
Spotify é um serviço de *streaming* de música, *podcast* e vídeo, lançado em 2008 e desenvolvido pela *startup* Spotify AB em Estocolmo, na Suécia.

A escolha entre esses *frameworks* e abordagens tem suas próprias vantagens e desvantagens, e escolher o melhor dependerá de uma série de fatores, como a cultura organizacional, o tamanho e a complexidade do projeto ou organização e a experiência e habilidades da equipe.

A área da gestão ágil em larga escala está em constante mudança, com novos métodos, técnicas e ferramentas sendo criados a cada dia. O sucesso na escalada do Ágil depende de permanecer fiel aos princípios e valores fundamentais do Ágil e adaptar e modificar as práticas para atender às circunstâncias e obstáculos específicos de uma organização.

## QUESTÕES E EXERCÍCIOS

1. A Gestão Ágil é indicada para todos os tipos de projetos? Por quê?
2. Quais são as principais diferenças e semelhanças entre a filosofia *Lean* e a abordagem Ágil, conforme descrito no texto? Como essas duas filosofias podem se complementar em um ambiente de negócios?
3. Reflita sobre os 12 princípios do Manifesto Ágil e selecione até três princípios que você considera serem especialmente desafiadores para implementar em uma organização tradicional. Justifique sua escolha e discuta possíveis soluções para superar esse desafio.
4. O Manifesto Ágil define quatro valores essenciais. Explique como eles podem ser aplicáveis e úteis em outras áreas de negócios além do desenvolvimento de *software*.
5. O livro *Feitas para durar* enfatiza uma variedade de atributos que caracterizam as empresas que são capazes de prosperar. Quais desses atributos, na sua opinião, são essenciais para organizações ágeis? Justifique sua escolha.
6. O texto apresenta diversos pontos relacionados à filosofia *Lean*, apresentando-a como um diferencial na criação de organizações eficientes. Quais são as maneiras pelas quais o pensamento *Lean* complementa os conceitos de agilidade organizacional? Dê exemplos específicos.

# Bibliografia

ABBAGNANO, N. *Dicionário de filosofia*. São Paulo: Martins Fontes, 2007.

ABBOTT, F. F. *Roman political institutions*. Boston: Ginn and Company, 1911.

ABNT NBR ISO 9001:2015. Sistema de Gestão da Qualidade – Requisitos.

AKAO, Y. *Development history of quality function deployment*: the customer driven approach to quality planning and deployment. Minato: Asian Productivity Organization, 1994.

ALMEIDA, H. S.; TOLEDO, J. C. Método Taguchi: qualidade voltada para o projeto do produto e do processo. *Revista de Administração*, a. 4, n. 24, p. 62-68, 1989.

ANBARI, F. T.; KHILKHANOVA, E.; ROMANOVA, M. V.; RUGGIA, M.; TSAY, C. H.-H.; UMPLEBY, S. A. *Cultural differences in projects*. Washington: PMI 2010 Research and Education Conference, 2010.

ARGYRIS, C.; SCHÖN, D. *Organizational learning*: a theory of action perspective. Reading: Addison Wesley, 1978.

ARGYRIS, C.; SCHÖN, D. *Organizational learning II*: theory, method and practice. Reading: Addison Wesley, 1996.

ARISTÓTELES. *Ética a Nicômacos*. Brasília: Editora UnB, 1985.

BALDRIGE PERFORMANCE EXCELLENCE PROGRAM. 2015. *2015-2016 Baldrige Excellence Framework*: A Systems Approach to Improving Your Organization's Performance. Gaithersburg: U.S. Department of Commerce, National Institute of Standards and Technology. Disponível em: http://www.nist.gov/baldrige. Acesso em: 23 out. 2023.

BARNARD, C. *The functions of the executive*. Cambridge, Massachusetts: Harvard University Press, 1938.

BARNEY, J. B. Firm resources and sustained competitive advantage. *Journal of Management*, n. 17, p. 99-120, 1991.

BARNEY, J. B. *Gaining and sustaining competitive advantage*. 2. ed. Englewood Cliffs: Prentice Hall, 2002.

BELL, D. The study of man: adjusting men to machines. *Commentary*, n. 3, p. 79-88, jan. 1947.

BELL, D. *The coming of post-industrial society*. New York: Basic Books, 1999 [1973].

BERTALANFFY, L. von. *General system theory*. New York: George Braziller, 1968.

BLAKE, R. R.; MOUTON, J. S. *The managerial grid*. Houston: Gulf Publishing Company, 1964.

BLAU, P.; SCOTT, R. *Organizacões formais*. São Paulo: Atlas, 1970.

BLOOM, B. S. (ed.). *Taxonomy of educational objectives, Handbook I*: the cognitive domain. New York: Longman, 1956-1984.

BOHLANDER, G.; SNELL, S. *Managing human resources*. 15. ed. Mason: South-Western Cengage Learning, 2010.

BOORN, G. P. F van den. *The duties of the vizier*. New York; London: Routledge, 1988.

BOYATZIS, R. E. *The competent manager:* a model for effective performance. New York: Wiley, 1982.

BREEZE, J. D. Harvest from the archives: the search for Fayol and Carlioz. *In*: WOOD, J.; WOOD, M. *Henri Fayol*: critical evaluations in business and management. London: Routledge, 2002.

BURNS, J. M. *Leadership*. New York: Harper & Row, 1978.

BURNS, T.; STALKER, G. M. *The management of innovation*. London: Tavistock Publications, 1961.

CADIN, L.; GUÉRIN, F.; PIGEYRE, F. *Gestion des ressources humaines*. 3. ed. Paris: Dunod, 2007.

CARBO, M.; DUNN, R.; DUNN, K. *Teaching students to read through their individual learning styles*. Upper Saddle River: Prentice Hall, 1986.

CERTO, S.; PETER, J. P. *Planejamento e implantação da estratégia*. São Paulo: Makron, 1993.

CHANDLER JR., A. D. *Strategy and structure*: chapters in the history of the industrial enterprise. Cambridge, Massachusetts: MIT Press, 1962.

CHANDLER JR., A. D.; SALSBURY, S. *DuPont and the making of the modern corporation*. Washington: Beard Books, 2000.

CLEGG, S. R. *Modern organizations*: organizations studies in the postmodern world. London: Sage, 1990.

COLLINS, J.; PORRAS, J. I. *Feitas para durar*: práticas bem-sucedidas de empresas visionárias. Rio de Janeiro: Rocco, 1994.

CYERT, R. M.; MARCH, J. A. *A behavioral theory of the firm*. Englewood Cliffs: Prentice Hall, 1963.

DAFT, R. L. *Organization theory and design*. 9. ed. Mason: Thomson-South-Western, 2007.

DEMING, W. E. *Elementary principles of the statistical control of quality*. Tokyo: Nippon Kagaku Gijutsu Remmei, 1951.

DRURY, H. B. *Scientific management*. 3. ed. New York: Columbia University, 1922.

ELDER, L.; PAUL, R. Critical thinking: competency standards essential for the cultivation of intellectual skills, Part 1. *Journal of Developmental Education*, v. 34, n. 2, p. 38-39, 2010.

EMERSON, H. *The twelve principles of efficiency*. 6. ed. New York: The Engineering Magazine, 1924.

ETZIONI, A. (org.) *Organizações complexas*. São Paulo: Atlas, 1967.

FAYOL, H. Administration industrielle et générale. *Bulletin de la Société de l'Industrie Minérale*, n. 10, p. 5-164, 1916.

FAYOL, H. *Administração industrial e geral*. 9. ed. São Paulo: Atlas, 1978.

FEIGENBAUM, A. V. *Total quality control*. New York: McGraw-Hill, 1983.

FESTINGER, L. *A theory of cognitive dissonance*. Stanford: Stanford University Press, 1957.

FURNHAM, A. *Personality at work*. London: Routledge, 1992.

GARCIA, S. R. Teologia e bioética. *Cadernos Teologia Pública*, São Leopoldo: Universidade do Vale do Rio dos Sinos, a. 2, n. 14, p. 1-21, 2005.

GARDNER, H. *Inteligências múltiplas*: a teoria na prática. Porto Alegre: Artes Médicas, 2000.

GARVIN, D. A. Competing on the eight dimensions of quality. *Harvard Business Review*, Nov. 01, 1987.

GEORGE JR. C. S. *History of management thought*. Englewood Cliffs: Prentice Hall, 1968.

GEORGE JR., C. S. *História do pensamento administrativo*. São Paulo: Cultrix, 1974.

GITMAN, L. J.; McDANIEL, C. *The future of business*. 5. ed. Cincinnati: South-Western, 2005.

GRAY, C. S. *The strategy bridge*. Oxford: Oxford University Press, 2010.

GREENLEAF, R. K. *Servant leadership*: a journey into the nature of legitimate power and greatness. Mahwah: Paulist Press, 1977.

GREGÓRIO MAGNO, S. *São Bento*: vida e milagres. Tradução: PEREIRA, D. L. D., OSB. 7. ed. Juiz de Fora: Edições Subiaco, 2014.

GROVE, A. S. *Administração de alta performance*. São Paulo: Futura, 1997.

GULICK, L.; URWICK (eds.) *Papers on the science of administration*. New York: Institute of Public Administration, Columbia University, 1937.

HACKMAN, R.; OLDHAM, G. R. Motivation through the Design of Work: Test of a Theory. *Organizational Behavior and Human Performance*, n. 16, p. 250-279, 1976.

HAEGEL, A. *La boîte à outils des ressources humaines*. Paris: Dunod, 2012.

HAMMER, M. Reengineering work: don't automate, obliterate. *Harvard Business Review*, July/Aug. 1990.

HAMMER, M.; CHAMPY, J. *Reengeneering the corporation*. New York: Harper Business, 1993.

HANDY, C. *Understanding organizations*. Harmondsworth: Penguin Books, 1985.

HARING, B. Administration and Law: Pharaonic. *In*: LLOYD, A. B. *A companion to ancient Egypt*. West Sussex: Wiley-Blackwell, 2010.

HELLRIEGEL, D.; SLOCUM JR., J. W.; WOODMAN, R. W. *Organizational behavior*. Cincinnati: South-Western College Publishing, 2001.

HERGENHAHN, B. R.; OLSON, M. H. *An introduction to theories of personality*. 5. ed. Upper Saddle River: Prentice Hall, 1999.

HERSEY, P.; BLANCHARD, K. H.; JOHNSON, D. E. *Management of organizational behavior*: leading human resources. Upper Saddle River: Prentice Hall, 2001.

HERSEY, P.; BLANCHARD, K. H. *Management of organizational behavior*. Englewood Cliffs: Prentice Hall, 1972.

HERZBERG, F.; MAUSNER, B.; SNYDERMAN, B. B. *The motivation to work*. New York: Wiley, 1959.

HODSON, R.; SULLIVAN, T. A. *The social organization of work*. Belmont: Wadsworth Cengage Learning, 2012.

HOFSTEDE, G. *Culture's consequences*: comparing values, behaviors, institutions, and organizations across nations. 2. ed. Thousand Oaks: Sage, 2000.

HONEY, P.; MUMFORD, A. *The manual of learning styles*. 3. ed. Maidenhead: Honey, 1996.

HOPPER, K.; HOPPER, W. *The puritan gift*: triumph, collapse and revival of an american dream. New York: I. B. Tauris, 2007.

INTERNATIONAL ORGANIZATION FOR STANDARDIZATION. *Quality management principles*. Geneva: ISO Central Secretariat, 2015.

ISHIKAWA, K. *What is total quality control*. Englewood Cliffs: Prentice Hall, 1985.

JACKSON, S. E.; SCHULER, R. S.; WERNER, S. *Managing human resources*. 11. ed. Mason: South-Western Cengage Learning, 2012.

JENSEN, M. C.; MECKLING, W. H. Theory of the firm: managerial behavior, agency costs and ownership structure. *Journal of Financial Economics*, a. 4, n. 3, p. 305-360, Oct. 1976.

JUNG, C. G. *Tipos psicológicos*. Petrópolis: Vozes, 1991.

JURAN, J. M. The quality improvement process. *In*: JURAN, J. M.; GODFREY, A. B. *Juran's quality handbook*. 5. ed. New York: McGraw-Hill, 1999.

JURAN, J. M.; GODFREY, A. B. The quality control process. *In*: JURAN, J. M.; GODFREY, A. B. *Juran's quality handbook*. 5. ed. New York: McGraw-Hill, 1998.

KATZ, R. L. Skills of an effective administrator. *Harvard Business Review*, p. 33-42, Jan./Feb. 1955.

KERR, S.; JERMIER, J. M. Substitutes for leadership: their meaning and measurement. *Organizational Behavior and Human Performance*, n. 22, 375-403, 1978.

KOLB, D. *Experiential learning*: experience as the source of learning and development. Englewood Cliffs: Prentice Hall, 1984.

LABRUFFE, A. *Management des compétences*. La Plaine Saint-Denis: AFNOR, 2010.

LE BOTERF, G. *Construire les compétences individuelles et collectives*. Paris: Editions d'Organisation, 2006.

LEROY, D. et. al. *Estudo internacional sobre as situações gerenciais em projetos*. Curitiba: MundoPM, v. 9, série 50, p. 66-73, 2013.

MARBOT, É. Compétences: la référence de la gestion des emplois. *In:* THÉVENET, M.; DEJOUX, C.; MARBOT, É.; BENDER, A.-F. (orgs.). *Fonctions RH*: politiques, métiers et outils des ressources humaines. Paris: Pearson Education, 2007.

MASLOW, A. H. A theory of human motivation. *Psychological Review,* July 1943.

McCLELLAND, D. C. *The achieving society*. New York: Van Nostrand, 1961.

McDONALD, J. *Strategy in poker, business and war*. New York: W. W. Norton, 1996.

MERTON, R. K. *Sociologia*: teoria e estrutura. São Paulo: Mestre Jou, 1970.

MEZZOMO, Dr. Pe. A. A. *Humanização hospitalar*: fundamentos antropológicos e teológicos. São Paulo: Edição do autor, 2010.

MIKA, G. *Kaizen event implementation manual*. 5. ed. Dearborn: Society of Manufacturing Engineers, 2006.

MILES, R. E.; SNOW, C. C. *Organizational strategy, structure and process*. New York: McGraw-Hill, 1978.

MINTZBERG, H. *The nature of managerial work*. New York: Harper & Row, 1973.

MINTZBERG, H. *The structuring of organizations*. Englewood Clifs: Prentice Hall, 1979.

MOREIRA ALVES, J. C. *Direito romano*. São Paulo: Atlas, 2014.

MORGAN, G. *Imagens da organização*. São Paulo: Atlas, 1996.

MORRIS, W. (ed.). *The American Heritage Dictionary of the English Language.* New York: American Heritage Publishing, 1970.

MÜLLER, R.; SPANG, K.; ÖZCAN, S. *Cultural differences in decision-making among project teams*: examples from Swedish and German project teams. Warsaw: PMI 2008 Research and Education Conference, 2008.

MULLINS, L. J. *Essentials of organisational behaviour*. 3. ed. England: Pearson Education, 2011.

OBER, J. *Democracy and knowledge*. Princeton: Princeton University Press, 2008.

OHNO, T. *Toyota production system*. Cambridge, Massachusetts: Productivity Press, 1988.

OSTERWALDER, A.; PIGNEUR, Y. *Business model generation*. Hoboken, New Jersey: John Wiley & Sons, 2010.

OWENS, R. C. *Organizational behavior in education*. 7. ed. Needham Heights: Allyn and Bacon, 2001.

PERROW, C. *Complex organizations*. Glenview: Scott, Foresman, 1972.

PETERSEN, P. B. Henry Gantt and the new machine (1916-1919). *Academy of Management Best Paper Proceedings*, p. 128-132, 1986.

PHÉLIZON, J. F. *L'action stratégique*. Paris: Economica, 1998.

PLATÃO *A república*. 2. ed. Tradução: BINI, E. São Paulo: Edipro, 2014.

PORTER, M. E. *Competitive strategy*. New York: Free Press, 1980.

RANKIN, N. Benchmarking survey. *Competency and Emotional Intelligence*, v. 12, n. 1, p. 4-6, 2004.

REEVES, C. A.; BEDNAR, D. A. Defining quality: alternatives and implications. *Academy of Management Review*, a. 3, n. *19,* p. 419-445, 1994.

REGRA DE SÃO BENTO, A. 4. ed. Tradução: ENOUT, D. J. E., OSB. Juiz de Fora: Edições Subiaco, 2012.

ROBBINS, S. P. *Organizational behavior*. Upper Saddle River: Prentice Hall, 2001.

ROTH, W. *The evolution of management theory*. Orefield: Roth & Associates, 1993.

SCHEIN, E. *Organization culture and leadership*. San Francisco: Jessey-Bass, 1992.

SENGE, P. N. *The fifth discipline*: the art and practice of the learning organization. New York: Century Doubleday, 1992.

SHINGO, S. *The sayings of Shigeo Shingo*: key strategies for plant improvement. Cambridge, Massachusetts: Productivity Press, 2007.

SILVEIRA, Evanildo da. *Pesquisa Fapesp*, n. 171, maio 2010. Disponível em: http://www.revistapesquisa.fapesp.br/?art=4129&bd=1&pg=2&lg=. Acesso em: 24 out. 2023.

SORENSEN, C. E.; WILLIAMSON, S. T. *My forty years with Ford*. New York: Norton, 1956.

STERNBERG, R. G. Intelligence, competence, and expertise. *In*: ELLIOT, A. J.; DWECK, C. S. *Handbook of competence and motivation*. New York: The Guilford Press, 2005.

STERNBERG, R. J. *Beyond IQ*: a triarchic theory of human intelligence. New York: Cambridge University Press, 1985.

STEWART, R. *Choices for the manager*. Lonon: McGraw-Hill, 1982.

SWEENEY, L. B. *The systems thinking playbook*. White River Junction: Chelsea Green, 2010.

TANNENBAUM, R.; SCHMIDT, W. H. How to choose a leadership pattern. *Harvard Business Review*, p. 166, May/June, 1973.

TAYLOR, F. W. *Shop management*. New York: Harper, 1903.

TAYLOR, F. *Princípios de administração científica*. 8. ed. São Paulo: Atlas, 1990.

THUCYDIDES. *History of the Peloponnesian War*, Books 1-2. Cambridge, Massachusetts: Harvard University Press, 2003.

THURSTONE, L. L. *Primary mental abilities. Psychometric Monographs*. Psychometric Society, 1938.

TORRINGTON, D.; HALL, L.; TAYLOR, S.; ATKINSON, C. *Human resource management*. Harlow: Pearson Education, 2011.

TRAD, S. *Seis Sigmas*: fatores críticos de sucesso de sua implantação e impacto sobre o desempenho organizacional. 2006. Dissertação (Mestrado) – Universidade de São Paulo, São Paulo, 2006.

VAZ, P. H. C. de L. *Escritos de Filosofia IV*: introdução à ética filosófica 1. São Paulo: Loyola, 2002.

VISSER, M. Deutero-learning in organizations: a review and a reformulation. *Academy of Management Review*, a. 2, n. *32*, p. 659-667, 2007.

VOSE, G. L. *Manual for railroad engineers*. Boston: Lee and Shepard, 1883.

VROOM, V. H. *Work and motivation*. New York: John Wiley and Sons, 1964.

WILLIAM, M. (ed.). *The American Heritage Dictionary of the English Language*. New York: American Heritage Publishing, 1970.

WITZEL, M. *A history of management thought*. London; New York: Routledge, 2012.

WOMACK, J. P.; JONES, D. T. *Lean thinking*. 2. ed. New York: Free Press, 2003.

WREN, D. A. *The evolution of management thought*. 4. ed. New York: Wiley, 1994.

WREN, D. A. The influence of Henri Fayol on management theory and education in North America. *Entreprises et Histoire*, n. 34, p. 98-107, 2003.

XENOPHON. *Xenophon IV*: Memorabilia, Oeconomicus, Symposium, Apology. Tradução: MARCHANT, E. C. Cambridge, Massachusetts: Harvard University Press, Loeb Classical Library, 1923.

## *SITES* CONSULTADOS

http://avalon.law.yale.edu/ancient/hamframe.asp. Acesso em: 24 out. 2023.

http://babel.hathitrust.org/cgi/pt?id=chi.105127719;view=1up;seq=30. Acesso em: 24 out. 2023.

http://copadomundo.uol.com.br/noticias/redacao/2014/06/20/torcedores-brasileiros-aderem-a-faxina-japonesa-e-limpam-estadio-apos-jogo.htm. Acesso em: 24 out. 2023.

http://www.cscmp.org/Website/AboutCSCMP/Definitions/Definitions.asp. Acesso em: 24 out. 2023.

http://eawc.evansville.edu/anthology/hammurabi.htm. Acesso em: 24 out. 2023.

http://en.wikipedia.org/wiki/PDCA. Acesso em: 24 out. 2023.
http://faculty.frostburg.edu/mbradley/psyography/hugomunsterberg.html. Acesso em: 24 out. 2023.
http://www.bharatadesam.com/literature/kautilya_arthashastra/arthashastra.php. Acesso em: 24 out. 2023.
http://www.bmfbovespa.com.br/pt-br/servicos/solucoes-para-empresas/segmentos-de-listagem/novo-mercado.aspx?Idioma=pt-br. Acesso em: 24 out. 2023.
http://www.compagniedrh.com/definitionssavoiretre.php. Acesso em: 24 out. 2023.
http://www.cvm.gov.br/. Acesso em: 24 out. 2023.
http://www.digitalegypt.ucl.ac.uk/administration/dutiesviziertrans.html. Acesso em: 24 out. 2023.
http://www.ecgi.org/codes/documents/cadbury.pdf. Acesso em: 24 out. 2023.
http://www.oecd.org/daf/ca/corporategovernanceprinciples/33931148.pdf. Acesso em: 24 out. 2023.
http://en.wikisource.org/wiki/Sarbanes-Oxley_Act_of_2002. Acesso em: 24 out. 2023.
http://www.planalto.gov.br/ccivil_03/leis/l6404consol.htm. Acesso em: 24 out. 2023.
http://www.efqm.org/efqm-model/model-criteria. Acesso em: 24 out. 2023.
http://www.genome.gov/11006939. Acesso em: 24 out. 2023.
http://www.ibgc.org.br/inter.php?id=18056. Acesso em: 24 out. 2023.
http://www.ibgc.org.br/inter.php?id=18180. Acesso em: 24 out. 2023.
http://www.ipv.pt/millenium/15_arq1.htm. Acesso em: 24 out. 2023.
http://www.juse.or.jp/deming_en/award/1026.html. Acesso em: 24 out. 2023.
http://www.juse.or.jp/deming_en/challenge/03.html. Acesso em: 24 out. 2023.
http://www.nestlecareers.co.uk/html/graduate/graduate-what-we-look-for-nestle-jobs.htm. Acesso em: 24 out. 2023.
http://www.nwlink.com/~donclark/hrd/styles/vakt.html. Acesso em: 24 out. 2023.
http://www.planalto.gov.br/ccivil_03/_ato2011-2014/2013/lei/l12846.htm. Acesso em: 24 out. 2023.
http://www.qualitydigest.com/aug02/articles/01_article.shtml. Acesso em: 24 out. 2023.
http://www.toyota-forklifts.com.pt/. Acesso em: 24 out. 2023.
http://www.toyota-global.com/company/history_of_toyota/. Acesso em: 24 out. 2023.
http://www.toyota-global.com/company/vision_philosophy/toyota_production_system/jidoka.html. Acesso em: 24 out. 2023.
http://www.toyota-global.com/company/vision_philosophy/toyota_production_system/. Acesso em: 24 out. 2023.
http://www.toyota-industries.com/corporateinfo/history/1930.html. Acesso em: 24 out. 2023.
http://www.willamette.edu/~fthompso/MgmtCon/McCallum.htm. Acesso em: 24 out. 2023.
https://www.aiag.org/staticcontent/about/index.cfm. Acesso em: 24 out. 2023.
https://www.asme.org/about-asme/get-involved/honors-awards/achievement-awards/henry-laurence-gantt-medal. Acesso em: 24 out. 2023.
https://www.asme.org/engineering-topics/articles/construction-and-building/frank-bunker-gilbreth. Acesso em: 24 out. 2023.
www.fnq.org.br. Acesso em: 24 out. 2023.
www.hat.net. Acesso em: 24 out. 2023.
www.poupatempo.sp.gov.br. Acesso em: 24 out. 2023.
www.toyota-forklifts.eu. Acesso em: 24 out. 2023.
www.vroma.org. Acesso em: 24 out. 2023.

# Glossário

**Administração.** Processo de tomar e colocar em prática decisões sobre objetivos e utilização de recursos. Gerência, gerenciamento, gestão, manejo. *Management.*

**Administração científica.** Conjunto de princípios e técnicas orientados para o aumento da eficiência do processo produtivo, por meio da observação sistemática e do aprimoramento dos métodos de trabalho; movimento com o mesmo nome que promoveu esses princípios e técnicas e sua aplicação. *Scientific management.*

**Administração visual.** Sistemas de informações que mostram, por meio de painéis no local de trabalho, indicadores de desempenho, como qualidade e quantidade de produtos ou serviços e satisfação dos clientes.

**Agregação de valor.** Transformação de produtos e prestação de serviços, de modo a criar valor para o cliente. *Value added*, valor adicionado ou agregado.

**Aprendizagem organizacional.** Aquisição de competências coletivas, por meio do processo de enfrentar e resolver problemas. *Organizational learning.*

**Aptidão.** Capacidades mentais, físicas e interpessoais que têm o potencial para se desenvolverem como habilidades. *Abilities, aptitudes.*

**Atitude policêntrica.** Noção de que cada país tem peculiaridades culturais que devem ser entendidas e respeitadas.

**Atitudes.** Estados mentais de predisposição ou prontidão que influenciam a avaliação dos estímulos. Dependendo das atitudes, a avaliação pode ser positiva ou negativa. *Attitudes.*

**Auditoria do sistema da qualidade.** Processo de verificar se o sistema da qualidade de uma empresa tem conformidade com um padrão de qualidade, como a norma ISO.

**Autogestão.** Sistema em que uma organização (ou parte de uma organização) é administrada coletivamente, por seus associados, funcionários ou proprietários. *Self-management.*

**Autoridade formal.** Dispositivo legal que fornece aos ocupantes de determinados cargos ou posições o poder de dar ordens e se fazerem obedecidos.

**Burocracia.** Qualquer sistema, especialmente uma organização, estruturado com base em normas legais.

**Carta de controle.** Dispositivo gráfico que mostra o comportamento de uma variável de controle, como uma medida de um produto ou o desempenho de um serviço, em relação a um padrão ou especificação de qualidade desejada. *Control chart.*

**Certificação.** Procedimento de avaliação e aprovação de pessoas, sistemas e organizações por meio de um padrão feito de indicadores. Por exemplo, certificação de sistemas da qualidade por meio da norma ISO; certificação de gerentes de projetos como PMPs por meio dos indicadores do PMI.

**Ciclo de Deming.** Uma versão particular do processo administrativo, Planejamento, Execução, Controle, Ação (*Plan, Do, Check, Action – PDCA*), proposto por Shewhart e Deming para o aprimoramento contínuo da qualidade. Originalmente, ciclo de Shewhart.

**Comportamento organizacional.** Área de estudo e aplicação da prática administrativa que procura compreender e usar conhecimentos sobre o comportamento humano em ambientes sociais e culturais para aprimorar o desempenho organizacional.

**Consumerismo.** Doutrina e movimentos de defesa do consumidor. *Consumerism.*

***Contingency approach.*** O mesmo que enfoque situacional ou contingencial. Conceito de que cada situação requer tratamento específico, não havendo teorias que se aplicam a todas as situações. Ver *teoria situacional*.

**Contrato psicológico.** Envolvimento de uma pessoa com uma situação de trabalho, em que há expectativa de recompensa em troca de esforço. O envolvimento varia de intensidade, que pode ser alta ou baixa; e de direção, que pode ser positiva ou negativa. O envolvimento positivo é comprometimento; o envolvimento negativo é alienação.

**Controle da qualidade.** Verificação da conformidade de um produto ou serviço com suas especificações (qualidade planejada).

**Controle da qualidade total.** Filosofia de administração da qualidade que se baseia nas premissas de que (1) toda a empresa é responsável pela qualidade e (2) a qualidade deve ser embutida no produto ou serviço desde o projeto, e não controlada apenas no final. *Total quality control.*

**Controle estatístico da qualidade.** Verificação, por meio de amostragem, da conformidade de um produto ou serviço em relação a suas especificações de qualidade desejada. *Statistical quality control.*

**Controle Estatístico de Processo (CEP).** Verificação, por meio das cartas de controle, da capacidade de um processo manter a qualidade dos produtos, e implementação de correções nos equipamentos que realizam esse mesmo processo. *Statistical process control* (SPC).

**Cultura.** Todos os recursos e comportamentos, incluindo hábitos e valores, desenvolvidos por um grupo social, como resultado do processo de resolver problemas de convivência interna e adaptação ao ambiente.

**Custos da não qualidade.** Todos os tipos de prejuízos decorrentes da falta de qualidade dos produtos e serviços.

**Custos da qualidade.** Todos os tipos de investimentos necessários para garantir a qualidade dos produtos e serviços.

**Decisão.** Escolha de uma ou mais alternativas ou cursos de ação. Um dos conceitos centrais em administração.

**Demagogia.** Busca da popularidade com os liderados ou governados; excesso de liberalismo.

**Desenvolvimento sustentável.** Conceito central da moderna gestão ambiental. Desenvolvimento que atende às necessidades do presente sem comprometer a capacidade de atendimento das necessidades das gerações futuras. *Sustainable development.*

**Efeito halo** ou **auréola.** Tendência a pensar que uma pessoa com determinado traço de comportamento tem outros traços semelhantes.

**Efetividade** ou **impacto.** Medida de desempenho das organizações que avalia o efeito da realização dos objetivos.

**Eficácia.** Relação entre resultados alcançados e objetivos.

**Eficiência.** Relação entre resultados alcançados e recursos empregados.

**Enfoque.** Aspecto particular das organizações ou do processo administrativo, selecionado para estudo e produção de conhecimentos. Perspectiva ou estratégia para interferir com a realidade. O mesmo que *abordagem. Approach.*

**Enfoque sistêmico**, **pensamento sistêmico.** Perspectiva do conjunto, formado por partes que interagem para produzir um resultado. *Systems thinking, systems approach, systems perspective.*

**Escola.** Uma corrente de pensamento, ou grupo de autores que, independentemente do tempo ou proximidade, compartilha, pelo menos em parte, um conjunto de proposições a respeito do processo de administrar ou interpretar as organizações. *School of thought, approach.*

**ESG – *environment, society, governance.*** *Ambiente, sociedade e governança* (ASG). ESG é uma sigla que identifica práticas integradas de governança, meio ambiente e sociedade (ou responsabilidade social).

**Ética absoluta.** O mesmo que idealismo moral. Ideia de que os princípios éticos são universais e invariáveis.

**Ética relativa.** Ideia de que os princípios éticos variam com o tempo e o espaço, justificando adaptações de comportamento ao momento e lugar.

**Figuras de autoridade.** Pessoas que ocupam cargos investidos de autoridade formal.

**Forma M.** Estrutura organizacional com diversas unidades de negócios; tipo de estrutura da organização moderna criada no início do século XX.

**Forma P.** Estrutura organizacional projetizada.

**Formalidade.** Um dos atributos da burocracia, ou dos grupos sociais secundários, que consiste na fundamentação legal-racional do comportamento e das decisões. O mesmo que *legalidade*.

***Gestalt.*** Teoria da forma. Estabelece que as propriedades das partes de um conjunto são definidas pelo conjunto, não por sua individualidade.

***Global sourcing.*** Estratégia de contratar um único fornecedor, em qualquer lugar do planeta, para entregar o mesmo componente nas diversas localidades e países em que são fabricados os produtos que usam esse componente. O mesmo que fornecimento global.

**Gráfico de Gantt.** Técnica gráfica de planejamento, que permite visualizar a distribuição das atividades em um calendário. O mesmo que *cronograma*.

**Grupos sociais primários.** Grupos de pessoas que se fundamentam nas relações pessoais, de parentesco, amizade ou proximidade.

**Grupos sociais secundários.** Grupos de pessoas que se fundamentam em relações formais, determinadas por regras ou obrigações, assumidas de maneira voluntária ou imposta.

**Guildas.** Associações de artesãos ou empresários do mesmo ramo de negócios, que controlavam a produção e distribuição de bens e a formação de aprendizes, no período medieval.

**Hierarquismo.** Valorização excessiva da hierarquia, que privilegia o cerimonialismo em detrimento das finalidades da organização.

**Holístico.** O mesmo que *sistêmico*.

**Humanismo.** Qualquer movimento filosófico que tenha como fundamento a natureza humana ou os limites e interesses do ser humano. Toda filosofia para a qual o homem é "a medida das coisas" é humanista. É uma corrente de pensamento que se origina com Protágoras (século V a.C.), implicando a capacidade de julgamento de cada pessoa, que é singular. A "medida" é relativa – cada pessoa tem seu próprio padrão de julgamento.

**Imagem da organização.** Representação mental que uma pessoa faz da organização em que trabalha.

**Impessoalidade.** Uma das características do tipo ideal de burocracia, na qual as relações ocorrem entre ocupantes de cargos e não entre pessoas.

**Inteligência.** Um atributo ou conjunto de atributos ou competências que permite resolver problemas e tomar decisões; capacidade de lidar com a complexidade.

**Inteligência emocional.** Capacidade de lidar com as próprias emoções e com as emoções alheias. Baseia-se no autocontrole emocional, chamado *aptidão mestra*.

**Inteligências múltiplas.** Teoria sobre a inteligência, segundo a qual todos são inteligentes, em diferentes dimensões. Segundo a teoria das inteligências múltiplas, uma pessoa pode ser suficiente em uma dimensão e deficiente em outra, para ser considerada inteligente.

***Just-in-time***. Princípio ou técnica de administração que se baseia na filosofia de fazer algo no momento certo, nem antes, nem depois, usando o mínimo de recursos.

***Kaizen***. Aprimoramento contínuo, em japonês. Aplicação dos princípios da administração científica no Japão.

***Kanban***. Sistema de controle de produção em que se usam cartões para indicar quando um produto deve ser entregue ou produzido.

***Learning organizations***. Organizações que adquirem conhecimentos por meio do processo de decidir e resolver problemas.

**Liderança situacional.** Noção de que há diferentes estilos de liderança, cada um adaptado e eficaz para uma situação.

**Liderança transacional.** Estilo de liderança que se baseia na troca de recompensas por desempenho.

**Liderança transformadora.** Estilo de liderança que se baseia no desafio e apelo à realização de uma missão. O mesmo que *liderança carismática*.

**Linha de montagem móvel.** Sistema no qual os produtos são deslocados ao longo de um processo e são gradativamente montados por operadores e/ou máquinas (atualmente, robôs).

**Mecanicista.** Modelo ou tipo de organização que se baseia na semelhança com o ideal burocrático e as máquinas.

**Método científico.** Compreende os processos sistemáticos de aquisição e tratamento de informações sobre a realidade.

**Motivação.** Impulso acionado por causas internas ou externas que levam o comportamento a se manifestar de alguma maneira. Coloquialmente, motivação é entendida como disposição positiva para realizar uma tarefa.

**Normativo.** Qualquer sistema, processo ou comportamento que se baseia em crenças, convicções e ideologias, independentemente de comprovações, como ocorre em particular com as organizações normativas e a liderança carismática ou transformadora.

**Objetivos.** Resultados esperados, ou fins que as organizações ou sistemas procuram atingir, por meio do emprego dos recursos.

**OKRs – *Objectives and Key Results*** – Objetivos e Resultados-Chave. Método para planejar, executar e avaliar o desempenho. O método consiste em estabelecer objetivos claros e ambiciosos (*Objectives*) para a empresa, equipes e indivíduos, e em definir Resultados-Chave (*Key Results*) quantificáveis para avaliar o progresso em relação a esses objetivos.

**Orgânico.** Modelo ou tipo de organização que se baseia na semelhança com os organismos vivos.

**Organização funcional.** Organização ou estrutura organizacional permanente, dentro da qual se realizam as atividades rotineiras de uma empresa ou sistema. Contrapõe-se às organizações temporárias, estruturas para administrar projetos.

**Organização moderna.** Modelo de organização criado no início do século XX, caracterizado por estruturação em unidades de negócios, práticas de planejamento estratégico e avaliação do desempenho corporativo, corpo de gerentes dispostos em hierarquia, atividades de pesquisa e desenvolvimento, orientação para o mercado etc.

**Papéis de Mintzberg.** Conjunto organizado de comportamentos que pertencem a uma função ou posição identificável.

**Paradigma.** Modelo ou padrão que serve como referência para explicar ou ensinar a lidar com algum evento.

**Peças intercambiáveis.** Um dos principais recursos da moderna produção massificada. As peças são fabricadas de modo padronizado, para funcionar em qualquer montagem. Esse princípio deu origem à uniformização por meio do controle da qualidade.

**Pensamento sistêmico,** *systems thinking*. Ver *enfoque sistêmico*.

**Polimático, homem**. Ideal do Renascimento sobre a capacidade de as pessoas desenvolverem diferentes potenciais e serem proficientes em diferentes áreas de atividades.

**Pós-moderno.** Modelo de organização orientado para o conhecimento, a autogestão e o trabalho por meio de projetos.

**Processo.** Sequência ou fluxo de atividades que dependem da entrada de insumos e das quais resulta um produto ou uma entrada para outro processo. Um dos conceitos centrais no pensamento sistêmico e na administração.

**Processo administrativo, processo de administração.** Processo de tomar decisões sobre a utilização de recursos para realizar objetivos, dividido em outros processos ou funções, de planejamento, organização, execução e controle. *Management process, managerial process.*

**Produção enxuta.** Sistema de produção desenvolvido pela Toyota, que tem como base a filosofia da eliminação de desperdícios. *Lean production.*

**Profecia autorrealizadora.** Teoria de que as previsões se realizam porque as pessoas nelas acreditam e se comportam de forma a aumentar a probabilidade de sua realização. *Self-fulfilling prophecy.*

**Projeto.** Atividade temporária, ou sequência de atividades programadas, que tem o objetivo de fornecer um produto singular.

**Racionalidade limitada.** Teoria de Simon, de que a racionalidade humana tem limites definidos pela impossibilidade de lidar com a totalidade das informações disponíveis. *Bounded rationality.*

**Relações humanas.** Movimento do final da década de 1920 que reconhece a importância das relações entre colegas, assim como o bom tratamento da administração, como fatores que impactam o desempenho das pessoas.

**Sistema da qualidade.** Sistema de recursos (normas, pessoas, instalações etc.) que tem o objetivo de sustentar o programa da qualidade total de uma empresa.

**Sistema de fabricação para fora.** Sistema de produção doméstica, precursor das fábricas. *Putting-out system*.

**Sistema sociotécnico.** A combinação dos elementos técnicos e comportamentais em uma organização.

**Socialização.** Processo por meio do qual as pessoas adquirem ou aprendem os hábitos, valores e outros aspectos da cultura de um grupo, cultura ou ocupação.

***Stakeholder.*** Qualquer pessoa ou instituição que seja afetada por uma organização. Empregados, fornecedores, consumidores, acionistas e membros da comunidade são os principais *stakeholders*.

**Tempo de ciclo.** Tempo necessário para a execução de uma tarefa ou processo. *Lead time* ou *cycle time*.

**Teoria da expectativa.** Teoria segundo a qual a intensidade do esforço depende da crença de que a recompensa será alcançada e, ao mesmo tempo, do valor atribuído à recompensa.

**Teoria da substituição da liderança.** Teoria de que certas condições das organizações e das pessoas (mecanismos de decisão e maturidade) podem tornar a liderança dispensável. *Substitutes for leadership theory*.

**Teoria de conteúdo da motivação.** Teoria que explica quais são os impulsos específicos internos e externos que acionam o comportamento motivado. Exemplo: teoria das necessidades humanas.

**Teoria de processo da motivação.** Teoria que explica como funciona a motivação. Exemplo: teoria da expectativa.

**Teoria do fator geral.** Teoria segundo a qual há um fator que governa as aptidões. Está na base da ideia do Quociente Intelectual, que define a inteligência como um complexo de competências lógicas, numéricas e verbais.

**Teoria situacional.** Doutrina ou princípio de que qualquer conhecimento é eficaz, dependendo de ser apropriado para a situação.

**Terceirização.** Estratégia de transferir atividades internas a outras empresas e de demitir empregados e recontratá-los como autônomos. *Outsourcing*.

**Terceiro Setor.** As organizações que não pertencem ao governo nem são da iniciativa privada, que procuram resolver problemas da sociedade ou de grupos específicos de interesse. O terceiro setor compreende as chamadas organizações não governamentais.

**Tipo ideal de burocracia.** Modelo criado por Max Weber, para explicar as características essenciais das organizações formais.

**Vantagem competitiva.** Atributo de uma organização que a faz ter melhor desempenho do que outra, concorrente ou similar.

**Zona de desenvolvimento proximal.** Segundo Vygotsky, ponte entre o conhecimento real e o conhecimento potencial, que pode ser atravessada por meio da aprendizagem social, na qual um outro com mais conhecimento ajuda os colegas a se desenvolverem.

# Índice Alfabético

5S, 120

## A

Abrangência da ética na administração, 224
Administração
    abrangência da ética, 224
    alta, 86
    avançada, 197
    breve história, 17
    colegiada, 86
    como disciplina, 4
    como função distinta, 57
    como profissão, 5
    definição, 4
    democrática, 21
    doutrina, 56
    e organizações, 3
    elementos, 60
    Escola Clássica, 41
    escolas, 9
    linha do tempo, 12
    método, 22
    modelo japonês, 111
    níveis, 86
    o vizir, 19
    principais escolas, 9
    principais funções, 4
    princípios de Taylor, 46
    qualidade, 22
    teoria geral, 7
    teorias, 7
    visual, 117
Administração científica
    fases, 45
    princípios, 47
Administração da qualidade
    aprimoramento, 100
    controle, 100
    evolução, 101
    planejamento, 100
    princípios, 105
    processo, 99
Ágil
    *frameworks*, 252
    métodos, 252
    origens, 251
Agilidade em larga escala, 261
Agilidade organizacional, 8, 249, 252
    componentes, 253, 254
Alfred Sloan, 81
Algoritmos, 254
Alta administração, 86
Ambiente
    sociedade e governança, 232
Amitai Etzioni, 68
Análise de sistemas, 206
*Andon*, 117
Andrew Grove
    princípios, 90
Aprendizagem, 163
    cognitivismo, 164
    construtivismo, 165
    de circuito duplo, 217
    de circuito simples, 217
    domínios, 156
    em equipe, 219
    estilos, 166
    experiencial de Kolb, 168
    organizacional, 211
    organizacional, 216
    perspectiva da aprendizagem social, 164
    perspectivas, 164
Aprimoramento contínuo, 116
Aprimoramento da qualidade, 100
Aptidão espacial, 143

Aptidão numérica, 143
Aptidões, 141
Arena
    cega, 140
    desconhecida, 140
    particular, 140
    pública, 140
Argyris e Schön, 217
Aristóteles, 227
Armand Feigenbaum
    qualidade total, 102
Assimilador, 170
Atitude extrovertida, 148
Atitude *Gemba*, 117
Atitude introvertida, 148
Atitudes, 141
    funções do pensamento, 148
    papel, 141
Atividades dos gerentes
    administração de recursos humanos, 91
    comunicação, 91
    funções gerenciais, 91
    relacionamento, 91
Ativos alavancados, 255
Auditivos, 166
Autocracia, 189
Autodeterminação
    teoria, 182
Automação com toque humano, 115

## B

Burocracia
    disfunções, 71
    Max Weber, 66

## C

Capacidade de transformar, 156
Características
    do líder, 187
    individuais, 130
Charles Babbage, 36
Charles Perrow, 71
*Chief executive officer* (CEO), 86
Ciclo PDCA, 116
Ciclo *scrum*, 259
Ciências do comportamento, 128
Clientes da organização, 70
Cinco porquês, 119
Cinéticos, 167
CliftonStrengths Assessment, 133
Cognitivismo, 164
Competências, 153
    comunicação, 160
    definições, 154
    desenvolvimento sustentável, 160
    dos liderados, 187
    e resultados, 155
    escala do programa Seis Sigma, 158
    graduação, 157
    modelos, 158
    pensamento crítico, 160
    princípios de fabricação, 160
    saber ser, 161
    tino comercial, 159
    tipos, 156
    exemplos, 159
Complexidade
    definições, 199, 200
Comportamento
    ciências, 128
    coletivo, 130
    coletivo das pessoas, 126
    e cultura, 260
    mudança a partir do ambiente, 132
Comportamento humano
    enfoque, 123
Comportamento organizacional, 49
Compreensão verbal, 143
Comunicação, 160
Comunidade e multidão, 254
Conceito de autoridade, 128
Conformidade com especificações, 98
Confúcio, 226
Conhecimento próprio, 140
Conhecimento, 7
Construção de Relacionamentos, 133
Construtivismo, 165
Contexto das organizações, 219
*Contingency theory*, 12
*Contingent upon*, 12
Controle
    da qualidade, 100
    do processo, 102
    do produto, 101
Convergente, 170
Corrente crítica,
Corrente de clientes, 104
Criação da organização moderna, 77
Cultura
    e comportamento, 260
Cultura organizacional, 131, 239, 240
    artefatos, 241
    componentes, 240
    convivência interna, 242
    disfunções, 243
    diversidade cultural, 244
    funções, 242
    níveis, 240
    regras de conduta, 243
    símbolos, 241
    socialização, 243
    tecnologia, 241
    valores, 242

## D

Daniel McCallum, 78
Deming
    corrente de clientes, 104
Democracia, 189
Democracia e ética, 21
Descentralização, 81
Desejos básicos, 180
Desempenho – e resultado, 175
Desempenho dos gerentes, 91
Desenvolvimento de aptidões, 155
Desenvolvimento moral
    estágio convencional, 229
    estágio pós-convencional, 229
    estágio pré-convencional, 228
Desenvolvimento sustentável, 160
Desperdícios
    do Lean, 251

eliminação, 112
mortais, 112
Diferenças individuais, 137
Dimensões bipolares, 151
Dinâmica dos grupos, 131
Diretor-geral, 86
Dirigentes, 70
Disfunções
da burocracia, 71
segundo Merton, 72
segundo Perrow, 71
Distância do poder, 246
Divergente, 170
Diversidade, 235, 244
cultural, 244
políticas, 236
Domínio
de Construção de Relacionamentos, 133
de Execução, 134
de Influência, 134
de pensamento estratégico, 133
pessoal, 218
Domínios da aprendizagem, 156
Doutrina da administração, 56

## E

Economia Circular, 8
Efeito Hawthorne, 128
Eficácia, 6
Eficiência, 6, 35
Elementos de administração, 60
comando, 61
controle, 61
coordenação, 61
organização, 61
previsão, 61
Eliminação de desperdícios, 112
Elton Mayo, 127
Emoções, 145
Empirismo, 7
*Empowerment*, 8
Empreendedorismo, 8
Empresa como sistema social, 131
Empresas

e ambiente, 231
Ênfase na estratégia, 104
Enfoque
comportamental, 10, 125
contingencial, 12
do comportamento organizacional, 125
Engajamento, 255
Equidade
teoria, 176
Era do conhecimento, 39
ERG
teoria, 178
Escala de Reiss Motivation Profile, 181
Escola
clássica, 9, 41
da administração da qualidade, 97
da qualidade, 97
das relações humanas, 127
francesa dos saberes, 157
relações humanas, 10
Escolas
da administração, 9
Esforço
coletivo, 128
e desempenho, 176
ESG
consolidação, 233
desafios, 233
impacto, 233
origens, 232
relevância, 233
Especialização do trabalhador, 49
Especificações, 98
Estágios de desenvolvimento moral, 227
Estilos de aprendizagem, 166
Estilos de liderança
teoria, 189
Estratégia, 22
ênfase, 104
Estrutura dos sistemas, 203
entradas, 203
*feedback*, 204
processo, 204
saídas, 204

Estrutura dupla de obediência, 69
Estruturação das atividades no tempo, 246
Ética
na administração, 225
nas organizações, 223
nível social, 224
no nível individual, 225
Excelência, 98
modelos, 106
Excesso de regras, 72
Executivo principal, 86
Expectativa
teoria, 175
Experimento de Hawthorne, 127

## F

Fases da administração científica, 45
Fator geral
teoria, 142
Fayol, 56
funções da empresa, 58
principais contribuições, 57
princípios de administração, 58, 59
triunfo, 62
Ferramentas do pensamento sistêmico, 203
Figuras de autoridade, 67
Fluência verbal, 143
Ford, 51
expansão do modelo, 53
inovações, 52
no terceiro milênio, 53
Formalidade, 67
Frank Gilbreth, 48
Fred Luthans, 91
Frederick Winslow Taylor, 44
Funções da empresa segundo Fayol, 58
Funções do pensamento, 148
intuição, 148
pensamento, 149
sensação, 148
sentimento, 149

## G

Gareth Morgan, 214
*Genshi genbutsu*, 117
Gerência intermediária, 34, 87
Gerentes
    papel, 85
Gestão
    3.0, 208
    ágil, 251
    da complexidade, 207
    triângulo, 83
Gestão da qualidade
    sistemas, 105
Governança corporativa, 8, 230
Grade gerencial de Blake e Mouton, 191
Graduação das competências, 157
Grandes estruturas, 78
Guia do PMBOK, 8

## H

Habilidades
    conceituais, 93
    de alocação de recursos, 94
    de empreendedor, 94
    de introspecção, 94
    de liderança, 94
    de processamento de informações, 94
    de resolução de conflitos, 94
    de tomar decisões em condições de ambiguidade, 94
    gerenciais, 92, 156
    humanas, 92
    relacionamento com colegas, 93
    segundo Katz, 92
    segundo Mintzberg, 93
    técnicas, 92
Harrington Emerson, 79
*Heijunka*, 118
Henri Fayol, 55
    processo administrativo, 55
Henry Ford, 51
Henry Gantt, 48
Henry Mintzberg, 87
Hierarquia, 72
Hierarquia de Maslow, 177
    necessidades básicas, 177
    necessidades de autorrealização, 177
    necessidades de estima, 177
    necessidades de segurança, 177
    necessidades sociais, 177
História da administração, 17
    capitalismo mercantil, 30
    Charles Babbage, 36
    Contabilidade, 32
    Egito, 18
    era do conhecimento, 39
    forças armadas, 25
    Fundição Soho, 35
    gerentes intermediários, 34
    Grécia, 20
    homem polimático, 30
    magistrados romanos, 24
    Maquiavel, 32
    organização do trabalho, 26
    período medieval, 25
    Reforma protestante, 33
    Renascimento, 29
    Revolução digital, 36
    Revolução industrial, 34
    Roma, 23
    senado romano, 25
    sociedade de serviços, 39
    sociedade pós-industrial, 39
    tecnologia da informação, 37
    teoria administrativa, 35
    trabalho virtual, 38
    Veneza, 31
Hugo Münsterberg, 49
Humanismo, 127

## I

IBGC, 231
Ideia de sistema, 202
Imagens de Morgan, 215
Impessoalidade, 67
Implantação da estrutura, 82
Inclusão, 235
Indicadores de culturas, 245
Individualidade, 126
Ingredientes da inteligência emocional, 146
Inteligência, 142
    analítica, 144
    artificial, 8
    criativa, 144
    emocional, 145, 146
    prática, 144
Inteligências múltiplas, 144
ISO 9001
    apoio, 106
    aprimoramento, 106
    avaliação de desempenho, 106
    contexto da organização, 106
    liderança, 106
    operação, 106
    planejamento, 106

## J

Janela de Johari, 140
*Jidoka*, 115
*Johari*
    janela, 140
Joseph Moses Juran, 104
Jules Henri Fayol, 56
Juran, 104
*Just-in-time*, 115

## K

*Kaizen*, 116
*Kanban*, 119, 259
Kant, 228
Kaoru Ishikawa
    qualidade total, 103

## L

Lealdade ao grupo, 128
*Lean*, 250
    sete desperdícios, 252
    *startup*, 258

Liderança, 185
  autocracia, 189
  bidimensional, 190
  características da missão, 187
  características do líder, 187
  carismática, 193
  competências dos liderados, 187
  complexo da, 186
  compreensão da, 186
  conjuntura, 187
  democracia, 189
  motivações do líder, 187
  motivações dos liderados, 187
  servidora, 194
  situacional, 191
  teoria da substituição, 194
  transacional, 193
  transformacional, 193
Lillian Gilbreth, 48
Linguagem, 247
Linha
  de montagem, 51
  de montagem móvel, 52
  do tempo da administração, 12

## M

*Machine Learning*, 8
Manifesto Ágil, 14, 252
  doze princípios, 253
Mapa da selva das teorias, 8
Maquiavel e liderança, 33
Maslow
  hierarquia, 177
  pirâmide, 177
Max Weber, 65
  e a burocracia, 66
  e as organizações, 65
McClelland
  teoria, 178
Mecanicismo, 247
Membros da organização, 70
Memória, 143
Modelo da aprendizagem experiencial de Kolb, 168
  adaptativo, 171

  assimilador, 170
  convergente, 170
  divergente, 170
Modelo de Baldridge, 108
Modelo de Hersey e Blanchard, 192
Modelo de Peter Blau e Richard Scott, 70
Modelo japonês, 75
  universalização, 121
Modelo japonês de administração, 111
Modelo VAK, 166
Modelos complexos, 211
Modelos de competências, 158
Modelos de excelência, 106
Modelos de organização
  perspectiva contingencial, 73
  tipo mecanicista, 73
  tipo orgânico, 73
Modelos mentais, 219
Morgan
  imagens, 215
Motivação, 173
  3.0, 183
  propriedades, 174
  significado, 174
  tipos de teorias, 174
Motivações
  do líder, 187
  dos liderados, 187
Movimento
  ágil, 14
  da administração científica, 44
Mudança de comportamento, 132

## N

Níveis de administração, 86
Nível social da ética, 224

## O

Opiniões e valores, 141
Organicismo, 247
Organização
  clientes, 70
  diversificada, 213

  do trabalho, 26
  empresarial, 212
  inclusiva, 235
  inovadora, 213
  máquina, 212
  membros, 70
  missionária, 214
  moderna, 77
  política, 214
  profissional, 213
  público em geral, 71
  saudável, 235
Organizações, 5
  cérebro, 215
  coercitivas, 69
  com problemas complexos, 202
  como sistemas, 205
  contexto, 219
  cultura, 215
  e administração, 3
  e ética, 223
  e Max Weber, 65
  exponenciais, 254
  feitas para durar, 256
  história, 17
  instrumento de dominação, 216
  máquina, 215
  normativas, 69
  organismo vivo, 215
  prisão psíquica, 216
  representações complexas, 211
  segundo Mintzberg, 212
  segundo Morgan, 214
  sistema em fluxo e transformação, 216
  sistema político, 216
  utilitárias, 69
Organizações burocráticas
  formalidade, 67
  impessoalidade, 67
  profissionalismo, 68
Orientação para o futuro, 245

## P

Painel *andon*, 117

Papéis de decisão
  administrador de recursos, 90
  controlador de distúrbios, 90
  empreendedor, 89
  negociador, 90
Papéis de informação
  de decisão, 88
  disseminador, 89
  monitor, 89
  porta-voz, 89
Papéis gerenciais, 87
  de informação, 88
  interpessoais, 88
Papéis interpessoais
  líder, 89
  ligação, 89
  símbolo, 89
Papel dos gerentes, 85
Particularismo, 71, 247
PDCA, 116
Pensamento
  abstrato, 246
  concreto, 246
  crítico, 160
  sistêmico, 11, 199, 219
Percepção, 138
  contraste, 139
  de pessoas, 139
  efeito auréola, 140
  estereótipos, 139
  preconceito, 139
Período medieval, 25
Personalidade, 147
Perspectiva da aprendizagem social, 164
Perspectivas sobre aprendizagem, 164
Pessoas e diferenças individuais, 137
Peter Blau, 70
Peter Senge, 218
Pierre Du Pont, 80
Pirâmide de Maslow, 177
Planejamento
  e estratégia, 22
Planejamento da qualidade, 100
Planejamento estratégico
  e estrutura, 80

Poder
  Amitai Etzioni, 68
  dos pontos fortes, 134
  tipos, 68
*Poka-yoke*, 117
Pontos fortes, 133
Pós-modernismo, 83
Prêmio Baldridge
  critérios, 107
  modelo, 107
Prêmio Deming
  critérios, 106
  modelo, 106
Prêmio Europeu da Qualidade, 108
Presidente, 86
Princípios da administração da qualidade, 105
Princípios da eficiência
  acionamento, 79
  bom senso, 79
  condições padronizadas, 80
  disciplina, 79
  *dispatching*, 79
  ideais claramente definidos, 79
  instruções escritas, 80
  operações padronizadas, 80
  padrões e cronogramas, 79
  recompensa para a eficiência, 80
  registros confiáveis, 79
  tratamento justo, 79
Princípios de administração
  autoridade, 59
  cadeia hierárquica, 60
  disciplina, 59
  divisão do trabalho, 59
  equidade no tratamento dos empregados, 60
  estabilidade do pessoal, 60
  grau de centralização e descentralização, 60
  iniciativa, 60
  remuneração equitativa do esforço, 59
  segundo Fayol, 58
  unidade de comando, 59
  unidade de direção, 59

Princípios de Andrew Grove, 90
  desempenho individual, 91
  produção, 90
  trabalho de equipe, 90
Princípios de fabricação, 160
Princípios de organização, 81
Processo administrativo, 55
Produção em massa, 51
Profissionalismo, 68
Proprietários, 70
Público em geral, 71

## Q

Qualidade
  adequação ao uso, 99
  conformidade com especificações, 98
  definição, 98
  escola da, 97
  especificações, 98
  excelência, 98
  gestão de sistemas, 105
  processo da administração, 99
  total, 102

## R

Raciocínio indutivo, 143
Racionalismo, 7
Reformulação, 82
Reiss Motivation Profile
  escala, 181
Relações humanas
  escola, 127
Representações complexas das organizações, 211
Responsabilidade social, 230
Resultados
  valor, 175
Revolução
  digital, 36
  industrial, 34
  urbana, 18
Richard Scott, 70
Robert K. Merton, 72
Robert L. Katz, 92

## S

Saber ser, 161
Satisfação de interesses pessoais, 72
*Scrum*, 14, 259
Segunda Guerra Mundial, 113
*Seiketsu*, 120
*Seiri*, 120
Seis Sigma,
*Seiso*, 120
*Seiton*, 120
Selva das teorias, 8
Sentimentos e clima organizacional, 131
*Shitsuke*, 120
Sinergia, 204
Singularidade, 244, 245
Sistema
    de pagamento por peça, 45
    estrutura, 203
    ideia, 202
    social, 205
    técnico, 205
Sistema social
    parte submersa do *iceberg*, 126
Sistema Toyota de Produção
    estrutura, 114
    ferramentas, 117
    origens, 114
Sistemas
    ambiente, 206
    componentes, 206
    de valores, 226
    governança, 207
    objetivos, 206
    planejamento, 206
    processo, 207
    teoria geral, 205
Situações complexas, 201
Socialização organizacional, 243
Sociedade de serviços, 39
Sociedade moderna
    problemas complexos, 201
Sociedade pós-industrial, 39
Soluções complexas, 202
Ss, 120
*Staff* sob demanda, 254
*Stakeholder*, 225
Supervisores de primeira linha, 87
Sustentabilidade
    ambiental, 231
    corporativa, 8

## T

Taiichi Ohno, 112
*Takt time*, 118
Talentos, 133
Taylor, 44
    princípios de administração, 46
Tecnologia da informação, 37
Tecnologias sociais, 256
Teoria da autodeterminação, 182
Teoria da equidade, 176
Teoria da expectativa, 174
    desempenho e resultado, 175
    esforço e desempenho, 176
    valor dos resultados, 175
Teoria da situação, 12
Teoria das inteligências múltiplas, 144
Teoria de Herzberg, 180
Teoria de McClelland, 178
Teoria do Fator G, 143
Teoria do fator geral, 142
Teoria dos desejos básicos, 180
Teoria dos dois fatores, 179
Teoria dos estilos de liderança, 189
Teoria dos traços, 188
Teoria ERG, 178
    *Existence*, 178
    *Growth*, 178
    *Relatedness*, 178
Teoria geral
    da administração, 7
    dos sistemas, 205
Teoria triárquica da inteligência, 143
Teorias
    da administração, 7
Thurstone, 143
Tino
    comercial, 159
Tipo
    mecanicista, 73
    orgânico, 73
Tipos
    de competências, 156
    psicológicos, 149
Toyota, 113
Trabalho virtual, 38
Traço de comportamento, 147
Traço de personalidade, 147
Traços
    teoria, 188
Transformação digital, 8
Triângulo da gestão, 83

## U

Universalismo, 247
Universalização do modelo japonês, 121

## V

Valor dos resultados, 175
Velocidade perceptual, 143
Virtude, 227
Visão compartilhada, 219
Visão de talentos, 132
Visuais, 167

## W

Walter A. Shewhart, 102
William Edwards Deming, 104

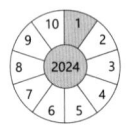